Am Ende des realen Sozialismus (5)
Zwischen Überwachung und Repression –
Politische Verfolgung in der DDR 1971 bis 1989

W0460655

Am Ende des realen Sozialismus

Beiträge zu einer Bestandsaufnahme der DDR-Wirklichkeit in den 80er Jahren

Herausgegeben von

Eberhard Kuhrt
in Verbindung mit
Hannsjörg F. Buck und
Gunter Holzweißig

im Auftrag des Bundesministeriums des Innern

Band 5

Johannes Raschka

Zwischen Überwachung und Repression – Politische Verfolgung in der DDR 1971 bis 1989

Herausgegeben von

Eberhard Kuhrt
in Verbindung mit
Hannsjörg F. Buck und
Gunter Holzweißig

im Auftrag des Bundesministeriums des Innern

Leske + Budrich, Opladen 2001

ISBN: 3-8100-2979-3

Die Deutsche Bibliothek – CIP-Einheitsaufnahme
Ein Titeldatensatz für diese Publikation ist bei Der Deutschen Bibliothek erhältlich.

Gedruckt auf säurefreiem und alterungsbeständigem Papier.

© 2001 Leske + Budrich, Opladen

Das Werk einschließlich aller seiner Teile ist urheberrechtlich geschützt. Jede Verwertung außerhalb der engen Grenzen des Urheberrechtsgesetzes ist ohne Zustimmung des Verlages unzulässig und strafbar. Das gilt insbesondere für Vervielfältigungen, Übersetzungen, Mikroverfilmungen und die Einspeicherung und Verarbeitung in elektronischen Systemen.

Diese Veröffentlichung stellt keine Meinungsäußerung des Bundesministeriums des Innern dar. Für die inhaltlichen Aussagen tragen die jeweiligen Autoren die Verantwortung.

Satz: Leske + Budrich
Druck: DruckPartner Rübelmann, Hemsbach
Printed in Germany

Inhalt

Vorwort

Die DDR unter der Ägide Erich Honeckers – war sie wirklich jene *„kommode Diktatur"*, die ein bedeutender Schriftsteller in ihr gern sehen mochte? Ihre nostalgische Verklärung wirkt umso nachhaltiger fort, je tiefer die Erinnerung an den Sozialismus in den Farben der DDR im Grau des Vergessens entschwindet. Büchern wie dem vorliegenden von Johannes Raschka ist es bestimmt, dem Vergessen entgegenzuwirken. Darum müssen sie geschrieben werden. Gerade die vorliegende Untersuchung *Zwischen Überwachung und Repression* vermag zu einem wirklichkeitsnahen DDR-Bild viel beizutragen. *„Auch in den siebziger und achtziger Jahren zählte politische Verfolgung zur gesellschaftlichen Realität in der DDR"*. Das ist ihr entscheidender Schlüsselsatz.

In der Tat war politische Verfolgung zu Honeckers Zeiten in der DDR genau so alltäglich wie in jener Ära, in der Walter Ulbricht im Staat der SED die Richtlinien der Politik bestimmt hat. Gewiß war sie nicht pauschal mit der Unterdrückung in den fünfziger und sechziger Jahren gleichzusetzen. Die DDR der siebziger und achtziger Jahre wies ihre Spezifika auf. Vor unzulässiger Vereinfachung ist zu warnen. Allerdings wurden unbestreitbare Unterschiede der politischen Repression ebenso unbestreitbar von ideologischen und strukturellen Gemeinsamkeiten überlagert. Niemand lasse sich von dem trügerischen Schein des *„sozialistischen Rechtsstaates"* täuschen, den Honeckers Chef-Ideologe Kurt Hager 1988 der DDR attestierte. Seine erstaunliche Aussage hatte weder de jure noch de facto einen realen Sinn – ganz abgesehen davon, daß Ulbricht schon zwei Jahrzehnte zuvor, in der Präambel des neuen, 1968 in Kraft gesetzten Strafgesetzbuches, die DDR als *„den wahren deutsche Rechtsstaat"* hatte charakterisieren lassen, eine Formel, die später übrigens im Zuge einer Strafrechtsrevision getilgt wurde. Natürlich entbehrte auch sie jedes realen Kerns.

Ein Rechtsstaat war die DDR auch unter Honeckers Regime nicht einmal tendenziell. Zwar hatte die Herrschaft der SED ihre repressiven Mechanismen verfeinert, der justitielle Terror war subtiler geworden, aber auch eine poststalinistische Diktatur blieb immer eine Diktatur. Die Erkenntnisse, die Johannes Raschka dazu in seiner Untersuchung ausbreitet und dokumentarisch belegt, die Wahrheiten, die er über die politische Verfolgung in der DDR zur Sprache bringt, machen das eindringlich anschaulich.

Der Befund kann nicht überraschen. In einem Staat, der a priori als Herrschaftsinstrument der SED angelegt war, dessen sozialistisches Recht als der zum Gesetz erhobene Wille der SED begriffen wurde, als juristischer Ausdruck der historischen Gesetzmäßigkeit im Sozialismus, in dem die Rechtspflege laut Verfassung der *„Durch-*

führung der sozialistischen Gesetzlichkeit“ dienen sollte, in dem der Richter nach einem Wort des seinerzeitigen Generalstaatsanwalts Josef Streit nichts als *„ein verläßlicher politischer Funktionär“* zu sein hatte – in einem solchen Staat unterlagen Recht und Justiz allein dem Kalkül der Macht. Den Alleinherrschaftsanspruch der SED durchzusetzen und zu sichern, war erklärterweise ihre Funktion.

Die theoretischen und praktischen Fundamente der Diktatur wurden bereits zu Ulbrichts Zeiten gelegt. Bereis 1953 wies der Erste Sekretär des ZK der SED dem Staat in der DDR *„die Funktionen der Diktatur des Proletariats“* zu – mit allen daraus folgenden Konsequenzen wie der Zentralisierung der Staatsgewalt, dem Ausbau einer übermächtigen Parteigeheimpolizei in Gestalt des schon 1950 gebildeten Ministeriums für Staatssicherheit, ferner der Politisierung von Staatsanwaltschaft und Gerichtswesen sowie der Entmündigung der Rechtsanwaltschaft durch ihre kollektive Einbindung in Kollegien. 1958, auf einer staats- und rechtswissenschaftlichen Konferenz der SED in Babelsberg, die die ideologische Gleichschaltung der DDR-Rechtswissenschaft in Lehre und Forschung zu besiegeln hatte, stellte Ulbricht definitiv fest, daß in der DDR *„die Diktatur des Proletariats errichtet“* worden sei.

Die politische Verfolgung in der DDR der fünfziger und sechziger Jahre beruhte insoweit nicht auf Willkür, sondern auf der systematischen Etablierung stalinistischer Herrschaftsstrukturen in Staat und Gesellschaft. Das Regime der Nach-Ulbricht-Ära hat auf diesen Voraussetzungen aufbauen können. Ein qualitativer Wandel der DDR zum Rechtsstaat war daher auch in den siebziger und achtziger Jahren prinzipiell ausgeschlossen. Daß 1987 in der DDR die Todesstrafe abgeschafft wurde, steht dazu kaum im Widerspruch – sie war ohnehin nur mehr selten angewandt worden. Eher demonstrierte dies die politische Instrumentalisierung auch der Gesetzgebung, denn die Eliminierung der Todesstrafe aus dem DDR-Strafrecht wurde nicht von ungefähr im zeitlichen Vorfeld der Honecker-Visite in Bonn beschlossen, sie erschien als taktischer Schachzug, der demonstrativ ein Zeichen vermeintlich guten Willens setzen sollte.

Die von manchen Zeitgenossen erhoffte Liberalisierung oder Humanisierung des Regimes in den siebziger Jahren trat dagegen mitnichten ein. Das DDR-Strafrecht wurde im Gegenteil 1974, 1977 und 1979 durch drei Strafrechtsänderungsgesetze in wesentlichen politischen Bestimmungen sogar verschärft – unbeschadet der Tatsache, daß die politische Strafjustiz weniger exzessiv, weniger auffällig zu Tage trat und das durchschnittliche Strafmaß für politische Delikte sank. Gleichwohl wurden auch in den siebziger und achtziger Jahren alljährlich zwischen zweitausendvierhundert und knapp viertausend Menschen in der DDR aus politischen Gründen verurteilt.

Johannes Raschka erarbeitet dies alles in seiner Untersuchung zur politischen Verfolgung in der DDR mit wissenschaftlicher Gründlichkeit, er ergänzt seine Analyse von Strafrecht und Strafrechtsanwendung durch die Ergebnisse einer Befragung von 576 ehemaligen Verurteilten, und er macht seine Aussagen an individuellen Schicksalen exemplarisch – teils anhand von Akten des Ministeriums für Staatssicherheit und der politischen Strafjustiz, die er dokumentiert, teils anhand von Zeitzeugen-Interviews, die auszugsweise wiedergegeben werden. Im Grunde genommen hat er gleichsam Beweismittel zusammengetragen, um die Herrschaft der SED unter Anklage zu stellen – unter die Anklage der Geschichte. Eine Diktatur entlarvt sich durch ihre Selbstzeugnisse. Als Charakteristikum tritt dabei in den Jahren 1971 bis 1989 das Bestreben hervor, den Schein der Legalität zu wahren. Der Tatbestand kontrastiert seltsam mit der Skrupellosigkeit, mit der die Verantwortlichen in der DDR auch in den siebziger und achtziger Jahren die eigenen Gesetze mißachtet und das sozialistische Recht mit Füßen getreten haben, sofern dies im Interesse der politischen Macht erforderlich schien. *„Wir haben kein Recht gebrochen“*, behauptete Erich Mielke gut drei Jahre nach seinem Sturz über die Arbeit der Staatssicherheit. Eine dreiste, vielfach widerlegbare Unwahrheit!

Raschkas Begriff der politischen Verfolgung beschränkt sich nicht auf die Verurteilung des Andersdenkenden, des Ausreisewilligen, des zur Republikflucht Entschlossenen im politischen Strafprozeß. Zwar konnten strafrechtliche Sanktionen die letzte Konsequenz politischer Verfolgung sein, aber sie war nicht darauf beschränkt, sie setzte bereits bei beruflicher Diskriminierung ein, sie konnte gesellschaftliche Isolierung bedeuten, sie umfaßte auch und nicht zuletzt die sogenannten Zersetzungsmaßnahmen – deren *„bewährte anzuwendende Formen“* laut MfS-Richtlinie Nr. 1/76 von der *„systematischen Diskreditierung des öffentlichen Rufes“* bis zur *„systematischen Organisierung beruflicher und gesellschaftlicher Mißerfolge“* reichen konnten, und zwar unter Anwendung infamster, selbst krimineller Methoden. Raschka stellt sie anhand konkreter Beispiele dar und überzeugt mit seiner Auffassung, daß die Zersetzungsmaßnahmen gegen Andersdenkende oder Ausreisewillige als Erscheinungsformen von politischer Verfolgung zu identifizieren sind. Seine Folgerung, *„daß Bespitzelung und Zersetzung, schließlich Festnahme, Verurteilung und Inhaftierung Mißliebiger ein zusammenhängendes Instrumentarium der politischen Geheimpolizei des SED-States waren“*, ist absolut zutreffend.

Das MfS war auch in den Jahren 1971 bis 1989 Hauptinstrument der politischen Verfolgung in der DDR, aber seine Aktivitäten und Maßnahmen wurden flankiert von der Strafjustiz, deren Instrumentalisierung durch die SED wie gehabt eine zwangsläufige Folge der Politisierung des Strafrechts war. So blieb wie zu Ulbrichts Zeiten die Manipulation politischer Strafverfahren grundsätzlich möglich – nur zeigte sie sich diskreter, weniger primitiv, zumal im Laufe der Zeit politisch zuverlässige Justizkader herangewachsen waren, die einer ausdrücklichen Anleitung durch die Politbürokratie nur noch ausnahmsweise bedurften. Sie hatten bei ihrer Entscheidungsfindung die sozialistische Gesetzlichkeit längst verinnerlicht und parteilich zu handhaben gelernt.

Es fügt sich in dieses Bild, daß die Mechanismen der Repression bis hinein in den Strafvollzug wirksam waren. Selbst danach konnten, wie Johannes Raschka nachweist, erneut inoffizielle Überwachung durch die Geheimpolizei und Zersetzungsmaßnahmen einsetzen.

Wer für Analyse und Dokumentation in diesem Buch aufgeschlossen ist, begreift letztlich, warum sich die DDR, so lange die SED als Staatspartei existierte, nicht reformieren oder erneuern ließ. *„Sie war ein Unrechtsstaat“* – so Roman Herzog 1996 vor der Enquete-Kommission des Bundestages zur Aufarbeitung der SED-Diktatur. Sein Verdikt bleibt gültig. Das alltägliche Unrecht in der DDR war systembedingt. Auch in der Ära Honecker.

Köln, im Dezember 2000 *Karl Wilhelm Fricke*

Oben: Zentrale Untersuchungshaftanstalt des MfS, Berlin-Hohenschönhausen

Unten: Gratulation des SED-Politbüros zum 75. Geburtstag des Staatssicherheitsministers Mielke

1 Einleitung

Gemessen an den teilweise massiven politischen Repressionen in der Zeit der sowjetischen Besatzung und in der Frühphase der DDR erscheinen die beiden letzten Jahrzehnte des SED-Staats als Phase relativer Normalität. Prominentestes Beispiel für die mit außerordentlicher Härte betriebene Verfolgung politischer Gegner ist die Niederschlagung des Aufstands vom 17. Juni 1953. Dagegen wird die DDR der Amtszeit Erich Honeckers zwischen 1971 und 1989 bisweilen als ein politisches und gesellschaftliches System wahrgenommen, in dem politische Verfolgung eine unwesentliche Rolle gespielt habe.

Diese veränderte Wahrnehmung hing auch mit der Entspannung zwischen Ost und West zusammen. Die DDR konnte in ihrem *„Hauptbemühen [...], internationale Anerkennung zu erreichen,“*[1] eine Vielzahl von Erfolgen verzeichnen: Dem Abschluß des innerdeutschen Grundlagenvertrags im Jahr 1972 folgte die Aufnahme diplomatischer Beziehungen zu einer Reihe von Staaten. 1973 wurde die DDR Mitglied der UNO. Vorläufiger Höhepunkt dieser Entwicklung war aus Sicht des SED-Staats die Unterzeichnung der KSZE-Schlußakte von Helsinki 1975. Allerdings war der außenpolitische Sieg mit einer Destabilisierung im Inneren verbunden, da eine wachsende Zahl von DDR-Bürgern nach Unterzeichnung der Schlußakte das Recht auf Freizügigkeit einforderte und Antrag auf Übersiedlung in die Bundesrepublik stellte. Die SED-Spitze reagierte auf die neue Bedrohung mit einer Ausweitung des politischen Strafrechts und verstärkten innenpolitischen Repressionen.

Schon der Entmachtung Walter Ulbrichts durch Honecker im Mai 1971, einem *„der tiefsten Einschnitte in der DDR-Entwicklung“*,[2] hatte sich eine Kampagne zur schärferen Verfolgung der sogenannten Asozialität und der Rückfallkriminalität angeschlossen. Die SED Honeckers erkannte die Führungsrolle der UdSSR nun wieder bedingungslos an. Diese nahm die Entstehung von Menschenrechtsgruppen und Oppositionszirkeln im Ostblock seit Mitte der siebziger Jahre als Teil einer westlichen Destabilisierungsstrategie wahr und forderte von den Bruderparteien einen *„verstärkten Kampf gegen die antisowjetische Hetze“*.[3] Die DDR vollzog die-

---

1 *Hermann Weber*, DDR. Grundriß der Geschichte 1945-1990, erg. u. überarb. Neuaufl., Hannover 1991, S. 125.

2 *Ebd.*, S. 129.

3 Information des ZK der KPdSU über die Notwendigkeit des verstärkten Kampfs gegen die antisowjetische Hetze. Arbeitsprotokoll der Sitzung des Politbüros der SED am 27. 1. 1976. SAPMO-BA, DY 30 J IV 2/2 A 1946.

sen Kurs nach. Konsequenz waren u.a. die Ausbürgerung von Wolf Biermann 1976, der Strafprozeß gegen Rudolf Bahro sowie die Devisenverfahren gegen Robert Havemann[4] und Stefan Heym.

Gewisse Lockerungen brachten erst die achtziger Jahre. Das galt bereits für die Zeit vor dem Amtsantritt Michail Gorbatschows im Jahr 1985. Allerdings stieg die Zahl der politischen Häftlinge insbesondere im Gefolge der sogenannten Ausreisewelle im Frühjahr 1984 deutlich an, auch wenn die Betroffenen nun in der Mehrzahl zu deutlich niedrigeren Freiheitsstrafen verurteilt wurden, als dies noch ein Jahrzehnt zuvor der Fall gewesen wäre. Der Anspruch der SED auf ein Verfügungsmonopol über Staat, Wirtschaft, Presse, Wissenschaft und Kultur blieb jedoch auch in dieser Zeit ungemindert bestehen: *„Ihre Macht war weder begrenzbar durch institutionalisierte Ansprüche aus der Rechtsordnung noch durch [...] die offene Zustimmungsbedürftigkeit für das politische Mandat oder durch geschützte Eigenräume individueller Bürgerrechte [...]“.*[5] Der Überwachungs- und Kontrollapparat des Ministeriums für Staatssicherheit (MfS) wuchs ins Monströse. Auch in den siebziger und achtziger Jahren zählte politische Repression zur Realität der DDR.

Einige Aspekte politischer Verfolgung werden nach wie vor öffentlich diskutiert, vor allem die Aktivitäten der Staatssicherheit zur Überwachung Andersdenkender oder westlicher Politiker. Andere Umstände, wie etwa die Verhörmethoden des MfS in der Untersuchungshaft, wurden dagegen bisher kaum oder gar nicht wahrgenommen. Dabei wird leicht übersehen, daß Bespitzelung und „Zersetzung“, schließlich Festnahme, Verurteilung und Inhaftierung Mißliebiger ein zusammenhängendes Instrumentarium der politischen Geheimpolizei des SED-Staats waren. An Repressalien gegen Andersdenkende war nicht nur die Staatssicherheit beteiligt, sondern häufig auch andere Institutionen des SED-Staates, etwa die Volkspolizei, die Abteilungen für innere Angelegenheiten der öffentlichen Räte oder die Kaderabteilungen der Betriebe. Oft wurden diese ohne unmittelbares Zutun des MfS aktiv.

Ziel dieser Untersuchung ist es, einen Überblick über Mittel und Methoden politischer Verfolgung während der Amtszeit Honeckers zu geben.[6] Dabei soll es insbesondere um die Fragen gehen, welche Formen politisch motivierte Repression hatte und welche tatsächlichen Handlungen der Betroffenen dem zugrunde lagen. Auf der einen Seite will die Studie ein plastisches Bild politischer Verfolgung aus der Sicht der Opfer zeichnen. Aus diesem Grund wird die Darstellung anhand individueller Schicksale verhältnismäßig großen Raum einnehmen. Auf der anderen Seite soll deutlich werden, daß es sich nicht etwa um vereinzelt oder gar zufällig angewandte Strategien handelte. Die Methoden politischer Repression bauten sy-

4 Vgl. dazu *Clemens Vollnhals*, Der Fall Havemann. Ein Lehrstück politischer Justiz (wissenschaftliche Reihe des Bundesbeauftragten 13), Berlin 1998.

5 *M. Rainer Lepsius*, Die Institutionenordnung als Rahmenbedingung der Sozialgeschichte der DDR, in: *Hartmut Kaelble, Jürgen Kocka und Hartmut Zwahr* (Hg.), Sozialgeschichte der DDR, Stuttgart 1994, S. 17-30, hier 19.

6 Eine knappe Zusammenfassung dieses Berichts ist bereits erschienen: *Johannes Raschka*, Einschüchterung – Ausgrenzung – Verfolgung. Zur politischen Repression in der Amtszeit Honeckers (Berichte und Studien des Hannah-Arendt-Instituts 14), Dresden 1998.

stematisch aufeinander auf. Ein zu diesem Zweck geschaffener Apparat setzte sie in Abhängigkeit von den vermeintlichen Erfordernissen des Einzelfalles ein. Die Darstellung folgt der Abstufung der Repressionstechniken, deren Schärfe sich nach den tatsächlichen oder vermuteten Handlungen und Einstellungen der Opfer bemaß. Es begann bei vergleichsweise milden beruflichen Maßregelungen und endete mit Verurteilungen zu langjährigen Freiheitsstrafen.

Die Untersuchung nähert sich ihrem Gegenstand methodisch auf drei Wegen an: Zum einen wurden rund 3 800 Fragebögen an Opfer politischer Verfolgung versandt. Von diesen konnten 576 Rücksendungen in die Auswertung einbezogen werden.[7] Die Mehrzahl der Fragen bot die Möglichkeit, in einem Ankreuzteil knapp zu antworten und darüber hinaus in Freitext ausführlich Stellung zu nehmen. Die eingegangenen Fragebögen wurden statistisch ausgewertet. Die Anmerkungen der Teilnehmer werden entweder zusammenfassend dargestellt oder als wörtliches Zitat wiedergegeben, wenn der Abschnitt in besonderer Weise geeignet schien, bestimmte Umstände zu erläutern oder zu illustrieren.[8] Soweit in die Zitate Erläuterungen des Autors eingefügt werden mußten, sind sie durch eckige Einklammerung und einen abweichenden Schrifttyp kenntlich gemacht.

Es handelt sich bei den Adressaten nicht um eine zufällige Stichprobe. Vielmehr haben wir uns gezielt an die Opfer politischer Verfolgung gewandt. Zur Ermittlung der Anschriften haben wir sowohl mit der Stiftung für ehemalige politische Häftlinge in Bonn als auch mit verschiedenen Verbänden von Opfern politischer Repression in der DDR zusammengearbeitet, darunter der Vereinigung der Opfer des Stalinismus (VOS), dem Bund der stalinistisch Verfolgten (BSV) und der Robert-Havemann-Gesellschaft. Darüber hinaus konnten 180 Ärzte angeschrieben werden, die aus der DDR geflohen waren oder den SED-Staat auf dem Weg der Ausreise verließen.[9] Schließlich haben wir die Teilnehmer gebeten, uns die Anschriften von anderen Betroffenen mitzuteilen, z.B. von ehemaligen Haftkameraden, und Aufrufe zur Beteiligung in verschiedenen Verbandszeitschriften sowie in mehreren ostdeutschen Tageszeitungen veröffentlicht.

---

7 Insgesamt gingen 637 beantwortete Fragebögen ein. Das entspricht einer Rücklaufquote von rund 17 %. 44 Antworten konnten nicht berücksichtigt werden, da sich die Angaben ausschließlich oder überwiegend auf die Zeit vor 1971 bezogen. 11 Fragebögen gingen ein, nachdem die Eingabe in die Auswertungsdatenbank aus arbeitstechnischen Gründen hatte beendet werden müssen. Weitere sechs Fragebögen konnten aus anderen Gründen nicht in die Auswertung einbezogen werden.

8 Die Fragebögen wurden anonymisiert. Anmerkungen der Teilnehmer sind im Text durch die Nummern der Fragebögen in eckigen Klammern als Quellenangabe kenntlich gemacht. Bei Auszügen aus Zeitzeugengesprächen oder personenbezogenen MfS-Akten werden dagegen die Namen der Betroffenen genannt, sofern diese nicht um Anonymisierung gebeten haben. In diesen Fällen wird nur auf die personenbezogene MfS-Akte verwiesen.

9 Die Anschriften konnten aus dem Teilnehmerkreis eines Forschungsprojekts zu „Ärztlichem Handeln in der DDR" ermittelt werden, das von Klaus-Dieter Müller durchgeführt wurde. Vgl. dazu *Klaus-Dieter Müller*, Die Ärzteschaft im staatlichen Gesundheitswesen der SBZ und DDR 1945-1989, in: *Robert Jütte (Hg.)*, Geschichte der deutschen Ärzteschaft. Organisierte Berufs- und Gesundheitspolitik im 19. und 20. Jahrhundert, Köln 1997, S. 243-274.

Darüber hinaus konnte der Verfasser 24 Gespräche mit Betroffenen führen, die aus dem Teilnehmerkreis der Fragebogenaktion ermittelt wurden.[10] Auszüge aus diesen Zeitzeugenbefragungen dienen der Verdeutlichung der Ergebnisse anhand exemplarischer Biographien. Darüber hinaus machen sie die Schicksale Betroffener hinter verhältnismäßig abstrakten Aussagen über politische Verfolgung erkennbar. Schließlich soll die Sichtweise der Betroffenen durch schriftliche Quellen erweitert werden. Um Materialien zu den Fällen der an der Untersuchung Beteiligten zu erschließen, wurden die Teilnehmer um Kopien ihrer personenbezogenen MfS-Akten beziehungsweise um die Erlaubnis zur Einsichtnahme in ihre Akten bei der Behörde des Bundesbeauftragten für die Unterlagen des Staatssicherheitsdienstes gebeten. Der Verfasser konnte etwa 100 personenbezogene MfS-Akten vollständig oder in Teilen einsehen, die durch Sachakten der Staatssicherheit ergänzt werden.

Der Teilnehmerkreis zeigt eine charakteristische Zusammensetzung für die Gruppe der politisch Verfolgten in der DDR. Die Altersstruktur der Respondenten veranschaulicht Diagramm 1.

Diagramm 1: Geburtsjahrgänge der Teilnehmer

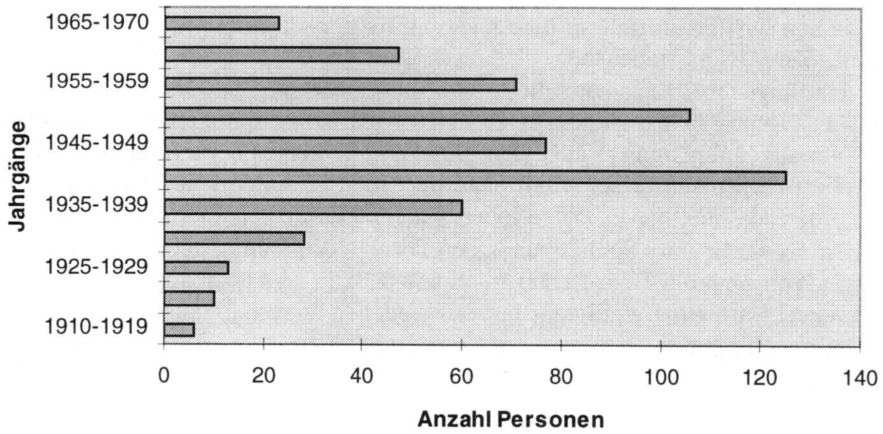

Die Mehrzahl der Respondenten verteilt sich auf die Geburtsjahrgänge zwischen 1940 und 1954. Die Personen dieser Gruppe waren bei Amtsantritt Honeckers zwischen 17 und 31 Jahre alt. Zum Zeitpunkt der Untersuchung war der älteste Teilnehmer 84 Jahre alt, der jüngste 26.[11] Rund drei Viertel aller Respondenten sind männlich. 38,9 Prozent aller Beteiligten stammen aus einem Elternhaus, in dem der Vater einen Fachschulabschluß oder ein Universitätsdiplom besaß. Vergleichbares spiegelt sich auch in den Berufen der Väter wieder: 21,7 Prozent der Respondenten gaben an, dieser sei in einem akademischen Beruf tätig gewesen. Bei 10,2 Prozent war der Vater selbständig, etwa als Kaufmann oder Handwerker.

10 Zu Oral History-Methoden in der DDR-Forschung: *Jens Gieseke*, Oral History und DDR-Geschichte, in: Deutsche Studien 29 (1991/92), S. 280-289.

11 Statistisch beträgt der Mittelwert 48,9 Jahre und die Standardabweichung 10,4 Jahre.

Tabelle 1: Höchster Bildungsabschluß der Teilnehmer[12]

Grundschule	Mittelschule	Abitur	Fachschule	Hochschule	keine Angaben
69	106	34	98	260	9

Auch das Bildungsniveau der Befragten selbst ist überdurchschnittlich hoch (Tabelle 1). 62,1 Prozent aller Beteiligten verfügen über einen Fachschul- bzw. einen Hochschulabschluß. 35,2 Prozent arbeiteten zum Zeitpunkt der Repression in einem akademischen Beruf. 23 Teilnehmer waren Pfarrer oder in anderen Positionen bei einer der Kirchen beschäftigt (Tabelle 2).

Tabelle 2: Berufsgruppen der Teilnehmer

Schüler o. Student	Arbeiter	Angestellte	Selbständig	Pfarrer o.ä.	Akademiker	Sonstige
53	136	80	18	23	203	63

336 Teilnehmer (58,3 Prozent) gehörten einer Kirche an, ein für die ehemalige DDR hoher Wert. Dagegen waren nur 76 (13,2 Prozent) Mitglied in einer Partei, 48 davon in der SED. Allerdings gehörte die Mehrzahl einer Massenorganisation an, etwa der Einheitsgewerkschaft, dem FDGB, oder der Gesellschaft für Deutsch-Sowjetische Freundschaft (DSF). Dies brachte der Eintritt ins Berufsleben oder die Aufnahme eines Studiums fast zwangsläufig mit sich.

Darüber hinaus haben wir die Teilnehmer gebeten, sich in einer Selbsteinschätzung einer der folgenden Fallgruppen zuzuordnen: „Republikflucht/versuchte Republikflucht", „Ausreiseantragsteller", „Ausreiseantragsteller, die öffentlich für ihr Gesuch auftraten", „Ungesetzliche Handlungen gegen die DDR, die nicht im Zusammenhang mit Flucht oder Ausreise standen" sowie „Opposition im Rahmen der Gesetze der DDR, mit der Absicht, im Land zu bleiben". Mehrfachnennungen waren möglich. Diese Anordnung orientiert sich an einer groben Einteilung der Betroffenen in drei Gruppen: Oppositionelle im weitesten Sinn,[13] Ausreiseantragsteller[14] sowie Republikflüchtlinge. Gegen diese unterschiedlichen Personenkreise setzte das Regime zum Teil abweichende Instrumente ein. Entscheidend waren aber nicht nur die Handlungen und Motive der Betroffenen beziehungsweise deren straf-

12 Hier wurden die alten Bezeichnungen der Schulabschlüsse beibehalten, da damit zu rechnen war, daß viele der in den siebziger und achtziger Jahren Verfolgten ihren Schulabschluß im Rahmen des alten Schulsystems gemacht haben würden. Mit der Durchsetzung des einheitlichen sozialistischen Bildungssystems führte die DDR die zehnklassige allgemeinbildende polytechnische Oberschule (POS) und die erweiterte polytechnische Oberschule (EOS) bis zur zwölften Klasse ein. Der Abschluß an einer POS entsprach in etwa dem Mittelschulabschluß, der Abschluß einer EOS galt als Abitur.

13 Vgl. dazu insbesondere: *Karl Wilhelm Fricke*, Opposition und Widerstand in der DDR. Ein politischer Report, Köln 1984; *Ehrhart Neubert*, Geschichte der Opposition in der DDR 1949-1989, Bonn 1997; *Hubertus Knabe*, Was war die „DDR-Opposition"? Zur Typologisierung des politischen Widerspruchs in Ostdeutschland, in: Deutschland Archiv 29 (1996) S. 184-198.

14 Mit diesem Begriff sind nur Personen gemeint, die vor allem wegen ihres Antrags auf ständige Ausreise Opfer politischer Verfolgung wurden. Die Abgrenzung der Gruppen wird im folgenden präzisiert.

rechtliche Implikationen; in welcher Form und in welchem Umfang das MfS Repressionsmaßnahmen einleitete, hing wesentlich von politischen Überlegungen ab, etwa ob der Betreffende mit Unterstützung aus dem Westen rechnen konnte.

247 Teilnehmer gaben an, einen Republikfluchtversuch unternommen oder geplant zu haben. Insgesamt 248 stellten einen Ausreiseantrag. Von diesen gruppierten sich aber nur 179 als Personen ein, die primär aufgrund ihres Übersiedlungsersuchens Opfer politischer Verfolgung wurden. Von ihnen waren wiederum 115 öffentlich für ihr Anliegen aufgetreten. 169 Respondenten ordneten sich der Gruppe derjenigen zu, die ungesetzliche Handlungen gegen die DDR begangen hatten, die nicht im Zusammenhang mit Flucht und Ausreise standen. 144 Teilnehmer stuften sich selbst als „Oppositionelle mit der Absicht, im Land zu bleiben" ein.

Es handelt sich also um sehr unterschiedliche Gruppen von Opfern politischer Verfolgung in der DDR, die in sich wiederum stark fragmentiert waren. Letztlich lag es in der Definitionsmacht des SED-Staats und seiner politischen Geheimpolizei, wer als „Gegner" galt. Zu fragen ist, ob diese Personenkreise in einem Kontext behandelt werden können. Diskutiert wird häufig, ob Ausreiseantragsteller, denen von verschiedenen Seiten vor allem ökonomische Motive unterstellt werden, im selben Sinn wie „Oppositionelle" zu den Opfern politischer Repression gezählt werden dürfen.

Zunächst ist festzuhalten, daß die Grenzen zwischen den Gruppen fließend waren. Es kann als nicht untypisch gelten, daß „Oppositionelle" nach einer Zeit vergeblicher Bemühungen um Veränderungen in der DDR resignierten und die Ausreise in die Bundesrepublik beantragten. Allerdings handelte es sich häufig nicht um einen freiwilligen Entschluß. Bei der Auswertung der vorliegenden Befragung zeigte sich zudem, daß meist ein ganzes Bündel von Gründen für den Entschluß zur Antragstellung ausschlaggebend war, welches am zutreffendsten als „persönlich" im Sinn einer Behauptung der eigenen Individualität gegen den Verfügungsanspruch von Partei und Staat umschrieben werden kann.[15] Zudem gab es im Zeitverlauf Verschiebung in der Motivation der Mehrzahl der Ausreiseantragsteller: In Befragungen von Übersiedlern zwischen 1984 und 1989 kam Infratest zu dem Ergebnis, daß politische Motive zunächst überwogen, sich das Gewicht jedoch später zu ökonomischen Gesichtspunkten verschob.[16]

Unstrittig ist allerdings, daß Republikflüchtlinge und Ausreiseantragsteller ihre Ablehnung des SED-Staats durch den Fluchtversuch beziehungsweise ihr Übersiedlungsersuchen öffentlich machten und sich damit zumindest potentiell der Verfolgung durch das Regime aussetzten. Unzweifelhaft ist schließlich, daß Flucht und Ausreise vom SED-Staat selbst als vom „Klassengegner" gesteuert angesehen und bekämpft wurden.[17] Das MfS stufte das Verlassen der DDR als eine der gefährlich-

15 *Johannes Raschka*, Die Ausreisebewegung – eine Form von Widerstand gegen das SED-Regime? In: *Ulrich Baumann/Helmut Kury* (Hg.), Politisch motivierte Verfolgung: Opfer von SED-Unrecht, Freiburg 1998, S. 257-274.

16 *Richard Hilmer*, Motive und Hintergründe von Flucht und Ausreise aus der DDR, in: Materialien der Enquete-Kommission des Deutschen Bundestages, Bd. VII: Widerstand, Opposition, Revolution, Baden-Baden 1995, S. 322-329, hier 325.

17 *Bernd Eisenfeld*, Die Ausreisebewegung – eine Erscheinungsform widerständigen Verhaltens, in: *Ulrike Poppe/Rainer Eckert/Ilko-Sascha Kowalczuk* (Hg.), Zwischen Selbstbehauptung

sten Bedrohungen des SED-Staates ein: „*Die Inspirierung und Organisierung des Verlassens der DDR stellen in der Gegenwart einen wesentlichen Bestandteil der auf die ‚innere Wandlung' der Verhältnisse im Sozialismus gerichteten Strategie des Feindes zur Bekämpfung und Liquidierung des Sozialismus, zur Vorbereitung der Konterrevolution dar.*"[18]

Für die Übersiedlungsersuchenden gilt Vergleichbares wie für die Gesamtzahl aller Teilnehmer: Die Mehrheit der Ausreiseantragsteller, die sich an diesem Forschungsprojekt beteiligt haben, war zum Zeitpunkt der Ausreise verhältnismäßig jung. Männer machten mit 78,6 Prozent mehr als drei Viertel aus. Überdurchschnittlich viele verfügten über einen Hoch- oder Fachschulabschluß und waren in einem akademischen Beruf tätig. Dies entspricht in etwa der Zusammensetzung der Gruppe der Übersiedler, die in repräsentativen Erhebungen zwischen 1984 und 1989 festgestellt worden ist.[19] Insofern sind auf der Grundlage dieser Befragung Aussagen für die gesamte Gruppe der Ausreiseantragsteller in den siebziger und achtziger Jahren möglich.

Über die demographische Zusammensetzung der politischen Häftlinge ist noch relativ wenig bekannt. Karl Wilhelm Fricke konnte auf eine Befragung von rund 2 000 von der Bundesregierung zwischen 1985 und 1987 freigekauften politischen Gefangenen zurückgreifen. Danach handelte es sich meist um junge Menschen mit einem hohen Anteil von Akademikern. Der Frauenanteil lag zwischen 15 und 20 Prozent.[20] An unserer Untersuchung haben sich 372 ehemalige politische Häftlinge aus der DDR beteiligt. Die Gruppe setzt sich ähnlich zusammen wie die von Fricke beschriebene: Frauen machen rund 22 Prozent aus, die überwiegende Mehrzahl besitzt einen Hoch- oder Fachschulabschluß und war zum Zeitpunkt der politischen Verfolgung verhältnismäßig jung.

Die Möglichkeit, für die gesamte Gruppe zutreffende Aussagen machen zu können, gilt nicht in gleicher Weise wie für ehemalige politische Häftlinge für die „Oppositionellen", da weder genau bekannt ist, wie viele regimekritische Gruppen es im SED-Staat gab, geschweige denn welche Personen diesen angehörten. Die Zentrale Auswertungs- und Informationsgruppe des MfS (ZAIG) registrierte im Frühjahr 1989 rund 160 „*personelle Zusammenschlüsse feindlicher, oppositioneller und anderer negativer Kräfte*" mit ca. 2 500 aktiven Mitgliedern.[21] Dagegen schätz-

---

und Anpassung. Formen des Widerstandes und der Opposition in der DDR (Forschungen zur DDR-Geschichte 6), Berlin 1995, S. 192-223.

18 Das Klassenwesen des vom Gegner inspirierten und organisierten Verlassens der DDR – Grundaufgaben des MfS zur Vorbeugung und Bekämpfung dieser Angriffe. Studienmaterial der Hochschule des MfS. BStU, ZA, VVS-JHS 001-83/85, S. 9. Hervorhebungen im Original.

19 *Hilmer*, Motive und Hintergründe von Flucht und Ausreise, S. 322-325. Vgl. dazu auch *Kristina Pratsch und Volker Ronge*, „So einer wartet nicht auf das Arbeitsamt". Die Integration der DDR-Übersiedler in die westdeutsche Gesellschaft, in: Deutschland Archiv 18 (1985), S. 158-169.

20 *Fricke*, Menschen- und Grundrechtssituation, S. 23.

21 Informationen der ZAIG vom 1.6.1989 über beachtenswerte Aspekte des aktuellen Wirksamwerdens innerer feindlicher, oppositioneller und anderer negativer Kräfte in personellen Zusammenschlüssen, in: *Armin Mitter und Stefan Wolle*, „Ich liebe euch doch alle ..." Befehle und Lageberichte des MfS von Januar bis November 1989, Berlin 1990, S. 47-48.

te Ulrike Poppe die Zahl der oppositionellen Gruppierungen im Jahr 1988 auf 325 mit bis zu 15 000 Beteiligten.[22] Die führenden Köpfe der Gruppen waren nach Angaben der ZAIG zwischen 25 und 40 Jahre alt. Relativ viele der Beteiligten waren Pfarrer oder andere Mitarbeiter der evangelischen Kirche. Unter diesen befinde sich eine hohe Zahl von Hoch- und Fachschulabsolventen, *„die z.T. im Bereich der Kirche [...] eine Tätigkeit ausüben, die nicht ihrer Qualifikation entspricht“.*[23] Wie oben angedeutet, trafen diese Bedingungen auch auf die Teilnehmer zu, die sich selbst als Oppositionelle bezeichneten.

Die Auswahl der Interviewpartner orientierte sich an der Zusammensetzung des gesamten Teilnehmerkreises. Nach Möglichkeit sollte das Schicksal der Zeitzeugen als typisch für eine Teilgruppe gelten können. Neun der Gesprächspartner wurden im Zusammenhang mit einem Republikfluchtversuch inhaftiert. Sechs der Interviewten waren wegen eines Ausreiseantrags in das Visier von Partei und MfS geraten. Von diesen mußten vier eine Freiheitsstrafe verbüßen. Als Oppositionelle bezeichneten sich weitere sieben der Gesprächspartner, von denen zwei Ausreiseanträge stellten. Vier waren Wehrdienstverweigerer. Zwei Gesprächspartner wurden in politischen Prozessen verurteilt, die nicht im Zusammenhang mit Flucht oder Ausreise standen.

Außerdem fand die demographische Beschaffenheit der Gesamtgruppe Berücksichtigung: Von den 24 Gesprächspartnern sind 19 männlich; die Mehrzahl war zum Zeitpunkt ihrer Verhaftung, Ausreise usw. verhältnismäßig jung. 14 verfügten über einen Hoch- oder Fachschulabschluß. Mit den Gesprächspartnern wurden halbstrukturierte Interviews geführt, in denen einem vergleichbaren Schema folgend nach Gründen für die Herausbildung ablehnender Haltungen, Überwachungen, Erfahrungen in Untersuchungshaft und Haft usw. gefragt wurde. Diese Vorgehensweise erlaubte es, die Interviews sowohl untereinander wie auch mit den Resultaten der Fragebogenauswertung zu vergleichen.[24]

---

22 Zitiert nach: *Rainer Eckert*, Widerstand und Opposition in der DDR. Siebzehn Thesen, in: Zeitschrift für Geschichtswissenschaft 1 (1996), S. 49-67, hier 62.

23 Bericht der ZAIG vom 1.6.1989, in: „Ich liebe euch doch alle“, S. 48.

24 Auszüge aus den Zeitzeugenbefragungen sind als wörtliche Zitate in den Text eingefügt. In den Fußnoten wird auf den jeweiligen Gesprächspartner und das Datum des Interviews verwiesen. Einige der Interviewten haben um Anonymisierung ihrer Angaben gebeten. In diesen Fällen wird der Betroffene im Text üblicherweise mit Berufsbezeichnung und Geburtsjahr genannt; in der Fußnote ist das Datum des Gesprächs als Nachweis angeführt.

2 Repressionen im Vorfeld von Verhaftungen

Repressionen unterhalb der Schwelle von – weithin registrierbarer – Verhaftung und Verurteilung waren eine Form politischer Verfolgung, die das MfS in den siebziger und achtziger Jahren in wachsendem Umfang einsetzte.[25] Oft beteiligten sich auch andere Institutionen an solchen Maßnahmen, etwa die Betriebe. Der im folgenden beschriebenen Instrumente bediente sich die Staatssicherheit nicht ausschließlich zur Bekämpfung einer bestimmten Gruppe von Gegnern. Vielmehr konnten sie entsprechend den „operativen" Erfordernissen bei unterschiedlichen Fällen zum Einsatz kommen. In diesem Abschnitt sollen vorwiegend jene Repressionstechniken untersucht werden, die für die Betroffenen wenn nicht deutlich wahrnehmbar so doch mindestens fühlbar wurden, wie etwa systematisch herbeigeführte berufliche Mißerfolge oder Zuführungen zur Volkspolizei beziehungsweise zum MfS.

2.1 Das Ministerium für Staatssicherheit

Das Ministerium für Staatssicherheit besaß neben seiner Funktion als Auslandsnachrichtendienst, Inlandsgeheimdienst sowie militärischer Abschirmdienst der DDR auch die Kompetenzen einer Strafverfolgungsbehörde. Darüber hinaus war die Staatssicherheit als politische Geheimpolizei des SED-Staats für die Überwachung und Bekämpfung Mißliebiger und Andersdenkender zuständig.[26] Das MfS

25 *Hubertus Knabe*, „Weiche" Formen der Verfolgung in der DDR: Zum Wandel repressiver Strategien in der Ära Honecker, in: Deutschland Archiv 30 (1997), S. 709-719.

26 Als Auswahl aus der Fülle der Literatur zum MfS seien genannt: *Hildegard v. Zastrow*, Bibliographie zum Staatssicherheitsdienst der DDR (BF informiert 15), 2. erw. Aufl., Berlin 1996; *Siegfried Suckut* (Hg.), Das Wörterbuch der Staatssicherheit. Definitionen des MfS zur „politisch-operativen Arbeit" (Analysen und Dokumente, wissenschaftliche Reihe des Bundesbeauftragten 5), 2. Aufl., Berlin 1996; *Roland Wiedmann* (Bearb.), Die Organisationsstruktur des Ministeriums für Staatssicherheit 1989, 2. Aufl., Berlin 1996; Materialien der Enquete-Kommission des Deutschen Bundestags, Bd. VIII: Das Ministerium für Staatssicherheit, Baden-Baden 1995; *Karl Wilhelm Fricke*, Die DDR-Staatssicherheit. Entwicklung, Strukturen, Aktionsfelder, 3. erg. Aufl., Köln 1989; *ders.*, MfS intern. Macht, Strukturen, Auflösung der DDR-Staatssicherheit, Köln 1991; *David Gill/Ulrich Schröter*, Das Ministerium für Staatssicherheit. Anatomie des Mielke-Imperiums, Berlin 1991; *Klaus-Dietmar Henke/Roger Engelmann* (Hg.), Aktenlage: Die Bedeutung der Unterlagen des Staatssicherheits-

war militärisch organisiert. Praktisch alle Mitarbeiter gehörten der SED an und verstanden sich als treue Parteisoldaten.

Die Aufblähung des Apparats und der Bedeutungszuwachs der Staatssicherheit hatten nicht unter Honecker begonnen; erst im Verlauf seiner Amtszeit aber erreichte das MfS durch einen erheblichen Zuwachs an Mitarbeitern, Kompetenzen und Machtbefugnissen neben der Rolle als Repressionsinstrument der Staatspartei auch die zentrale Stellung im Herrschaftsgefüge des SED-Staats. Zudem wertete Honecker das MfS sichtbar auf, indem er den Minister für Staatssicherheit, Mielke, zum Mitglied des Politbüros machte. Damit rückte dieser in den innersten Machtzirkel der DDR auf.

Vor allem in den siebziger und frühen achtziger Jahren konnte das MfS seine Mitarbeiterzahl kontinuierlich ausweiten. Die enormen Zuwachsraten hielten bis 1982 an. Erst die begrenzten ökonomischen Ressourcen der DDR setzten der ungehemmten Neurekrutierung Grenzen. Anfang 1983 dekretierte Mielke, die erreichte Personalstärke sei nicht zu überschreiten. Seine Anweisung blieb freilich ohne durchschlagende Wirkung. 1989 verfügte das Mielke-Ministerium über rund 91 000 hauptamtliche Angestellte sowie 174 000 Inoffizielle Mitarbeiter (IM).[27]

Allerdings sollte das MfS nicht als monolithische, ständig effizient arbeitende Repressionsmaschine mystifiziert werden. Die Staatssicherheit bestand aus einer Vielzahl von Abteilungen mit sich teilweise überschneidenden Kompetenzen. Während bestimmte Diensteinheiten meist nur als „Auftragnehmer" ermittelnder Abteilungen tätig wurden oder nachgeordnete Funktionen wahrnahmen, verfügten andere über weitreichende Vollmachten und Möglichkeiten.

Entsprechend unterschiedlich waren das Qualifizierungsniveau des Personals und der Bearbeitungsstil bei einzelnen Fällen: Während die Staatssicherheit bei unbedeutenderen Fällen oft mit vergleichsweise geringem Aufwand und gelegentlich geradezu schlampig vorging, überwachte sie jeden Schritt von Personen, die sie als wichtig einschätzte, und versuchte, in alle Winkel ihres Privatlebens vorzudringen. So erklären sich auch bis zu einem gewissen Grad die unterschiedlichen Einschätzungen, die Betroffene in diesem und in den folgenden Abschnitten über die MfS-Mitarbeiter geben, mit denen sie sich auseinandersetzen mußten. Während manche Positionen mit hochqualifizierten, gut geschulten Kadern besetzt waren, die den Betroffenen schweren Schaden zufügten, wurden andere Funktionen von nachlässigen Mitarbeitern wahrgenommen. Nichtsdestoweniger konnten auch diese wegen der weitreichenden Möglichkeiten zur Repression, über die die Staatssicherheit verfügte, umfassend in die Rechte und das Leben der Betroffenen eingreifen.

Mit der Bekämpfung von Andersdenkenden und Oppositionellen waren vor allem die Hauptabteilung XX beziehungsweise die Abteilungen XX der Bezirksverwaltungen des MfS befaßt, zu deren Aufgaben die „Bearbeitung" der Kirchen, die Mitwirkung bei der Durchsetzung der Jugend- und Kulturpolitik der Partei und der

---

dienstes für die Zeitgeschichtsforschung (Analysen und Dokumente, wissenschaftliche Reihe des Bundesbeauftragten 1), Berlin 1995.

27 *Jens Gieseke*, Die hauptamtlichen Mitarbeiter des Ministeriums für Staatssicherheit, Berlin 1995, S. 39-44; *Helmut Müller-Enbergs* (Hg.), Inoffizielle Mitarbeiter des Ministeriums für Staatssicherheit: Richtlinien und Durchführungsbestimmungen (Analysen und Dokumente, wissenschaftliche Reihe des Bundesbeauftragten 3), Berlin 1996, S. 7.

Verhinderung und Aufdeckung der „Politisch-ideologischen Diversion“ (PID) und der „Politischen Untergrundtätigkeit“ (PUT) zählten.[28] Viele der Akten, aus denen im folgenden zitiert wird, hatte die Hauptabteilung XX oder eine nachgeordnete Abteilung angelegt.

Das MfS arbeitete im wesentlichen personenbezogen. Die Aktenvorgänge hatten meist einzelne, politisch auffällige Bürger zum Gegenstand. In solchen Akten sammelte die Staatssicherheit alle Informationen, die zu einer Person vorlagen. Dazu kamen Berichte von Dienstkonferenzen, interne Absprachen des MfS, Aktennotizen, Abhörprotokolle, Beobachtungsberichte, Reports von IM usw. So erklärt sich der teilweise enorme Umfang solcher Akten von einigen tausend, gelegentlich mehreren zehntausend Blatt. Während gerade viele IM-Berichte im nachhinein für die Bespitzelten außerordentlich schmerzhaft sein konnten, bestand die große Masse der Materialien aus einer *„Sammlung völlig irrelevanter und subjektiver Informationen,“* wie ein Betroffener nach Einsichtnahme in seine Akte meinte [303]. Allerdings enthalten einige Dokumente wesentliche Informationen über die Art und Weise, in der das MfS politisch Mißliebige bekämpfte.

2.2 Operative Personenkontrollen und Operative Vorgänge

Die Operative Personenkontrolle war das erste Instrument des Staatssicherheitsdienstes zur Sammlung von Informationen über eine als potentiell „feindlich-negativ“ eingestufte Person. Grundlage der Bearbeitung Operativer Personenkontrollen war die Richtlinie 1/81. Danach sollte die Operative Personenkontrolle ein *„wesentlicher Bestandteil der Klärung der Frage ‚Wer ist wer?‘“* sein.[29] Es oblag der Geheimpolizei festzustellen, ob eine Person als Gegner des SED-Regimes anzusehen sei. Es ging also unter anderem um eine Einschätzung der politischen Zuverlässigkeit eines Bürgers.

Es genügte bereits, mit einer „feindlich-negativen“ Person verwandt zu sein, um zum Objekt einer Operativen Personenkontrolle zu werden: Nach der Ausweisung von Jürgen Fuchs geriet seine Schwester Christine Stognienko, die zu diesem Zeitpunkt als Lehrerin arbeitete, in das Fadenkreuz der Staatssicherheit, da sie mit ihrem Bruder nach wie vor *„engen postalischen und telefonischen Kontakt“* hielt. Daraus leitete sich der Verdacht ab, daß sie *„die gleiche antisozialistische Einstellung“* wie ihr Bruder habe. Als Ziel der eingeleiteten Operativen Personenkontrolle legte das MfS fest: *„Die St. ist zur Frage ‚Wer ist wer‘ aufzuklären. Ihre Verbindungen und deren Charakter sind festzustellen.“*[30]

Die Operative Personenkontrolle sollte in aller Regel noch keine gerichtsrelevanten Beweise erbringen, sondern nur den *„Verdacht der Begehung“* einer Straftat erhärten oder entkräften. Sie diente meist dazu, Persönlichkeitsbild, Ansichten und Aktivitäten des Betroffenen aufzuklären und auf diese Weise *„Personen mit feind-*

---

28 Wiedmann (Bearb.), Organisationsstruktur des MfS, S. 193.

29 Richtlinie 1/81 über die Operative Personenkontrolle (OPK). Abgedruckt bei: *Gill/Schröter*, Ministerium für Staatssicherheit, S. 322-345.

30 MfS-Akte von Christine Stognienko, Kopie beim Verfasser.

lich-negativer Einstellung beziehungsweise operativ bedeutsamen Verbindungen" zu ermitteln.[31] Wichtigste Informationsquelle waren Berichte von IM und GMS (Gesellschaftlicher Mitarbeiter Sicherheit).[32] Dazu kamen Kenntnisse der Volkspolizei, der Abteilungen Inneres der örtlichen Räte sowie der Betriebe. Eine Operative Personenkontrolle konnte u.a. durch die Einleitung eines Ermittlungsverfahrens abgeschlossen werden. Erschien die Anwerbung für eine inoffizielle Zusammenarbeit möglich, so überführte das MfS den Vorgang in einen „IM-Vorlauf". Gemeint waren Personen, deren Anwerbung als IM geplant war.

Lars Klingberg, Student an der Humboldt-Universität in Berlin, geriet ins Visier der Abteilung XX, da durch *„inoffizielle Quellen"* bekannt geworden war, daß er *„Standpunkte der bürgerlichen Ideologie und Propaganda und auf dieser Grundlage eine verfestigte negative Position gegenüber der sozialistischen Gesellschaft in der DDR besitzt"*. IMs berichteten, er lehne Wahlsystem, Wehrerziehung und andere Institutionen des sozialistischen Staates ab. Zudem sympathisiere er mit den westdeutschen Grünen. Ziel der gegen ihn eingeleiteten Operativen Personenkontrolle war es, den Verdacht der Begehung von Straftaten gemäß Paragraph 106 (staatsfeindliche Hetze) *„herauszuarbeiten"*. Weiteren Rechtsverletzungen sollte vorgebeugt und vor allem die *„inspirierende Rolle"* der Westberliner „Alternativen Liste" nachgewiesen werden.[33]

Ein zehn Tage später angelegter Operativplan präzisierte diese Ziele: Klingberg war der Besitz inkriminierter Bücher nachzuweisen, nämlich von Schriften *„pseudopazifistischen, alternativen, revisionistischen oder faschistischen"* Inhalts. Zentral war die *„Erarbeitung von Hinweisen der Außensteuerung"*. Zu den *„vorbeugenden, schadensverhütenden Maßnahmen"* zählte beispielsweise die *„Verhinderung des Wirksamwerdens von Kräften aus dem Operationsgebiet als Inspiratoren einer politischen Untergrundtätigkeit"*. Gemeint war das Vereiteln des Einschleusens von Literatur oder Ideen aus der Bundesrepublik beziehungsweise Westberlin.

Da aber keine Beweise gegen Klingberg gesammelt werden konnten, konzentrierte sich das MfS auf die *„vorbeugende Verhinderung"* von Straftaten. Dafür brauchte die Staatssicherheit nicht einmal direkt einzugreifen: Klingberg war als Student zur Teilnahme an *„Lagern für militärische Qualifizierung"* verpflichtet. Dort fiel er durch Äußerungen auf, die die Leitung des Lagers an Klingbergs Universität meldete. Dieser gelang *„durch die offensive politische Auseinandersetzung an der Sektion [...] eine Disziplinierung des Klingberg"*, wie das MfS protokollierte. Maßregelung und Ruhigstellung mußte das MfS also oft gar nicht selbst erledigen. Dafür sorgten in Klingbergs Fall die Sektion seiner Universität und eine militärische Ausbildungseinrichtung.

---

31 Wörterbuch der Staatssicherheit, S. 286.

32 Bei GMS handelte es sich um *„Bürger der DDR mit einer auch in der Öffentlichkeit bekannten staatsbewußten Einstellung"*, die als *„Reservoir für die Gewinnung von IM"* sowie als Kaderreserve für das MfS selbst dienten. Anders als IM, deren Verpflichtung in der Regel schriftlich erfolgen sollte, paßte das MfS *„Inhalt und Form der Bereitschaftserklärung [zur Zusammenarbeit] der Persönlichkeit des GMS"* an. Wörterbuch der Staatssicherheit, S. 138-139.

33 MfS-Akte von Lars Klingberg, Kopie beim Verfasser.

Wenn sich im Lauf der Bearbeitung einer Operativen Personenkontrolle Anhaltspunkte für einen Verstoß gegen das Strafrecht der DDR ergaben, legte die Staatssicherheit einen Operativen Vorgang an, die „‚höchste‘ Stufe konspirativer Überwachung und Verfolgung durch das MfS“.[34] In den späten achtziger Jahren schloß die Staatssicherheit jährlich rund 8 000 Operative Personenkontrollen ab, von denen ca. neun Prozent, also etwa 700, in einen Operativen Vorgang mündeten. Die Mehrzahl der Operativen Vorgänge eröffnete das MfS allerdings, ohne daß zuvor eine Operative Personenkontrolle durchgeführt worden war. Zwischen 1985 und 1988 bearbeite die Staatssicherheit pro Jahr 4 500 bis 5 000 Operative Vorgänge.[35] Bestätigte sich der Verdacht, der dem Operativen Vorgang zugrunde lag, so leitete das MfS ein Ermittlungsverfahren ein, das in der Regel mit der Inhaftierung des Betroffenen verbunden war.

Operative Vorgänge legte das MfS auf der Grundlage von Eröffnungsberichten an, die das Ausgangsmaterial sowohl strafrechtlich wie „politisch-operativ“ einschätzen sollten. Solche Berichte enthielten die Personalien des Betroffenen, Angaben zu den Familienverhältnissen sowie zum schulischen und beruflichen Werdegang und die Paragraphen des Strafgesetzbuchs, für deren Verletzung Beweise gesammelt werden sollten. Schließlich hatte der aktenführende MfS-Offizier detailliert darzustellen, in welcher Weise der Betreffende politisch auffällig geworden war. Eröffnungsberichte schlossen mit einer „politisch-operativen Zielstellung“, die in den meisten Fällen kurz die weitere Vorgehensweise benannte. So war Lothar Rochau, Jugenddiakon in Halle-Neustadt, im Sommer 1981 *„wiederholt mit der Organisation von provokatorischen Veranstaltungen“* gegen die *„sozialistische Staats- und Gesellschaftsordnung in Erscheinung“* getreten.[36] Aus diesem Grund leitete die Staatssicherheit einen Operativen Vorgang mit folgendem Ziel ein:

> „Prüfung der strafrechtlichen Relevanz der Handlungen des R. gemäß §§ 106, 107 u. 220 StGB und Schaffung offiziell auswertbarer Beweise. Rechtzeitige und umfassende Aufklärung der Pläne und Absichten des R. und ihre vorbeugende Verhinderung. Prüfung der Möglichkeiten, den R. zu kriminellen Handlungen zu bewegen. Zersetzung und Zurückdrängung des Einflusses des R. im Bereich der JG [Jungen Gemeinde] Halle-Neustadt. Nutzung aller offiziellen und inoffiziellen Möglichkeiten zur Abberufung und Versetzung des R. aus dem Bereich Halle/Halle-Neustadt“.[37]

---

34 *Gill/Schröter*, MfS, S. 131.

35 *Bernd Eisenfeld*, Widerständiges Verhalten im Spiegel von Statistiken und Analysen des MfS, in: *Henke/Engelmann* (Hg.), Aktenlage, S. 161.

36 Dabei handelte es sich um Unterschriftensammlungen für die unabhängige Friedensbewegung, Werkstattveranstaltungen und Diskussionen, die Rochau organisiert hatte.

37 Nach einem über einen längeren Zeitraum vom MfS forcierten *„Differenzierungsprozeß“*, der Rochau in Widerspruch zu seiner Gemeinde und der Kirchenleitung bringen sollte, kündigte diese ihm am 1.3.1983. Knapp vier Monate später wurde er von der Staatssicherheit und wegen Verstoßes gegen die Paragraphen 106 (staatsfeindliche Hetze), 214 (Beeinträchtigung staatlicher Tätigkeit) sowie 219 (ungesetzliche Verbindungsaufnahme) zu einer Freiheitsstrafe von drei Jahren verurteilt. Er stellte nach einem „Gespräch“ mit einem Offizier der Staatssicherheit aus der Untersuchungshaft Antrag auf Ausreise und verließ die DDR am 1.12.1983. Der Spiegel 39/1983; persönliche Aufzeichnungen und MfS-Akte von Lothar Rochau sowie Rehabilitierungsschrift Rochaus von 1990. Kopien beim Verfasser.

Reinhard Weidner, Pfarrer im Kreis Schleiz, rief Anfang 1989 unter dem Dach seiner Kirchengemeinde eine Gruppe ins Leben, die auf die von einem Betrieb mit Massentierhaltung ausgehenden Gefahren aufmerksam machen wollte und sich zu einem Diskussionskreis über Umweltprobleme entwickelte. Der gegen ihn angelegte Operative Vorgang hatte die *„Schaffung von Voraussetzungen und Zerschlagung der Gruppierung im Sinne der vorbeugenden, verhindernden Arbeit durch: allseitige Aufklärung der Persönlichkeit; Schaffung von Voraussetzungen zur Diffamierung der OV-Person; Schaffung von Grundlagen zur Durchführung strafrechtlicher und ordnungswidrigkeitsrechtlicher Maßnahmen“*[38] zum Ziel. Diese Beispiele zeigen bereits, daß das MfS Mißliebige nicht nur mit dem Ziel „bearbeitete“, gegen sie strafrechtlich relevantes Beweismaterial zu sammeln, sondern versuchte, in massiver Weise in ihr privates und soziales Umfeld einzudringen.

Grundlage der Bearbeitung Operativer Vorgänge waren sogenannte Operativpläne, die die angestrebten Ziele und die dafür notwendigen Maßnahmen präzisierten, die einzusetzenden IM und andere konspirative Methoden, ein geeignetes Vorgehen zur Beweisführung, Pläne zur Zusammenarbeit mit anderen Diensteinheiten sowie Termine und Verantwortlichkeiten benannten.[39] Gelegentlich legte das MfS Maßnahmepläne an, wenn über die Operativpläne hinaus weitere konspirative Instrumente eingesetzt werden sollten. Die Unterscheidung zwischen Maßnahme- und Operativplänen scheint nicht besonders scharf gewesen zu sein. Vieles von dem, was bereits im Eröffnungsbericht festgehalten worden war, wiederholte sich in Operativ- und Maßnahmeplänen wie auch in weiteren Schriftstücken der Staatssicherheit. Diese Redundanzen sind ein weiterer Grund dafür, daß personenbezogene MfS-Akten ihren teilweise enormen Umfang erreichen konnten. In Sachstandsberichten zog die Staatssicherheit Zwischenbilanzen. Auch für Operative Personenkontrollen verfaßte die Staatssicherheit Eröffnungs- sowie Operativ- und Maßnahmepläne. Wegen der anderen Funktion von Operativen Personenkontrollen führten diese Operativpläne aber meist noch keine Paragraphen an, auf Grund derer ermittelt werden sollte, sondern formulierten „Kontrollziele“. Auch das war allerdings nicht immer der Fall.

Hauptinstrument bei der Bearbeitung Operativer Vorgänge war der Einsatz von IM und GMS, da diese nach Auffassung des MfS *„am umfassendsten in die Konspiration des Feindes eindringen“* konnten. Entscheidend für deren Erfolg im Sinn der Staatssicherheit war es, Zuträger aus der unmittelbaren Umgebung des Betroffenen zu verpflichten beziehungsweise einen IM direkt an das Opfer *„heranzuführen“*. Wenn IM bereits im Umfeld der Betroffenen plaziert waren, so wies ihnen der Operativplan konkrete Aufgaben zur „Aufklärung“ des Bespitzelten zu.

Ein gegen Lothar Rochau angelegter Operativer Vorgang zählte insgesamt fünf IM und GMS auf, die das MfS mit unterschiedlichen Aufträgen gegen Rochau zum Einsatz brachte: Ein IM sollte sich *„auf die Schaffung und Dokumentierung von Beweisen“* konzentrieren und aus diesem Grund *„stärker in den ‚engeren Kreis‘ um Rochau“* eindringen. Der zweite IM bekam die Anweisung, die Jugendlichen der Jungen Gemeinde *„aufzuklären“* und außerdem die Aussagen des ersten IM zu überprüfen.

---

38 MfS-Akte von Reinhard Weidner, Kopie beim Verfasser.
39 Wörterbuch der Staatssicherheit, S. 295-296.

Den gleichen Auftrag erhielt ein GMS. Außerdem legte der Operativplan die Heranführung weiterer IM an die *„OV-Person"* fest. Ein IM sollte *„durch geeignete operative Maßnahmen in den Umkreis des Rochau integriert werden [...]"*. Zu diesem Zweck war die *„Umprofilierung des IM auf die Kirchenproblematik"* und die *„legendierte Kontaktaufnahme zum Rochau"* geplant. Schließlich sollte ein „IM-Vorlauf" Informationen über Rochaus Stellung im Kollegenkreis erarbeiten.

Die Staatssicherheit prüfte im Rahmen einer großen Zahl von Operativen Vorgängen, ob aus dem Umfeld des Observierten weitere Personen als IM gewonnen werden konnten. IM lieferten jedoch nicht nur Informationen; das MfS setzte sie auch zur Vertiefung persönlicher Differenzen in privaten oder sozialen Beziehungen ein. So berichtete ein Betroffener, ein IM habe eine schwere Ehekrise zu nutzen versucht, um seine Frau in ihren Trennungsabsichten zu bestärken [260]. Ähnliche Vorgehensweisen schilderten auch andere Teilnehmer [211].

2.3 „Maßnahmen der Zersetzung"

Mit der „Richtlinie 1/76 zur Entwicklung und Bearbeitung Operativer Vorgänge (OV)" des MfS vom Januar 1976[40] wuchs Operativen Vorgängen neben der Ermittlung strafrechtlich relevanter Informationen die Aufgabe zu, *„vorbeugend ein Wirksamwerden feindlich-negativer Kräfte zu unterbinden [...]"*.[41] Die Richtlinie 1/76 wies Operativen Vorgängen auch Funktionen als Repressionsinstrument im Vorfeld strafrechtlicher Verfolgung zu. Wesentliches Mittel zu diesem Zweck waren „Maßnahmen der Zersetzung", durch die „feindlich-negative Kräfte" an ihren Handlungen gehindert werden sollten, ohne daß juristische Sanktionen zur Anwendung kommen mußten. Mit der Richtlinie 1/76 führte die Staatssicherheit „Methoden der Zersetzung", die sie bereits zuvor angewendet hatte, nun auch formal als Bestandteil Operativer Vorgänge ein, ohne daß sie auf die Anwendung des politischen Strafrechts verzichtete hätte.

„Zersetzungsmaßnahmen" kamen sowohl als Abschluß Operativer Vorgänge als auch im Rahmen der laufenden Bearbeitung zum Einsatz. Sie waren auf das *„Hervorrufen sowie die Ausnutzung und Verstärkung solcher Widersprüche beziehungsweise Differenzen zwischen feindlich-negativen Kräften zu richten, durch die sie zersplittert, gelähmt, desorganisiert und isoliert und ihre feindlich-negativen Handlungen einschließlich deren Auswirkungen vorbeugend verhindert, wesentlich eingeschränkt oder gänzlich unterbunden werden"*.[42] „Zersetzungsmaßnahmen" kamen insbesondere dann zur Anwendung, *„wenn in der Bearbeitung Operativer Vorgänge die erforderlichen Beweise für das Vorliegen eines Staatsverbrechens oder einer anderen Straftat erarbeitet wurden und der jeweilige Operative Vorgang aus politischen oder politisch-operativen Gründen im Interesse der Realisierung eines höheren gesellschaftlichen Nutzens nicht mit strafrechtlichen Maßnahmen abgeschlossen werden soll [...]"*.[43] „Maßnahmen der Zersetzung" substituierten

---

40 Die Richtlinie 1/76 des MfS ist abgedruckt bei: *Gill/Schröter*, MfS, S. 346-401.

41 Ebd. S. 349.

42 Ebd. S. 389.

43 Ebd. S. 390.

strafrechtliche Verfolgung, wenn Verhaftung und Verurteilung nicht opportun erschienen, etwa weil der Betreffende auf Unterstützung durch westliche Stellen rechnen konnte oder weil die Festnahme eines bekannten Oppositionellen dem internationalen Ansehen der DDR geschadet hätte.

Zu den „Maßnahmen der Zersetzung" zählten die *„Diskreditierung des öffentlichen Rufes"*, die *„systematische Organisierung beruflicher und gesellschaftlicher Mißerfolge zur Untergrabung des Selbstvertrauens einzelner Personen", die „zielstrebige Untergrabung von Überzeugungen"*, das *„Erzeugen von Mißtrauen und gegenseitigen Verdächtigungen innerhalb von Gruppen"* sowie die Einschränkung von Verbindungen zwischen verschiedenen Gruppen. Träger von „Zersetzungsmaßnahmen" sollten vor allem *„zuverlässige, bewährte, für die Lösung dieser Aufgabe geeignete IM"* sein.[44] Wird berücksichtigt, daß es dem MfS sogar gelang, Ehemänner zur Bespitzelung ihrer Ehefrauen anzustiften,[45] erschließt sich eine gewisse Vorstellung von den Auswirkungen für die Betroffenen.

Die Bekämpfung politischer Gegner und damit auch der Einsatz von „Zersetzungsmaßnahmen" waren der Richtlinie 1/76 zufolge nicht nur Aufgabe des MfS. Es ging Mielke darum, gezielt die *„Möglichkeiten der DVP [der Deutschen Volkspolizei] und anderer Organe des MdI [Ministerium des Inneren] sowie anderer Staats- und wirtschaftsleitender Organe, Betriebe, Kombinate und Einrichtungen sowie gesellschaftlicher Organisationen und Kräfte für die Entwicklung von Ausgangsmaterialien für Operative Vorgänge"* zu nutzen. Ihre Aufgabe war es, den effektiveren Einsatz von IM und GMS zu unterstützen und bei der *„Schaffung strafprozessual verwertbarer Beweismittel auf der Grundlage von inoffiziellen Informationen und Beweisen"* sowie der *„Aufdeckung, Einschränkung und Beseitigung [...] von Möglichkeiten feindlich-negativer Kräfte"* mitzuwirken.[46]

Operative Vorgänge dienten nicht nur der Überwachung Mißliebiger, sondern konnten zu einem Instrument politischer Repression werden, zu einem Mittel der Verfolgung ohne Verurteilung. Oft war der Zugriff durch das MfS nur der letzte Schritt, wenn andere Mittel versagt hatten. Bereits im Vorfeld von Verhaftung oder Zuführung veranlaßte das MfS Schritte zur Vereinzelung, Verunsicherung und Einschüchterung der Betroffenen: Berufliche Behinderungen, Ladung zu dienstlichen Vorgesetzten, Aussprachen vor dem Kollektiv, Einbestellung zum Kaderleiter, Ausstreuung von Gerüchten im Bekanntenkreis usw. „Zersetzungsmaßnahmen" verlegten die Verfolgung Andersdenkender von der Bühne politischer Prozesse in den Alltag der Betroffenen. Die Feststellung von Michael Beleites dürfte zutreffend sein, daß „Zersetzungsmaßnahmen" *„als unsichtbare Repression die für die Honecker-Zeit charakteristische Form der Verfolgung Oppositioneller"* [122] waren.[47]

---

44 *Gill/Schröter*, MfS, S. 390-391.

45 Vera Lengsfeld wurde jahrelang von ihrem Ehemann Knud Wollenberger im Auftrag des MfS überwacht. Er lieferte der Staatssicherheit als IM „Donald" selbst über Urlaubsreisen und private Gespräche Berichte. Der Spiegel 3/1992, S. 34-38.

46 *Gill/Schröter*, MfS, S. 365-368.

47 Michael Beleites war seit Anfang der achtziger Jahre Mitglied der Friedens- und Umweltbewegung im Bezirk Gera. Durch die Studie „Pechblende" gelang es ihm 1988 erstmals, auf die Gefahren des Uranabbaus in der DDR hinzuweisen. Beleites hat den seit 1982 gegen ihn lau-

Die Drohung mit Verhaftung war aber immer präsent und durchaus ernst zu nehmen. Die Wahl zwischen Prozeß oder „Zersetzung" scheint von verschiedenen Faktoren abhängig gewesen zu sein: Das MfS stimmte seine Vorgehensweise gegen Oppositionelle darauf ab, ob es sich um einzelne Personen oder Gruppen handelte, ob der Betreffende so bekannt war, daß Reaktionen der westlichen Öffentlichkeit zu erwarten waren usw. Neben dem – wenn auch schwachen – Schutz durch den Kontakt zu westlichen Journalisten nutzten viele Oppositionelle in zunehmendem Maß den begrenzten Freiraum, den die Kirche bot. Das Verhältnis zwischen Kirche und Gruppen war selten frei von Spannungen,[48] bot den Betroffenen aber eine beschränkte Sicherheit vor unmittelbarem staatlichen Zugriff. Vergleichbares galt für Pastoren und Diakone, die sich in der unabhängigen Friedens- und Umweltbewegung engagierten. Je schwieriger Verhaftung und Verurteilung von Oppositionellen unter den veränderten innerdeutschen und internationalen Bedingungen wurden, desto größere Bedeutung kam „Maßnahmen der Zersetzung" zu.

„Zersetzungsmaßnahmen" waren häufig den sich jeweils bietenden Möglichkeiten angepaßt. Die Ressourcen für diese aufwendige Art der Repression wendete das MfS insbesondere dann auf, wenn die Betroffenen von der Kirche isoliert werden sollten. Pfarrer Dietmar Linke und seine Frau wurden seit November 1979 in einem Operativen Vorgang „bearbeitet", da sie sich in der unabhängigen Friedensbewegung engagiert hatten. Anfang 1981 legte das MfS fest, es seien *„solche Maßnahmen durchzuführen, die die L's in immer größere Schwierigkeiten bringen, durch die sie sich auf Grund ihrer Aktivitäten selbst diskreditieren und in Widerspruch zur Kirchengemeinde [...] kommen"*. Bei der Bearbeitung des Operativen Vorgangs mußte das MfS jedoch davon ausgehen, *„daß diese feindlichen Aktivitäten der Linkes aus politischen Gründen strafrechtlich nicht geahndet werden können"*. Daher griff die Staatssicherheit zur Bekämpfung des Ehepaares zu „Zersetzungsmaßnahmen". Dazu zählte etwa ein gefälschter Brief, Geld, das in Holland für Linkes Kirchengemeinde gesammelt worden war, werde von ihm *„nicht zweckgebunden verwendet"*.[49]

Die „Zersetzungsmaßnahmen" blieben jedoch zunächst ohne Erfolg. Anfang 1983, also zwei Jahre nach Eröffnung des Operativen Vorgangs, berichtete die bearbeitende Kreisdienststelle des MfS, man habe in den letzen fünf Monaten weiter an der *„Zersetzung des Gemeindekirchenrates beziehungsweise Schaffung von Unsicherheiten in diesem"* sowie an der *„Diskreditierung und Kriminalisierung der L's"* gearbeitet. Trotzdem riefen *„nur wenige Maßnahmen [...] nachhaltige Wirkung"* hervor. Die Verdächtigen hätten sich *„als Personen des politischen Untergrunds profiliert und erheblichen Anteil an der Herausbildung der staatsunabhängigen Friedensbewegung"*.[50]

---

fenden Operativen Vorgang dokumentiert: *Michael Beleites*, Untergrund. Ein Konflikt mit der Stasi in der Uran-Provinz, 2. erw. Aufl., Berlin 1992.

48 *Neubert*, Geschichte der Opposition, S. 540-542.

49 MfS-Akte von Dietmar Linke, Kopie beim Verfasser.

50 Ebd. Obwohl die „Zersetzungsmaßnahmen" bis Anfang 1983 keinen durchschlagenden Erfolg hatten, zeigten sie dennoch deutliche Wirkung: Die Staatssicherheit konnte protokollieren, Frau Linke habe einem IM anvertraut, sie und ihr Mann seien im Sommer 1982 so isoliert gewesen, daß sie aus der DDR, zumindest aber aus ihrer Kirchengemeinde weggehen

„Zersetzungsmaßnahmen“ hatten insbesondere dann keine durchschlagende Wirkung, wenn beruflichen Mißerfolge nicht oder nur schwer herbeigeführt werden konnten. Das galt vor allem für Personen, die bei der Kirche beschäftigt waren. Folgerichtig benannte das MfS als eines seiner wichtigsten Ziele bei der weiteren „Bearbeitung“ Linkes die Herbeiführung einer *„innerkirchlichen Auseinandersetzung mit Pfarrer L“*. Für die erfolgreiche „Zersetzung“ der Linkes fehlten dem MfS zu diesem Zeitpunkt überdies IM *„mit echten vertraulichen Beziehungen zu den Verdächtigen [...]“*. Solche IMs waren eine der zentralen Bedingungen, um die sozialen Beziehungen des Betroffenen wirkungsvoll zu untergraben. Aus diesem Grund findet sich in den verschiedenen gegen Linke ausgearbeiteten Maßnahmeplänen immer wieder die Forderung, IM in seiner Nähe *„zu schaffen und effektiv einzusetzen“*.[51]

Die *„öffentliche Diskreditierung“* Linkes hatte in seinem Umfeld nicht den erwünschten Effekt, da die Diffamierungen in seiner Kirchengemeinde nicht auf fruchtbaren Boden gefallen waren. Auch in dieser Beziehung erwiesen sich die „Zersetzungsmaßnahmen“ nicht als so erfolgreich, wie vom MfS erhofft, da es eine Kirchengemeinde nicht derart direkt beeinflussen konnte wie beispielsweise den Leiter eines Staatsbetriebs. Insofern behauptete sich in Grenzen nicht nur die Kirche selbst, sondern auch das kirchliche Milieu als ein Bereich, aus dem sich Resistenz gegen das SED-Regime entwickeln konnte.

Schließlich zeigte der Druck staatlicher Stellen auf Linke und die Kirche Wirkung: Im Februar 1983 schickte der Rat des Bezirkes Frankfurt/Oder einen umfangreichen Katalog mit Beschuldigungen gegen Linke an den Generalsuperintendenten. Im Juli 1983 wurde in Linkes Pfarrhaus eingebrochen. Im September folgte ein Gespräch mit einem Staatsanwalt, die Zahl diffamierender Gerüchte nahm zu. Schließlich resignierte Linke und stellte im November 1983 einen Antrag auf Ausbürgerung aus der DDR, die er schon einen Monat später verlassen mußte.[52] Im Abschlußbericht des Operativen Vorgangs konnte das MfS Mitte 1984 festhalten, *„durch die Anwendung des Strafgesetzbuchs“* wären *„die Linkes zu ‚Märtyrern‘ und sogenannten Friedenskämpfern in der DDR gemacht“* worden. Daher seien *„vielfältige Differenzierungs-, Zersetzungs- und Kriminalisierungsmaßnahmen gegen das Ehepaar Linke durchgeführt“* worden, die schließlich zu dem Entschluß führten, einen Antrag auf Ausbürgerung zu stellen.

2.4 Der Arbeitsplatz als Ort politischer Disziplinierung

Für Repressionen im Vorfeld von Verhaftungen brauchte das MfS häufig gar nicht selbst einzugreifen, sondern konnte sich darauf beschränken, die Disziplinierungs-

---

würden, wenn eine solche Situation noch einmal eintreten sollte. Falls sich eine derartige Möglichkeit noch einmal ergeben würde – und das MfS rechtzeitig davon erfuhr – wollte die Staatssicherheit dies *„mit allen Mitteln gezielt unterstützen“*.

51 Ebd.

52 Linke hat seine Arbeit als Gemeindepfarrer in der DDR nach seiner Ausbürgerung beschrieben: *Dietmar Linke*, Niemand kann zwei Herren dienen. Als Pfarrer in der DDR, Hamburg 1983.

maßnahmen anderer Institutionen zu protokollieren. Die direktesten Zugriffsmöglichkeiten boten sich am Arbeitsplatz der Betroffenen. Die Beeinträchtigungen mußten nicht bis zur „Zersetzung" gehen, sondern dienten oft nur dazu, die Betroffenen zur Ordnung zu rufen. Ein vergleichsweise mildes Mittel war das Aussprechen von Verweisen [503]. Von IMs wurden Gerüchte ausgestreut, der Betreffende arbeite schlecht, um ihn im Kollegenkreis oder bei Vorgesetzten zu diskreditieren [369, 382].

Ein weiteres Instrument, um die Betroffenen zu disziplinieren, waren Kadergespräche, die üblicherweise durch einen Fragespiegel vorbereitet worden waren. So wurde Sybille Neuhauser, die im für die DDR äußerst sensiblen Bereich der Leipziger Messe beschäftigt war, zum Ziel einer Operativen Personenkontrolle, da sie anläßlich des Jahrestags des Mauerbaus einen Brief mit *„hetzerischem Inhalt"* an eine Bekannte in der Bundesrepublik geschrieben hatte. Diesen konnte die Staatssicherheit abfangen. Das MfS informierte ihre Vorgesetzten über die Kontakte und forderte sie auf, mit Neuhauser ein Kadergespräch zu führen, damit *„sie das falsche ihrer Handlung einsieht"*.[53]

Bei dem Gespräch, das eher den Charakter eines Verhörs gehabt haben dürfte, warfen Neuhausers Dienstherren ihr unter anderem vor, sie beteilige sich zu wenig am *„gesellschaftlichen Leben"*. Bei der *„Diskussion zu politischen Tagesfragen"* verhalte sie sich zu passiv. Zudem habe sie *„bisher noch keine Partei für unseren Staat"* ergriffen. Schließlich empfahlen ihr ihre Vorgesetzten, die Verbindung in die Bundesrepublik abzubrechen und *„ihre gesamte Haltung im Interesse ihrer weiteren gesunden Entwicklung zu überprüfen [...]"*. Zu diesem Zweck sollte ein Disziplinarverfahren gegen Neuhauser eingeleitet und vor dem Arbeitskollektiv ein strenger Verweis erteilt werden.

Die Benachteiligungen am Arbeitsplatz konnten von Behinderungen des beruflichen Werdegangs [138] bis zur Einleitung von Disziplinarverfahren mit anschließender Kündigung gehen, also der *„Zerstörung der beruflichen Laufbahn"* [165]. Ein Redakteur einer Literaturzeitschrift wurde von seinem Posten abgelöst, um seinen *„öffentlichkeitswirksamen Einfluß"* einzuschränken. Ein Publikationsverbot für bestimmte Verlage folgte [247]. Solche Berufsverbote waren häufig von öffentlichen Disziplinierungen vor allen Mitarbeitern begleitet und führten in Einzelfällen zu schwerwiegenden gesundheitlichen Beeinträchtigungen [474].

Ein weiteres einschneidendes Mittel zur Maßregelung der Betroffenen war das Entziehen oder Verwehren von Bildungsmöglichkeiten, wie etwa die Relegation von der Universität [316] oder die Rücknahme der Delegierung zum Studium [165]. Gerade dies ist eine bis heute fortwirkende Benachteiligung, da die durch vorenthaltene Ausbildungschancen verlorene Zeit nicht zurückzugewinnen ist. Bei Personen, gegen die die Staatssicherheit einen Operativen Vorgang eingeleitet hatte, wirkte das MfS immer wieder auf die Verantwortlichen im Bildungswesen ein, um die Zurücksetzung Mißliebiger herbeizuführen. Für die Betroffenen war es – vor der Akteneinsicht – nicht konkret belegbar, daß die Ablehnung eines Studienwunsches auf die Einflußnahme des MfS zurückging. Allerdings lag es oft auf der Hand, daß die Geheimpolizei beteiligt war, wenn *„man ausgerechnet bei mir kei-*

53 MfS-Akte von Sybille Neuhauser, Kopie beim Verfasser.

nen Weg sah, während rund um mich alle Leute ihre berufliche Entwicklung fortsetzten [...]".[54]

Um politisch Mißliebige unter Druck zu setzen, benachteiligte das Regime Familienangehörige in Schule und Beruf gezielt. Dies war bei der überwiegenden Mehrzahl der Teilnehmer der Fall: Von den 576 an der Untersuchung Beteiligten gaben 423 (73,4 Prozent) an, Familienmitglieder seien systematisch diskriminiert worden. 216 Teilnehmer (37,5 Prozent) sprachen von beruflichen Benachteiligungen von Angehörigen. 194 (33,7 Prozent) benannten soziale Repressalien, wie etwa die Verweigerung von Reisen. 289 Teilnehmer (50,2 Prozent) gaben an, das MfS habe auch ihre Familienangehörigen überwacht.[55]

116 der Betroffenen (20,1 Prozent) berichteten von Behinderungen der Ausbildung ihrer Kinder, darunter die Verweigerung des Oberschulbesuchs trotz guter Noten, die Entfernung von der Oberschule [66, 171, 193, 266, 359, 384, 395, 403, 415, 431, 482] oder die Verhinderung des Studiums [383, 453, 564, 569]. Bereits zugesagte Lehrstellen wurden wieder entzogen [320, 404], Kinder in der Schule besonderer Kontrolle unterworfen [474] und gelegentlich sogar Verhören „zugeführt" [109]. Angehörige wurden überwacht [11, 91, 549], die berufliche Weiterentwicklung von Ehepartnern unterbunden [404, 438, 529]. Es kam zu Zwangsversetzungen [11, 395]. Waren Verwandte in sensiblen Bereichen beschäftigt, drohte ihnen zeitweilige Entfernung aus ihrem Beruf [490] oder sogar die Entlassung [49, 210, 400]. Die Wiedereinstellung in anderen Betrieben wurde hintertrieben [360]. Westreisen von Angehörigen wurden verboten [14, 171, 342, 554], Verwandten die Einreise in die DDR untersagt [66, 237].

2.5 Zuführungen, Aufenthaltsbeschränkungen, Observierungen

Zuführungen, also Festnahme und Vernehmung der Betroffenen durch Staatssicherheit oder Volkspolizei ohne formellen Haftbefehl, waren eines der schärfsten Repressionsinstrumente im Vorfeld von Verhaftungen, da der psychische Druck bei solchen Verhören teilweise außerordentlich war: Die Betroffenen konnten zunächst nicht abschätzen, ob der Zuführung nicht doch Untersuchungshaft und Prozeß folgen würden. Bei Zuführungen mußten die Mitarbeiter des MfS die ansonsten peinlich beachtete Konspiration aufgeben. Dieser hohe Einsatz war aus der Sicht des MfS nur dann zu rechtfertigen, wenn eine Beeinflussung des Betroffenen in der erwünschten Weise erreicht werden konnte. Entsprechend war der Umgang mit den „Zugeführten". Eine Betroffene, Mitglied der Gruppe „Frauen für den Frieden", berichtete von der erheblichen einschüchternden Wirkung, die solche Zuführungen hatten:

> „Angst hatte ich, wenn sie vor der Tür standen. Es war nicht selten, daß sie früh um 6 kamen, mich abholten und ich nicht wußte, was werden würde. Mir war klar: Wenn sie wollten, konnten sie mich inhaftieren. Dieser Gedanke zog sich durch die ganze Zeit. [...] Meistens kamen sie morgens um 6 und sagten, es handle sich um die „Klärung eines

54 Gespräch mit Michael Beleites am 4.6.1996.
55 Da Mehrfachnennungen möglich waren, kam es zu Doppelzählungen.

Sachverhalts", nahmen mich mit und brachten mich irgendwohin zur Befragung. [...] Ich denke, es ging darum, Namen von Leuten erfahren, zu denen Verbindungen bestanden, herauszubekommen, was man gerade machte usw. Sie wollten natürlich immer wissen, was geplant war und was für Verbindungen man hatte. Sie ließen natürlich auch keine Gelegenheit für Anwerbungsversuche aus. [...] Es war potentiell klar, daß bei jedem, der zu einer Vernehmung war, der Versuch unternommen wurde, ihn anzuwerben."

Dennoch bestanden begrenzte Möglichkeiten zur Gegenwehr, insbesondere durch den Austausch mit anderen, die ähnlichen Erfahrungen ausgesetzt waren:

„Es gab Sicherheit, weil wir darüber geredet haben. Das hat niemand für sich behalten. Es gab auch einen Arbeitskreis: Wie verhalte ich mich bei der Stasi? Was sage ich, was sage ich nicht? Ich erfand irgendwann, als man mich wieder einmal abgeholt hatte und ich schlechter Laune war, etwas. Ich sagte: ‚Wissen Sie, was ich heute mache? Schweigen für den Frieden.' Daraufhin guckten die ganz blöd. Ich hatte mir ein Buch und einige Äpfel eingesteckt, schwieg wirklich stundenlang und las mein Buch. Der Vernehmer wollte immer wieder etwas fragen, ich weigerte mich aber. In diesen Momenten fühlte ich mich ziemlich gut. Ich weiß auch nicht, wie ich das konnte, denn es hätte ja durchaus sein können, daß man anders mit mir umgesprungen wäre. Glücklicherweise war es nicht an dem. Der Vernehmer war natürlich sauer und rastete leicht aus: ‚Was ist denn das jetzt wieder für eine neue Bewegung?! Wo kommt denn das jetzt her?!' Dann verließ er das Zimmer. Er mußte wahrscheinlich erst einmal telefonieren und sich Instruktionen holen, wie er sich mir gegenüber verhalten solle."[56]

Eine weitere Einrichtung, die bei der Disziplinierung Mißliebiger mitwirkte, waren die Abteilungen für innere Angelegenheiten der örtlichen Räte, eine Art Ordnungsbehörde mit weitreichenden Aufgaben. Mitunter mußten die Betriebe Berichte über Auffällige für die Abteilung Inneres schreiben [337]. Betroffene erhielten Vorladungen zu *„Aussprachen"* beim Rat des Kreises, bei denen ihnen *„Sündenkataloge"* [237] vorgelegt wurden. Eine ähnliche Funktion erfüllten fingierte Ladungen zur Kreis- oder Bezirksleitung der Partei [503]. Mitunter warteten hier bereits MfS-Mitarbeiter auf die Betroffenen, um mit ihnen *„Vorbeugungsgespräche"* zu führen [271, 416]. Mit solch offenen Auftritten, die der geforderten Konspiration zuwiderliefen, verfolgte die Staatssicherheit sicherlich auch das Ziel, die Betroffenen einzuschüchtern und ihnen deutlich zu machen, daß das MfS auf sie aufmerksam geworden sei.

Ein weiteres Mittel des MfS, das den Betroffenen deutlich machen sollte, jederzeit unter der Kontrolle der politischen Geheimpolizei zu stehen, war die offene Observierung durch Mitarbeiter der Staatssicherheit. Dazu zählte beispielsweise die *„Begleitung durch Fahrzeuge des MfS"* [350] oder die Beobachtung der Wohnräume aus einem auffällig vor dem Haus geparkten Auto heraus [329]. Diese offensichtliche Überwachung wurde besonders dann intensiviert, wenn das MfS „provokatorisch-demonstrative Handlungen" des Bespitzelten befürchtete oder wenn „Gesellschaftliche Höhepunkte" bevorstanden. Gerade im Vorfeld von „Gesellschaftlichen Höhepunkten", also Feiertagen wie dem 1. Mai, war die Sorge der Staatssicherheit besonders groß, Andersdenkende könnten die erhöhte öffentliche Aufmerksamkeit für Demonstrationen nutzen. Das Bewußtsein oder zumindest die

56 Gespräch am 26.5.1996. Die Betroffene hat um Anonymisierung ihrer Angaben gebeten.

Ahnung der Überwachung bis in die Privatsphäre hinein erzeugte bei manchen der Bespitzelten Mißtrauen, das Formen seelischer Deformierung annehmen konnte. Die Beobachtung habe bei ihm dazu geführt, schilderte ein Betroffener diese Situation, daß er *„mißtrauischer wurde, zeitweise sogar Ansätze von Verfolgungswahn“* bei sich selbst verzeichnet habe [74].

2.6 Versuche zur Anwerbung als Inoffizieller Mitarbeiter

Die Ergebnisse von Operativen Vorgängen faßte das MfS in Abschlußberichten zusammen. Ein Bestandteil solcher Berichte waren Angaben über weitere Aufgaben der beteiligten IM. Außerdem konnten sie Vorschläge zur Einleitung von Maßnahmen gegen Dritte enthalten, die in dem Operativen Vorgang erfaßt worden waren, etwa Reisesperren oder Operative Personenkontrollen. Schließlich hatte ein solcher Bericht eine *„Begründung des Vorschlags zum Abschluß sowie der zu wählenden Abschlußart“* zu enthalten.[57] Häufig beendete das MfS Operative Vorgänge mit einem Versuch zur Anwerbung als IM. Ein solcher Werbungsversuch konnte auch im Verlauf der Bearbeitung eines Operativen Vorgangs unternommen werden. Die Unterschrift unter die Verpflichtungserklärung zur inoffiziellen Mitarbeit wurde oft durch massiven Druck erzwungen, gelegentlich durch fast freundliche Annäherung quasi erschlichen, je nachdem welche Werbungsmethode dem MfS erfolgversprechend erschien.

Die Drohungen konnten die verschiedensten Formen haben, darunter vergleichsweise harmlose Einschüchterungen wie der Verweigerung von Reisen in das sozialistische Ausland [386] oder die Bundesrepublik [510]. In der Regel handelte es sich aber um massiven Zwang, etwa die Ankündigung des Studienplatzverlustes [71, 497]. Das MfS versuchte sogar, Schüler, die in der Klasse auffällig geworden waren, unter Druck zur Zusammenarbeit zu verpflichten [110]. Andere Betroffene berichteten von der Androhung öffentlicher Verleumdung nächster Angehöriger [389] oder der Ausnutzung der Wehrdienstverweigerung zur Erpressung der Zusammenarbeit [415].

Wenn die Staatssicherheit Personen in Operativen Vorgängen bearbeitete, konnte sie mit weitreichenden Repressalien [62, 425] oder sofortiger Verhaftung drohen [6, 274, 402, 497, 542, 552], um die Betroffenen zur Unterschrift zu nötigen, da belastende Erkenntnisse vorlägen. Die Unterschrift unter die Verpflichtungserklärung verlangte die Staatssicherheit gelegentlich erst nach längeren Verhören, um den psychischen Druck auszunutzen, unter dem die Betroffenen standen [528]. Einer der an dieser Untersuchung Beteiligten berichtete, ihm sei die Verpflichtungserklärung nach 36-stündigem, ununterbrochenem Verhör vorgelegt worden. Als er ablehnte, verpflichtete ihn die Staatssicherheit zu absolutem Stillschweigen über den Werbungsversuch und brach das Verhör ab [518]. Besonders leicht fiel den Mitarbeitern der Staatssicherheit die Drohung mit Inhaftierung, wenn es sich um ehemalige politische Gefangene handelte [60]. Gelegentlich versuchte das MfS auch, Betroffene durch das Angebot von Vergünstigungen zur Zusam-

57 Wörterbuch der Staatssicherheit, S. 290.

menarbeit zu bewegen: Dazu zählte u.a. die Aussicht auf bessere Berufsausbildung [8, 158]. In einigen Fällen überhäufte das MfS den Anzuwerbenden geradezu mit Komplimenten [254] oder guten Ratschlägen [394], so daß für die Betroffenen kaum zu erkennen war, daß es sich tatsächlich um einen Werbungsgespräch handelte. Dazu zählte auch das Angebot von Strafaussetzung bei aus politischen Gründen Inhaftierten [439].

1972 versuchte die Staatssicherheit, Hans-Werner Kintzel, Medizindozent in Dresden, für eine inoffizielle Zusammenarbeit zu gewinnen. Den eigentlichen Werbungsversuch bereitete das MfS über einen längeren Zeitraum durch mehrere Gespräche vor:

> „Es gab fünf aufeinanderfolgende Versuche. Dazwischen lagen vier oder auch sechs Wochen Pause. [...] Ein Oberleutnant Schumann rief mich eines Tages an und sagte, er wolle mich einmal besuchen, um mit mir etwas zu besprechen. Er habe gehört, daß ich in die Schweiz fahre, und er möchte mich vor einem westdeutschen Kollegen [...] warnen, der ganz gezielt Ärzte im Westen abwerben würde, wenn sie drüben erscheinen. Ich solle mich sehr vorsehen. Meiner Meinung nach war das reines Geschwätz, einfach vorgeschoben. Er wollte nur an mich herankommen. Es war der Anknüpfungspunkt. Beim zweiten Mal sagte er: ‚Ich habe Ihren vorzüglichen politischen Bericht gelesen.' Er wollte natürlich eine gewisse Vertraulichkeit herstellen und steigerte langsam: ‚Wir sind interessiert, mit Ihnen in Kontakt zu bleiben. Sie wissen ja, die jungen Leute, die Studenten sind manchmal unüberlegt, dann kommt es zu Konfliktsituationen, das wollen wir gar nicht erst zustande kommen lassen. Sie haben bei den Studenten Kredit, Sie sind glaubwürdig. Wir wären Ihnen dankbar, wenn Sie uns bei der Konfliktvorsorge unterstützen würden.' Beim dritten Mal war gerade kinderärztlicher Kongreß in Dresden. Er sagte: ‚Da kommen ja auch westdeutsche Kollegen. Sie sind der Organisator. Es wäre schön, wenn Sie uns ein bißchen zur Hand gehen könnten und hinterher sagen würden, wie die westdeutschen Kollegen sich verhalten haben, damit wir uns ein Bild machen können.' Das vierte Mal wurde er schon deutlicher und sagte, daß eine regelmäßige Zusammenarbeit stattfinden sollte. Ich reagierte sehr mißgestimmt. Daraufhin meinte er, vielleicht würde ich es mir bis zum nächsten Mal noch einmal überlegen. Die vier ersten Gespräche fanden in meinem Arbeitszimmer statt. [...] Dann bestellte er mich in die Bezirksverwaltung, wo er ein konspiratives Treff-Zimmer hatte. Dort fand das endgültige Gespräch statt. Er wollte kontinuierliche Mitarbeit, Berichte usw. Ich entgegnete ihm, daß ich sicher nicht der geeignete Typ dafür wäre, eine persistierende Hepatitis hätte und meine gesellschaftlichen Aufgaben in der Klinik ohnehin nur mit Mühe und Not bewältigte. [...] Ich behauptete also immer wieder – in verschiedenen Varianten -, meine Leber sei in einem so schlechten Zustand und ich könne mir etwas Zusätzliches nicht zumuten. Nach zwei Stunden war der Oberleutnant wütend. Ich sah in meiner Stasi-Akte, daß festgelegt wurde, keine weiteren Versuche zu unternehmen, weil die ablehnende Haltung des Dr. Kintzel sich offenbar auch in Zukunft nicht ändern würde".[58]

Ein Werbungsversuch konnte aber auch die Form einer offenen Erpressung im Rahmen eines Verhörs haben: 1979 zwang das MfS einen 1948 geborenen Künstler unter Androhung einer mehrjährigen Haftstrafe zur Unterschrift unter die Verpflichtungserklärung:

58 Gespräch mit Hans-Werner Kintzel am 21.8.1996.

„Ich mußte mich früh um 8 Uhr in der Kaderabteilung des Theaters melden, wo der Kaderleiter eine Viertelstunde mit mir banales Zeug redete. Dann klopfte es an die Tür, zwei Leute – wie aus dem Film: in Lederjacken – kamen herein und sagten: ‚Es geht um Sie. Steigen Sie unten ein, kommen Sie mit. Es ist eine Befragung.' Aber es war eindeutig ein Verhör. Ich wurde in das Untersuchungsgefängnis der Stasi gefahren, und von früh halb 9 Uhr bis nachmittags um halb 6 Uhr war ich dort. Bis ich unterschrieben hatte. [...] Sie hatten mir eindeutig angedroht: ‚Bevor Sie nicht unterschreiben, kommen Sie hier nicht hinaus.' [...] Ich beantwortete mindestens sechs Stunden lang Fragen, und als sie mich – nach einem schlechten Mittagessen – fragten, ob ich für sie arbeite, sagte ich: ‚Nein.' *Natürlich* habe ich mich erst eine ganze Weile lang geweigert. Da hieß es: ‚Na gut, wenn Sie das nicht machen wollen, holen wir jetzt den Staatsanwalt. Er ist hier gleich nebenan im Gericht. Sie waren ja damals in Halle in einer verfassungswidrigen Organisation. Mitglied in einer verfassungswidrigen Gruppe bedeutet zwei bis acht Jahre. Das machen wir jetzt gleich fest.' Dann ging jemand aus dem Zimmer und holte einen angeblichen Staatsanwalt. Der war nicht von schlechten Eltern. Er war richtig brutal. [...] Er ähnelte Geheimdienstleuten in Filmen. Außerordentlich zackig, selbstbewußt, intelligent. Er fegte quasi die anderen beiden, die da waren und sich mit mir abgemüht hatten, beiseite, führte das Wort und hatte ganz klare Informationen über mich: ‚Damals in Halle haben Sie das und das gemacht. Sie haben gegen diesen Staat gekämpft, und jetzt werden Sie für den Staat mal etwas tun.' In dieser Art und Weise trat er auf. Er duldete keinen Widerspruch und schüchterte die Leute ein. Es war Druck. Von ihm ging unheimlicher psychischer Druck aus, aber kein körperlicher. [...] Andererseits war es so, daß ich das Ganze anfangs für ein einfaches Informationsverhör hielt. Ich sollte ja über meine Kontakte schreiben: ‚Wie war das damals in Halle?', hieß es, ‚Schreiben Sie mal etwas über Ihr Leben auf.' Ich dachte, danach wäre es vorbei. Ich unterschätzte das einige Stunden lang. Als sie dann die Schlinge zuzogen, in die ich irgendwie geraten war, war ich sehr überrascht."[59]

Die psychische Belastung für die Betroffenen, die vom MfS zur Unterschrift unter die Verpflichtungserklärung gezwungen wurden, war häufig enorm. Um sich aus der Verstrickung der Staatssicherheit zu lösen, blieb ihnen nur die eindeutige Ablehnung der Zusammenarbeit oder die gezielte Dekonspiration, also ein Bericht über die Werbung gegenüber Dritten:

„Das [die Unterschrift] brachte mich, glaube ich, in die größte Krise meines Lebens, weil ich dann auf der Straße stand und dachte: ‚Jetzt hast du beim Teufel unterschrieben, bei den Leuten, die du haßt, die du verachtest.' [...] Am meisten habe ich aber überlegt, wie ich aus der Situation wieder herauskäme. Ich fuhr sofort nach Berlin, telefonierte mit meinem besten Freund, der inzwischen in Westberlin war, und sagte ihm: ‚Ich bin in ganz großen Schwierigkeiten. Ich war bei denen, und wenn etwas passiert – Du weißt Bescheid und versuchst, mich ‚rüberzuholen.' [...] Wochenlang hatte die Stasi nichts von sich hören lassen, und als sie dann wieder anrief, hatte ich eine bestimmte Taktik: Ich schrieb einige Seiten Schreibmaschine, weshalb ich das, was sie wollten, nicht machen könne und die Unterschrift zurücknehmen müsse. Ich wußte, wie schwer das war und daß sie sich nicht so schnell darauf einlassen würden. Dann machte ich einen Treff mit ihnen aus [...] Ich gab ihm [dem Verbindungsoffizier] meine Seiten und sagte: ‚Ich hoffe, das ist der erste und der letzte Treff. Hier drin steht alles.' ‚Naja, wir wollten doch mal über den und den reden [...]'. Er versuchte, mich aufs Kreuz zu legen. Ich sagte: ‚Nein,

59 Gespräch am 23.9.1996. Der Betroffene hat um Anonymisierung seiner Angaben gebeten.

> von mir erfahren Sie überhaupt nichts. Lesen Sie das. Geben Sie es Ihren Vorgesetzten weiter und sagen Sie, daß ich das nicht mache. Mir ist egal, was dann passiert. Lieber nehme ich mir das Leben, als für die Stasi zu arbeiten.' Er fuhr mich wieder zurück. Dann dauerte es wieder einige Wochen, in denen ich wirklich nicht lebte. [...] Sie riefen wieder an, nachdem über ein halbes Jahr vergangen war, Ende Mai 1980, und wollten sich mit mir treffen – sogar der große Vorgesetzte: ‚Wir haben da eine Wohnung, in der wir uns treffen können.' Damals kannte ich den Ausdruck ‚konspirativ' noch nicht. Ich sagte: ‚Nein, das mache ich nicht. Kommen Sie bitte zu mir in die Wohnung.' [...] Die Stasi kam zu dritt, und der große Vorgesetzte hatte einen Zettel, auf dem alle Namen standen, über die ich berichten sollte. [...] Ich sagte: ‚Nein, ich mache das nicht.' ‚Naja, naja, gut. Wenn Sie es sich noch einmal überlegen – hier haben Sie die Telefonnummer.' Dann gingen Sie wieder".[60]

Tatsächlich brach das MfS nach diesem Treff den Kontakt ab. Dem Betroffenen gelang es so, sich vom Zwang zur Zusammenarbeit mit der Staatssicherheit zu befreien.

---

60 Ebd.

3 Ermittlungen und Verhaftung

Die Mehrzahl seiner Kenntnisse über politisch Mißliebige gewann das MfS auf konspirativem Weg. Von diesen Maßnahmen erfahren viele Betroffene erst durch Einsicht in ihre MfS-Akten in vollem Umfang. Methoden zur Ermittlung strafrechtlich relevanter Informationen wandte die Staatssicherheit vor allem gegen Bürger an, bei denen Fluchtpläne vermutet wurden oder die einen Ausreiseantrag gestellt hatten. Dabei kam es jedoch im Zeitverlauf zu Veränderungen. Während mutmaßliche Republikflüchtlinge stets einen hohen Prozentsatz der von der Staatssicherheit Verfolgten stellten, begann sich eine Ausreisebewegung als Gefahr für den SED-Staat erst Mitte der siebziger Jahre zu entwickeln.

3.1 Die Bekämpfung der Ausreisebewegung

In der ersten Hälfte der siebziger Jahre konnte die DDR auf internationalem Parkett eine Reihe von Durchbrüchen verbuchen: Die Bemühungen des SED-Staates um internationale Anerkennung hatten mit dem Grundlagenvertrag zwischen der Bundesrepublik und der DDR vom Dezember 1972, der Aufnahme in die UNO 1973 und der Unterzeichnung der KSZE-Schlußakte von Helsinki 1975 zumindest teilweise Erfolg.[61] Insbesondere der UN-Pakt über bürgerliche und politische Rechte, der 1976 in Kraft trat, verpflichtete die DDR aber gleichzeitig zur Achtung und Wahrung der dort fixierten Bürger- und Menschenrechte.

Zu fragen ist, ob diese zunächst nur außenpolitischen Veränderungen auch für die Bürger der DDR spürbar wurden. Besondere Bedeutung hatten die internationalen Verträge für diejenigen, die sich zur Begründung ihres Übersiedlungsersuchens auf die bürger- und menschenrechtlichen Standards der Dokumente, insbesondere auf das Recht auf Freizügigkeit, beriefen und sie als Argumentationsgrundlage für ihre Auseinandersetzung mit den Behörden nutzten. 58,4 Prozent derjenigen, die 1975 oder später einen Ausreiseantrag stellten, schrieben den internationalen Abkommen Bedeutung zu, 41,6 Prozent bestritten dies.[62] Während die

61 Vgl. dazu *Peter Steglich und Günter Leuschner*, KSZE – Fossil oder Hoffnung? Sicherheit und Zusammenarbeit in Europa zwischen 1973 und 1990 aus der Sicht von DDR-Diplomaten, Berlin 1996.

62 Einige Teilnehmer versuchten ihre Übersiedlung vor 1975 zu erreichen. Die Relationen ändern sich jedoch nicht entscheidend, wenn auch diese Personen berücksichtigt werden: Von

eine Gruppe die große Tragweite unterstrich, die die internationalen Abkommen für sie gehabt hätten, stellte die andere in Abrede, daß den Dokumenten Bedeutung zugekommen sei. Wie ist dieser – scheinbare – Widerspruch zu erklären?

Einen gewissen Hinweis gibt bereits die Gegenüberstellung der Äußerungen der beiden Gruppen. Der Personenkreis, der bestritt, daß die Verträge eine Rolle gespielt hätten, tat dies etwa in der folgenden Weise: Die internationalen Abkommen hätten *„eher keine Rolle gespielt: mir war bewußt, daß staatliche Willkür herrschte und die Verträge nur Alibifunktion erfüllten"*. [490] *„Die Einhaltung völkerrechtlicher Verträge durch die DDR erschien mir fraglich."* [487]

„KSZE und UNO-Menschenrechtspakte bildeten die Basis unseres gesamten Handelns und unserer Forderungen gegenüber den Staatsorganen", erläuterte dagegen ein Teilnehmer seine Einschätzung, der den Abkommen Bedeutung für sein eigenes Handeln zumaß [80]. Sie habe *„diese Dokumente vervielfältigt und von staatlichen Stellen deren Einhaltung gefordert"*, beschrieb eine andere Betroffene ihre Einschätzung [142].

Nimmt man Personen hinzu, die zwar bejahten, daß die internationalen Abkommen eine Rolle gespielt hätten, dies aber mit ergänzenden Zusätzen verbanden, so zeichnet sich eine Erklärung ab: *„Mir wurden die Augen geöffnet über meine Bürgerrechte [...]"*. [478] Die Dokumente hätten Hoffnung gegeben, *„daß sich das Regime doch an die Verträge gebunden fühlte, wenigstens einigermaßen"*. [505] Die Verträge seien *„einklagbare internationale Fundamente bei Rechtsunsicherheit in der DDR"* gewesen [496]. Auch diejenigen, die den Abkommen Bedeutung zumaßen, taten dies also nicht wegen des gestiegenen Vertrauens in die Rechtsstaatlichkeit der DDR.

Woraus aber ergab sich die Einschätzung, daß die internationalen Abkommen Einfluß auf die eigenen Belange haben könnten, wenn die Wirkung auf das Verhalten des SED-Staats als gering eingeschätzt wurde? Dieses Problem läßt sich nur klären, wenn die Frage nach der Bedeutung der internationalen Abkommen mit einem weiteren Punkt der Befragung abgeglichen wird: Die Teilnehmer wurden außerdem um Auskunft gebeten, ob sie zur Unterstützung ihres Ausreisebegehrens mit westlichen oder internationalen Organisationen in Kontakt getreten waren. Von denjenigen, die eine Bedeutung der Abkommen verneinten, hatten nur 27,4 Prozent mit westlichen oder internationalen Stellen Verbindung aufgenommen. Unter denen, die die internationalen Abkommen für wichtig hielten, versuchten dagegen 46,7 Prozent, Unterstützung aus westlichen Staaten in Anspruch zu nehmen.[63] In signifikant höherem Umfang griff dieser Kreis von Betroffenen zur Durchsetzung des eigenen Plans zum Verlassen der DDR auf ausländische Hilfe zurück.

Auch diese Gruppe war durchaus nicht der Meinung, die Unterzeichnung der internationalen Abkommen durch Spitzenvertreter der DDR führe automatisch zu

den insgesamt 248 Ausreiseantragstellern, die sich an dieser Untersuchung beteiligt haben, gaben 54,4 % an, die Verträge hätten eine Rolle für ihr Verhalten gespielt, 45,6 % verneinten dies. Denjenigen, die sich selbst als „Oppositionelle mit der Absicht im Land zu bleiben" bezeichneten, wiesen den internationalen Abkommen eine noch höhere Bedeutung zu: 61,1 % maßen den Verträgen Gewicht zu, 38,9 % waren gegenteiliger Ansicht.

63 Wenn der Wert von 46,7 % auf den ersten Blick niedrig erscheinen mag, so ist zu bedenken, mit welchen Risiken Kontakte in den Westen für Ausreiseantragsteller verbunden waren.

einer Änderung des Verhaltens der SED-Obrigkeit gegenüber ihren Bürgern. Kaum einer der Betroffenen dürfte sich darauf verlassen haben, daß die DDR die Menschen- und Bürgerrechte im Inneren uneingeschränkt garantieren würde. Sie setzten vielmehr auf Kontrolle durch internationale Organisationen oder westliche Medien. Die Unterzeichnung der internationalen Verträge durch die DDR und ihr Beitritt zu überstaatlichen Organisationen führte nicht zwangsläufig zu innenpolitischen Milderungen im SED-Staat. Die Abkommen dienten einer wachsenden Zahl von DDR-Bürgern als Argumentationsgrundlage, um Meinungsfreiheit oder Freizügigkeit einzufordern. Insofern begünstigten sie die Entstehung der Ausreisebewegung.

Eine Reihe von Ausreiseantragstellern war Repressionen im Vorfeld von Verhaftungen ausgesetzt. Den Angaben über die Gesamtzahl der Übersiedlungswilligen zufolge hatten die meisten von ihnen wohl keine unmittelbare Verfolgung durch das MfS auszustehen.[64] Druck auf Ausreiseantragsteller wurde vor allem am Arbeitsplatz sowie von bestimmten staatlichen Stellen ausgeübt, in erster Linie von den für die Genehmigung von Übersiedlungsersuchen formal zuständigen Abteilungen Inneres der Räte der Kreise und Stadtbezirke.

Grundlage der Bekämpfung der entstehenden Ausreisebewegung war ein Beschluß des Sekretariats des ZK der SED vom 16. Februar 1977 *„zur Unterbindung rechtswidriger Versuche von Bürgern der DDR, die Übersiedlung nach nichtsozialistischen Staaten und Westberlin zu erreichen"*. Da es in der DDR keinen Rechtsanspruch auf Ausreise gebe, seien *„rechtswidrige Antragsteller"* mit straf- und arbeitsrechtlichen sowie *„anderen Mitteln"* zur Rücknahme ihres Gesuchs zu zwingen.[65] Dem Beschluß des Sekretariats folgten eine entsprechende Verfügung des Vorsitzenden des Ministerrats, der Befehl 6/77 Mielkes für das MfS[66] und die Ordnung 118/77 des Innenministers.[67]

Die Anfang 1977 festgelegte Strategie zur Bekämpfung der Ausreisebewegung verfolgten Partei, Staat und Geheimpolizei im Prinzip bis zum Fall der Mauer. Am Anfang standen *„Versuche zur Rückgewinnung"*. Dabei konnte es sich beispielsweise um sogenannte Vorbeugungsgespräche handeln, in deren Verlauf der Betroffene dazu gebracht werden sollte, von seinem Gesuch Abstand zu nehmen. Eine

---

64 Vgl. dazu *Bernd Eisenfeld*, Die Ausreisebewegung – eine Erscheinungsform widerständigen Verhaltens, in: *Poppe/ Eckert/Kowalczuk* (Hg.), Zwischen Selbstbehauptung und Anpassung, S. 192-223; Zahlen genehmigter Ausreisen nennt *Hartmut Wendt*, Die deutsch-deutschen Wanderungen – Bilanz einer 40jährigen Geschichte von Flucht und Übersiedlung, in: Deutschland Archiv 24 (1991), S. 386-395.

65 Anlage zum Sitzungsprotokoll des Sekretariats des ZK der SED. Zitiert nach *Bernd Eisenfeld*, Die Zentrale Koordinierungsgruppe Bekämpfung von Flucht und Übersiedlung (Anatomie der Staatssicherheit. Geschichte – Struktur – Methoden. MfS-Handbuch), hg. v. *Klaus-Dietmar Henke* u.a., Berlin 1995, S. 23.

66 Vorbeugung, Verhinderung und Bekämpfung feindlich-negativer Handlungen im Zusammenhang mit rechtswidrigen Versuchen von Bürgern der DDR, die Übersiedlung nach nichtsozialistischen Staaten und Westberlin zu erreichen. Zitiert nach *Hans-Hermann Lochen/ Christian Meyer-Seitz (Hg.)*, Die geheimen Anweisungen zur Diskriminierung Ausreisewilliger. Dokumente der Stasi und des Ministeriums des Innern, Köln 1992, S. 21-71.

67 Ordnung über das Vorgehen bei der Unterbindung und Zurückdrängung von Versuchen von Bürgern der DDR, die Übersiedlung nach der BRD oder Westberlin zu erreichen. Ebd., S. 369-521.

wachsende Rolle spielten materielle Besserstellungen, etwa die bevorrechtigte Zuteilung von Wohnraum. Wenn dies nicht fruchtete, folgten arbeitsrechtliche Sanktionen und schließlich eine strafrechtliche Verfolgung.

Die Ordnung 118/77 und die ergänzenden Verfügungen schrieben fest, daß die Ausreisewilligen grundsätzlich an ihrem Arbeitsplatz verbleiben sollten, da gerade dort eine *„wirksame politisch-ideologische Einflußnahme“* möglich sei. Führte die *„Einflußnahme“* nicht zum Rücktritt vom Ausreiseantrag, waren *„arbeitsrechtliche Maßnahmen zu prüfen und durchzusetzen“*. Dazu zählten Versetzungen, Drohungen mit dem Verlust des Arbeitsplatzes [359] und schließlich die Entlassung [27], die aber nicht mit dem Übersiedlungsersuchen, sondern *„mit einer Nichteignung für diese Tätigkeit beziehungsweise mit Pflicht- und Disziplinarverletzungen“* zu begründen war.[68]

Arbeitsrechtliche Maßregelungen betrafen vor allem solche Ausreiseantragsteller, die in als sensibel eingestuften Einrichtungen arbeiteten: So berichtete eine Betroffene, sie sei nach Einreichung des Übersiedlungsersuchens aus dem Sendedienst ihrer Rundfunkanstalt entfernt worden. Zur Leipziger Messe habe sie das Funkhaus nicht betreten dürfen. Urlaubsplätze seien nicht mehr zugeteilt und ihre Kollegen aufgefordert worden, sich von ihr zu distanzieren, was viele tatsächlich taten. Im Durchschnitt habe sie sich einmal pro Woche vor ihren Vorgesetzten wegen Nichtigkeiten verantworten müssen [455].

Ein 1953 geborener Zahnmediziner wurde sofort von seinem Posten als leitender Zahnarzt abgelöst, nachdem er einen Ausreiseantrag gestellt hatte:

> „An einem Freitagnachmittag wurde ich per Telefon darüber in Kenntnis gesetzt, daß ich mich ab sofort – es war nur drei Querstraßen weiter – in der Abteilung für allgemeine Zahnheilkunde einzufinden hätte. Meinen Arbeitsplatz hätte ich stehen und liegen zu lassen, um in dieser anderen Abteilung zu arbeiten. Man wollte mich kaputtspielen und baute mich in den Schmerzdienst ein. [...] In dieser Poliklinik habe ich vielleicht ein Vierteljahr gearbeitet, dann setzte man mich wieder an einem Freitagnachmittag in Kenntnis, ich hätte mich ab Montag früh zehn Kilometer weiter entfernt einzufinden, in einer bestimmten Außenstelle. Dort gab es nur drei Zahnärzte. Diese wußten natürlich auch, wer ich war und was da lief. Aber sie waren noch relativ gut zu mir, irgendwie liberal. Sie ließen mich das alles nicht spüren. [...] Ich wurde alle Vierteljahre an eine neue Arbeitsstelle versetzt, außerdem gab es die regelmäßigen Gespräche mit der Kaderchefin unserer Poliklinik – einmal im Monat.“[69]

Neben Versetzungen berichteten Ausreiseantragsteller über die Verweigerung von Urlaubsreisen und über den Entzug des Personalausweises [110, 348, 449, 561]. Solche Sanktionen scheinen allerdings gegen Ende der achtziger Jahre nicht mehr in allen Fällen konsequent umgesetzt worden zu sein: Einer Betroffenen wurde trotz Ausreiseantrag im Februar 1989 eine Besuchsreise in die Bundesrepublik genehmigt, allerdings verbunden mit der Drohung, daß sie ihr Kind nie wiedersehen werde, wenn sie nicht in die DDR zurückkehre. Im Juni konnte sie mit ihrer Familie in den Urlaub nach Ungarn fahren. Auf der anderen Seite war die Rücknahme der

---

68 Ebd.; vgl. dazu auch *Heidrun Budde*, DDR-Bürger am Neuanfang – eine Betrachtung aus arbeitsrechtlicher Sicht, in: Arbeit und Recht 1 (1996), S. 1-11.

69 Gespräch am 20.5.1996. Der Betroffene hat um Anonymisierung seiner Angaben gebeten.

Drangsalierungen nur kurzfristig, denn der Ferienreise nach Ungarn folgte im September der Entzug des Personalausweises [500].

Die Staatssicherheit reagierte 1976 mit der Gründung der *„Zentralen Koordinierungsgruppe zur Bekämpfung von Flucht und Übersiedlung“* und entsprechender Bezirkskoordinierungsgruppen auf die wachsenden Probleme mit Flucht und Ausreise.[70] Während sich der Schwerpunkt der Tätigkeit dieser Diensteinheiten von der Verhinderung von Republikfluchten zur Bekämpfung der Ausreisebewegung verlagerte, erlebte die Zentrale Koordinierungsgruppe einen stetigen Zuwachs an Funktionen und Personal. Der von Mielke erteilte *„Kampfauftrag“* lautete, einen *„deutlichen Rückgang der Versuche der Übersiedlungen und des ungesetzlichen Verlassens der DDR zu erreichen“*,[71] ein Auftrag freilich, den die Zentrale Koordinierungsgruppe zu keinem Zeitpunkt ihres Bestehens erfüllen konnte.

Zudem wuchs die Furcht des MfS vor *„demonstrativ-provokatorischen Handlungen“* von Ausreiseantragstellern im Lauf der Zeit. Negative Effekte befürchtete die Staatssicherheit sowohl für die Stimmung in der DDR als auch für das Ansehen des SED-Staats im Westen. Dies sei an einem Beispiel verdeutlicht: Im Mai 1984 nutzten zwei Ärzte aus dem Bezirk Frankfurt/Oder eine Besuchsreise in die Bundesrepublik, um nicht in den SED-Staat zurückzukehren. Die in der DDR zurückgebliebenen Angehörigen beantragten daraufhin die Übersiedlung. Im November 1985 meldete die zuständige Bezirkskoordinierungsgruppe, *„alle eingeleiteten Maßnahmen zur Rückgewinnung und Rückdrängung“* seien ohne Erfolg geblieben.

Um die Übersiedlung der anderen Familienmitglieder zu beschleunigen, habe einer der beiden Ärzte *„einen äußeren Anlaß“* nutzen wollen, *„um auf ihre Familiensituation aufmerksam zu machen“*: Durch Telefonüberwachung hatte das MfS erfahren, daß der Betroffene im Fall der Einberufung seines Sohnes zum Wehrdienst eine Demonstration auf westlicher Seite des Checkpoint Charlie plane. Ganz offensichtlich habe der Arzt mit dem Abhören der Telefonanschlüsse gerechnet und *„eine positive Reaktion der Organe des MfS“* einkalkuliert, schrieb die Bezirkskoordinierungsgruppe.

Um solche Demonstrationen zu verhindern, ersuchte die Bezirkskoordinierungsgruppe die Zentrale Koordinierungsgruppe, *„die positive Bearbeitung der Vorschläge“* zur Übersiedlung beim formal zuständigen Innenministerium zu erwirken, damit die Ausreise der Familien so rasch wie irgend möglich erfolgen könne. Tatsächlich gestattete der Leiter der Zentralen Koordinierungsgruppe die *„vorfristige Übersiedlung“* der noch in der DDR wohnenden Angehörigen. Die *„operativen Maßnahmen“* mußten sich *„auf die Kontrolle der beteiligten Personen“* und die *„Verhinderung von beabsichtigten öffentlichkeitswirksamen Provokationen“* beschränken. Dies geschah durch Gespräche mit den Ehefrauen, denen die Ausreise zugesichert wurde.[72]

Strafrechtliche Ermittlungen leitete das MfS gegen *„hartnäckige Ersucher auf Übersiedlung“* ein. Dabei handelte es sich um Personen, die trotz Ablehnung eines

70 Vgl. dazu *Eisenfeld*, Zentrale Koordinierungsgruppe.

71 Berichterstattung der Zentralen Koordinierungsgruppe vom 16.11.1987. Ebd., S. 4.

72 MfS-Akte des Betroffenen, Kopie beim Verfasser. Der Betroffene hat um Anonymisierung der Angaben gebeten.

oder mehrerer Ausreiseanträge an ihrem Übersiedlungsgesuch festhielten. Gemeint sein konnten potentielle *„Anläufer einer Botschaft"*, d.h. Personen, bei denen befürchtet wurde, daß sie zur Unterstützung ihres Ausreiseantrags eine westliche diplomatische Vertretung aufsuchen würden. Als *„hartnäckige Ersucher"* galten außerdem Übersiedlungswillige, die zu westlichen Stellen Kontakt hatten, sowie Personen, bei denen zu befürchten war, daß sie öffentlich für ihren Ausreiseantrag auftreten könnten.[73] Dementsprechend formulierte die Staatssicherheit die Zielsetzung Operativer Vorgänge, die sie gegen *„hartnäckige Ersucher"* anlegte: *„Öffentlichkeitswirksame"* oder *„provokativ-demonstrative Handlungen"* sollten verhindert, Zusammenschlüsse von Ausreiseantragstellern *„zersetzt"* und die Kontaktaufnahme zu westlichen Stellen oder Vertretern westlicher Medien unterbunden werden.

Das abgestufte Vorgehen des SED-Staats gegen *„hartnäckige Übersiedlungsersucher"* zeigt exemplarisch die MfS-Akte von Bernd Langediekhoff, zu diesem Zeitpunkt Verkäufer bei einer Konsumgenossenschaft: Im Februar 1984 leitete die Staatssicherheit gegen ihn eine Operative Personenkontrolle ein, die die Gründe für die Antragstellung und den *„Charakter der Verbindungen des L"*. in die Bundesrepublik aufklären sollte. Darüber hinaus war der Operativen Personenkontrolle die Aufgabe zugedacht, Anhaltspunkte für einen Verstoß gegen Paragraph 219 (Ungesetzliche Verbindungsaufnahme) zu ermitteln: Das MfS eröffnete die Akte *„mit der Zielstellung, den Verdacht einer ungesetzlichen Verbindungsaufnahme zu erarbeiten"*.[74]

Insgesamt sechs IMs erhielten den Auftrag, Informationen über das Verhalten Langedieckhoffs im *„Wohn- und Freizeitbereich"*, über seine Persönlichkeit, die Familienverhältnisse, die politische und schulische Entwicklung, geplante Reisen, Besuche aus der Bundesrepublik sowie Angaben über Hobbys und mögliche *„auffällige Verhaltensweisen"* zu sammeln. Außerdem sollte ein Politiker der Ost-CDU Langediekhoff unter der Legende aufsuchen, ihn als Mitglied für seine Partei werben zu wollen und bei dieser Gelegenheit Genaueres über die Gründe für die Antragstellung in Erfahrung bringen. Aus demselben Grund wollte das MfS *„konspirative Ermittlungen"* führen, in deren Verlauf Kollegen, Vorgesetzte, Nachbarn und *„eventuelle Kontaktpartner"* Langediekhoffs *„nach erfolgter Überprüfung"* befragt werden sollten.

Auch in diesem Fall zeigt sich, daß IMs nur dann wirkungsvoll sein konnten, wenn sie ein vertrautes Verhältnis zu dem Opfer hatten: In einem Sachstandsbericht, den das MfS gut ein Jahr nach Eröffnung der Operativen Personenkontrolle abfaßte, mußte die Staatssicherheit feststellen, daß keiner der eingesetzten IM *„das Vertrauen des L."* besitze. Aus diesem Grund wiesen die *„erarbeiteten Informationen [...] insgesamt keine operative Bedeutsamkeit auf und tragen nicht wesentlich zur Abarbeitung der Bearbeitungszielstellung bei"*.

Zwei Monate später überführte die Staatssicherheit die Operative Personenkontrolle in einen Operativen Vorgang, da Langediekhoff *„als hartnäckiger Ge-*

---

73 Formblatt des Staatssicherheitsdienstes aus der Akte eines 1956 geborenen Arztes, Kopie beim Verfasser. Der Betroffene hat um Anonymisierung seiner Angaben gebeten.

74 MfS-Akte von Bernd Langediekhoff, Kopie beim Verfasser.

suchsteller auf Übersiedlung in die BRD zu staatlichen Einrichtungen und kirchlichen Institutionen der BRD brieflichen Kontakt" aufgenommen hatte. Das MfS öffnete seine Post, überwachte seine Wohnung und hörte ihn ab. Sowohl die Staatssicherheit als auch die Abteilung Inneres des Rates des Kreises bestellten Langediekhoff zu Gesprächen ein, um ihn zu der *„Einsicht"* zu bewegen, daß sein Gesuch *„rechtswidrig"* und eine Übersiedlung in die Bundesrepublik für ihn nicht möglich sei.

Anfang Mai 1984 wurde er einer Vernehmung *„zugeführt"*. Nach Absprache mit der Hauptabteilung IX und dem leitenden MfS-Offizier der Bezirksverwaltung mußte jedoch festgestellt werden, daß Langediekhoff eine ungesetzliche Verbindungsaufnahme gemäß Paragraph 219 nicht nachzuweisen war. Das MfS konnte ihn nur belehren und mußte ihn dann wieder entlassen. Da mehrere Anträge Langediekhoffs abschlägig beschieden worden waren, kündigte er der Abteilung Inneres beim Rat des Kreises schließlich an, die Demonstration am 1. Mai 1985 nutzen zu wollen, um für sein Übersiedlungsersuchen öffentlich aufzutreten. Dies reichte aus, um ihn wegen Verstoßes gegen Paragraph 214 (Beeinträchtigung staatlicher Tätigkeit) verhaften zu können.

Auch Reinhard Golde, Brigadeleiter in einem Dachdeckerbetrieb, stufte das MfS als *„hartnäckigen Ersucher"* ein. Golde stellte 1980 erstmals einen Antrag auf Übersiedlung, war allerdings schon 1979 ins Visier der Staatssicherheit geraten, da das MfS einen Brief abgefangen hatte, in dem Golde von seinen Ausreiseplänen berichtet hatte. Bei der „Bearbeitung" seines Falls spielte die Abteilung I der Kriminalpolizei eine erhebliche Rolle.[75] Zu ihren Aufgaben zählten *„Vorbeugungsgespräche"*, bei denen Golde *„ausführlich die Rechtswidrigkeit"* seines Antrags erläutert werden sollte. Trotz *„eingehender Begründung der politischen und moralischen Verwerflichkeit seines Handelns und seiner eindeutig kriminellen Handlungsweise"*, ging Golde jedoch nicht von seinem *„ungesetzlichem Standpunkt"* ab. Nach *„Realisierung mehrerer Aussprachen mit dem G. durch Funktionäre des Betriebes und des Staatsapparates"* wechselte er kurzfristig seine Arbeitsstelle und wurde Pfleger in einem evangelischen Heim.[76]

Die zuständige Kreisdienststelle des MfS in Torgau leitete eine Operativen Personenkontrolle gegen Golde ein. Drei IMs sollten Informationen darüber liefern, welche Schritte er zur Durchsetzung seines *„rechtswidrigen Ersuchens"* unternehmen wollte. Der Volkspolizei fiel die Aufgabe zu, *„alle Handlungen des Golde, die sich gegen die öffentliche Ordnung und Sicherheit richten"*, unverzüglich an die Staatssicherheit zu melden. Auch die übergeordnete Bezirkskoordinierungsgruppe schaltete sich ein und empfahl die Fortsetzung der *„qualifizierten Aussprachetätigkeit"*.[77] Um Unterstützung für sein Vorhaben zu erhalten, suchte Golde die Ständige

---

75 Vgl. dazu: Das Arbeitsgebiet I der Kriminalpolizei. Aufgaben, Struktur und Verhältnis zum MfS, hg. vom Bundesbeauftragten für die Unterlagen des Staatssicherheitsdienstes der ehemaligen DDR, Berlin 1994; Der Beitrag des Arbeitsgebietes I der DDR-Kriminalpolizei zur politischen Überwachung und Repression, hg. v. den Landesbeauftragten für die Unterlagen des Staatssicherheitsdienstes der ehemaligen DDR, Dresden – Berlin 1996.

76 MfS-Akte von Reinhard Golde, Kopie beim Verfasser.

77 Ebd.

Vertretung der Bundesrepublik in Ost-Berlin auf und nahm Kontakt zur UN-Menschenrechtskommission sowie zu einem Bundestagsabgeordneten auf.

In einer „*Planabsprache*" mit der Bezirkskoordinierungsgruppe für das Jahr 1983 legte die Kreisdienststelle Torgau bereits im November 1982 fest, bis Ende März 1983 sei die Operative Personenkontrolle mit „*strafrechtlichen Maßnahmen*" abzuschließen. Zuvor sollte die Operative Personenkontrolle zum Operativen Vorgang „*entwickelt*" werden. „*Grundgedanke*" sei, daß ein Aufenthalt in der Ständigen Vertretung „*zum Zweck der Durchsetzung des RE [rechtswidrigen Ersuchens]*" auf „*zentrale Festlegung*" hin „*neu operativ bewertet wird*".[78] Einfacher gesagt bedeutete dies, daß es eine neue Anweisung Mielkes gab, das Aufsuchen der Ständigen Vertretung nun auch mit strafrechtlichen Mitteln zu unterbinden.

In einer „*strafrechtlichen Stellungnahme*" kam die Abteilung IX der Bezirksverwaltung des MfS zu dem Ergebnis, die Handlungen Goldes begründeten den Verdacht der landesverräterischen Nachrichtenübermittlung gemäß Paragraph 99, da er „*der Geheimhaltung nicht unterliegende Nachrichten*" an das Bundesministerium für innerdeutsche Beziehungen übermittelt hatte. Daher schlug die Abteilung IX vor, „*mit dem Verdächtigen [...] eine Befragung durchzuführen,*" die „*offizielle Beweise*" für eine Straftat erbringen sollte.[79] Tatsächlich handelte es sich bei dieser Befragung um ein Verhör, dem ein formeller Haftbefehl gegen Golde folgte.[80]

3.2 Ermittlungsmethoden des MfS

Sogenannte Operative Kombinationen waren konspirative Maßnahmen des MfS, um „*bestimmte Personen zwingend zu solchen Reaktionen zu veranlassen, die die Lösung operativer Aufgaben ermöglichen [...]*".[81] Operative Kombinationen konnten Teil einer geplanten Werbung als IM sein, etwa wenn kompromittierendes Material „*geschaffen*" werden sollte. Daneben nutzte das MfS sie auch als Bestandteil von „Zersetzungsmaßnahmen". Häufig setzte die Staatssicherheit Operative Kombinationen ein, um IM an eine bestimmte Person heranzuführen: Gisela Mauritz wurde von einer als IM verpflichteten Mitarbeiterin der Abteilung Inneres beim Rat des Kreises einbestellt, vorgeblich zur Vermittlung einer neuen Arbeitsstelle. Tatsächlich war diese Vorladung vom MfS organisiert worden, das einen weiteren IM zur selben Zeit dorthin schickte. Die Mitarbeiterin der Abteilung Inneres sollte Mauritz in einem Vorzimmer warten lassen, um dem zweiten IM genug Zeit zu geben, mit Mauritz ins Gespräch zu kommen und auf diese Weise eine Verbindung zu ihr herzustellen.[82]

---

78 Ebd.

79 Ebd.

80 Reinhard Golde saß seit Juni 1983 im Untersuchungsgefängnis des MfS in Leipzig ein. Im Oktober 1983 verurteilte ihn das Bezirksgericht Leipzig wegen „landesverräterischer Nachrichtenübermittlung" gemäß § 99 zu drei Jahren und neun Monaten Freiheitsentzug. Im Juni 1985 konnte die Bundesregierung ihn aus der Haft freikaufen.

81 Wörterbuch der Staatssicherheit, S. 216.

82 MfS-Akte von Gisela Mauritz, Kopie beim Verfasser. Allerdings verlief dieser Annäherungsversuch ohne Erfolg.

Außerdem dienten Operative Kombinationen zur *„Schaffung strafprozessual verwertbarer Beweise [...]“.*[83] Gunther Junkert, Lehrer im Kreis Bischofswerda, hatte einem Bekannten, der als IM für die Staatssicherheit arbeitete, Solshenizyns „Archipel Gulag“ ausgeliehen. Das schien dem MfS geeignet, *„die sozialistische Staats- und Gesellschaftsordnung zu schädigen und die verfassungsmäßigen Grundlagen der DDR anzugreifen“*, da das Buch *„die gesellschaftlichen Verhältnisse in der Sowjetunion“* diskriminiere. Der IM erhielt den Auftrag, Junkert zu einer Geburtstagsfeier einzuladen, ihn dort möglichst lange festzuhalten und dazu zu nötigen, größere Mengen Alkohol zu sich zu nehmen. Auf dem Weg von der Feier zu seiner Arbeitsstelle sollte Junkert bei einer von der Staatssicherheit organisierten Verkehrskontrolle der Volkspolizei einem Blutalkoholtest unterzogen werden. Währenddessen war sein Auto gründlich zu durchsuchen; dabei mußte „zufällig“ das inkriminierte Werk gefunden werden, das der IM Junkert an diesem Tag zurückgeben sollte. Tatsächlich verlief die Operative Kombination aus Sicht der Staatssicherheit erfolgreich: Die Volkspolizei fand das Buch bei der Kontrolle im Kofferraum von Junkerts Wagen und konnte nun offiziell die zuständige Untersuchungsabteilung der Staatssicherheit verständigen, die Junkert unter dem Verdacht einer Straftat gemäß Paragraph 108 (Staatsfeindliche Hetze gegen befreundete Staaten) verhaftete.[84]

Eine der Routinemaßnahmen des MfS war das Kontrollieren der Post: Die Staatssicherheit fing Brief- und Paketsendungen ab, öffnete sie und fotografierte oder kopierte den Inhalt. Diese Aufgabe nahm die Abteilung M des MfS wahr, die in den wichtigsten Postämtern über eigene Räumlichkeiten verfügte. Sollte der Postverkehr bestimmter Personen überwacht werden, hieß es in den entsprechenden Operativplänen meist lapidar: *„Einleitung von operativ-technischen Maßnahmen der Abteilung M zu den Verdächtigen.“* Die Arbeit der Abteilung M regelte die Dienstanweisung 3/85 zur politisch-operativen Kontrolle von Postsendungen: Die Abteilung hielt Briefe oder Pakete zurück, die unter Umständen als Beweismittel verwendet werden konnten, und leitete sie an die zuständige Diensteinheit der Staatssicherheit weiter. Außerdem öffnete die Postkontrolle des MfS ohne spezielle Anweisung alle verdächtigen Sendungen. Grundsätzlich waren beim Öffnen von Postsendungen *„Bearbeitungsspuren“* zu vermeiden. Die Abteilung M hielt Absender und Empfänger fest und informierte andere Diensteinheiten, wenn über die Überwachten belastendes Material vorlag.[85]

In manchen Fällen war die Abteilung M nicht in der Lage, eine Sendung *„unter Wahrung der Konspiration“* zu öffnen, also so, daß der Betroffene nichts von der illegalen Aktion bemerkte. Gelegentlich kam es dabei zu grotesken Fehlleistungen, die die Opfer auf die Überwachung aufmerksam machten: So fand Michael Beleites in einem an ihn adressierten Brief einen Laufzettel des MfS: *„Sie [die Mitarbeiter der Abteilung M] hatten bei einer Briefkontrolle auf einen Zettel geschrieben, welche Personen im Brief genannt wurden und für welche Stasi-Dienststellen Kopien*

83 Wörterbuch der Staatssicherheit, S. 217.

84 MfS-Akte von Gunther Junkert, Kopie beim Verfasser.

85 Dienstanweisung 3/85 des MfS zur politisch-operativen Kontrolle und Auswertung von Postsendungen. Abgedruckt bei: *Gill/Schröter*, MfS, S. 403-413.

anzufertigen seien. Den Zettel hatten sie im Brief vergessen. Dadurch war natürlich klar, daß die Stasi sich zumindest für die Post interessierte".[86] Die Briefe, die ein anderer Überwachter in den Westen schickte, erreichten meist auffällig spät ihren Empfänger. Einmal fand einer der Adressaten beim Öffnen des Umschlags nicht das Schreiben selbst, sondern eine Fotokopie mit amtlichem MfS-Stempel vor. Der Mitarbeiter der Abteilung M hatte Originalbrief und Kopie verwechselt [370].

Bei sogenannten konspirativen Wohnungsdurchsuchungen drangen Mitarbeiter des MfS illegal in die Wohnung des Verdächtigen ein und durchsuchten sie nach jeder Art von Informationen. Dafür waren die Hauptabteilung VIII beziehungsweise die Abteilungen VIII der Bezirksverwaltungen zuständig. Wie die Abteilung M führten sie meist angeordnete Aktionen gegen *„operativ angefallene Personen"* durch,[87] d.h. sie erhielten von anderen Diensteinheiten den Auftrag zum Einsatz. Die Räume der Verdächtigten waren von besonderem Interesse, da die Staatssicherheit mit gewissem Recht vermutete, daß hier persönliche Aufzeichnungen, Briefe, Notizen usw. verwahrt würden, die am zuverlässigsten über die Absichten des Verdächtigen Auskunft geben könnten. Da die Betroffenen von dem staatlich sanktionierten Einbruch nichts bemerken durften, mußten die Mitarbeiter der Abteilung VIII die Räume so verlassen, wie sie sie vorgefunden hatten.

Gegen den Arzt Rudolf Altmann leitete die Staatssicherheit eine Operative Personenkontrolle ein, nachdem sie in Briefen aus der Bundesrepublik den Hinweis gefunden hatte, *„daß entsprechende Vorbereitungen in Westdeutschland getroffen worden sind [...]"*. Daraus zogen die Geheimpolizisten den Schluß, daß Altmann sich von einer Fluchthelferorganisation ausschleusen lassen wolle. Aus diesem Grund ermittelte das MfS gegen ihn wegen des Verdachts des versuchten illegalen Grenzübertritts in Verbindung mit Paragraph 105 (Staatsfeindlicher Menschenhandel). Teil dieser Ermittlungen war eine konspirative Wohnungsdurchsuchung, die *„die Schaffung von Beweisen, die den Verdacht einer aktiven Vorbereitung zur Republikflucht begründen oder verdichten,"* ermöglichen sollte.[88] Die Mitarbeiter der Staatssicherheit wollten herausfinden, wo und wie *„die Verdächtigen wichtige persönliche Dokumente"*, *„Kompasse und andere Orientierungsgegenstände"*, *„Waffen, Sprengmittel"*, *„westdeutsche Presseerzeugnisse"*, Adreßbücher, Bargeld sowie Briefe aufbewahrten, ob das Fernsehgerät auf *„Westfernsehempfang"* eingestellt sei usw. Außerdem hatten sie den Auftrag, von der Schreibmaschine Altmanns eine *„Schriftprobe"* zu nehmen, um diese mit später eventuell anfallenden Schreiben vergleichen zu können.

Konspirative Wohnungsdurchsuchungen konnten nur durchgeführt werden, wenn sich keines der Familienmitglieder zur Zeit des Einbruchs in den Räumen aufhielt. Dafür waren umfangreiche Vorbereitungen und ein erheblicher Personalaufwand notwendig: Zunächst mußte ausgekundschaftet werden, wann damit zu rechnen war, daß die betreffenden Personen nicht in der Wohnung sein würden. Außerdem mußte sichergestellt werden, daß Verwandte oder Freunde, die über

---

86 Gespräch mit Michael Beleites am 4.6.1996. Beleites war zu diesem Zeitpunkt als Facharbeiter tätig, da er aus politischen Gründen nicht zum Abitur zugelassen worden war.

87 *Wiedmann* (Bearb.), Organisationsstruktur des MfS, S. 257.

88 MfS-Akte von Rudolf Altmann, Kopie beim Verfasser.

Wohnungsschlüssel verfügten, nicht zufällig auftauchten. Zudem durfte keinem der anderen Parteien in einem Mehrfamilien- oder Mietshaus die illegale Durchsuchung der Räume des Verdächtigten auffallen.

Bei Rudolf Altmann mußten die anderen Hausbewohner während des Wohnungseinbruchs, der vier Stunden dauern sollte, ständig kontrolliert werden. MfS-Mitarbeiter überwachten andere Mieter und *„sicherten"* deren *„Anwesenheit am Arbeitsplatz"*. IMs hielten Familienmitglieder am Arbeitsplatz fest, z.B. indem sie sie in Gespräche über *„den Speiseplan und wirtschaftliche Probleme"* verwickelten. Meist beobachtete die Staatssicherheit das Haus während der Durchsuchung, die eine Einsatzzentrale koordinierte. Im *„Stützpunkt"* zur *„Absicherung"* der Durchsuchung von Altmanns Wohnung befanden sich drei Offiziere des MfS. Zur *„Absicherung"* der Familie am Arbeitsplatz beziehungsweise in der Schule setzte die Staatssicherheit weitere *„fünf Genossen"* ein.[89]

Eine zusätzliche Hürde war das rasche und unauffällige Eindringen in die verschlossene Wohnung. Wenn die Schlösser nicht ohne Spuren geöffnet werden konnten, beschafften sich die Geheimpolizisten Abdrücke der Wohnungsschlüssel, um Duplikate fertigen zu lassen. Altmann etwa wurde sein Wohnungsschlüssel während der Mittagspause von einem Team von drei Offizieren aus der Aktentasche entwendet. Darüber hinaus ließ die Staatssicherheit prüfen, ob eine seiner beiden Töchter an ihrer Arbeitsstelle beziehungsweise in der Schule so abgelenkt werden könne, daß sich ein Schlüsselabdruck herstellen ließe. Die Mitarbeiter des MfS, die in das Haus eindrangen, *„legendierte"* die Staatssicherheit häufig als Vertreter anderer Behörden.

Üblicherweise dauerte eine konspirative Wohnungsdurchsuchung drei bis vier Stunden, wenn die Einbrecher der Staatssicherheit ungestört blieben. In der Regel informierte sich das MfS vorab über den Schnitt der Wohnung und das Aussehen der Räume. Dafür verwendete die Staatssicherheit mitunter Skizzen, die Hausbewohner anzufertigen hatten, die mit dem MfS in Verbindung standen. Von IMs oder anderen Zuträgern waren die Mitarbeiter der Staatssicherheit vorab über belastendes Material informiert worden, das bei den Betroffenen vermutet werden konnte. Meist war das Team des MfS mit Fotoapparaten ausgerüstet, mit denen es Aufnahmen der Räume, der Einrichtungsgegenstände oder von verschiedenen Schriftstücken machte.

Die Ergebnisse der Durchsuchung hielt das MfS in Abschlußberichten fest. Die Geheimpolizisten zeichneten jedoch nicht nur strafrechtlich Relevantes, sondern auch privateste Kleinigkeiten auf. Der Bericht über die konspirative Durchsuchung der Wohnung von Heinz Holtschke, Ingenieur aus Berlin, vermerkte neben Hinweisen auf die angeblich geplante Straftat auch die Ansichten des Leiters der Durchsuchungsgruppe über die Sauberkeit der Wohnung, den Aufbewahrungsort von Fotographien eines Bulgarien-Urlaubs, die Höhe des Bankguthabens, den Inhalt privater Notizen von Holtschkes Frau und vor allem die Korrespondenzadressen von Briefpartnern der Familie, da das MfS sich immer besonders für sogenannte Querverbindungen interessierte. Während der Durchsuchung machte das MfS rund 70 Foto-

89 Ebd.

graphien. Der Bericht schloß mit der Bemerkung, die Wohnung sei *„wieder ordnungsgemäß verlassen und verschlossen"* worden.[90]

Die konspirative Wohnungsdurchsuchung konnte auch einer geplanten Verhaftung unmittelbar vorausgehen. So war es im Fall eines 1932 geborenen Mediziners. Er geriet in das Visier der Staatssicherheit, da er Anfang der achtziger Jahre die polnische Solidarnosc unterstützte und Aufnäher „Schwerter zu Pflugscharen" trug. Im *„Ablauf- und Sicherungsplan"* zur Durchsuchung seiner Wohnung vermerkte das MfS: *„Ziel der konspirativen Durchsuchung ist es, Hinweise und Beweise [...] zu erarbeiten, als Voraussetzung für eine folgende Inhaftierung des Dr. K".*[91] Diese Hinweise sollten für das der Verhaftung folgende Verhör verwendet werden und einen Haftbefehl auch formal rechtfertigen.

Mit geheimdienstlichen Methoden hörte die Staatssicherheit die Telefone der Betroffenen ab, spickte ihre Wohnungen mit Mikrophonen und protokollierte alle Gespräche. Für solche „operativ-technischen Maßnahmen" war die Abteilung 26 des MfS zuständig, die wie die Abteilungen M und VIII in der Regel von anderen Diensteinheiten beauftragt wurde. In der Sprache des MfS hieß das Abhören von Telefonverbindungen *„A-Maßnahme"*. Die *„akustische Überwachung"* von Zimmern und Wohnungen mittels versteckter Mikrophone bezeichnete die Staatssicherheit als *„B-Maßnahme"*.[92]

Um Räume „verwanzen" zu können, unternahm das MfS zum Teil umfangreiche Vorbereitungen. Auch dabei spielten IM und GMS eine besondere Rolle: Da geplant war, ein Mikrophon in den Räumen von Gisela Mauritz zu installieren, sollte das Nachbarsehepaar, das der Staatssicherheit als GMS zuarbeitete, dem MfS seine Wohnung für den Zeitraum überlassen, der für den Einbau der Wanze benötigt wurde. Die GMS hatten der Staatssicherheit mitzuteilen, wann Mauritz das Haus verließ, um dann vom Wohnzimmer der GMS aus das Mikrophon durch ein Loch in der Wand hinter die Scheuerleiste in Mauritz' Wohnung vorschieben zu können. Außerdem sollte Mauritz den ganzen Tag über von einer Beobachtungsgruppe der Staatssicherheit kontrolliert werden. Allein zur *„Absicherung der Maßnahme"* kamen sieben Offiziere des MfS zum Einsatz.[93]

Zur Beobachtung der Betroffenen oder ihrer Wohnungen richtete die Staatssicherheit in *„konspirativen Objekten"* Überwachungsposten ein. Bestand der Verdacht einer geplanten Republikflucht, trieb das MfS erheblichen Aufwand, um die Betroffenen zu observieren, insbesondere wenn eine Verbindung zu einer Fluchthilfeorganisation vermutet wurde. Dies verdeutlicht die Überwachung von Marion Foellbach und ihrer Familie: Der Staatssicherheitsdienst stellte vier Teams mit je vier Offizieren ab, die abwechselnd die lückenlose Beobachtung sicherstellen sollten. Gegenüber der Wohnung richtete das MfS einen Operativen Stützpunkt ein, von dem aus der Einsatz koordiniert werden sollte. Verließ *„das Objekt mit Familie"* die Wohnung und fuhr mit seinem Auto davon, so sollten ihnen ein Lada und

90 MfS-Akte von Heinz Holtschke, Kopie beim Verfasser.

91 MfS-Akte des Arztes, Kopie beim Verfasser. Der Betroffene hat um Anonymisierung seiner Angaben gebeten.

92 Wörterbuch der Staatssicherheit, S. 359.

93 MfS-Akte von Gisela Mauritz, Kopie beim Verfasser.

ein Wartburg des MfS folgen, da die Staatssicherheit ein Umsteigen in ein Fluchthelferfahrzeug befürchtete.

Die Überwachung fiel jedoch enttäuschend aus, wie das Beobachtungsprotokoll zeigt: *„16.00 Uhr ‚F.' und ‚T.' halten sich in der Wohnung auf. PKW steht [...] abgeparkt. 17.50 Uhr ‚F.' und ‚T.' halten sich im Wohnzimmer auf. ‚T.' stellt Stehlampe im Wohnzimmer von rechter Seite zur linken Seite. 18.30 Uhr ‚F.' und ‚T.' optisch in der Wohnung ausgemacht. 20.00 Uhr [...] nach Rückmeldung wird die Beobachtung abgebrochen"*. Besondere Beachtung schenkten die MfS-Offiziere auch in den nächsten Tagen dem Standort der Stehlampe. Als sich nach vier Tagen immer noch kein Fluchthelferfahrzeug hatte anlocken lassen, beendeten die Staatssicherheitsbediensteten die Beobachtung.

Bespitzelungen konnten so weit gehen, daß die Betroffenen den ganzen Tag beschattet und ihr Tagesablauf peinlich genau protokolliert wurde. Diese mit erheblichem Personalaufwand durchgeführten Beobachtungen erbrachten in vielen Fällen belanglose Resultate, da die Bespitzelten keine Geheimagenten, sondern meist harmlose Bürger waren. Zum Opfer solch konspirativer Beobachtung wurden sie erst, weil sie von der Geheimpolizei als Staatsfeinde eingestuft wurden. Die Beobachtungsberichte konnten meist nur Alltägliches protokollieren: Mit dem Decknamen „Fliege" versah das MfS eine 1942 geborene Erzieherin und ließ sie von früh bis spät von mindestens zwei Mitarbeitern beobachten:

> „7.21 Uhr verließ ‚Fliege' mit 2 Kindern das Wohnhaus B.-Str. und verabschiedete sich von diesen. Sie ging über die Karl-Marx-Allee [...] zur Bushaltestelle neben dem Intecta-Warenhaus. 7.21 Uhr stieg ‚Fliege' in einen Bus der Linie 9 und fuhr bis zur Stadtbibliothek, wo sie 7.31 Uhr ausstieg. Sie ging in Richtung Palast der Republik, wo sie 7.34 das Gebäude der Neuen Galerie betrat [...]. 10.34 Uhr erschien ‚Fliege' durch den o.g. Eingang. Sie ging schnellen Schrittes in Richtung Fernsehturm [...]."[94]

Diese Überwachungswut erklärt zumindest teilweise, wie sich mehrere tausend, gelegentlich einige zehntausend Blatt in personenbezogenen Akten des Staatssicherheitsdienstes sammeln konnten. Da das MfS bestrebt war, jeden politisch Mißliebigen so lückenlos wie möglich zu kontrollieren, wird das monströse Wachstum der Staatssicherheit in den siebziger und achtziger Jahren verständlicher. Auf der anderen Seite darf nicht vergessen werden, welchen Eingriff in die persönlichen Rechte der Bürger die ständige Überwachung, das illegale Öffnen der Post usw. bedeutete.

3.3 Zuführung und Verhaftung

Auch für Festnahmen waren üblicherweise die Hauptabteilung VIII beziehungsweise die entsprechenden Abteilungen VIII der Bezirksverwaltungen des MfS zuständig. Die Mitarbeiter der Staatssicherheit, die zu einer Verhaftung erschienen, sollten ihren Opfern an Zahl überlegen sein: Um eine Person zu verhaften, erschienen zwei, meistens sogar vier MfS-Bedienstete. Sollte ein Auto gestoppt werden, ka-

---

94 MfS-Akte der Betroffenen, Kopie beim Verfasser. Die Betroffene hat um Anonymisierung ihrer Angaben gebeten.

men zwei Fahrzeuge des MfS zum Einsatz usw. In jedem Fall mußte das Opfer mit der Festnahme überrumpelt werden, um beim ersten Verhör seine Unsicherheit und Überraschung ausnutzen zu können. Deshalb fanden Verhaftungen häufig in den frühen Morgenstunden statt.

Die Staatssicherheit ließ die Betroffenen prinzipiell über die Gründe der Verhaftung im Unklaren. Oft teilten die Mitarbeiter des MfS ihnen nur mit, sie sollten *„zur Klärung eines Sachverhalts"* mitgenommen werden. Der Arzt Uwe Jürgensen wurde am frühen Morgen auf dem Weg in den Urlaub aus seinem Auto heraus verhaftet, da das MfS vermutete, er wolle seine Ferien für einen Republikfluchtversuch nutzen:

> „Wir wurden [mit unserem Fahrzeug] am S-Bahnhof Plänterwald, gleich hinter dem Treptower Ehrenmal, von zwei Autos in eine Seitenstraße gedrängt und mußten zum Stehen kommen. ‚Sind Sie Dr. Jürgensen [...]? Bitte steigen Sie aus zur Klärung eines Sachverhalts. Nehmen Sie nur Ihre Papiere mit, alles andere können Sie hier lassen. Es wird sicher nicht lange dauern.' Als ich zu ihnen ins Auto stieg, klappten die Türen zu. Auf meine Frage, was denn los sei, antworteten sie: ‚Das können wir Ihnen nicht sagen.'"[95]

Das MfS hielt die Verhaftung so fest: Jürgensen habe vermutlich die Absicht, die DDR *„ungesetzlich zu verlassen"*.[96] Unmittelbar nach seiner Abreise in den Urlaub sei seine Wohnung *„konspirativ"* zu durchsuchen. Sollten wichtige persönliche Unterlagen fehlen, müsse Jürgensen sofort einer Befragung *„zugeführt"* werden. Da Jürgensen seine Ferienreise schon wenige Tage nach Anlegung des Berichts antrat und die Gefahr eines Fluchtversuchs zu groß erschien, führte die Staatssicherheit die Festnahme unmittelbar nach Beginn der Fahrt an der Berliner Stadtgrenze durch. Der *„Zuführungsbericht"* vermerkte, Jürgensen sei *„mittels Verkehrsregulierer"* gestoppt worden, seine Tochter *„wurde von einem Mitarbeiter und einer Mitarbeiterin des MfS in persönliche Obhut genommen"*.

Wenn das MfS mehrere Familienmitglieder gemeinsam verhaftete, isolierte man sie sofort voneinander. Gunhild Gerth, Hausfrau aus Thüringen, wurde zusammen mit ihrem Mann festgenommen und unmittelbar danach von ihren Kindern getrennt:

> „Wir wurden aus dem Auto heraus verhaftet, hinter Berlin in Richtung Rostock. Dann trennten sie uns – ohne Abschied – und setzten auch die Kinder gleich in ein anderes Auto. Wir konnten den Kindern gar nicht sagen, was mit uns passiert war. Sie kamen dann nach Rummelsburg [...] Nach ein paar Tagen transportierte die Stasi die beiden Kinder nach Rostock in ein Kinderheim. Dort waren sie das erste Vierteljahr. [...] Wir hatten nicht die Möglichkeit gehabt, uns von ihnen zu verabschieden. Das war für mich grauenhaft, das war eigentlich das Schlimmste".[97]

Insbesondere in den siebziger Jahren war es Praxis, Kinder nach der Verhaftung ihrer Eltern nicht in die Obhut von Verwandten zu geben, sondern sie zunächst in ein staatliches Kinderheim einzuweisen. Eine Betroffene berichtete, sie sei im Februar

95 Gespräch mit Uwe Jürgensen am 13.6.1996.

96 MfS-Akte von Uwe Jürgensen, Kopie beim Verfasser.

97 Gespräch mit Gunhild Gerth am 10.6.1996.

1976 verhaftet worden; ihre Kinder brachte das MfS in ein Heim und isolierte sie dort durch Kontaktsperre und Ausgehverbot. Erst nach sechs Wochen gab die Heimleitung sie in die Obhut ihrer Großmutter [569].

Wenn die Staatssicherheit die Verhaftung einer Familie plante, wurde die Absonderung der Kinder vorab vorbereitet. Die Vordrucke des MfS für Zuführungen enthielten die Frage: *„Wie ist mit minderjährigen Personen zu verfahren?"* Das *„Auftragsersuchen"*, das das MfS vor der Zuführung von Uwe Jürgensen anlegte, enthielt unter der Rubrik *„Besonderheiten bei der operativen Maßnahme"* ausdrücklich die Vorgabe: *„Kind ist an weiblichen operativen MA [Mitarbeiter] zu übergeben"*.[98] Vor der Zuführung von Wolfgang Bischoff, der zu diesem Zeitpunkt als Präparator in Magdeburg arbeitete, und seiner Frau traf der zuständige Mitarbeiter des MfS eine Absprache mit einer Kinderkrippe *„zur Einweisung eines Kleinkindes unter drei Jahren vorübergehend bis auf unbestimmte Zeit"*.[99]

Bei der Familie Foellbach waren die Vorbereitungen sogar noch umfangreicher: Nach der Zuführung von Berthold Foellbach sollte seine Frau mit ihren beiden Kindern zunächst *„unter Hausarrest gestellt"* und in dieser Zeit von *„einer Genossin und einem Genossen"* aus den Reihen der Staatssicherheit bewacht werden. In dieser Zeit wollte das MfS die Unterbringung der Kinder *„klären"*. Das MfS plante, sie zunächst in die Bezirksverwaltung der Staatssicherheit und anschließend in ein Kinderheim zu verbringen. Dann sollte auch Marion Foellbach zugeführt werden.[100] Marion Foellbach berichtete, sie und ihr Mann seien in der Untersuchungshaft gezielt mit der Situation der Kinder unter Druck gesetzt worden.

Nach einem Fluchtversuch trennte die Staatssicherheit Gisela Mauritz von ihrem dreijährigen Sohn. Während der Verhöre verlangte sie ständig Auskunft über den Verbleib ihres Kindes. Die Vernehmer teilten ihr jedoch nur mit, ihr Sohn sei in einem Heim untergebracht worden. Weder sie noch Verwandte erfuhren den genauen Aufenthaltsort des Kindes. Während ihrer Inhaftierung gab das SED-Regime ihren Sohn zwangsweise zur Adoption frei. Gisela Mauritz bestand nach der Haftentlassung darauf, das Sorgerecht für ihren Sohn zurückzuerhalten und die Adoption rückgängig zu machen. Aus diesem Grund verweigerte die Staatssicherheit ihr die Übersiedlung in die Bundesrepublik, da *„die Forderung der M. in Hetzkampagnen in westlichen Massenmedien ausgenutzt werden"* könnte.[101]

Viele Teilnehmer unternahmen einen Fluchtversuch über die Grenze eines anderen sozialistischen Landes, die nicht so perfekt gesichert waren wie die West-

98 MfS-Akte von Uwe Jürgensen, Kopie beim Verfasser.

99 MfS-Akte von Wolfgang Bischoff, Kopie beim Verfasser. Unmittelbar nach der Zuführung verbrachte das MfS Bischoffs Kind wegen einer *„leichten Bronchitis"* in eine Kinderklinik. Allerdings konnte seine Frau die Bezirksdienststelle der Volkspolizei, in der die Staatssicherheit das Verhör durchführte, nach ihrer Vernehmung verlassen, während gegen Wolfgang Bischoff Haftbefehl erlassen wurde.

100 MfS-Akte von Marion und Berthold Foellbach, Kopie beim Verfasser.

101 MfS-Akte von Gisela Mauritz, Kopie beim Verfasser. Der Fall von Gisela Mauritz ist dokumentiert in *Ines Veith*, Gebt mir meine Kinder zurück, München 1991. Erst 1988 durfte Gisela Mauritz aus der DDR ausreisen. Ihr Fall erregte sowohl national wie international Aufsehen. Vgl. dazu Mitteilungen der deutschen Sektion der IGfM 4/5 1988; Rheinischer Merkur 29/1988.

grenze der DDR. Einen Teil der Betroffenen nahm die Polizei dieser Staaten bereits im Landesinneren fest. Die Mehrzahl wurde in der Nähe der Grenze von Grenzsoldaten aufgegriffen. 82 der an dieser Untersuchung Beteiligten, das entspricht 21,4 Prozent, wurden nicht in der DDR, sondern in einem anderen Staat des Ostblocks verhaftet, 30 von ihnen in Ungarn, 24 in der Tschechoslowakei.

Die Mehrzahl der Betroffenen wurde mit vorgehaltener Waffe gestellt. Dadurch vergrößerte sich die individuell empfundene oder tatsächlich vorhandene Gefahr für Leib und Leben erheblich: Von den 82 Betroffenen, die in einem anderen sozialistischen Staat gefangengenommen wurden, berichteten 52 von einer Bedrohung mit der Schußwaffe. Von diesen gaben 24, also knapp die Hälfte, an, sie hätten die Situation als lebensbedrohlich empfunden. Von den 302 an der Untersuchung Beteiligten, die in der DDR festgenommen wurden, berichten dagegen nur 79, das ist rund ein Viertel, über eine Bedrohung mit der Schußwaffe. 36 Personen dieser Gruppe, also etwas weniger als die Hälfte, erlebten die Festnahme als lebensbedrohlich. Das entspricht 11,9 Prozent aller in der DDR Verhafteten. Üblicherweise bereitete das MfS seine Festnahmen so sorgfältig vor – und hatte in der Regel nicht mit Gegenwehr zu rechnen -, daß der Einsatz von Waffengewalt nicht notwendig war.

Bei Gefahr im Verzug, wenn das MfS zum Beispiel einen Republikfluchtversuch befürchtete, konnte eine Verhaftung relativ schnell angesetzt werden. So war es im Fall des Dresdner Mediziners Hans-Werner Kintzel, der sich von einer Fluchthelferorganisation aus der DDR ausschleusen lassen wollte. Das MfS hatte die Fluchthelfer jedoch verhaftet; diese verrieten Kintzel und den geplanten Treffpunkt:

> „Früh um halb drei telefonierte die Stasi in Gera nach Dresden und weckte den General von der Bezirksverwaltung [...]. Der erteilte den Befehl: ‚Sofort zugreifen.' Man [das MfS] hatte damals am Treffpunkt, der mit den Fluchthelfern vereinbart worden war, stundenlang auf uns gewartet. Nachdem man uns dort nicht erwischt hatte, verhaftete man uns am Sonntag früh um halb zehn in Bühlau in unserem Haus. Wegen uns drei Leuten waren sie mit vier Autos und zwölf Personen angerückt".[102]

Die Angst des MfS vor dem Gelingen von Fluchtversuchen führte gelegentlich zu Fehlern. Bernd Strohecker, Geologe aus Potsdam, hatte einen Ausreiseantrag gestellt. Die Staatssicherheit ermittelte gegen ihn wegen des Verdachts des Geheimnisverrates, da er in einer als sensibel eingestuften Forschungseinrichtung arbeitete. Im Rahmen dieser Untersuchungen kontrollierte das MfS auch seine Post:

> „Der konkrete Anhaltspunkt für die Verhaftung gerade an diesem Tag war, daß ich mit meiner Frau zusammen eine Skitour im Thüringer Wald machen wollte. Wir haben einen guten Bekannten [...], mit dem wir den Ausflug zusammen unternehmen wollten. Der schrieb auf einer Karte, er sei zu jedem Ausbruch bereit. Er meinte allerdings nicht ‚Ausbruch', sondern ‚Aufbruch'. Aber für die Stasi war das der Anlaß zum Zuschlagen: Die Gefahr, es könnte jemand über den Thüringer Wald fliehen wollen".[103]

---

102 Gespräch mit Hans-Werner Kintzel am 29.4.1996.
103 Gespräch mit Bernd Strohecker am 3.4.1996.

D e folgenden Abbildungen veranschaulichen konspirative Ermittlungsmethoden des MfS.
Hier: Abhörgeräte, die der Bürgerrechtler Pfarrer Eppelmann im Dezember 1988 in einer Tischlampe und einem Radio in seinem Arbeitszimmer entdeckte

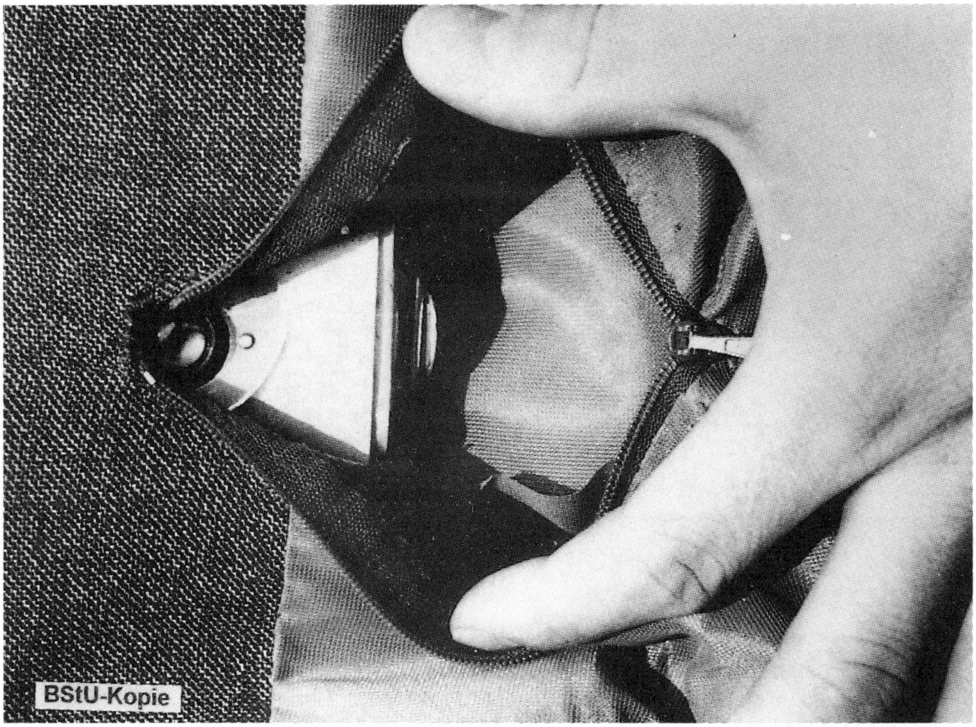

Obervationskameras und ...

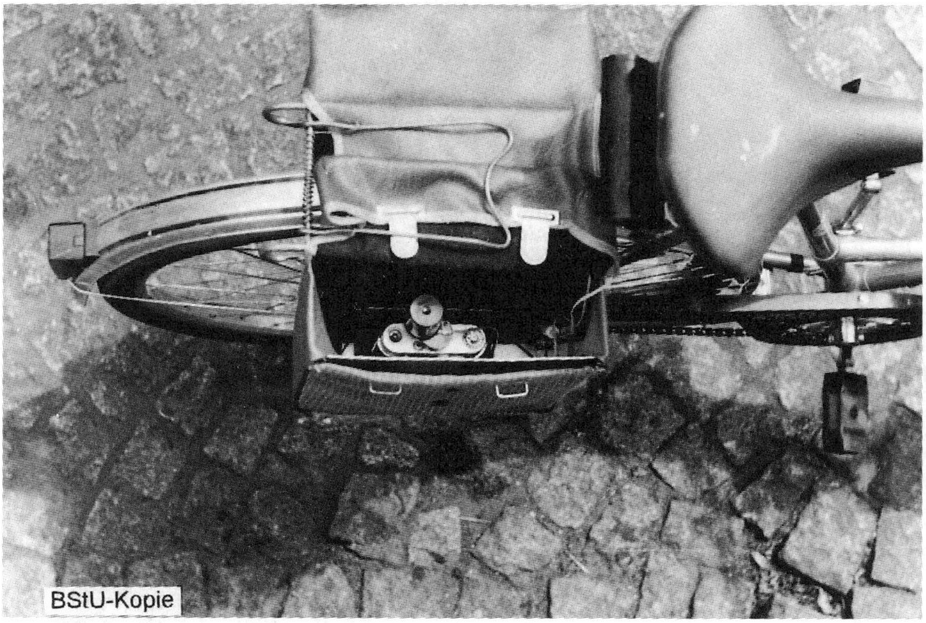

...Observationsfotos

Auszug aus einer MfS-Bedienungsanleitung für ein Gerät zum Verschließen konspirativ geöffneter Briefe

Vertrauliche Verschlußsache
MfS 052 Nr.: 849/72
.... Ausfertigungen
..1.. Ausfertigung .... Blatt /3

BStU
000114

1. Beschreibung

1.1 Anwendungsbereich der Anlage

Die Anlage dient zum Verschließen von konspirativ geöffneten Normalbriefen in den Breiten von 140 bis 185 mm mit symetrischen (dreieckigen) Klappen mit einem Klappenwinkel von 90° bis 135°. Der Verschluß erfolgt dadurch, daß auf die Leimstelle der geöffneten Klappe ein dem Klappenwinkel entsprechender Abdruck mit Zweitleim ausgeführt wird. Anschließend wird der Brief gefaltet und gepreßt.
Die Anlage arbeitet vollautomatisch. Der Bedienende hat für Beschickung und Entleerung der Magazine sowie für Überwachung des Ablaufs und Beseitigung eventueller Störungen zu sorgen.

KOPIE BStU

1.2 Bestandteile der Anlage (hierzu Bild 1)

a) Grundgerät 381 mit Tisch und Zweitmagazin

b) Presse 382

c) Steuergerät SG 214 601

d) Vakuumpumpe Typ DS4vl

1.3 Funktionsabläufe

Die geöffneten Briefe sind im auswechselbaren Magazin zu etwa 500 Stück gestapelt, dabei muß die Adressenseite zur Rollenstange und die offene Klappenspitze nach oben zeigen. In der Funktion 1 wird der jeweils vorderste Brief pneumatisch angesaugt und auf der schrägen Fläche abgestellt.
In der Funktion 2 wird der Brief in dieser Lage auf Gerätemitte ausgerichtet.
In der Funktion 3 wird er auf die horizontale Arbeitsfläche des Grundgerätes geklappt.
In der Funktion 4 wird er mit geringer Geschwindigkeit

Vertrauliche Verschlußsache
MfS 052 Nr. 849172
...... Ausfertigungen
1. Ausfertigung Blatt 147
BStU
000128

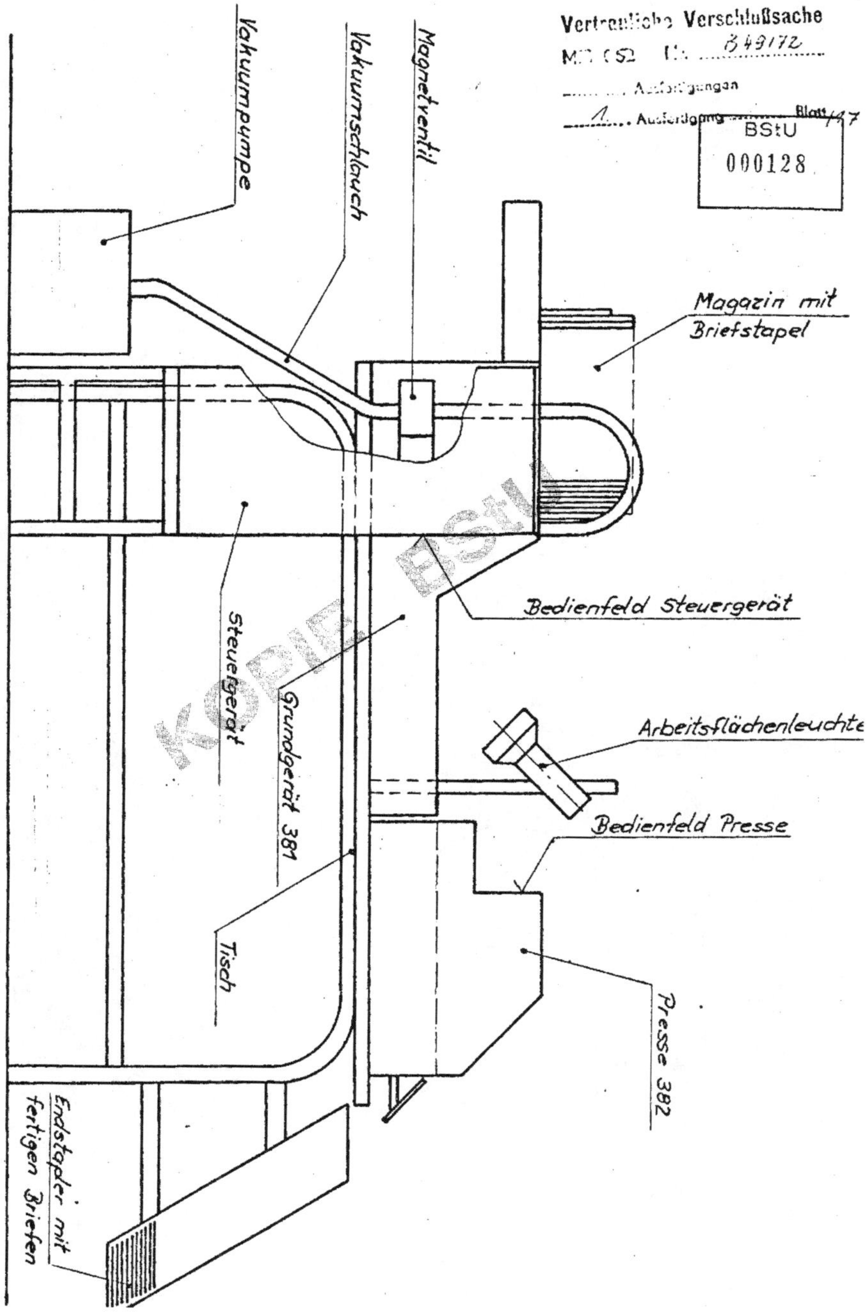

KOPIE BStU

Bild 1: Bestandteile der Anlage (von Bedienseite aus gesehen)

4 Verhör und Untersuchungshaft

385 Teilnehmer wurden in Untersuchungshaft verbracht. Von ihnen mußten 372 Freiheitsstrafen verbüßen. 13 Personen führte das MfS „nur" zu, hielt sie also für Verhöre fest, ohne daß die Aussagen für eine formale Anklage ausgereicht hätten. 47 Befragte (12 Prozent) gaben an, in Untersuchungsgefängnissen des Innenministeriums inhaftiert gewesen zu sein. Dabei handelte es sich in der Mehrzahl um Personen, denen die Strafverfolgungsorgane ungesetzlichen Grenzübertritt im einfachen Fall oder öffentliche Herabwürdigung vorwarfen, also vergleichsweise minder schwere Straftaten gegen die staatliche Ordnung. Außerdem finden sich in dieser Gruppe Wehrdienstverweigerer. Die meisten der Betroffenen wurden jedoch vom MfS verhaftet.[104] Grundsätzlich gilt die Einschätzung von Karl Wilhelm Fricke: *„Je eindeutiger eine Sache politischer Natur war, desto eher nahm sich die Staatssicherheit ihrer an – die Untersuchungsorgane des Ministeriums des Inneren konnten [...] in leichten Fällen bei Straftaten gegen die staatliche Ordnung tätig werden."*[105]

4.1 Das Untersuchungsorgan des MfS

Paragraph 88 der Strafprozeßordnung bestimmte das Untersuchungsorgan des Ministeriums für Staatssicherheit als eine der staatlichen Stellen, *„die Ermittlungen in Strafsachen"* durchführten.[106] Innerhalb des MfS waren es die Hauptabteilung IX bzw. die entsprechenden Abteilungen der Bezirksverwaltungen, die diese Funktion ausübten.[107] Für Vernehmungsoffiziere der *„Linie IX"* gab es, wie für jede behördliche Tätigkeit, eine Stellenbeschreibung, die die *„Rahmenfunktions- und Qualifikationsmerkmale für Untersuchungsführer"* festhielt.[108] Ihre Hauptaufgabe war die Bearbeitung von Ermittlungsverfahren und somit das Verhören der Inhaftierten. Zu

---

104 Mit einer Fülle von Informationen: *Karl Wilhelm Fricke*, Zur Menschen- und Grundrechtssituation politischer Gefangener in der DDR, 2. erg. Aufl., Köln 1988, S. 30-48.

105 *Karl Wilhelm Fricke*, Kein Recht gebrochen? Das MfS und die politische Strafjustiz der DDR, in: Aus Politik und Zeitgeschichte 40 (1994), S. 24-33, hier 25.

106 Strafprozeßordnung der DDR, Berlin, 1979, S. 46.

107 Zur HA IX: *Clemens Vollnhals*, Der Schein der Normalität. Staatssicherheit und Justiz in der Ära Honecker, in: *Siegfried Suckut/Walter Süß* (Hg.), Staatspartei und Staatssicherheit. Zum Verhältnis von SED und MfS, Berlin 1997, S. 213-248, hier 215-217.

108 Rahmenfunktions- und Qualifikationsmerkmale für Leiter vorgangsführender Abteilungen der Linie Untersuchung des MfS vom 15.11.1983. BStU, ZA, HA IX 3490.

den Eigenschaften, die ein Untersuchungsführer besitzen sollte, zählten neben *„gefestigten politisch-ideologischen Einstellungen und Überzeugungen auf der Grundlage des Marxismus-Leninismus“* sowie juristischen und kriminalistischen Fachkenntnissen auch *„die Fähigkeit zur anforderungsgerechten Wiedergabe und Dokumentierung seiner Arbeit“*. Gemeint war die Befähigung, die Aussagen des Untersuchungsgefangenen in Vernehmungsprotokolle umzusetzen, die für eine Anklage ausreichten.

Kern der Qualifikationsmerkmale waren *„psychologische und pädagogische Fähigkeiten zur schnellen und wirksamen Herstellung der Bereitschaft zu wahren Aussagen“*, also zur Erzielung der erforderlichen Geständnisse. Nach den Qualifikationsanforderungen der Hauptabteilung IX sollte der Untersuchungsführer dem Häftling intellektuell mindestens ebenbürtig sein, um die Kontrolle über das Verhör zu keinem Zeitpunkt zu verlieren. Der Untersuchungsführer hatte die Aufgabe, schnell einzuschätzen, auf welche Verhörstrategie der Häftling mit der größten Aussagebereitschaft reagieren würde.

Die Abteilung IX achtete streng darauf, mit formal legalen Mitteln im Sinn der Strafprozeßordnung zu operieren. Die Masse ihrer Informationen erhielt sie jedoch von anderen Diensteinheiten der Staatssicherheit, die diese im wesentlichen mit geheimdienstlichen, also konspirativen und damit illegalen Methoden gesammelt hatten. Das bedeutete für die Staatssicherheit ein nur mit erheblichem Aufwand zu lösendes Dilemma: Während im eigentlichen Ermittlungsverfahren zumindest der Schein gesetzlichen Vorgehens gewahrt bleiben mußte, waren die wichtigsten, zuvor eingesetzten Ermittlungstechniken – und damit auch die erzielten Erkenntnisse – illegal.

In einem Lehrheft des MfS hieß es dazu, gerade mit Hilfe ihrer „spezifischen tschekistischen Mittel und Methoden“ sammle die Staatssicherheit ihre wesentlichen „Beweismittel“: „Die wichtigsten Erkenntnisresultate über feindliche Pläne und Aktionen [...] werden in der operativen Praxis meist durch den Einsatz der IM und anderer operativer Kräfte, Mittel und Methoden gewonnen“. Allerdings brachte das MfS seinen zukünftigen Untersuchungsführern schon in der Ausbildung bei, daß dies keine vor Gericht brauchbaren Beweise waren: *„Solche Informationsquellen sind inoffizielle Beweismittel. [...] Ausschließlich auf inoffizielle Informationsquellen gestützte Ergebnisse der operativen Vorgangsbearbeitung [*sind*] nur MfS-intern verwendbar [...]“.*[109]

Wären diese Erkenntnisse offiziell verwertet worden, hätten sie die *„Dekonspiration“* inoffizieller Mitarbeiter oder anderer geheimdienstlicher Methoden zur Folge gehabt. Eines der Grundprinzipien der Staatssicherheit war es jedoch, die Konspiration unter allen Umständen zu wahren. Daraus ergab sich, *„daß inoffizielle Beweismittel auch im Strafverfahren grundsätzlich nicht verwendet werden dürfen. Ihre Verwendung im Strafverfahren als einer Form offizieller staatlicher Tätigkeit hätte die Dekonspiration der eingesetzten Kräfte und der spezifischen Mittel und Arbeitsmethoden des MfS zur Folge und verstieße außerdem gegen den Grundsatz*

---

109 Grundfragen der Realisierung der Beweisführung im Ermittlungsverfahren und in der Untersuchungsarbeit des MfS. BStU, ZA, JHS 24318, Bl. 78. Hervorhebungen im Original.

der Gesetzlichkeit der Beweisführung im Strafverfahren".[110] Interessant ist die Reihung der Gründe: Die *„Dekonspiration"* der illegalen Ermittlungsmethoden stufte das MfS als gravierender ein als den Verstoß gegen die Gesetzlichkeit, den die Ermittlungsmethoden bedeuteten.

Daraus leitete sich die Forderung ab, inoffiziell beschaffte Beweismittel *„offiziell verwendbar zu machen".* Dies konnte durch *„Wandlung"* eines inoffiziellen Beweises in einen legalen geschehen, wobei streng darauf zu achten war, daß *„die inoffizielle Art und Weise der Erlangung des Beweismittels in geeigneter Weise konspiriert"* wurde. Das bedeutete zum Beispiel, daß ein *„inoffiziell gesicherter"* Brief, also ein Schreiben, das illegal von der Abteilung Postkontrolle des MfS geöffnet worden war, wegen eines fingierten Verstoßes gegen die Postordnung nachträglich von der Beförderung ausgeschlossen wurde. Nun durfte die Post den Brief öffnen und konnte ihn wegen der strafrechtlichen Relevanz des Inhalts dem MfS zuleiten. Das kannte den Brief zwar schon längst, konnte ihn aber nun als Beweis im Strafverfahren verwenden.

So ging das MfS im Fall von Hartmut Stach vor: Ein Brief von ihm in die Bundesrepublik, den die Staatssicherheit abgefangen hatte, enthielt mißliebige Äußerungen über die DDR. Diese rechtfertigten nach Meinung des MfS den Verdacht eines Verstoßes gegen Paragraph 106 (Staatsfeindliche Hetze) und das Anlegen eines Operativen Vorgangs. Der Brief wurde *„legalisiert"* und damit *„zum Beweisgegenstand erhoben"*, indem man die Empfängeranschrift auf dem Kuvert unleserlich machte: Die Post ließ eine Flüssigkeit über Anschrift und Absender laufen; danach waren diese tatsächlich nicht mehr zu entziffern. Nun galt der Brief als unzustellbar und durfte von der Post *„amtlich geöffnet"* werden. Diese stellte bei der *„inhaltlichen Prüfung"* fest, daß *„die Schilderungen des Briefschreibers auf ungesetzliche Handlungen gegen unseren Staat schließen lassen"*, und sandte das Schreiben *„zuständigkeitshalber"* wieder an das Ministerium für Staatssicherheit. Um das Manöver zu vertuschen, datierte die Post ihr Schreiben an das MfS um mehrere Tage zurück, das damit über einen gerichtsverwertbaren Beweis verfügte.[111]

Die zweite Möglichkeit, um eine konspirativ ermittelte Information zu einem gerichtstauglichen Beweis zu machen, bestand darin, das inoffizielle Beweisstück durch ein offizielles zu ersetzen: War beispielsweise bei einer *„konspirativen Wohnungsdurchsuchung"* festgestellt worden, daß der Betroffene Durchschriften von Schreiben an bundesdeutsche Stellen verwahrte, so mußten diese bei einer offiziellen Wohnungsdurchsuchung im Rahmen des Ermittlungsverfahrens am längst bekannten Ort aufgefunden und beschlagnahmt werden. Ein illegal abgehörtes Telefongespräch wurde zum offiziellen Beweis, indem einer der beiden Teilnehmer bei einer Befragung Aussagen über den Inhalt des Gesprächs machte usw.

110 Ebd., Bl. 79.
111 MfS-Akte von Hartmut Stach, Kopie beim Verfasser.

4.2 Verdachtsprüfungshandlung und Verdächtigenbefragung

Grundsätzlich brachte das MfS seinen Mitarbeitern bei, daß *„die Entscheidung über die Einleitung eines Ermittlungsverfahrens sowie über die Inhaftierung des Beschuldigten [...] mit strafprozessual zulässigen Beweismitteln begründet werden"* müsse.[112] Das bereitete in der Praxis große Schwierigkeiten: Bestand etwa der Verdacht einer geplanten Republikflucht, konnte die Staatssicherheit keine Zeit auf die Legalisierung von Beweisen verwenden, sondern mußte die Verhaftung sofort durchführen. Häufig verfügte die untersuchungsführende Stelle innerhalb des MfS tatsächlich nur über inoffizielle Beweise, da alle Informationen sich aus den Aussagen von IMs oder aus dem Abhören von Wohnungen ergeben hatten. In diesen Fällen, die die überwiegende Mehrzahl der vom MfS zur Anklage gebrachten Untersuchungsvorgänge ausgemacht haben dürften, mußte die Vernehmung des Betroffenen die fehlenden belastenden Beweise erbringen.

Im Schulungsmaterial der Staatssicherheit hieß es zu diesem Dilemma, wenn die *„Möglichkeiten der zuständigen operativen Diensteinheit"* zur Umwandlung oder Ersetzung inoffizieller Beweise erschöpft seien, seien die Bemühungen gemeinsam mit der Untersuchungsabteilung *„auf die Ausnutzung der Bestimmungen der Strafprozeßordnung"* zu richten. Die operativen Maßnahmen müßten darauf abzielen, einen Anlaß für die Durchführung von sogenannten Prüfungshandlungen zu schaffen. Die Paragraphen 92 bis 98 der Strafprozeßordnung, die das sogenannte strafprozessuale Prüfungsstadium beschrieben, gaben dem Untersuchungsorgan faktisch das Recht, ein Ermittlungsverfahren selbst zu eröffnen und die Staatsanwaltschaft erst später in Kenntnis zu setzen.[113]

Die Anlässe für strafprozessuale Prüfungshandlungen zählte Paragraph 92 der Strafprozeßordnung auf: Danach reichten *„eigene Feststellungen der Untersuchungsorgane"* für die Prüfung der Einleitung eines Ermittlungsverfahrens aus.[114] Prüfungshandlung bedeutete in diesem Zusammenhang in aller Regel die Festnahme des Betroffenen, die zu diesem Zeitpunkt noch *„Zuführung"* hieß. Nach der Strafprozeßordnung war dieses Vorgehen legal: Paragraph 95 verpflichtete die Untersuchungsorgane festzustellen, *„ob der Verdacht der Begehung einer Straftat besteht"*.[115] Zu diesem Zweck waren die *„notwendigen Prüfungshandlungen"* vorzunehmen: *„Der Verdächtige kann befragt und, wenn es zu diesem Zwecke unumgänglich ist, zugeführt werden"*. Die Verdachtsprüfungshandlung umfaßte das erste Verhör – welches das MfS zu diesem Zeitpunkt der Ermittlungen noch Verdächtigenbefragung nannte -, bei dem der Zugeführte ein Geständnis ablegen mußte, um einen formellen Haftbefehl zu rechtfertigen. Die Staatssicherheit konnte ihre inoffiziellen Informationen, die für eine Festnahme im Sinn der Strafprozeßordnung nicht

---

112 Grundfragen der Realisierung der Beweisführung im Ermittlungsverfahren. BStU, ZA, JHS 24318, Bl. 85.

113 *Herbert Reinke*, Staatssicherheit und Justiz. In: Im Namen des Volkes? Wissenschaftlicher Begleitband zur Ausstellung des Bundesministeriums der Justiz, Leipzig 1994, S. 239-247, hier 240-241.

114 Strafprozeßordnung der DDR sowie angrenzende Gesetze und Bestimmungen, Berlin 1979, S. 48.

115 Ebd., S. 49.

ausgereicht hätten, so als Geständnis des Beschuldigten in ein in einem Strafprozeß verwertbares Beweismittel umsetzen. Für die Betroffenen war dieser Unterschied ohne Bedeutung. Das MfS bemühte sich jedoch peinlich, auf diesem Weg den Anschein von Legalität zu wahren.

Die Dauer der Verdachtsprüfungshandlung zeigte in vielen Fällen, daß es sich nicht um eine Befragung, sondern um ein Verhör handelte: Gegen Marion und Berthold Foellbach waren nach Ansicht des MfS genug inoffizielle Hinweise zusammengetragen worden, um den Verdacht einer geplanten Republikflucht zu untermauern. Aus diesem Grund sollte ein *„Prüfungsverfahren"* gemäß Paragraph 95 Strafprozeßordnung eingeleitet werden, das u.a. die Zuführung von Berthold Foellbach einschloß: *„Die Realisierung des Prüfungsverfahrens ist für den Zeitraum vom 22.9.1979 6.00 Uhr bis 22.9.1979 20.00 Uhr vorgesehen".*[116] Das bedeutete 14 Stunden Verhör. Zu beachten ist, daß Paragraph 95 der Strafprozeßordnung wohl eher den Ausnahmefall eines Ermittlungsverfahrens definieren sollte. Das MfS machte diese Vorgehensweise jedoch zur Regel.

4.3 Die Bedeutung des Geständnisses und der ersten Verhöre

Um die Verhältnisse in den Untersuchungsgefängnissen des MfS beurteilen zu können, ist es wichtig, die Bedeutung der Aussagen des Inhaftierten innerhalb des Systems der politischen Justiz zu verstehen: Wie oben erläutert, ermittelte das MfS die überwiegende Masse seiner Erkenntnisse *„konspirativ"*, also formal illegal. Daher war das Geständnis des Inhaftierten von zentraler Bedeutung für die Staatssicherheit. In einem Lehrheft des MfS hieß es dazu: *„Das Geständnis des Beschuldigten [ist] für die Beweisführung im Ermittlungsverfahren und im gesamten Strafverfahren speziell in der Untersuchungsarbeit des MfS meist von ausschlaggebender Bedeutung [...]".*[117] Das MfS mußte Aussagen passenden Inhalts erzielen, da praktisch jede Anklage in einem politischen Prozeß auf dem Geständnis des Beschuldigten beruhte.[118] Alles in der Untersuchungshaft der Staatssicherheit – die Verhörmethoden, das Verhalten der Vernehmer, die Haftbedingungen – zielte auf die Gewinnung von belastenden Aussagen.

Zu diesem Zweck setzte die Staatssicherheit ein wohldurchdachtes System psychischen Drucks ein, dessen wesentlichste Elemente Isolation, Verunsicherung, systematische Desinformation und Zermürbung der Betroffenen waren. Von den 338 Respondenten, die in Untersuchungshaftanstalten des MfS inhaftiert worden waren, gaben 250 an (74 Prozent), sie hätten die Bedingungen als Mißhandlung empfun-

---

116 MfS-Akte von Marion und Berthold Foellbach, Kopie beim Verfasser.

117 Grundfragen der Realisierung der Beweisführung im Ermittlungsverfahren. BStU, ZA, JHS 24318, Bl. 106.

118 Auch in den Schauprozessen während der stalinistischen Säuberungen waren die „Geständnisse" der Angeklagten meist das einzige Beweismittel. Allerdings erzwang die sowjetische Geheimpolizei in den dreißiger Jahren solche Aussagen, im Gegensatz zum ostdeutschen MfS der siebziger und achtziger Jahre, durch massive physische Folter. *Robert Conquest*, Der große Terror. Sowjetunion 1934-1938, aus dem Engl. v. Andreas Model, München 1992, S. 133-148.

den (Tabelle 3). Dagegen sprachen von den 47 Teilnehmern, die in Untersuchungsgefängnissen des Innenministeriums verhört worden waren, nur 21 (44,7 Prozent) davon, sie seien mißhandelt worden. Die Teilnehmer, die in Untersuchungsgefängnissen des MfS einsaßen, berichteten in der überwiegenden Mehrzahl von psychischem Zwang bis hin zu psychischer Folter. Nur 39 (11,5 Prozent) schilderten körperliche Mißhandlungen. Eine große Zahl von Betroffenen berichtete allerdings über offene oder verdeckte Androhungen von Gewalt.

Tabelle 3: Mißhandlungen in der Untersuchungshaft des MfS[119]

	Einzelhaft/ Isolation	Drohungen	Schlafentzug/ Dauerverhöre	Desinformation/ Druck m. Angehörigen
Personen	74	53	43	41
in % aller Untersuchungshäftlinge	21,9	15,7	12,7	12,1

	Physisch	psychisch, o. weitere Angaben	Lese-, Besuchs- u. Schreibverbote	Mißhandlung, o. weitere Angaben
Personen	39	28	24	7
in % aller Untersuchungshäftlinge	11,5	8,3	7,1	2,1

Psychische Mißhandlungen konnten entweder unmittelbar durch die Vernehmungen ausgeübt werden, etwa durch Dauerverhöre oder Drohungen, oder sie konnten durch das Haftregime wirken, z.B. indem der Häftling lange Zeit in Einzelhaft gehalten wurde, ohne ihm Lese- oder Schreiberlaubnis zu geben. Isolation, Einzelhaft, Unsicherheit, Schlafentzug usw. werden durch gezielten Einsatz zu einer wirkungsvollen Form psychischer Folter.

Es scheint zwar nicht generell zu Repressalien gekommen zu sein; wenn diese jedoch angewendet wurden, benutzten sie die Vernehmer in subtiler Abstufung. Die Methoden reichten von Beschimpfungen und Demütigungen während der Verhöre bis zur *„hochqualifizierten Folter"*.[120] Die Vorgehensweise hing vom Untersuchungshäftling und dem Sachverhalt ab: Bei einfachen Fällen von Republikflucht und einem geständigen Untersuchungshäftling setzte die Staatssicherheit meist nur verhältnismäßig geringen Druck ein. Handelte es sich um hochrangige Opfer, die im Verhör nicht aussagten, griff das MfS auf differenzierte psychische Folter zurück.

Die Verhöre folgten einem im Vorfeld erarbeiteten Vernehmungsplan: Dieser enthielt neben Fragen, die sich auf die Umstände der unterstellten Straftat bezogen, auch Punkte zur familiären Herkunft, zur *„gesellschaftspolitischen Entwicklung"* und zur *„Haltung zur sozialistischen Staats- und Gesellschaftsordnung der DDR"*. Der Untersuchungsführer sollte jeden Vernehmungsplan individuell auf die Einzel-

119 Mehrfachnennungen waren möglich.

120 Gespräch mit Armin Göllner am 5.12.1996. Göllner war zum Zeitpunkt seiner Verhaftung als Rechtswissenschaftler an der Humboldt-Universität Berlin und als wissenschaftlicher Mitarbeiter im Justizministerium tätig. Er wurde u.a. unter dem Verdacht einer geplanten Republikflucht festgenommen.

person und den Fall abstimmen. In Vernehmungsplänen benannte das MfS die Ziele der Verhöre, die sich an den *„Beweiserfordernissen“*[121] im Strafverfahren sowie an weitergehenden politischen Absichten orientierten, wie etwa dem Nachweis der Unterstützung durch Gruppen in der Bundesrepublik. Die Staatssicherheit hielt in den Vernehmungsplänen nicht nur die Vorwürfe fest, die dem Untersuchungshäftling vorgehalten werden sollten, sondern oft auch schon Angaben zu den erwünschten Aussagen.[122] Diese Voraussicht bezog der verhörende Offizier aus Erkenntnissen, die sich aus den konspirativen Ermittlungen der Geheimpolizei ergeben hatten.

Die *„vernehmungstaktische Grundlinie“* gab einen Überblick über den Lebenslauf, eine Einschätzung über das Verhalten des Betroffenen während der Verhöre sowie genaue Angaben über Dauer, Abfolge, Grundton und wesentliche Fragen der Vernehmung. Gelegentlich umfaßte die *„Grundlinie“* nicht nur die auf den Einzelfall bezogene Verhörstrategie, sondern benannte darüber hinaus übergeordnete Ziele. Petra Brinkmann, die zu diesem Zeitpunkt als Gemeindeschwester arbeitete, wurde vom MfS verhaftet, da sie Informationen zu ihrem Ausreiseantrag in die Bundesrepublik übermittelt hatte. In der *„Zielstellung“* für ihr Verhör hielt der Vernehmer fest:

> „Im Zusammenhang mit der Aufklärung der Verletzung [...] des § 219 ist der Nachweis der Einmischungsversuche in die inneren Angelegenheiten der DDR durch die StÄV der BRD [Ständige Vertretung der Bundesrepublik bei der DDR] und des BMB [Bundesministerium für innerdeutsche Beziehungen] zu führen. Ausgehend von vorliegenden Hinweisen (inoff.) über Kontakte zu anderen Ersuchern auf Übersiedlung sowie des Zusammenwirkens mit diesen unter [...] Mißbrauch kirchlicher Einrichtungen ist die Verletzung der §§ 214, 216 StGB der DDR zu prüfen. Zur Unterstützung der Kirchenpolitik unserer Partei ist die Einbeziehung bzw. Position führender Kirchenkräfte dazu aufzuklären.“[123]

Durch die Vernehmungen Brinkmanns wollte das MfS nicht nur den Verdacht eines Gesetzesverstoßes erhärten, sondern gleichzeitig Propagandamunition gegen Einrichtungen der Bundesrepublik und Belastendes über Mitarbeiter der evangelischen Kirche in der DDR sammeln.

Eine besondere Bedeutung kam den ersten Verhören zu. Die Vernehmer der Staatssicherheit waren bestrebt, bereits bei der ersten Vernehmung ein Geständnis zu erzielen, das den *„Ausgangspunkt für den gesamten Beweisführungsprozeß im Ermittlungsverfahren“* bildete.[124] Aus diesem Grund waren die ersten Verhöre für die Mehrzahl der Inhaftierten die belastendsten: *„Das Nachtverhör nach meiner Ankunft* [in der Untersuchungshaftanstalt] *war furchtbar: Nach einem ganzen Tag Transport wurde ich die ganze Nacht verhört. Gegen Ende gestattete man mir zynischerweise, während des Protokollschreibens durch den Vernehmer sitzend zu*

121 Lektion der HA IX über die Vorbereitung der Beschuldigtenvernehmung und den Vernehmungsplan vom Juni 1982. BStU, ZA, HA IX 476, Bl. 38.

122 Ebd., Bl. 37.

123 MfS-Akte von Petra Brinkmann, Kopie beim Verfasser.

124 Anforderungen an die Durchführung von Erstvernehmungen zur Sicherung des Beweiswertes der Beschuldigtenaussage. BStU, ZA, VVS JHS 1-313/81, Bl. 4-5.

schlafen, weckte mich aber sofort, wenn ich gerade ‚weggedämmert' war.“ [441] Mit der Verhaftung wollte das MfS dem Betroffenen deutlich machen, daß er völlig isoliert und den Vernehmern in jeder Weise ausgeliefert sei: *„Ziel war es die ganze Zeit, aus einer Persönlichkeit ein willenloses, gefügiges Wesen zu machen.“* [374] Um ein Gefühl der Unsicherheit zu erzeugen oder zu verstärken, sperrte die Staatssicherheit den Inhaftierten vor dem ersten Verhör häufig eine gewisse Zeit in eine Einzelzelle und überließ ihn sich selbst.

Zu Beginn der Vernehmungen griff das MfS häufig zu Dauer- und Nachtvernehmungen: *„Das erste Verhör [...] dauerte dreizehn Stunden; die anderen Verhöre zwei bis sieben Stunden und länger.“* [302] Andere Betroffene berichten, das erste Verhör habe sich über 20 Stunden erstreckt [517, 546]. Ein Ehepaar, das das MfS unter dem Verdacht des Republikfluchtversuchs verhaftet hatte, vernahm die Staatssicherheit 36 bzw. 38 Stunden [518, 519]. Der Zeitraum, über den die belastenden Dauerverhöre aufrecht erhalten wurden, richtete sich nach den erzielten Geständnissen: *„Die* [ersten] *Verhöre dauerten etwa bis Mitternacht. Insgesamt acht, neun Stunden. Später fanden die Verhöre im normalen Rhythmus der Stasi statt: Von früh bis mittags, dann machte die Stasi Mittag, und dann ging es weiter“.*[125] Blieben die geforderten Geständnisse aus oder benötigte das MfS weitere Aussagen gegen andere Personen, konnten die Dauer- und Nachtverhöre wieder aufgenommen werden [14]. In bestimmten Fällen beschränkten sich Verhöre unter diesen extrem belastenden Bedingungen nicht auf die ersten Vernehmungen, sondern erstreckten sich über Tage und Wochen, bis Geständnisse erzielt waren.[126]

Wiederholungen ständig gleicher Fragen sollten die Untersuchungshäftlinge zermürben: Der Vernehmer, beschrieb eine Betroffene ihr Verhör, *„ließ mich deutlich spüren, daß ich dem allmächtigen MfS-Apparat nichts entgegenzusetzen hätte. Immer wieder – endlos – mußte man die gleichen Fragen beantworten, wahrheitsgemäße Aussagen wurden häufig zu Lügen erklärt. Es ging darum, die geforderten ‚Ziele' zuzugeben.“* [267] Oft begannen mehrere MfS-Vernehmer die Verhöre, bevor derjenige, bei dessen Methode am zuverlässigsten Geständnisse zu erwarten waren, die Vernehmungen allein weiterführte. Das konnte bedeuten, daß der Häftling angeschrien und bedroht wurde [287]. In anderen Fällen hielt das MfS offensichtlich ein herablassendes und demütigendes Verhalten [228] oder einen kühlen und betont sachlichen Ton des Vernehmers [156] für wirkungsvoll. Ein Betroffener beschrieb diese Taktik so: *„Es gab zwei Sorten von Vernehmern: Einen Freundlichen, der einem zuredete nach dem Motto: ‚Je mehr Sie zugeben, desto mehr können wir für Sie tun.' Und einen anderen, der scharf war und einen bedrohte, man würde die Macht der Arbeiterklasse zu spüren bekommen und vielleicht auch Schläge. Die beiden wechselten sich ab“.*[127]

---

125 Gespräch am 1.4.1996. Die Betroffene hat um Anonymisierung ihrer Angaben gebeten.

126 Dauerverhöre über Stunden und Tage – im russischen „konvejer“ (Fließband) genannt – waren schon in den dreißiger Jahren eine der Methoden des sowjetischen NKWD zur Erpressung von Geständnissen. Auch andere Praktiken wie Schlafentzug oder Nachtverhöre stammten aus der Vernehmungspraxis der sowjetischen Geheimpolizei. *Conquest*, Der große Terror, S. 148-152.

127 Gespräch mit einem ehemaligen politischen Häftling am 22.2.1996. Der Betroffene hat um Anonymisierung seiner Angaben gebeten.

Gunter Lindner, Facharbeiter aus Frankenberg in Sachsen, mußte sich zu Beginn der Verhöre mit drei Mitarbeitern der Staatssicherheit auseinandersetzen:

> „Dort [im Gebäude des MfS] gab es drei Vernehmer, die auf mich einredeten. Und man merkte genau – drei Naturelle: der erste kumpelhaft bis plebejisch, der zweite kalt und korrekt, der dritte wirkte auch kalt und korrekt, aber gebildet. Beim Plebejischen warst Du ‚ein Arschloch', ‚eine Pfeife', ‚eine Tanzmaus' – [...] das wurde einem oft an den Kopf geworfen. Wenn man das abblockte, wurde es auf die korrekte Art probiert. Nach einer gewissen Zeit [...] nahm man die zurück, die nicht auf den Beschuldigten paßten. Bei mir blieb der Kühl-Korrekte [...]."[128]

Gelegentlich lösten sich die Offiziere des MfS ab, wenn von einem Wechsel der Verhörtaktik zusätzliche Ergebnisse erhofft wurden: *„Es gab Augenblicke, in denen die Vernehmer – ich hatte verschiedene und einen Vernehmungsführer [...] – freundlich und bösartig spielten. Der gute Polizist versuchte immer Vertrauen aufzubauen und tat so, als wäre er auf meiner Seite. Wenn er nicht weiterkam, drohte die andere Seite"*.[129] Umgekehrt konnte aber auch ein umgänglicherer Offizier zeitweilig den bornierten Verhörführer ablösen: *„Mit meinem Vernehmer konnte man zwar nur schwer diskutieren, aber ich hatte noch einen anderen, der meiner Meinung nach aus Berlin kam und viel offener, viel freier war. [...] Ich hatte Angst, er könne mir das Wort im Munde herumdrehen, doch das tat er nicht. Die Gespräche mit ihm waren regelrecht angenehm."*[130]

Schlafentzug war in der ersten Zeit – wie in bestimmten Fällen auch im weiteren Verlauf der Vernehmungen – eines der wichtigsten Instrumente zur Zermürbung des Inhaftierten. Die Verhöre begannen frühmorgens und dauerten bis in den späten Abend oder in die Nacht. Durch Informationsentzug und Isolation erhöhte das MfS die Verunsicherung des Häftlings gezielt: „[Man wurde] *durchweg in Unsicherheit gehalten, dadurch entstand ein psychischer Druck, so daß man in die Situation kam, Dinge einzugestehen, die so nicht geschehen waren, um die Situation zu bessern. Besser wird natürlich nichts; die Haftstrafe wird länger."* [192]

Zu Beginn der Verhöre blieben die Häftlinge in aller Regel in Einzelhaft. Oft erstreckte sich die Zeit der Einzelhaft über Wochen, Monate oder gar Jahre, wenn die Geständnisse nicht zur Zufriedenheit der Staatssicherheit ausfielen. Erst nachdem der Vernehmer die erwünschten Aussagen erzielt hatte, ließ er den Inhaftierten in eine Gemeinschaftszelle verlegen [54]. In der Zeit der Einzelhaft war der verhörende MfS-Mitarbeiter die einzige Bezugsperson des Untersuchungshäftlings. Auf diese Weise sollte das Bedürfnis nach Austausch auf den Vernehmer konzentriert werden und den Inhaftierten dazu bewegen, das auszusagen, was das MfS als Geständnis benötigte: *„Die Isolation durch die Einzelhaft war quälend und sollte den Gang zum Vernehmer als Wohltat empfinden lassen."* [385] Hans-Werner Kintzel, der wegen versuchter Republikflucht inhaftiert worden war, beschrieb diese Situation folgendermaßen:

> „Das Üble daran war die totale Isolierung. Die Wachmannschaften kannten in der Regel nur zwei Sätze: ‚Komm Se!' und ‚Gehn Se!' Man saß in der Einzelhaft und hörte tat-

128 Gespräch mit Gunter Lindner am 4.4.1996.

129 Gespräch mit Alexander W. Bauersfeld am 2.4.1996.

130 Gespräch am 1.4.1996. Die Betroffene hat um Anonymisierung ihrer Angaben gebeten.

sächlich fast die Haare wachsen. Wenn man 16 Stunden auf der Pritsche saß und vor allem in den ersten Wochen keine Literatur hatte, niemanden, mit dem man kommunizieren konnte, trat die paradoxe Situation ein, daß man sich auf die Vernehmung freute, weil man da mit jemand sprechen konnte."[131]

Auf diese Weise erhöhte die Staatssicherheit die Abhängigkeit des Betroffenen vom verhörenden MfS-Mitarbeiter, wie ein Offizier der Abteilung IX bestätigte: *„Die Leute, die in den Zellen gesessen hatten, waren froh, wenn sie ins Vernehmerzimmer kamen, [...] das hat man nutzen können, um eine Atmosphäre herzustellen."*[132] Gemeint war hier eine *„Atmosphäre"*, in der der Betroffene die benötigten Aussagen machte.

4.4 Verhaftung Familienangehöriger als Druckmittel

Der verhörende MfS-Offizier verfügte praktisch über ein Informationsmonopol und konnte dem Untersuchungshäftling je nach Aussagefreudigkeit Informationen geben oder vorenthalten. Weigerte sich ein Inhaftierter über längere Zeit, Aussagen zu machen, zählte die Androhung der Verhaftung nächster Familienangehöriger zu den Verhörtaktiken des MfS [66, 228].[133] Druck wurde außerdem durch falsche Auskünfte über den angeblich schlechten Gesundheitszustand von Verwandten [124] oder mit der Behauptung ausgeübt, Angehörige seien bereits verhaftet worden [472]. Gunter Lindner schilderte diese Situation so:

> „Ich habe zunächst 17 Stunden gelogen. Anschließend, spät in der Nacht, als ich schon ziemlich erschöpft war, sagte der Vernehmer wörtlich: ‚Es gibt ja Leute, die den Affenzirkus nicht so lange mitmachen, zum Beispiel ihre Mutter, die ist ja herzkrank. Was meinen Sie denn, wie lange die uns so dummdreist anlügt, wie Sie das machen? Was glauben Sie, wann die vom Stuhl fällt?' Das war der Fangschuß. In der 17. Stunde habe ich dann kapituliert und ausgepackt."[134]

Die Drohung hatte vor allem deshalb Gewicht, da der Staatssicherheit bekannt war, daß Lindners Mutter Solschenyzins „Archipel Gulag" für ihren Sohn aus der Bundesrepublik in die DDR geschmuggelt hatte. Tatsächlich hatte das MfS bereits einen Verhörplan für Lindners Mutter ausgearbeitet.[135]

Auch mit der möglichen Verhaftung von Ehepartnern übte die Staatssicherheit Druck aus: *„In der U-Haft* [gab es] *ständige Drohungen, meine Ehefrau, die im siebten Monat schwanger war, ebenfalls zu verhaften."* [561] Dabei handelte es

---

131 Gespräch mit Hans-Werner Kintzel am 21.8.1996.

132 Gespräch mit einem Mitarbeiter der Hauptabteilung Untersuchung des MfS. *Gilbert Furian*, Der Richter und sein Lenker. Politische Justiz in der DDR, Berlin 1992, S. 139.

133 Mit der Androhung von Repressalien gegen Familienangehörige erpreßte bereits der sowjetische NKWD in den dreißiger Jahren Geständnisse. Allerdings ist auch hier der grundlegende Unterschied zu beachten, daß der NKWD im Gegensatz zum MfS der siebziger und achtziger Jahre physische Folter gegen Inhaftierte und ihre Angehörigen einsetzte. *Conquest*, Der große Terror, S. 152-153.

134 Gespräch mit Gunter Lindner vom 4.4.1996.

135 MfS-Akte von Gunter Lindner, Kopie beim Verfasser.

sich nicht um einen Einzelfall: *„Während der Verhöre* [unternahm das MfS] *ständig Erpressungsversuche mit meiner Frau, wenn der Verlauf nicht der vorgesehenen Richtung entsprach: ‚Auch wenn deine Frau schwanger ist – wenn Du nicht spurst, sitzt sie noch heute in einer Zelle in deiner Nähe! Wir haben Haftkrankenhäuser, in denen sie entbinden kann.'"* [552]

Waren Angehörige gleichzeitig verhaftet worden, so zielte die Taktik der Vernehmer darauf, sie in getrennten Verhören gegeneinander auszuspielen [80, 287, 378]. Dies geschah etwa durch Fehlinformation über Aussagen, die der andere bereits gemacht habe. Eine Forschungsarbeit der Staatssicherheit beschrieb diese Vorgehensweise als eine der gängigsten Verhörtaktiken: Verweigerten gemeinsam Verhaftete die Aussage, *„gehört es zu den am meisten praktizierten Methoden, ihnen zu suggerieren, ihr jeweiliger Partner [...] hätte ein Geständnis abgelegt [...]"*.[136] Mitunter verwendete das MfS falsche Angaben über den Zustand des Partners, um den Inhaftierten zu beunruhigen: *„Die Informationen über meine Ehefrau zielten auf Verunsicherung und psychische Destabilisierung."* [400] Gelegentlich kam es zu Versuchen, inhaftierte Ehepaare zur Scheidung zu zwingen [16, 43].

Nach beiden Seiten betrieben die Vernehmer gezielte Desinformation, wie ein Auszug aus einer Vernehmungstaktischen Grundlinie exemplarisch verdeutlicht: *„Aus den Aussagen seiner Ehefrau sind ihm* [dem Untersuchungshäftling] *immer wieder in geschickter Form Anhaltspunkte vorzuhalten, woraus er schließlich die Schlußfolgerung ziehen muß, daß seine Ehefrau bereits alles gestanden hat und er somit dem Untersuchungsorgan nichts Neues sagt"*.[137] Für die gleichzeitig verhaftete Frau des betroffenen Diplomingenieurs verfaßte das MfS einen ähnlichen Verhörplan, der ihr den Eindruck vermitteln sollte, ihr Mann habe bereits ausgesagt.

Das MfS nutzte die Verunsicherung von Eltern über den Verbleib ihrer Kinder gezielt aus. Druck übte die Staatssicherheit mit der Drohung aus, die Kinder nicht in der Obhut von Verwandten zu belassen, sondern in ein staatliches Heim einzuweisen [454]. *„Die Kinder und ihr Schicksal wurden immer als Druckmittel eingesetzt. [...] Man sagte, ich würde meine Kinder erst wiedersehen, wenn sie in die Schule gingen (zum damaligen Zeitpunkt waren sie gerade erst 13 Monate alt)."*[138] Eine Betroffene, die in schwangerem Zustand in die Untersuchungshaft gebracht worden war, berichtete, ihr sei angedroht worden, ihr Kind nach der Entbindung in ein Heim zu verbringen [85]. Um Druck auszuüben, genügte es schon, die Inhaftierten während der Verhöre durch Fotos oder scheinbar zufällige Bemerkungen an ihre Kinder zu erinnern, um sie zu Geständnissen zu nötigen [211]. Dabei hielt das MfS Informationen über den Verbleib der Kinder so lange zurück, bis Aussagen gemacht wurden [80, 406].

Um die Inhaftierten unter Druck zu setzen, drohten ihnen die Vernehmer mit hohen Strafen [47, 118, 322, 528]. Die Angst vor einer hoffnungslos langen Inhaftierung erzeugten und förderten die Offiziere des MfS bewußt: *„Besonders in der*

136 Anforderungen und Methoden der Erschütterung destruktiven Aussageverhaltens Beschuldigter durch Suggerieren sicherer Beweisführungsmöglichkeiten vom 25.1.1984. BStU, ZA, JHS VVS 398/83, Bl. 17.

137 MfS-Akte des Betroffenen, Kopie beim Verfasser. Der Betroffene hat um Anonymisierung seiner Angaben gebeten.

138 Gespräch am 1.4.1996. Die Betroffene hat um Anonymisierung ihrer Angaben gebeten.

zweiten U-Haft quälte mich der Vernehmer. Ich käme niemals in den Westen, würde meinen Beruf als Diplom-Chemiker nie mehr ausüben können, mein Strafmaß würde so hoch werden, daß ich [bei der Entlassung] *keine Kenntnisse in Chemie mehr hätte. Er führte die Vernehmungen so, daß ich glaubte, ich würde zehn Jahre Freiheitsstrafe bekommen."* [511]

Zeigten Drohungen nicht die erhoffte Wirkung, bemühte sich das MfS gelegentlich, durch Vergünstigungen im Haftregime ein Geständnis zu erreichen [129]. Verweigerte der Inhaftierte die geforderten Aussagen, verschärfte sich der Ton sofort wieder [54]. Mitunter versuchte die Staatssicherheit die „Zugeführten" vor dem Beginn der eigentlichen Verhöre zu Aussagen über Dritte und zu einer inoffiziellen Zusammenarbeit zu bewegen: *„Wenn ich umfassend aussagen und meine Mittäter nennen würde, könnte ich wieder freigelassen werden. Aus diesem Grund hätte man mich nicht sofort ins Gefängnis gebracht und es wüßte auch niemand, wo ich wäre. Von diesem Ort aus könnte man mich sofort wieder freilassen."* [100]

Die Vorgehensweise der Vernehmer des MfS wich bei den einzelnen Fällen durchaus voneinander ab: Je klarer die Umstände der Tat und je leichter der Vorwurf zu beweisen war, desto sachlicher verliefen die Verhöre. Auch bei den offensichtlichen Fällen dauerte die Untersuchungshaft allerdings unverhältnismäßig lange. Selbst bei Republikfluchtversuchen, bei denen keine erschwerenden Umstände hinzutraten, lag die Dauer der Untersuchungshaft in den seltensten Fällen unter drei oder vier Monaten. *„In der U-Haft habe ich meinem Vernehmer gegenüber einfach die Wahrheit gesagt. [...] Da ich einfach erzählte, was zur Republikflucht führte, mußten keine Aussagen von mir erpreßt werden. Deswegen war die U-Haft trotzdem keine schöne Zeit."* [539] Dieser Betroffene wurde vier Monate verhört. Ein anderer Teilnehmer gestand den Fluchtversuch beim ersten Verhör, mußte aber dennoch fünf Monate im Untersuchungsgefängnis verbringen, ohne daß seine Familie in den ersten Wochen informiert worden wäre [529].

Wichtigstes Ergebnis der Verhöre waren Vernehmungsprotokolle, die die zur Last gelegten Straftaten in einer für eine Verurteilung ausreichenden Weise wiedergaben. Legte ein Untersuchungshäftling nicht das notwendige Geständnis ab, entstellten einige Vernehmer die Aussagen des Betroffenen. Die Unterschrift unter diese Protokolle wurde durch Druck [213, 308] oder Versprechungen [374] erzwungen. *„Ich diskutierte zwar ab und zu mit dem Vernehmer, bemerkte aber nach kurzer Zeit, daß er sowieso schrieb, was er für richtig hielt. [...] Geändert habe ich im Protokoll schon manchmal, aber unterschrieben habe ich in der Regel."*[139] In einem Fall bestätigte der Vernehmer die Verfälschung sogar gegenüber dem Untersuchungshäftling:

> „Man kämpfte den ganzen Tag um jede Formulierung; am Abend standen alle Lügen, die man doch heftig bestritten hatte, wieder im Protokoll. Das Motto meines Vernehmers (wörtlich): ‚Eine gewisse schriftstellerische Freiheit müssen Sie mir schon lassen.' [...] Der starke Druck der Verhöre führte dazu, daß ich zwar um jede Formulierung im Verhör kämpfte, aber am Ende doch den größten Unsinn, die frechen Unterstellungen mit meinem Namen unterschrieb. Ich hielt diesem Druck nicht stand." [267]

139 Ebd.

Es scheint allerdings nicht generell zu systematischen Verfälschungen von Vernehmungsprotokollen gekommen zu sein. Das war auch vom jeweiligen Vernehmer und seiner Verhörtaktik abhängig. War diese auf formale Korrektheit angelegt, so konnten Inhaftierte sogar Verbesserungen anbringen, die in der Endfassung berücksichtigt wurden [156].

4.5 Das Haftregime

Während für die Verhöre der Untersuchungshäftlinge die Abteilung IX bzw. die entsprechenden Abteilungen der Bezirksverwaltungen zuständig waren, zählten die Untersuchungsgefängnisse des Staatssicherheitsdienstes zum Verantwortungsbereich der Hauptabteilung XIV mit ihren Abteilungen in den Bezirken. Die Regelungen, die für die Häftlinge in den Untersuchungsgefängnissen zu gelten hatten, schrieb die Hauptabteilung XIV in Hausordnungen fest. Diese sollten sich an der Strafprozeßordnung und am Strafvollzugsgesetz orientieren. Eine Hausordnung von 1986 garantierte unter anderem das Recht auf Aufenthalt im Freihof, das Schreiben von vier Briefen pro Monat und den Empfang von Besuch.[140] Dabei handelte es sich jedoch um Regelungen, die bei *„Mißbrauch"* eingeschränkt oder vollständig widerrufen werden konnten. Faktisch waren es keine einklagbaren Rechte, sondern Vergünstigungen, die das MfS erst gewährte, wenn der Inhaftierte die benötigten Aussagen machte.

Intern begründete die Staatssicherheit dies mit den Besonderheiten der von ihr bearbeiteten Straftaten. Den Mitarbeitern ihres Wachpersonals brachte die Staatssicherheit bei, daß die Isolation der Untersuchungshäftlinge tatsächlich nicht die Verhörstrategie unterstütze, sondern eine Vorbeugungsmaßnahme gegen *„gegnerische"* Aktivitäten sei: Da in den Untersuchungsgefängnissen des MfS auch *„Staatsverbrecher"* verhört würden, müßten dort spezielle Bedingungen herrschen. Die Untersuchungshaft des MfS habe, schrieben Mitarbeiter der Hauptabteilung XIV in einer Forschungsarbeit, *„der Spezifik der Staatsverbrechen und anderer politisch-operativ bedeutsamer Straftaten und der Spezifik ihrer Aufdeckung zu entsprechen [...]"*.[141]

Zu diesen *„Spezifika"* zählte zunächst, daß die Mehrzahl der Informationen über den Häftling *„konspirativ"* ermittelt worden war und der Untersuchungsgefangene von diesen Methoden keine Kenntnis erlangen durfte. Darüber hinaus würden *„die Täter [...] vom Feind inspiriert und gesteuert"*. Daraus folge, daß *„bei der Mehrzahl der Verhafteten die Bereitschaft präsent ist, auf der Basis manifester feindlich-negativer Einstellungen unter den Bedingungen des Untersuchungshaftvollzugs dem feindlichen Interesse adäquate Handlungen zu begehen"*.[142] Das Personal der Untersuchungshaftanstalten sollte den Gefangenen jederzeit die Bereitschaft zu *„feindlichen Aktivitäten"* unterstellen und sich dementsprechend verhalten.

---

140 Ordnungs- und Verhaltensregeln für in die Untersuchungshaftanstalt aufgenommene Personen – Hausordnung. BStU, ZA, HA IX 658, Bl. 380-386.

141 Die aus den politisch-operativen Lagebedingungen resultierenden höheren Anforderungen an die Durchsetzung des Untersuchungshaftvollzuges. BStU, ZA, JHS 21961 Bl. 66.

142 Ebd. Bl. 175.

Die Abteilung XIV hatte vor allem die Aufgabe, *„die Erzeugung und Aufrechterhaltung der Aussagebereitschaft der Verhafteten"* zu unterstützen.[143] Die fast vollständige Isolierung der Häftlinge, eigentlich Teil der Verhörstrategie, legitimierte die Abteilung XIV als Vorbeugemaßnahme gegen nachrichtendienstliche Aktivitäten der Inhaftierten. Die Gefangenen seien *„bestrebt, die ihnen gesetzlich garantierten Möglichkeiten an Kommunikation nach außen für unzulässige Informationsübermittlung zu mißbrauchen"*. Würden Inhaftierte in einer Gemeinschaftszelle untergebracht, bestehe die Gefahr des Austausches von *„Hafterfahrungen"*, was *„andere Verhaftete zu renitentem provokativen Verhalten"* aufwiegeln könne. Um die *„Konspiration [...] zu gewährleisten"*, durften *„Verhaftete verschiedener Verwahrräume keine Sicht- und andere Kontakte"* haben. Die *„Erfordernisse der Gewährleistung der Konspiration"* schränkten auch die Möglichkeit der Zuweisung von Arbeit an Verhaftete wesentlich ein, zumal *„im Interesse einer zügigen Bearbeitung des Ermittlungsverfahrens im MfS ein hoher Grad der Auslastung Verhafteter durch Vernehmungen gegeben"* sei.[144]

Die Bedingungen in der Untersuchungshaft waren in jeder Beziehung auf die Verhöre und die erwünschten Aussagen abgestimmt. Verbindungen zur Außenwelt und zu Mithäftlingen unterband das MfS insbesondere in der ersten Phase der Verhöre [140]. Versuche der Kontaktaufnahme zu anderen Inhaftierten durch Klopfzeichen – auch zum Ehepartner [371] – bestrafte die Staatssicherheit mit Arrest, Einzelhaft oder Verbot des Hofgangs. Die Abschirmung von der Außenwelt vervollständigten Glasbausteine vor den Zellenfenstern. Einzelhaft, in der ersten Phase der Verhöre üblich, konnte während der gesamten Zeit der Untersuchungshaft aufrecht erhalten werden. Die Verlegung in eine Gemeinschaftszelle zählte zu den Vergünstigungen, wenn Aussagen in der gewünschten Form erzielt worden waren.

Allerdings konnten sich die Inhaftierten niemals sicher sein, ob ihr Mithäftling sie nicht aushorchen sollte. Zur Bespitzelung von Untersuchungshäftlingen arbeitete die Staatssicherheit mit sogenannten *„Zelleninformatoren"* (ZI). Zentrales Kriterium für die Auswahl eines Häftlings als Zelleninformator war die *„zu erwartende Bereitschaft, über Mithäftlinge zu informieren"*. Als *„entscheidende Grundlage für eine erfolgreiche Tätigkeit"* galt die Fähigkeit, *„zielgerichtet das Vertrauen der Mithäftlinge zu gewinnen."*[145] Für ihre Dienste konnten Zelleninformatoren Zusatzverpflegung, Leseerlaubnis oder zusätzliche Besuchstermine für die Angehörigen erhalten. Zelleninformatoren, die für das MfS in den Strafvollzugsanstalten des Innenministeriums Informationen sammelten, entlohnte das MfS nach den Vergütungsbestimmungen für den Strafvollzug entsprechend der aufgewendeten Arbeitszeit. Neben dem Einsatz von Zelleninformatoren gewann das MfS durch das Abhören der Verwahrräume Informationen über die Inhaftierten.[146]

---

143 Ebd. Bl. 94.

144 Ebd. Bl. 67-77 u. 312-313.

145 Richtlinie des Ministers für Staatssicherheit Nr. 2/81 vom 16.2.1981 zur Arbeit mit Zelleninformatoren (ZI). BStU, ZA, GVS-MfS 8-4/81, Bl. 9 u. 18.

146 So ließ die HA IX 1984 in 117 Fällen Zellen über insgesamt 1 043 Tage abhören und fertigte dabei 12 246 Stunden Tonbandprotokolle. Jahresanalyse der Auswertungs- und Kontrollgruppe (AKG) der HA IX. BStU, ZA, HA IX 570, Bl. 6.

Darüber hinaus kontrollierte die Staatssicherheit die Gefangenen in ihren Zellen ständig durch den in der Tür angebrachten „Spion“ [385]. Das männliche MfS-Personal überwachte auch die Zellen, die mit weiblichen Untersuchungshäftlingen belegt waren [197, 430]. Die permanente Kontrolle, beispielsweise beim Waschen, sollte das Gefühl des Ausgeliefertseins verstärken. Die Aufseher erhielten die Überwachung auch nachts aufrecht, indem sie das Deckenlicht in den Zellen in regelmäßigen Abständen einschalteten [174, 528, 530]. Auf diese Weise nahm nicht nur das Bewußtsein der vollständigen Kontrolle zu, sondern auch die Wirkung des Schlafentzugs, zumal den Häftlingen tagsüber Schlafen untersagt war [454].

Am Tag war es verboten, das Bett in der Zelle zu benutzen. Nur in Ausnahmefällen gab es eine spezielle *„Liegeerlaubnis“*. Der tägliche Hofgang konnte auf ein Minimum reduziert oder ganz gestrichen werden, wenn die Verhöre dies erforderten: *„Der Freigang war kürzer als 20 Minuten täglich und fiel bei Vernehmungen aus.“* [544] Auch wenn das MfS Hofgang gewährte, unterbrach dieser die Isolierung nicht, da er in *„betonierten Freiluftzellen“* [371], etwa 2,5 mal 3,5 Meter großen, ummauerten Teilen des Gefängnishofes abgehalten wurde. Der Hofgang dauerte in der Regel 20 Minuten, wobei sich ein oder zwei Häftlinge unter strengem Sprechverbot in dem Hofarreal unter ständiger Überwachung eines bewaffneten MfS-Mitarbeiters bewegten [197].

Die Bewacher sprachen die Inhaftierten nicht mit Namen, sondern lediglich mit der Zellen- und Bettnummer an. Literatur erhielten die Untersuchungshäftlingen nur, wenn Vernehmungsergebnisse wie gewünscht ausfielen. Zugang zur Tagespresse verweigerte das MfS fast ausnahmslos. Besuche und Briefe durften die Häftlinge nur selten empfangen. Bei Besuchen war es ihnen untersagt, über das laufende Ermittlungsverfahren oder die Zustände in der Untersuchungshaftanstalt zu sprechen. Körperlicher Kontakt zwischen Inhaftierten und Besuchern, wie Umarmungen oder Händeschütteln, war verboten. Verstießen die Inhaftierten gegen diese Verhaltensregeln, konnte der Besuchstermin vom ständig anwesenden MfS-Mitarbeiter sofort abgebrochen werden. Eine Reihe von ehemaligen Häftlingen berichtete über Schreibverbote, wenn die gemachten Aussagen nicht mit den erwarteten übereinstimmten [53, 192, 228, 363]. Gerade zu Beginn der Untersuchungshaft schränkte die Staatssicherheit Kontakte zu Angehörigen ein oder versagte sie ganz.

Beim Gang zu den Verhören sorgte das MfS dafür, daß der Untersuchungshäftling keine anderen Gefangenen zu Gesicht bekam und erhielt so das Bewußtsein der vollständigen Isolation aufrecht. Zu diesem Zweck befanden sich in den Fluren der Untersuchungsgefängnisse „Ampelanlagen“: Brachte ein Bewacher einen Gefangenen zur Vernehmung, schaltete er die Anlage im ganzen Trakt auf „rot“; das bedeutete, daß in dieser Zeit kein weiterer Häftling über die Flure geführt werden durfte. War der Betreffende im Vernehmerzimmer angelangt, stellte der Wächter die Anlage wieder auf „grün“ [175, 302]. Während die Anlage auf „rot“ geschaltet war, war auch allen MfS-Angehörigen der Aufenthalt auf den Fluren verboten. In der Sprache des MfS hießen diese Installationen *„opto-elektronische Signalanlagen, die vorbeugend Sichtkontakte Verhafteter verschiedener Verwahrräume“* verhindern sollten.[147] Wenn es nicht zu vermeiden war, daß der Häftling auf den Korridoren von einer anderen Person passiert wurde, so hatte er die Hände auf dem Rükken zu verschränken und sein Gesicht zur Wand drehen.

Inwieweit es zu Medikamentenmißbrauch in den Untersuchungshaftanstalten des MfS gekommen ist, von dem sieben Teilnehmer (2,1 Prozent) berichteten, läßt sich nur schwer abschätzen. Eine Kommission zur Untersuchung von Mißbrauch der Psychiatrie kam 1997 zu dem Ergebnis, daß es eine systematische Instrumentalisierung der Psychiatrie zur Bekämpfung politischer Gegner im sächsischen Gebiet der ehemaligen DDR nicht gegeben hat. Dies stimmt mit den Befunden der in den anderen ostdeutschen Bundesländern eingesetzten Kommissionen überein. Allerdings wiesen DDR-Gerichte Angeklagte in politischen Strafverfahren in Einzelfällen wegen einer behaupteten Wiederholungsgefahr in die Psychiatrie ein.[148] Es ist jedoch zu vermuten, daß die Staatssicherheit die psychische Anfälligkeit bestimmter Untersuchungshäftlinge ausnutzte und Psychopharmaka in teilweise hohen Dosen verabreichen ließ, um so die Labilität der Betroffenen weiter zu erhöhen. Auch die Berichte einiger Betroffener über Essensentzug oder gezielte *„Mangelernährung"* [88] wurden von der Mehrzahl der an der Untersuchung Beteiligten nicht bestätigt.

Zusammenfassend verfolgten die Verwahrmethoden des MfS vier Ziele: Zunächst die *„totale Isolation von der Außenwelt"* [88], eine *„Kommunikationssperre"* [310], *„das Gefühl, hilflos ausgeliefert zu sein"* [205] und ein fast vollständiger *„Informationsentzug"* [353]. Dies alles diente dazu, dem Untersuchungshäftling das Bewußtsein zu vermitteln, der übermächtigen MfS-Maschinerie wehrlos gegenüberzustehen und als einzigen Ausweg das geforderte Geständnis zu belassen.

4.6 Möglichkeiten zur Gegenwehr

Einigen Untersuchungshäftlingen gelang es, Gegenstrategien gegen die Verhörmethoden des MfS zu entwickeln. Manche der Betroffenen setzten sich erfolgreich gegen Beschimpfungen zur Wehr und erzwangen so einen formal korrekten Umgangston [156]. Ein Teilnehmer stellte Gegenfragen bei schwer haltbaren Vorwürfen des Vernehmers. Die Fragen wurden zwar nie beantwortet, stärkten aber die Position des Verhörten [100]. Durch volle Aufmerksamkeit konnten manche Untersuchungshäftlinge belastende Aussagen vermeiden: *„Beim ‚Fragespiel' mußte man höllisch aufpassen. Mein Ziel: Viel erzählen, aber nichts Konkretes sagen und vom Thema, insbesondere wenn es um heikle Dinge ging, ablenken."* [53]

Manche Untersuchungshäftlinge bemühten sich, einen bewußt unbedarften Eindruck zu machen. Das gelang aber wohl nur den Betroffenen, deren Fälle das MfS als weniger bedeutend einschätzte:

---

147 Die aus den politisch-operativen Lagebedingungen resultierenden höheren Anforderungen an die Durchsetzung des Untersuchungshaftvollzuges. BStU, ZA, JHS 21961, Bl. 315.

148 *Sächsisches Staatsministerium für Soziales, Gesundheit und Familie (Hg.),* Abschlußbericht der Kommission zur Untersuchung von Mißbrauch der Psychiatrie im sächsischen Gebiet der ehemaligen DDR. Dresden 1997, S. 50 u. 57.

„Da ich den ‚verträumten Musikus' gemimt habe, konnte ich in mancher Hinsicht das Wach- und Verhörpersonal hinters Licht führen, was sich beim Studium meiner MfS-Akte bei der Gauck-Behörde bestätigt hat. Ich war wahrscheinlich nur ein ‚kleiner Fisch', deshalb wurden mir – und auch meiner Frau – nicht gerade die intelligentesten Untersuchungsbeamten zugeteilt." [547]

Unter bestimmten Umständen gelang es Frauen, die Spießigkeit und Borniertheit der männlichen Vernehmer[149] zu nutzen, um sich während der Verhöre Ruhepausen zu verschaffen:

„Ich bemerkte z. B. sehr schnell, daß die Vernehmer Männer waren, die weinende Frauen scheußlich fanden. Also weinte ich vor den Frauen in der Zelle nur wenig, sparte mir das für den Vernehmer auf, um ihm Ärger zu bereiten. Außerdem stellte ich fest, daß die Vernehmer moralisch außerordentlich verklemmte Leute waren. Sexuell äußerst miese Typen. Ich erzählte von meinen Freunden, als hätte ich mit jedem ein Verhältnis gehabt – das füllte einige Tage aus. Währenddessen konnte ich mich zurücklehnen und zusehen, wie alles aufgeschrieben wurde. Das machte mir Spaß, und innerlich merkte ich, ich konnte ihm damit helfen und mir gleichermaßen auch. Irgendwann sagte ich dann natürlich, daß ich mit den Männern nie geschlafen hatte, worauf der Vernehmer furchtbar verärgert reagierte. Das waren eben *meine* Mittel, winzige Kleinigkeiten, aber trotzdem [...] Für mich war es Zeitgewinn."[150]

Auf ähnliche Weise gelang es Gunhild Gerth, sich zu wehren:

„Ich verhielt mich so, daß sie mich nicht unbedingt bestrafen konnten, aber ich stellte mich eben immer ein bißchen blöd und tat wie Hausfrau. [...] Er [der Vernehmer] war sehr eitel. Zum Teil gefiel ihm das regelrecht. Erstens, weil er die Frau vom Oberarzt in der Mache hatte, und zweitens hatte er eine Eitelkeit, die für ihn eigentlich dumm, für mich dagegen günstig war [...], die nutzte ich aus. Die Vernehmungen liefen häufig so ab, daß er die Beine über seine Stuhllehne gelegt hatte, sich einen Bierflaschen-Kronkorken als Monokel ins Auge steckte und dann die delikatesten Dinge mit mir besprach. Auch über Sexualität und Gott und die Welt. Er fand es interessant, sich mit mir zu unterhalten. Dadurch lernte ich ihn kennen und wußte über seine Schwächen genau Bescheid. Er merkte gar nicht, daß ich ihm eigentlich Bla-Bla erzählte. Es war Futter für seine Eitelkeit."[151]

Gegenwehr konnte zum Beispiel dann erfolgreich sein, wenn es dem Untersuchungshäftling gelang, die Situation, in der sich seine Vernehmer befanden, richtig einzuschätzen und dies für seine Antworten zu nutzen:

„Man konnte erkennen, wie man das [die Taktik der Vernehmer] aushebeln konnte: Belastungsmaterial kam aus Leipzig, zum Beispiel aus den Vernehmungen meiner Freunde. Ich habe durch einen Nebensatz, den der Vernehmer aussprach, gemerkt, daß das Verhältnis zwischen der Bezirksverwaltung Leipzig [des MfS] und der Bezirksverwaltung

149 Das MfS war fast vollständig von Männern dominiert. Unter den hauptamtlichen Mitarbeitern betrug der Frauenanteil 1977 gerade einmal 16,5 %; 1988 sank er auf 15,8 %. Überdies beschränkte die Staatssicherheit Frauen üblicherweise auf traditionell weibliche Berufe, wie Sekretärin, Schreibkraft oder den medizinischen Dienst. Die Führungsebenen des MfS waren absolute Männerdomänen. *Gieseke*, Hauptamtliche Mitarbeiter, S. 54.

150 Gespräch am 1.4.1996. Die Betroffene hat um Anonymisierung ihrer Angaben gebeten.

151 Gespräch mit Gunhild Gerth am 10.6.1996.

Potsdam nicht das beste war. Das habe ich natürlich in meiner Strategie ausgenutzt, indem ich gesagt habe, wenn ich etwas aus Leipzig vorgelegt bekam: ‚Ja, ob die das richtig gesehen haben? Da wissen *Sie* hier doch viel mehr!' Das hat erstaunlicherweise funktioniert."[152]

Vor einer Verurteilung schützte Gegenwehr zwar nicht, häufig aber vor einem höheren Strafmaß oder belastenden Aussagen über andere.[153] Allerdings mußten die Betroffenen gewisse Voraussetzungen mitbringen, um sich erfolgreich widersetzen zu können: Dauerhafte Gegenwehr gelang nur den Untersuchungshäftlingen, die auf die extreme psychische Belastung der Verhöre vorbereitet waren, bei denen der Schock der Inhaftierung also nicht so überwältigend wirkte [110, 384]. Zudem mußte der Betroffene über die psychische Robustheit verfügen, um einer Vernehmung auch durch mehrere MfS-Mitarbeiter widerstehen zu können. Grundvoraussetzung aber war, daß der Untersuchungshäftling nicht durch Familienangehörige erpreßt werden konnte, daß also nicht etwa durch die Verhaftung der Ehefrau oder die Heimeinweisung der Kinder Druck auf ihn ausgeübt werden konnte.

Allerdings war das MfS auf Versuche der Gegenwehr vorbereitet und reagierte mit entsprechenden Maßnahmen. Es sei noch einmal aus der oben erwähnten Vernehmungstaktischen Grundlinie zitiert: Das *„Bestreben [des Untersuchungshäftlings] geht vor allem in die Richtung, keine anderen Personen, welche Kenntnis von seiner Straftat hatten und ihm Beihilfe leisteten, zu belasten. [...] Er versteht es, den gestellten Fragen geschickt auszuweichen und das Gespräch in eine andere Richtung zu lenken."* Der vernehmende Mitarbeiter reagierte darauf, indem er dem Inhaftierten *„immer wieder die moralische Schuld vor Augen"* hielt, die dieser *„gegenüber seinen Kindern auf sich geladen"* habe. Zudem konfrontierte der Vernehmer ihn mit – falschen – Angaben über Aussagen, die seine ebenfalls verhaftete Ehefrau bereits gemacht habe: *„Diese Taktik schafft Raum für die Möglichkeit, daß der Beschuldigte in der Annahme, seine Ehefrau habe restlos alles ausgesagt, auch noch über andere Personen oder Zusammenhänge aussagt, wozu seine Ehefrau bisher nichts ausgesagt hat."*

Diese Täuschung war schließlich erfolgreich. In einer handschriftlichen Bemerkung hielt der MfS-Vernehmer fest: *„Die eingeschlagene vernehmungstaktische Grundlinie hat sich als richtig erwiesen. Durch die Aussagen des Beschuldigten wurde eine weitere Person belastet [...]."* Dieselbe Taktik wandten die Vernehmer gegen die inhaftierte Ehefrau an: Sie habe versucht, andere Personen, die bei der Begehung der Straftat Beihilfe geleistet hätten, in den Verhören nicht zu belasten. Ihre *„gebrochene seelische Verfassung"* sei dahingehend auszunutzen, daß sie fortwährend auf die Schuld hingewiesen werde, die sie gegenüber ihren Kindern auf sich geladen habe. Auch sie konnte dem Druck, der mit dem Schicksal ihrer Kinder auf sie ausgeübt wurde, nicht standhalten und belastete im weiteren

---

152 Der Betroffene war in Potsdam verhaftet worden. Die oppositionelle Studentengruppe, der er angehörte, hatte sich aber an der Leipziger Universität gebildet. Gespräch mit einem ehemaligen politischen Häftling am 22.2.1996. Der Betroffene hat um Anonymisierung seiner Angaben gebeten.

153 Körperliche Gegenwehr leistete dagegen praktisch keiner der Teilnehmer. Die Mehrzahl zog dies vermutlich nicht einmal in Erwägung.

Verlauf der Verhöre Dritte, möglicherweise ohne sich dessen in vollem Umfang bewußt zu sein.[154]

Dieses Beispiel zeigt deutlich, daß es für den Betroffenen nahezu unmöglich war, sich gegen die Verhörmethoden des MfS zur Wehr zu setzen, wenn er durch seine Angehörigen erpreßbar war. Es läßt sich unschwer ausmalen, daß sich hinter den Hinweisen auf die *„moralische Schuld“* gegenüber den eigenen Kindern Drohungen mit schulischen oder beruflichen Nachteilen für die Kinder, möglicherweise sogar Andeutungen über eine Einweisung in ein staatliches Kinderheim verbargen.

154 MfS-Akte des Betroffenen, Kopie beim Verfasser. Der Betroffene hat um Anonymisierung seiner Angaben gebeten.

5 Politische Strafprozesse

Bei den hier untersuchten 406 politischen Verfahren[155] konnten nur in einem Bruchteil der Fälle eine konkrete Beeinflussung oder Manipulationen festgestellt werden (diese Verfahren sollen im folgenden Kapitel dargestellt werden). Eine Manipulation von Strafverfahren in großem Ausmaß war während der Amtszeit Honeckers – im Gegensatz zu den fünfziger Jahren – nicht mehr erforderlich, da sich die politische Justiz, wie die Gerichtsbarkeit der DDR insgesamt, als Teil des sozialistischen Systems im Sinn der SED stabilisiert hatte und daher ohne direkte Anleitung der Partei auskam, zumal die Mehrzahl der Richter und Staatsanwälte selbst Mitglied der SED war. Bei der Mehrzahl der politischen Prozesse handelte es sich um Routinefälle, also um Verfahren, die in der Regel nur wenige Stunden dauerten, da sie sich in vorgegebene Schemata einordneten und keine langwierige Rekonstruktion des Tathergangs o.ä. erforderten.

Das läßt die politische Justiz während der Amtszeit Honeckers[156] auf den ersten Blick paradox erscheinen: Obwohl es ein politisches Strafrecht und politische Strafprozesse in erheblichem Ausmaß gab und Eingriffe von Parteiführung und Geheimpolizei in jedes beliebige Verfahren im Prinzip immer möglich blieben, ist eine Einflußnahme auf einzelne Prozesse nur selten nachzuweisen. Es könnte vermutet werden, daß Anweisungen zur Verfahrensführung und zum „richtigen" Strafmaß mündlich, durch Telefonate oder während Treffen bei Parteiversammlungen übermittelt worden seien. Eine solche Einwirkung erwies sich aber wohl in den

155 377 Teilnehmer wurden vor Gerichten der DDR angeklagt, 29 von ihnen zweimal.

156 Zur politischen Justiz während der Amtszeit Honeckers: *Friedrich-Christian Schroeder*, Das Strafrecht des realen Sozialismus. Eine Einführung am Beispiel der DDR, Opladen 1983; *Hubert Rottleuthner* (Hg.), Steuerung der Justiz in der DDR: Einflußnahme der Politik auf Richter, Staatsanwälte und Rechtsanwälte, Köln 1994; Im Namen des Volkes? Wissenschaftlicher Begleitband zur Ausstellung des Bundesministeriums der Justiz, Leipzig 1994; Materialien der Enquete-Kommission des Deutschen Bundestages, Bd. IV: Recht, Justiz und Polizei im SED-Staat, Baden-Baden 1995; *Uwe-Jens Heuer* (Hg.), Die Rechtsordnung der DDR. Anspruch und Wirklichkeit, Baden-Baden 1995; *Christian Meyer-Seitz*, SED-Einfluß auf die Justiz in der Ära Honecker, in: Deutschland Archiv 28 (1995), S. 32-42; *Roger Engelmann/Clemens Vollnhals* (Hg.), Justiz im Dienste der Parteiherrschaft. Rechtspraxis und Staatssicherheit in der DDR (Analysen und Dokumente; wissenschaftliche Reihe des Bundesbeauftragten 16), Berlin 1999. Neuere Publikationen faßt zusammen: *Anette Weinke*, Neue Veröffentlichungen zum Justizsystem in der SBZ/DDR, in: Deutschland Archiv 28 (1995), S. 202-206.

meisten Fällen als nicht erforderlich. Das Gerichtswesen – insbesondere die politische Strafjustiz – war so organisiert, daß direkte Interventionen in laufende Verfahren kaum notwendig erschienen.[157] Zum wichtigsten Instrument zur Lenkung der Justiz hatte sich die Kaderpolitik entwickelt. Nur politisch Zuverlässige konnten in Funktionen im Justizdienst aufsteigen.[158] Das politische Strafrecht und die zu seiner Auslegung herausgegebenen Dokumente beschrieben in aller Regel in ausreichendem Umfang, welche Personen und Handlungen in welcher Weise zu verfolgen waren.

5.1 Die politischen Paragraphen

Die politischen Paragraphen schrieb die DDR in ihrem neuen sozialistischen Strafgesetzbuch von 1968 fest und verschärfte sie durch die 1977 und 1979 erlassenen Strafrechtsänderungsgesetze teilweise erheblich. Die politischen Paragraphen fanden sich im 2. und im 8. Kapitel des besonderen Teils des Strafgesetzbuchs. Das 2. Kapitel faßte *„Verbrechen gegen die DDR"* zusammen, also *„Staatsverbrechen"*, die mit empfindlichen Strafen bis hin zum lebenslänglichen Freiheitsentzug beziehungsweise bis 1987 sogar mit der Todesstrafe bedroht wurden.[159] Das 8. Kapitel führte *„Straftaten gegen die staatliche Ordnung"* auf.[160]

Aus dem 2. Kapitel sind die Paragraphen 99 (Landesverräterische Nachrichtenübermittlung) und 100 (Landesverräterische Agententätigkeit) zu nennen,[161] die die Weitergabe von nicht der Geheimhaltung unterliegenden Nachrichten an ausländische Einrichtungen beziehungsweise die Kontaktaufnahme zu diesen unter Strafe stellten. Nach diesen Paragraphen konnte bestraft werden, wer irgendwelche Informationen an eine beliebige westliche oder internationale Stelle übergeben hatte.[162] Das betraf in erster Linie zur Flucht Entschlossene und Ausreiseantragsteller, die Kontakt in den Westen aufgenommen hatten. Im zweiten Kapitel des Strafgesetzbuches fanden sich außerdem die Paragraphen 105 (Staatsfeindlicher Menschenhandel), nach dem die Gerichte Fluchthelfer aburteilten, und 106 (staatsfeindliche Hetze). Dieser Paragraph stand mit Recht in dem Ruf, der übelste Gesinnungsparagraph des politischen Strafrechts der DDR zu sein, da nach ihm praktisch jede Art von Bekundung – ob öffentlich oder nicht – gegen die *„verfassungsmäßigen*

---

157 *Rottleuthner*, Zur Steuerung der Justiz in der DDR, in: ders. (Hg.), Steuerung der Justiz, S. 27-28.

158 Vgl. dazu *Hans-Herrmann Lochen*, „Nachwuchskader" – Zur Auswahl und Ausbildung von Juristen in der DDR, in: Im Namen des Volkes? S. 123-136; *Clemens Vollnhals*, Nomenklatur, in: *Jürgen Weber/Michael Piazolo* (Hg.), Justiz im Zwielicht. Ihre Rolle in Diktaturen und die Antwort des Rechtsstaates, Landsberg am Lech 1998.

159 1987 schaffte die DDR die Todesstrafe im Zusammenhang mit dem Besuch Honeckers in Bonn ab. Allerdings war sie seit 1981 nicht mehr vollstreckt worden.

160 Strafrecht der DDR. Kommentar zum Strafgesetzbuch, Berlin 1984, S. 266-289 und 468-494.

161 Bis zum Erlaß des 3. StÄG von 1979 lautete die Bezeichnung von § 100 Staatsfeindliche Verbindungen. Der Tatbestand von § 99 fand sich bis 1979 in § 98 (Sammlung von Nachrichten).

162 Strafrecht der DDR. Kommentar, S. 269.

Grundlagen der sozialistischen Staats- und Gesellschaftsordnung“[163] kriminalisiert werden konnte.

Die Zuordnung aller Paragraphen des 8. Kapitels zum politischen Strafrecht fällt dagegen schwer, da sich hier „*herkömmliche Tatbestände zum Schutz des Gemeinschaftsfriedens*“[164] mit Paragraphen mischten, die nur minder schwere Fälle der Staatsschutztatbestände des 2. Kapitels darstellten.[165] Neben den „*Staatsverbrechen*“ schuf sich der SED-Staat im 8. Kapitel eine Reihe von Zusatztatbeständen, „*die äußerlich ähnliche Verhaltensweisen*“ erfaßten.[166] So trat neben die „*Staatsfeindliche Hetze*“ gemäß Paragraph 106 der Tatbestand der „*Staatsverleumdung*“ nach Paragraph 220, der ebenfalls Bekundungen gegen die staatliche oder gesellschaftliche Ordnung der DDR kriminalisierte. Mit dem 2. Strafrechtsänderungsgesetz von 1977 erhielt Paragraph 220 die Bezeichnung „*Öffentliche Herabwürdigung*“ und wurde so umformuliert, daß er sich als strafrechtliches Instrument zur Bekämpfung der entstehenden Ausreisebewegung nutzen ließ.

Paragraph 99 fand sein Komplement in Paragraph 219 des 8. Kapitels, der gleichfalls die Übermittlung von Nachrichten in andere Staaten unter Strafe stellte. Paragraph 219 wendete die Justiz häufig gegen Übersiedlungswillige an, die zur Unterstützung ihres Anliegens Kontakt mit internationalen oder westlichen Organisationen aufgenommen hatten. Die ungenaue Abgrenzung der Tatbestände des 8. zu denen des 2. Kapitels wie auch die erhebliche und ganz bewußte Unschärfe der einzelnen Paragraphen eröffnete auch eine „*Wahlmöglichkeit zwischen den beiden Tatbestandsarten mit sehr unterschiedlichen Strafdrohungen*“.[167]

Im 8. Kapitel ist vor allem Paragraph 213 (Ungesetzlicher Grenzübertritt) zu nennen, der Republikfluchtversuche mit Freiheitsentzug von bis zu zwei Jahren, im schweren Fall von bis zu acht Jahren, bedrohte. Nach diesem Paragraphen wurden in den siebziger und achtziger Jahren die meisten politischen Häftlinge abgeurteilt.[168] Darüber hinaus umfaßte das achte Kapitel Paragraph 214 (Beeinträchtigung staatlicher Tätigkeit), der auf Ausreiseantragsteller zielte, die öffentlich für ihr Anliegen eingetreten waren. Tabelle 4 zeigt die Paragraphen, nach denen die Teilnehmer an dieser Untersuchung abgeurteilt wurden.

---

163 Ebd. S. 282.

164 *Herwig Roggemann*, Das Strafgesetzbuch der DDR von 1968, in: Recht in Ost und West 13 (1969), S. 97-113, hier 102.

165 *Wolfgang Schuller*, Geschichte und Struktur des politischen Strafrechts der DDR bis 1969, Ebelsbach 1980, S. 111 und 122.

166 *Schroeder*, Strafrecht des realen Sozialismus, S. 81.

167 Ebd., S. 82.

168 *Raschka*, „Für kleine Delikte ist kein Platz in der Kriminalitätsstatistik“.

Tabelle 4: Anzahl der Verurteilungen nach Paragraphen[169]

§ 97	§ 99	§ 100	§100 + §213	§ 104	§ 105[170]	§ 106[171]
8	12	6	42	4	12	46

§ 213	§ 214	§ 219	§ 220	sonstige[172]	k. Ang.	gesamt
141	38	18	34	37	8	406

An der Untersuchung beteiligten sich 377 Personen, die von einem Gericht der DDR abgeurteilt wurden, 29 von diesen zweimal. Nur fünf der Urteilssprüche lauteten auf Bewährungsstrafen, 372 Teilnehmer wurden zu Freiheitsentzug verurteilt. Ein Blick auf die Verteilung nach den verschiedenen Paragraphen zeigt die eindeutige Dominanz der Fluchtdelikte: Nach Paragraph 213 (Ungesetzlicher Grenzübertritt) verhängten politische Strafsenate 141 Mal Freiheitsstrafen. Berücksichtigt man darüber hinaus die Respondenten, die sich in der Planung oder Vorbereitung ihres Fluchtversuchs mit einer Fluchthelferorganisation oder einer anderen westlichen Stelle in Verbindung gesetzt hatten (Paragraph 100 in Tateinheit mit Paragraph 213) und bezieht außerdem die Urteile nach Paragraph 105 (Staatsfeindlicher Menschenhandel) in Tateinheit mit Paragraph 213 ein, so umfaßt die Gruppe 192 Verurteilungen. Dazu kommen weitere neun Urteile nach den Paragraphen 97 (Spionage), 99 (Landesverräterische Nachrichtenübermittlung) bzw. 106 (staatsfeindliche Hetze) in Kombination mit Paragraph 213. Daraus ergeben sich 201 Republikfluchtdelikte, das entspricht 49,5 Prozent.[173]

Einen verhältnismäßig großen Anteil stellen Ausreiseantragsteller: Bei den 56 nach den Paragraphen 214 (Beeinträchtigung staatlicher Tätigkeit) und 219 (Ungesetzliche Verbindungsaufnahme) Abgeurteilten handelt es sich in der Mehrzahl um Übersiedlungsersuchende. Das gilt auch für die Urteile gemäß Paragraph 220 (Öffentliche Herabwürdigung). Ein weitere größere Gruppe wurde wegen *„hetzerischer"* oder anderer mißliebiger Äußerungen verurteilt: 46 Teilnehmer erhielten Freiheitsstra-

169 Die Tabelle führt jeweils nur den Haupturteilsgrund auf. In Tatmehrheit angewendete Paragraphen werden nur ausgewiesen, wenn es sich um eine signifikant große Gruppe handelt.

170 Dies waren in der Mehrzahl Bürger der DDR, die anderen zur Flucht hatten verhelfen wollen. Neun von ihnen waren nach § 105 (Staatsfeindlicher Menschenhandel) in Verbindung mit § 213 (Ungesetzlicher Grenzübertritt) verurteilt worden.

171 In dieser Gruppe sind 16 Verurteilungen nach § 106 (Staatsfeindliche Hetze) in Verbindung mit § 108 (Staatsverbrechen gegen ein anderes sozialistisches Land) aufgeführt. Dabei handelte es sich meist um Personen, die wegen mißliebiger Äußerungen gegen die Sowjetunion abgeurteilt worden waren.

172 Darunter befinden sich neun Wehrdienstverweigerer sowie zwei Verurteilungen nach § 212 (Widerstand), ein Urteil gemäß § 215 (Rowdytum), vier Urteile nach § 249 (asoziales Verhalten) und zwei Verurteilungen nach dem Devisengesetz. Dazu kommen acht Urteile, die Gerichte der DDR vor 1971 fällten. Diese Teilnehmer wurden in die Untersuchung einbezogen, da es bei ihnen nach 1971 zu weiteren politischen Repressionen gekommen ist. Sechs dieser acht Urteile ergingen nach § 8 des Paßgesetzes von 1957. Es handelte sich um Republikfluchtdelikte. Ein Teilnehmer wurde nach § 14 (Spionage) und einer nach § 19 (Staatsgefährdende Hetze) des Strafrechtsergänzungsgesetzes von 1957 abgeurteilt.

173 Oben war angegeben worden, daß 247 Teilnehmer einen Fluchtversuch unternommen oder geplant hatten. Die Differenz resultiert aus dem Umstand, daß einige Respondenten nicht wegen des beabsichtigten Fluchtversuchs, sondern wegen anderer Delikte verurteilt wurden.

fen nach Paragraph 106 (staatsfeindliche Hetze) oder nach Paragraph 106 in Verbindung mit Paragraph 108 (Staatsverbrechen gegen ein anderes sozialistisches Land).

5.2 Die Hauptverhandlung

Über keinen Bereich politischer Verfolgung waren sich die Teilnehmer an dieser Untersuchung so einig wie über ihren Prozeß. Mit nahezu identischen Formulierungen nannten fast alle Beteiligten ihre Hauptverhandlung ein *„Theater“* [156], ein *„Trauerspiel in zwei Aufzügen“* [519] oder einen *„routinierten Ablauf nach Schema“* [277]. Die Verhandlung sei ein *„eingespieltes Ritual“* gewesen und *„wie das Herunterbeten eines vorgeschriebenen Protokolls“* verlaufen [539].

Die Formalien wurden jedoch in aller Regel peinlich genau eingehalten. Das Gericht hatte die vorgeschriebene Zusammensetzung aus einem vorsitzenden Berufsrichter und zwei Schöffen, jeder Angeklagte erhielt einen Verteidiger, das Recht auf ein Schlußwort usw. Die beiden Laien, die dem Berufsrichter beizusitzen hatten, traten allerdings so gut wie nie in Erscheinung. Einige Betroffene berichten, sie hätten zwar Richter und Schöffen als desinteressiert erlebt, die Vertreter der Staatsanwaltschaft seien jedoch sehr scharf aufgetreten: *„Von ihrem Habitus und vom Sprachgebrauch war sie [die Staatsanwältin] so, wie ich die Parteifunktionäre und Stasi-Leute erlebte. Es war eine Frau, die eine fast stalinistische Schärfe in ihrer Argumentation hatte. [...] Die beiden Schöffen und die Richterin waren unwichtig“*.[174] Ähnlich schildern auch andere Betroffene das Verhalten der Ankläger [504, 530, 535].

Im Ermittlungsverfahren dürfte die Rolle des Staatsanwalts dagegen meist gering gewesen sein. In aller Regel erhielt er von der Abteilung IX nur den abgeschlossenen Untersuchungsvorgang. Die vorangegangenen Ermittlungshandlungen, die er laut Strafprozeßordnung hätte leiten sollen, blieben dem Staatsanwalt meist unbekannt. Die Aussagen der Beschuldigten faßte das MfS in Ermittlungsberichten zusammen, von denen die Anklageschriften der Staatsanwaltschaft wohl nur selten wesentlich abwichen. Für jeden politischen Prozeß gab es als Arbeitsinstrument des MfS zudem den sogenannten Prozeßvorschlag, in dem der Untersuchungsführer festhielt, wie er sich den Verhandlungsablauf vorstellte. Ein solcher Prozeßvorschlag war zwar formal als internes Kontrollinstrument der Staatssicherheit angelegt; da der zuständige Offizier das Verfahren aber bis zur Urteilsverkündung zu beobachten hatte, dürfte allein diese Kontrolle eine erhebliche Wirkung auf Richter und Staatsanwälte gehabt haben.[175]

Die Prozesse dauerten üblicherweise nur wenige Stunden, in seltenen Ausnahmefällen zwei oder drei Tage. Da die Vernehmer bei den sich über Wochen und Monate, gelegentlich sogar über Jahre hinziehenden Verhören auch die unbedeutendsten Details erfragt hatten, war eine ausführliche Beweisaufnahme vor Gericht selten erforderlich. Die Mehrzahl der Prozesse lief nach einem identischen Schema ab: Nach der Verlesung der Anklageschrift hörte das Gericht in einigen Fällen die

174 Gespräch mit Alexander W. Bauersfeld am 2.4.1996.
175 *Behlert,* Generalstaatsanwaltschaft, in: *Rottleuthner* (Hg.): Steuerung der Justiz, S. 332-338.

Angeklagten selbst zu den Vorwürfen. Dem folgte der Antrag der Staatsanwaltschaft auf Verurteilung, ein kurzes Plädoyer des Anwalts, der meist nur um Milde für seinen Mandanten bitten konnte [238, 482, 514], und mitunter ein Schlußwort des Beschuldigten. Der Hauptverhandlung schloß sich häufig noch am selben Tag die Verkündung des Urteils an, das selten wesentlich von den Anträgen der Staatsanwaltschaft abgewichen sein dürfte. Diese Regie konnte nur gestört werden, wenn der Angeklagte in der Hauptverhandlung von seinen während der Verhöre protokollierten Aussagen abging.

Eine besondere Funktion hatten die sogenannten Gesellschaftlichen Vertreter. Sie waren Teil der Einbeziehung von Laien in die Gerichtsbarkeit und konnten als Gesellschaftliche Ankläger oder als Gesellschaftliche Verteidiger auftreten.[176] Bei politischen Strafprozessen ließen die Gerichte allerdings selten Gesellschaftliche Verteidiger zu. In diesen Fällen handelte es sich meist um Gesellschaftliche Ankläger. Ihnen fiel eine unrühmliche Rolle zu: Häufig aus dem Kollegenkreis des Beklagten ausgewählt, hatten sie in politischen Prozessen die Aufgabe, den Beschuldigten und seine Handlungen im Namen des Kollektivs zu verdammen. Dabei war es eine Frage der persönlichen Integrität – und wohl auch der Gewitztheit – des Gesellschaftlichen Anklägers, wie weit er die demütigende Rolle zu spielen bereit war. Im Prozeß wegen Republikfluchtversuchs gegen Hans Werner Kintzel agierte der Gesellschaftliche Ankläger, ein Kollege aus Kintzels Klinik,

> „schärfer als die Staatsanwältin. Das war nicht nur mein Eindruck, sondern auch der Eindruck meiner Tochter und meines Schwiegersohnes. Er war eben zu unflexibel, als sich so zu verhalten, daß er den Anforderungen genügte, aber sich so wenig wie möglich prostituierte. [...] Der Leiter der urologischen Klinik hatte ihm angeboten, daß er sich während der Zeit des Prozesses in die urologische Klinik legen und sich behandeln lassen solle."[177]

Dagegen unterzogen sich die Gesellschaftlichen Vertreter im Prozeß gegen Uwe Jürgensen mit Haltung der Pflichtaufgabe: „Sie haben das Gericht gefragt, ob es erlaube, daß sie mich zuerst fachlich und dann gesellschaftlich beurteilten. Die Richter stimmten zu. Daraufhin begannen sie mit einer fachlichen Lobeshymne und endeten mit einer kürzeren gesellschaftlichen Erniedrigung. Die beiden wurden ja dazu verpflichtet."[178]

Für die *„Sicherung"* der Angeklagten während der Verhandlung waren, wie für die Untersuchungshaftanstalten des MfS, die Hauptabteilung XIV beziehungsweise die entsprechenden Abteilungen der Bezirksverwaltungen zuständig. *„Sicherung"* bedeutete in bestimmten Fällen, daß die Beschuldigten *„wie Schwerverbrecher behandelt"* [268] und dem Gericht in Handschellen vorgeführt [529] wurden. Die Handfesseln nahmen die Bewacher erst im Gerichtssaal, gelegentlich nicht einmal zur Hauptverhandlung ab. Solche *„Sicherungsmaßnahmen"* seien notwendig, schrieb die Hauptabteilung XIV, da die vom MfS bearbeiteten Straftaten *„einen erheblichen Grad von Gesellschaftsgefährlichkeit"* besäßen. Daher müßten die Be-

176 *Dirk Fischer*, Die gesellschaftlichen Gerichte. Irrweg oder Modell für das vereinte Deutschland, in: Im Namen des Volkes? S. 157-164.

177 Gespräch mit Hans Werner Kintzel am 29.4.1996.

178 Gespräch mit Uwe Jürgensen am 13.6.1996.

wacher jederzeit auf *„mögliche gegen die Ordnung und Sicherheit gerichtete Handlungen“* vorbereitet sein. Durch *„vorbeugende Maßnahmen“* sei dem Angeklagten von vornherein die Aussichtslosigkeit jeder Art von Störung deutlich zu machen.[179]

Störung meinte in diesem Zusammenhang insbesondere die Absicht des Beschuldigten, im Prozeß offensiv aufzutreten oder zu Freunden und Verwandten im Gerichtssaal Kontakt aufzunehmen. Aus diesem Grund sollten bereits in der Untersuchungshaft *„Informationen zu Plänen und Absichten des Angeklagten“* während der Gerichtsverhandlung *„zielgerichtet verdichtet und in personen- und situationsbezogene Sicherungsmaßnahmen“* umgesetzt werden. Dies geschah beispielsweise durch die Vorführung in Handschellen, die auch eine Verständigung zwischen mehreren Angeklagten, etwa Ehepaaren, verhindern sollte: *„Gleichzeitig ist damit ein mögliches Abstimmen in bezug auf Aussagen vor Gericht mit aller Konsequenz zu verhindern.“*[180]

Allerdings berichteten einige Teilnehmer von spontaner Unterstützung durch Angehörige des Wachpersonals: *„Als mich nach der Verkündung des Urteils ein junger MfS-Schließer zurück in die U-Haft brachte, sagte er mir leise, daß alles für mich schon gut würde; ich käme schon dahin, wohin ich wollte [in den Westen], ich sollte nur nicht verzweifeln.“* [238]

Nach Paragraph 211 der Strafprozeßordnung konnte die Öffentlichkeit in jeder Phase der Verhandlung ausgeschlossen werden, etwa wenn der vorsitzende Richter die *„Sicherheit des Staates gefährdet“* sah oder weil *„bestimmte Tatsachen“* der Geheimhaltung unterlagen.[181] Das war bei so gut wie allen politischen Prozessen der Fall: 377 Teilnehmer an dieser Untersuchung wurden vor Gerichten der DDR angeklagt, 29 von ihnen zweimal. Von diesen 406 Verfahren waren nur 27 öffentlich, das entspricht etwa 6,6 Prozent. Nur die Verkündung des Schuldspruchs und des Strafmaßes – nicht einmal die Verlesung der Urteilsbegründung – mußte öffentlich sein. Die Gerichte nutzten diese Rechtslage bei politischen Prozessen so gut wie immer, um die Öffentlichkeit auszuschließen.

Da die Hauptverhandlung meist nur wenige Stunden dauerte und vor der Verlesung des Urteils lediglich für wenige Minuten unterbrochen werden mußte, konnte auch das Recht auf Öffentlichkeit der Urteilsverkündung planvoll unterlaufen werden. Ihre Verhandlung, schilderte eine Betroffene, sei abgelaufen, *„wie eine Show. Sie war ja nicht öffentlich, sondern geheim. Nur die Minuten der Urteilsverkündung – das Verlesen des Strafmaßes – waren in der DDR [...] öffentlich. Anschließend mußte die Öffentlichkeit sofort wieder den Saal räumen. Wir gingen nach unserer Haftentlassung in Halle zu Prozessen von Freunden, um die Öffentlichkeit herzustellen. Prompt wurden wir des Gerichtsgebäudes verwiesen.“*[182]

Bei den wenigen Hauptverhandlungen, bei denen Zuschauer im Gerichtssaal zugegen sein durften, handelte es sich häufig um Prozesse gegen Wehrdienstverweigerer. In einigen Fällen wurden Kollegen bei Verhandlungen wegen gemein-

179 Anforderungen an die Durchsetzung des Untersuchungshaftvollzuges. BStU, ZA, JHS 21961, Bl. 340.

180 Ebd. Bl. 341.

181 Strafprozeßordnung der DDR, S. 81.

182 Gespräch am 1.4.1996. Die Betroffene hat um Anonymisierung ihrer Angaben gebeten.

schaftlich unternommener Fluchtversuche zur Hauptverhandlung geladen, vermutlich als eine Art Abschreckungsmaßnahme. Dies war aber die Ausnahme und dürfte auch davon abhängig gewesen sein, ob sich die jeweiligen Betriebs- oder Kaderleiter an der Einschüchterung beteiligen wollten oder ob in dieser Hinsicht Druck auf sie ausgeübt wurde. Wenn die Öffentlichkeit zugelassen war, kam es vor, daß der Prozeßtermin den Angehörigen des Angeklagten erst unmittelbar vor Eröffnung der Verhandlung mitgeteilt wurde. Gelegentlich verzögerte sich die Zustellung der Prozeßankündigung auf dem Postweg derart, daß die Verwandten das Schreiben erst nach dem anberaumten Verhandlungstermin erhielten [506].

Auch bei nichtöffentlichen Prozessen ließen die Gerichte ausgewählte Personen zur Hauptverhandlung zu. Dabei handelte es sich häufig um MfS-Offiziere, darunter den Vernehmungsführer, der den Angeklagten an die im Verhör gemachten Aussagen „erinnern“ sollte, wie ein Mitarbeiter der Abteilung IX bestätigte: *„Der Aspekt, daß der Angeklagte durch die Anwesenheit des Vernehmers* [beim Prozeß] *dazu angehalten werden sollte, bei seinen bisherigen Aussagen zu bleiben, kann nicht ganz ausgeschlossen werden.“*[183] Die Präsenz von Offizieren der Staatssicherheit könnte in Einzelfällen auch dazu gedient haben, Richter und Staatsanwalt an die Prozeßregie und den erwünschten Urteilsspruch zu erinnern. Bestimmten Verhandlungen wohnten Mitarbeiter des MfS bei, wenn der Prozeß als Lehrveranstaltung dienen sollte: Es kam vor, so der oben zitierte Vernehmer des Staatssicherheitsdienstes, *„daß erst mal jüngere Leute von uns mit in der Verhandlung dabeisaßen, um zu lernen“.*[184] In einigen Fällen nahmen Richter der Berufungsinstanz an den Hauptverhandlungen teil, um das Urteil einer möglichen Revision bereits im Vorfeld abzusichern [395].

Den Kontakt zum eigenen Rechtsanwalt vor der Verhandlung beschrieben fast alle Teilnehmer als unzureichend. Die Rolle, die der Verteidiger bei den Prozessen selbst zu spielen hatte, stufte die Mehrzahl der Betroffenen als die eines *„Statisten“* [27] ein: Im Rahmen des geringen Spielraums habe sich der Anwalt eingesetzt; es sei jedoch für alle Beteiligten klar gewesen, daß die Verteidigung *„ohne Wirkung bleiben sollte“* [395]. Die Strafverteidiger in politischen Prozessen konnten sich nur *„um Schadensbegrenzung“* bemühen [268]. Die wenigsten der an der Untersuchung Beteiligten hatten Zweifel, daß ihr Anwalt kaum Möglichkeiten hatte, eine effektive Verteidigung aufzubauen. So berichtete eine Betroffene, ihr Anwalt habe sich sehr engagiert, sei aber vom Gericht *„mit Verachtung“* behandelt worden [519].

Wenn der Verteidiger eine gewisse Routine bei politischen Strafprozessen hatte, konnte er das zu erwartende Strafmaß abschätzen und richtete sein Auftreten in der Hauptverhandlung danach ein, auch um den nach einer gewissen Haftzeit einkalkulierten Freikauf nicht zu gefährden [6, 445, 563]. Der Verteidiger sei ein *„Sachwalter des Freikaufs“* gewesen, schilderte ein Teilnehmer das Verhalten seines Anwalts [487]. Einige Verteidiger teilten ihren Mandanten schon vor dem Pro-

183 Gespräch mit einem Mitarbeiter der HA Untersuchung, in: *Furian*, Der Richter und sein Lenker, S. 146.

184 Ebd., S. 147.

zeß mit, daß sie kaum Möglichkeiten hätten, in ihrem Sinn Einfluß zu nehmen [364].

Selbst wenn die Anwälte sich für ihre Mandanten einsetzten, wurden ihnen die Verteidigungsmöglichkeiten systematisch beschnitten. Nach Paragraph 64 der Strafprozeßordnung erhielt der Verteidiger vor Abschluß der Ermittlungen nur dann Einsicht in die Akten, wenn *„die Untersuchungen dadurch nicht gefährdet"* wurden. In der Realität konnte er in die – vorher vom MfS gesäuberte – Ermittlungsakte, wenn überhaupt, erst direkt vor der Anklageerhebung Einblick nehmen.[185] Kopien oder Auszüge gab die Staatssicherheit niemals ab. In aller Regel durften die Anwälte ihre Mandanten erst unmittelbar vor der Hauptverhandlung in der Untersuchungshaft besuchen, obwohl Paragraph 64 der Strafprozeßordnung dem Verteidiger Zugang zu seinem Mandanten von Beginn des Ermittlungsverfahrens an garantierte. Dieses Recht konnte jedoch vom Staatsanwalt beschränkt werden, falls der *„Zweck der Untersuchung"* durch die Besuche gefährdet würde.[186] Wenn der Staatsanwalt Sprecherlaubnis für einen Untersuchungshäftling des MfS erteilte, hörte die Abteilung IX die Unterhaltungen in aller Regel ab.[187] Eine effektive Vorbereitung der Verteidigung war so von vornherein ausgeschlossen.

Ein Betroffener bezeichnete seinen Verteidiger allerdings als *„ängstlich"* [421]. Dieser sei im wesentlichen darauf bedacht gewesen, die Angeklagten zur Zurückhaltung zu mahnen, damit sie die Grenzen der ihnen zugedachten Rolle nicht überschritten. Den Weg der Berufung wählte praktisch keiner der Betroffenen, oft auf Anraten der Anwälte, die dies zu Recht als chancenlos einschätzten. Ein Teilnehmer berichtete allerdings, sein Anwalt, ein *„älterer, auch im Hinblick auf die politischen Verhältnisse unerschrockener Strafverteidiger"*, habe sich erfolgreich für ihn eingesetzt und durch eine Haftbeschwerde die vorzeitige Entlassung aus der Strafanstalt erreicht [126].

5.3 Beweisführung und Urteil

Wichtigstes Beweismittel waren die während der Vernehmung protokollierten Aussagen der Angeklagten. Auf ihre Bestätigung durch den Beschuldigten mußte das Gericht in der Hauptverhandlung besonderen Wert legen: *„Wenn man sich als Angeklagter in seinen Aussagen widersprach, wurden einem sofort die beim MfS-Verhör gemachten schriftlichen Aussagen vorgehalten und man mußte sich dahingehend ‚verbessern'."* [228] Von der eingespielten Prozeßregie abweichende Einlassungen der Angeklagten waren das Einzige, was den vorab geplanten Ablauf der Verhandlung stören konnte, wurden aber in aller Regel schnell vom vorsitzenden Richter unterbunden.

---

185 Strafprozeßrecht der DDR. Kommentar zur Strafprozeßordnung, Berlin 1987, S. 99.

186 Ebd., S. 98-99.

187 1985 vermerkte die HA IX, alle 579 *„Rechtsanwaltssprecher"* seien sowohl mit Tonbandgerät wie mit Videokamera aufgezeichnet worden. Den meisten der in politischen Strafprozessen routinierten Verteidiger dürfte diese Überwachung bewußt gewesen sein. Jahresanalyse 1984 der AKG der HA IX. BStU, ZA, HA IX, 570, Bl. 7. Gemeint waren aller Wahrscheinlichkeit nach aber nur die *„Rechtsanwaltssprecher"* in der Berliner Zentrale des MfS.

Falls das Gericht überhaupt Zeugen hörte, seien diese zurechtgewiesen worden, berichten einige der Betroffenen, wenn sie nicht bei den von ihnen erwarteten Aussagen blieben. Ein Teilnehmer schrieb, der vorsitzende Richter habe einen Zeugen, der seine während der Ermittlungen gemachten Aussagen in der Hauptverhandlung nicht wiederholen wollte, erst mit Gefängnis bedroht und ihm dann die Befragungsprotokolle des Ermittlungsverfahrens vorgelesen [524]. Auch die Angeklagten selbst brachte das Gericht zum Schweigen, falls sie den Wahrheitsgehalt der Aussagen von Zeugen in Zweifel zogen [472].

Ausfertigungen der Anklageschrift seien ihnen erst unmittelbar vor der Verhandlung zugänglich gemacht und auch dann nur für kurze Zeit zur Einsichtnahme zur Verfügung gestellt worden, berichtete die überwiegende Mehrzahl der Teilnehmer. Die schriftliche Urteilsfassung wurde ebenso wie die Anklageschrift nur für kurze Zeit zur Einsichtnahme ausgehändigt. Kaum einer der Befragten zweifelte daran, daß der Schuldspruch bereits vor der Hauptverhandlung feststand. Gelegentlich teilte der Vernehmer dem Angeklagten die Präjudizierung des Urteils vor Verhandlungsbeginn sogar mit: *„Interessant war für mich, daß der Vernehmer in der letzten Vernehmung vor dem Prozeß mir quasi mein Strafmaß sagte. Er fragte mich: ‚Womit rechnen Sie denn?' Als ich antwortete: ‚Zweieinhalb bis drei Jahre', meinte er: ‚Da haben Sie Recht.' Ich bekam drei Jahre".*[188]

Einer der an der Untersuchung Beteiligten erfuhr nach 1989 von dem Richter, der in seinem Fall die Verhandlung geführt hatte, daß die gewünschte Strafhöhe vorab vom zweiten Sekretär der Bezirksleitung der SED festgelegt worden sei [259]. Ein anderer Befragter berichtete, sein Vernehmer habe ihm gegenüber bemerkt, daß er den Staatsanwalt am Vortag der Verhandlung einbestellt habe, um ihm die erwünschte Höhe des Urteils mitzuteilen [517]. Es ist allerdings denkbar, daß es sich um eine Täuschung des MfS-Bediensteten handelte, um den Angeklagten vor der Hauptverhandlung zu verunsichern und ihn von Störungen des Prozeßablaufes abzuhalten.

Die zuerkannten Strafen fielen allerdings insbesondere bei Anklagen nach den Paragraphen 99 (Landesverräterische Nachrichtenübermittlung) und 100 (Landesverräterische Agententätigkeit) in aller Regel verhältnismäßig niedrig aus, berücksichtigt man die Anklage, die immerhin auf *„Staatsverbrechen"* lautete. Das höchste wegen Verstoßes gegen Paragraph 99 verhängte Urteil, das gegen einen der Teilnehmer ausgesprochen wurde, lautete auf fünf Jahre Freiheitsentzug. In den meisten Fällen lag das Strafmaß deutlich darunter, während das Gesetz Freiheitsentzug zwischen zwei und zwölf Jahren androhte.[189] Die Urteile nach Paragraph 100 schwankten zwischen zwei Jahren und vier Jahren, acht Monaten Freiheitsstrafe. Vom Gesetzgeber waren Strafen zwischen einem und zehn Jahren vorgesehen. Eine Betroffene schilderte das Auseinanderklaffen von Schwere der zur Last gelegten Verbrechen und Strafmaß so: *„Übrigens hatte ich nach dem Auftritt des Staatsanwalts mindestens 25 Jahre Festungshaft oder so was ähnliches erwartet und fand dann diesen Auftritt für ein Strafmaß von einem Jahr und acht Monaten äußerst lächerlich".* [364]

188 Gespräch mit Alexander W. Bauersfeld am 2.4.1996.
189 Dies bezieht sich auf § 99 in der Fassung des 3. StÄG von 1979.

Diese Differenz von Schwere der in den Paragraphen beschriebenen Straftaten und verhältnismäßig niedrigen Urteilssprüchen könnte bis zu einem gewissen Grad der Tatsache geschuldet gewesen sein, daß es sich bei den für strafwürdig erklärten Handlungen häufig um das Übermitteln persönlicher Informationen in die Bundesrepublik handelte: An dieser Untersuchung Beteiligte, die nach den Paragraphen 99 und 100 verurteilt wurden, hatten in der Mehrzahl der Fälle entweder Kontakt zu einer Fluchthilfeorganisation aufgenommen oder Nachrichten über eine geplante Flucht oder Ausreise in den Westen bringen können.

Die Urteile nach Paragraphen des 8. Kapitels fielen fast durchweg niedriger aus: Nach einer Statistik der Generalstaatsanwaltschaft lauteten Urteile gemäß Paragraph 213 (Ungesetzlicher Grenzübertritt) zwischen 1971 und 1988 in 86,8 Prozent der Fälle auf weniger als zwei Jahre Freiheitsentzug. Bei den „Ausreise-Paragraphen" 214 (Beeinträchtigung staatlicher Tätigkeit) und 220 (Öffentliche Herabwürdigung) war dies noch deutlicher: Über 90 Prozent der verhängten Strafen lagen unter zwei Jahren.[190]

Von dieser Regel gab es zwei Ausnahmen: Nach den Paragraphen 104 (Sabotage) und 105 (Staatsfeindlicher Menschenhandel) sprachen die Gerichte durchweg hohe Freiheitsstrafen aus. Bei Fluchthilfe hatte der SED-Staat ein großes Interesse, die Betreffenden für lange Zeit hinter Gitter zu bringen und so dauerhaft aus dem Verkehr zu ziehen. Von langen Freiheitsstrafen versprachen sich MfS und Justiz vermutlich auch einen erheblichen Abschreckungseffekt. Allerdings wurde nach Paragraph 105 selten angeklagt: Nur zwölf Teilnehmer mußten sich wegen *„Staatsfeindlichem Menschenhandel"* vor einem Gericht des SED-Staats verantworten. Dabei ist zu beachten, daß auch Bürger der DDR belangt werden konnten, die anderen zur Flucht hatten verhelfen wollen.

Es ist auffällig, daß alle diese Betroffenen bis auf einen vor 1979 verurteilt wurden. Das erklärt sich vermutlich zum einen durch die Erfolge des MfS, dem es gelang, in den siebziger Jahren in die wichtigsten Fluchthilfeorganisationen einzudringen und eine Reihe von Fluchthelfern zu verhaften. Zudem erwies sich die Tätigkeit offen arbeitender Verbände und staatlicher oder internationaler Stellen langfristig als wirkungsvoller. Darüber hinaus dürfte Flucht mit Hilfe einer Schleuserorganisation vielen in den achtziger Jahren angesichts der wachsenden Zahl erfolgreicher Ausreiseanträge als zu risikoreich erschienen sein.

Die in Paragraph 104 (Sabotage) angedrohte Mindeststrafe lautete auf drei Jahre. Bei besonders schweren Fällen konnte auf lebenslangen Freiheitsentzug, bis 1987 auf Todesstrafe erkannt werden. Bestraft werden konnte, wer es unternahm, *„die planmäßige Entwicklung der Volkswirtschaft oder einzelner ihrer Zweige [...] zu durchkreuzen oder zu desorganisieren"*.[191] Schon dieser Ausschnitt macht deutlich, daß es sich gerade bei Paragraph 104 um *„eine einzige Anhäufung von abstrakten und unscharfen Begriffen"*[192] handelte, die es erlaubten, Personen zu verurteilen, die für Mißstände, Fehler und Unglücksfälle in der Wirtschaft verantwortlich gemacht wurden.

190 Kriminalitätsstatistik des GStA. BA-Berlin, DP1, VA, 8630.

191 Strafgesetzbuch der DDR, Berlin 1969, S. 69-70.

192 *Schroeder*, Strafrecht des realen Sozialismus, S. 83.

6 Beeinflussung politischer Verfahren

Wie im vorangegangenen Kapitel geschildert, verliefen politische Prozesse in den siebziger und achtziger Jahren gewöhnlich nach einem eingespielten Schema. Bei außergewöhnlich sensiblen Verfahren oder in schwierigen politischen Situationen wählten die zentralen Stellen vorab geeignete Gerichte aus, an denen besonders verläßliche Juristen die Prozesse durchführten. Auf diese Weise konnten sich Staatssicherheit, Generalstaatsanwalt und Oberstes Gericht sicher sein, daß die lokalen Instanzen die „richtigen" Entscheidungen treffen würden. Als Illustration mag eine Äußerung des Leiters der Hauptabteilung IX, Fister, zur großen Zahl von Prozessen gegen Übersiedlungswillige im Zusammenhang mit der Ausreisewelle im Frühjahr 1984 dienen:

> „Bewährt haben sich die zentralen Abstimmungen und Festlegungen mit dem Generalstaatsanwalt der DDR und dem OG [Obersten Gericht] über die Durchführung der gerichtlichen Hauptverhandlungen wegen Straftaten zur Erzwingung der Übersiedlung durch dazu ausgewählte und entsprechend besetzte Kreisgerichte [...]. Damit kann – auch bei einem hohen Anfall solcher Straftaten (wie z.B. 1984 – 2019 Straftaten zur Erzwingung der Übersiedlung nachgewiesen) – eine zügige Verurteilung der Täter erfolgen."[193]

In einem solchen System, das meist zuverlässig arbeitete, waren gezielte Manipulationen einzelner Prozesse nur selten notwendig.[194] Auch in den siebziger und achtziger Jahren gab es jedoch Prozesse, die von der eingespielten Routine politischer Verhandlungen abwichen. Oft handelte es sich dabei um Strafverfahren, die in der Bundesrepublik öffentliches Aufsehen erregt hatten. Im folgenden soll anhand einzelner Fälle von Untersuchungsteilnehmern dargestellt werden, in welcher Weise Parteispitze und Geheimpolizei Strafverfahren beeinflußten. Im Verlauf der siebziger und achtziger Jahre änderten sich nicht nur die zur Anklage gebrachten Fälle, sondern auch die Methoden der Einflußnahme. Es wird sich zeigen, wie Honecker das System der Steuerung zu Beginn seiner Amtszeit effizienter und unauffälliger

193 Zur Zurückdrängung von Übersiedlungsersuchen und zur Bekämpfung damit verbundener Straftaten durch die Linie IX vom 9.2.1987. BStU, ZA, HA IX 8340, Bl. 89. Das Dokument trägt den handschriftlichen Vermerk: „Nicht gehaltener Diskussionsbeitrag Ltr. HA IX auf Dienstkonferenz Minister".

194 *Rottleuthner*, Zur Steuerung der Justiz in der DDR, in: ders. (Hg.), Steuerung der Justiz, S. 27-28.

gestalten ließ. Erst Fehler oder Pannen machten die tatsächlichen Abläufe hinter der Kulisse dieser Verfahren sichtbar.

6.1 Zur Routine politischer Prozesse

Unter den Akten des Justizministeriums ist ein Vorgang erhalten, der den üblichen Ablauf politischer Strafprozesse in den siebziger Jahren deutlich beleuchtet, da dieser Fall von der Norm abwich: Am 21. Oktober 1974 sandte der Direktor des Bezirksgerichts Dresden eine dringende Sofortmeldung an Staatssekretär Kern im Justizministerium, da es bei einem politischen Verfahren, das eine Woche zuvor an einem Dresdner Kreisgericht stattgefunden hatte, zu einer Panne gekommen war.[195] Seinem Schreiben legte der Bezirksgerichtsdirektor zwei Vermerke des Kreisgerichts Dresden Ost bei, die den Sachverhalt ausführlich darstellten.[196] Es handelte sich um eine Strafsache wegen Unterlassung der Anzeige und Beihilfe zum vorbereiteten ungesetzlichen Grenzübertritt. Die Öffentlichkeit wurde auf Antrag des Staatsanwalts ausgeschlossen.[197] Zwischen dem Ende der Hauptverhandlung und der Urteilsverkündung trat jedoch eine Störung ein.

Die vorsitzende Richterin schilderte den Vorfall so: Nach der Hauptverhandlung, die von 8.30 Uhr bis 10.15 Uhr dauerte, habe sich das Gericht zur Beratung zurückgezogen. Wenige Minuten später erschien eine Genossin der Staatsanwaltschaft, die nicht an dem Verfahren beteiligt gewesen war, und verlieh ihrem Erstaunen Ausdruck, daß die Hauptverhandlung bereits beendet sei. Sie legte der vorsitzenden Richterin einen Zettel vor, nach dem *„laut Weisung des GStA* [Generalstaatsanwalts] *2 Jahre FE* [Freiheitsentzug] *zu beantragen"* seien.[198] Die Richterin machte darauf aufmerksam, daß die Staatsanwaltschaft im Verfahren bereits ein Jahr und sechs Monate gefordert habe. Daraufhin verließ die Staatsanwältin den Beratungsraum, ohne daß die Schöffen bemerkt hatten, worum es bei dem Gespräch gegangen war.

Wenige Minuten später betraten der an der Verhandlung beteiligte Staatsanwalt und ein weiterer Vertreter der Anklagebehörde den Beratungsraum. Letzterer forderte die Vorsitzende auf, der Staatsanwaltschaft Arbeit zu ersparen, da diese sonst gegen ihren eigenen Antrag Protest einlegen müsse, um dem Auftrag des Generalstaatsanwalts nachzukommen. Die Weisung aus Berlin sei *„praktisch zwei Minuten zu spät gekommen"*. Die Vorsitzende gab jedoch zu bedenken, bei einer Freiheitsstrafe von zwei Jahren sei *„nicht gesagt, daß das Bezirksgericht bei einer Berufung, die sicher eingelegt wird, mitgeht"*. Darauf erwiderte der Staatsanwalt: *„Du brauchst Dir keine Sorgen zu machen, in solchen Sachen zieht das Bezirksgericht mit, das ist abgesprochen. Wenn das so hoch angebunden ist bis zum General, da*

195 Schreiben des Direktors des BG Dresden an Staatssekretär Kern (MdJ) vom 21.10.1974. BA-Berlin, DP 1, SE, 2100/1d.

196 Abschrift eines Vermerks des Direktors des KG Dresden Ost an den Direktor des BG Dresden vom 21.10.1974 sowie Abschrift einer Meldung des KG Dresden Ost über einen Vorfall am 14.10.1974. Ebd.

197 Abschrift eines Vermerks des Direktors des KG Dresden Ost vom 21.10.1974. Ebd.

198 Abschrift einer Meldung des KG Dresden Ost über einen Vorfall am 14.10.1974. Ebd.

kommen wir schon durch, denn dann hängen auch noch mehr drin wegen Menschenhandel." Der verhandlungsführende Staatsanwalt fügte hinzu: „*Du tust der sowieso nicht weh, ob Du ihr 1,6 Jahre gibst oder 2 Jahre FE. Denke dran, die Republik braucht Devisen.*"[199]

Diese Bemerkung bezog sich zweifelsohne auf den Freikauf. Die Mehrzahl der Staatsanwälte und Richter in politischen Verfahren dürfte sich darüber im Klaren gewesen sein, daß ein erheblicher Teil der Verurteilten oft noch vor Verbüßung der vollen Strafe von der Bundesregierung freigekauft werden würde. Diese „*Kommerzialisierung des staatlichen Strafanspruchs*"[200] durch den SED-Staat hatte erhebliche Bedeutung für die Umsetzung und Wirkung des politischen Strafrechts. Da der Freikauf in aller Regel vor dem regulären Strafende zu erwarten war, trug er auch zu einer schleichenden Aushöhlung des politischen Strafrechts bei.

Der geschilderte Vorfall illustriert darüber hinaus eine Reihe weiterer Befunde über politische Prozesse, die im vorangegangenen Kapitel dargestellt worden sind: Die Öffentlichkeit war so gut wie immer ausgeschlossen. Die Hauptverhandlung dauerte nur wenige Stunden. Hier waren es ganze 105 Minuten. Nach einer kurzen „Beratung" der Richterin mit den Schöffen – und der Mittagspause – hätte sich am Nachmittag die Urteilsverkündung anschließen sollen. Der Zugriff zentraler Stellen, in diesem Fall der Generalstaatsanwaltschaft, auf jedes Einzelverfahren war im Prinzip immer möglich. Die Vorstellungen der höheren Instanzen hatten den Charakter von Weisungen.

In dem hier zitierten Fall konnte sich die Intervention der Anklagebehörde allerdings nicht mehr zu Ungunsten der Angeklagten auswirken. Der Auftritt der Staatsanwälte, notierte die Richterin, habe die beiden Beisitzer sehr verärgert: „*Die Schöffen forderten als gleichberechtigte Richter von der Vorsitzenden Aufklärung, da [...] bei ihnen der Eindruck entstand, daß zwischen Staatsanwalt und Vorsitzendem das Strafmaß ausgehandelt wird.*" Nach Abschluß dieser Diskussion, so die Richterin weiter, „*führte das Gericht ordnungsgemäß seine Beratungen zur Strafsache durch*" und verhängte das ursprünglich geforderte Strafmaß von einem Jahr und sechs Monaten Freiheitsentzug.[201] Die vorgesetzten Stellen zogen nach Abschluß des Verfahrens nicht die Richterin, sondern die Staatsanwälte zur Verantwortung, da sie auf die hinter politischen Prozessen stehenden Realitäten hingewiesen und damit die Fassade der Gerichtsverhandlungen durchbrochen hatten. Der seinerzeit plädierende Staatsanwalt erhielt einen strengen Verweis und wurde als Gruppenleiter abgesetzt. Der vorgesetzte Staatsanwalt bekam zwei Jahre keine Prämie.

---

199 Ebd.

200 *Schroeder*, Strafrecht des realen Sozialismus, S. 159.

201 Abschrift einer Meldung des KG Dresden Ost über einen Vorfall am 14.10.1974. BA-Berlin, DP 1, SE, 2100/1d.

6.2 Der Prozeß gegen Helmut Arff

Zu den politischen Prozessen, die vom eingespielten Schema abwichen, zählte das Verfahren gegen den bundesdeutschen Industriellen Friedrich Seeberger und den Westberliner Kaufmann Helmut Arff, das im März 1971 endete, kurz bevor Honekker das Amt des Ersten Sekretärs der SED übernahm. Es handelte sich um das letzte Strafverfahren in der DDR, mit dem sich das Politbüro befaßte. Honecker schaltete sich in seiner Funktion als Sekretär des ZK für Sicherheitsfragen selbst in den Prozeß ein, der erhebliche Auswirkungen auf die Steuerung der politischen Justiz haben sollte.

Friedrich Seeberger lieferte seit 1961 Pumpen für Schiffahrt und Industrie in die DDR. Helmut Arff arbeitete als Vertreter bundesdeutscher Firmen. Seeberger und Arff, die nur lose Kontakte miteinander gehabt hatten, wurden beide am 17. April 1969 verhaftet. Die „Zuführungs-Verfügung" des MfS gegen Helmut Arff bezichtigte ihn der Bestechung des Einkaufschefs eines Außenhandelsbetriebs der DDR und der Lieferung mängelbehafteter Pumpen. Dies begründete nach Ansicht der Staatssicherheit den Verdacht eines Verstoßes gegen die Paragraphen 164 (Verbrecherische Beschädigung sozialistischen Eigentums), 165 (Vertrauensmißbrauch), 166 (Wirtschaftsschädigung) und 248 (Bestechung).[202]

Die Anschuldigungen der Staatssicherheit gegen Seeberger und Arff reichten aber noch weiter. Im Juni 1969 schrieb der Leiter der Untersuchungsabteilung des MfS, Heinitz, an die für politische Verfahren zuständige Abteilung Ia der Generalstaatsanwaltsschaft, Seeberger und Arff hätten sich zusammengeschlossen, um *„das Außenhandelsmonopol der DDR zu untergraben"*.[203] Diese Formulierung lehnte sich an die Verfügung 121/69 des Ministerratsvorsitzenden vom 24. Juli 1969 an, die eigenständige Kontakte ostdeutscher Betriebe mit westlichen Lieferanten untersagte. Im innerdeutschen Handel zahlten bundesdeutsche Unternehmen an Vertreter, die Geschäfte mit ostdeutschen Außenhandelsbetrieben anbahnten, Provisionen in Devisen. Bis Ende der sechziger Jahre waren dies meist westdeutsche Kaufleute. Solche Provisionen sollten nach dem Willen des Ministerrats nun von *„staatlichen Vertreterfirmen der DDR"* vereinnahmt werden.[204] Diese zählten zum Unternehmensgeflecht des Bereichs Kommerzielle Koordinierung (KoKo), dessen Aufbau sich seit 1966 unter maßgeblicher Beteiligung und mit massiver Unterstützung des MfS vollzog.

Die „Betriebsanleitung" für den Bereich KoKo formulierten Alexander Schalck-Golodkowski und Heinz Volpert, im MfS für die Devisenbeschaffung zuständig,[205] in ihrer bei der Juristischen Hochschule des MfS eingereichten Disserta-

---

202 Verfügungen des MfS gemäß § 98 StPO gegen Helmut Arff vom 16.4.1969. MfS-Akte von Helmut Arff, Kopie beim Verfasser.

203 Schreiben der Untersuchungsabteilung des MfS an die Abteilung Ia des GStA vom 9.7.1969 zur Verlängerung der Bearbeitungsfristen in den EV gegen Seeberger, Arff u.a. Ebd.

204 Abschrift der Verfügung 121/69 des Vorsitzenden des Ministerrats vom 24.6.1969. Anlage zur Dissertation von Alexander Schalck-Golodkowski und Heinz Volpert. Erster Teilbericht des Untersuchungsausschusses des Deutschen Bundestags, Bonn 1992, S. 289-290.

205 Beschlußempfehlung und Bericht des 1. Untersuchungsausschusses, S. 93-96, 123-125 und 305-308.

tion: Um Vorteile im Handel mit Westdeutschland zu nutzen, seien die *„westdeutschen, Westberliner und anderen ausländischen Firmen [...] aus den Außenwirtschaftsbeziehungen der DDR zu nichtsozialistischen Staaten zu verdrängen"*.[206] Diese Firmen führten *„Sabotage und Diversionsverbrechen"* durch. Ein typisches Beispiel sei die Seeberger KG. Bisher sei jedoch diese *„Hauptzielstellung – Verdrängung der westdeutschen, Westberliner und anderen ausländischen Vertreterfirmen beim Import von Waren aus dem NSW – noch nicht in vollem Umfange erreicht worden"*.[207] Die westlichen Vertreterfirmen *„räumen nicht freiwillig den Markt der DDR"*.[208]

Deren Ausschaltung war nach der Verfügung 121/69 des Ministerrats Aufgabe der Staatssicherheit: *„Die Zurückdrängung der westdeutschen bzw. Westberliner Vertreter [und] deren Ersetzung durch staatliche Vertreterorganisationen der DDR [...] muß durch die zuständigen Diensteinheiten des MfS besonders beachtet werden."*[209] Die Staatssicherheit brauchte diese Bestätigung des Ministerratsvorsitzenden allerdings nicht mehr, das MfS sicherte den Aufbau von KoKo seit Mitte der 60er Jahre mit verstärkter Ermittlungstätigkeit und mehreren Verhaftungen von bundesdeutschen Geschäftsleuten ab, darunter die Unternehmer Hüttenrauch und Latinsky, deren Verfahren im Oktober 1967 stattfand.[210] Wahrscheinlich geriet Seeberger durch ein Denunziationsschreiben in das Fadenkreuz des MfS, in dem ein ängstlicher ostdeutscher Wirtschaftsfunktionär *„in Auswertung des Latinsky-Prozesses"* zugab, von Seeberger Geschenke angenommen zu haben.[211]

Eine Verfügung des MfS vom 10. April 1970 erweiterte das Ermittlungsverfahren gegen Helmut Arff auf den Vorwurf der Sabotage gemäß Paragraph 104.[212] Nach diesem Paragraph konnte verfolgt werden, wer es unternahm, die Entwicklung der Wirtschaft, die Tätigkeit der Staatsorgane oder die Verteidigungskraft der DDR *„zu durchkreuzen oder zu desorganisieren"*, um auf diese Weise die *„sozialistische Staats- und Gesellschaftsordnung zu schädigen"*.[213] Es ist offensichtlich, daß es sich um eine An-

---

206 In dem vom Untersuchungsausschuß des Bundestags publizierten Exemplar der Dissertation wurde die Formulierung *„zu verdrängen"* handschriftlich gestrichen und durch *„unter Kontrolle zu bekommen"* ersetzt. *Alexander Schalck-Golodkowski/Heinz Volpert*: Zur Vermeidung ökonomischer Verluste und zur Erwirtschaftung zusätzlicher Devisen im Bereich Kommerzielle Koordinierung des Ministeriums für Außenwirtschaft der DDR, Potsdam 1970. Erster Teilbericht des Untersuchungsausschusses des Bundestages, S. 123-330, hier 190. Betreuer der Dissertation war kein Geringerer als Staatssicherheits-Minister Mielke.

207 Die Formulierung *„Verdrängung"* wurde handschriftlich gestrichen und durch *„Kontrolle und Einschränkung"* ersetzt. Ebd., S. 192-193.

208 Ebd., S. 194-195.

209 Verfügung 121/69 des Vorsitzenden des Ministerrats vom 24.6.1969. Erster Teilbericht des Untersuchungsausschusses des Bundestags, S. 201.

210 Das OG verurteilte den Hamburger Industriellen Latinsky am 17.10.1967 wegen Spionage, Sabotage und Diversion zu lebenslanger Zuchthausstrafe und Hüttenrauch, Kaufmann aus West-Berlin, wegen Spionage zu 15 Jahren Freiheitsentzug. Beide wurden 1970 in die Bundesrepublik entlassen. *Fricke*, Politik und Justiz, S. 517-518.

211 Schreiben des Leiters der Außenstelle Berlin des Elektrochemischen Kombinats Bitterfeld an das MfS vom 13.6.1968. MfS-Akte von Helmut Arff, Kopie beim Verfasser.

212 Verfügungen des MfS gemäß § 98 StPO gegen Helmut Arff vom 10.4.1970. Ebd.

213 StGB der DDR, S. 52-53.

häufung extrem unklarer Formulierungen handelte. Gegenüber den ursprünglichen Vorwürfen Bestechung und Wirtschaftsschädigung bot Paragraph 104 aus Sicht der Staatssicherheit den Vorteil, daß eine solchermaßen politisch aufgeladene Anklage vor einem Gericht der DDR kaum zu widerlegen sein würde.

Am 5. Januar 1971 teilte die Bezirksstaatsanwaltschaft der Abteilung Sicherheitsfragen der SED in Halle mit, bei „*Bestätigung der Anklage*" seien für Seeberger „*etwa*" vierzehn Jahre Freiheitsentzug und für Arff neun Jahre „*vorgesehen*".[214] Diese Strafhöhe schien den Verantwortlichen jedoch nicht auszureichen: Das Urteil des Bezirksgerichts Halle, das sechs Wochen unter Ausschluß der Öffentlichkeit verhandelt hatte, erging am 4. März 1971, nachdem Seeberger und Arff fast zwei Jahre in der Untersuchungshaft des MfS hatten verbringen müssen. Das Gericht verurteilte Seeberger wegen Sabotage gemäß Paragraph 104 zu lebenslanger Haft und Arff wegen des gleichen Delikts zu dreizehn Jahren Freiheitsentzug, da beide zur bewußten Untergrabung der Volkswirtschaft der DDR fehlerhafte Teile geliefert hätten.[215]

Bereits während des Verfahrens gab es jedoch eine Reihe von Pannen: Der Prozeß, der Mitte Januar begann, hätte nach den Planungen der Bezirksstaatsanwaltschaft schon am 10. Februar abgeschlossen werden sollen. Der verhandelnde Senat des Bezirksgerichts war mit einem Verfahren von derart hoher politischer Bedeutung überfordert. Helmut Arff widerrief zwei Tage vor der Hauptverhandlung seine während der Vernehmungen vom MfS protokollierten Aussagen. Vor Gericht weigerte er sich, ein Geständnis abzulegen.[216] Unterdessen erschienen Berichte über den Prozeß in westdeutschen Medien. Der Bundestag und das Bundesministerium für innerdeutsche Beziehungen befaßten sich mit dem Fall. Das Urteil vom 4. März wurde zu einer Belastung für die sich gerade erst entwickelnden innerdeutschen Beziehungen. Mindestens ebenso bedeutsam war der Beginn der Leipziger Frühjahrsmesse im März 1971, die wegen der Aburteilung von zwei bundesdeutschen Geschäftsleuten zu einem Desaster zu werden drohte.

Aus diesem Grund machte die Abteilung Staats- und Rechtsfragen des ZK dem Vizepräsident des Obersten Gerichts Ziegler schwere Vorwürfe. Ziegler rechtfertigte sich, er „*wollte die Sache abblasen, weil sachgemäße Durchführung nicht gewährleistet ist*". Die „Sache" jedoch „*wurde gebraucht f. d. MR* [Ministerrat]*"*.[217] Die Abteilung ließ sich von Ziegler Empfehlungen „*für die weitere Behandlung der Strafsache Seeberger/Arff*" vorlegen.[218] Diese Vorschläge leitete Sorgenicht, Leiter der ZK-Abteilung, umgehend an Honecker weiter.[219] Am 9. März beschloß das Politbüro, „*daß vom Senat des OG eine sofortige Behandlung der Berufung erfolgt und in Verbindung damit die vom Bezirksgericht Halle ausgesprochenen Urteile*

214 Schreiben der BStA Halle vom 5.1.1971 an die Abteilung Sicherheitsfragen der BL der SED Halle. MfS-Akte von Helmut Arff, Kopie beim Verfasser.

215 Der Spiegel 12/1971, S. 99-100.

216 Gespräch mit Helmut Arff am 24.8.1996.

217 Diese Äußerung Zieglers bezog sich aller Wahrscheinlichkeit nach auf die Verfügung 121/69 des Vorsitzenden des Ministerrats. Handschriftliche Notizen der Abteilung Staats- und Rechtsfragen zum Verfahren Seeberger/Arff. SAPMO-BA, DY 30, J IV, A 2/13, 206.

218 Schreiben Zieglers an Sorgenicht vom 9.3.1971. Ebd.

219 Schreiben Sorgenichts an Honecker vom 9.3.1971. Ebd.

aufgehoben werden und das Verfahren zur neuen Verhandlung an das Bezirksgericht Halle zurückverwiesen wird". Über die Entscheidung des Obersten Gerichts sei eine „*kurze Mitteilung in der Presse*" zu veröffentlichen.[220] Am 10. März reichte Wolfgang Vogel die Berufungsschrift beim Obersten Gericht ein.[221] Noch am selben Tag hob der Ib-Strafsenat des höchsten Gerichts der DDR das Urteil um 15.00 Uhr auf und verwies den Fall an das Bezirksgericht zurück. Um 16.00 Uhr konnte ADN die von Honecker abgesegnete Presseinformation senden. Damit die Meldung die erhoffte Wirkung erzielen konnte, verschob die DDR den Beginn der Leipziger Messe eigens auf den 14. März.

Mit der erfolgreichen Berufung vor dem Obersten Gericht waren die Würfel für eine Abschiebung von Seeberger und Arff aber noch nicht gefallen: In einer „*Konzeption zur weiteren Durchführung des Strafverfahrens*" vom 29. März 1971 hieß es, als Termin für die erneute Verhandlung erscheine Anfang Juli 1971 zweckmäßig. Zu den „*vorgesehenen Ergebnissen*" vermerkte die Konzeption, das Urteil für Seeberger dürfe nicht unter zwölf, das für Arff nicht unter acht Jahren Freiheitsentzug liegen.[222] Bevor derartige Pläne jedoch umgesetzt werden konnten, hob das Bezirksgericht Halle am 25. Mai 1971 die Haftbefehle auf.[223] Zur Wiederaufnahme des Verfahrens kam es nie. Das MfS entließ die beiden Beschuldigten aus der Untersuchungshaft und schob sie nach West-Berlin ab, ohne daß die Bundesregierung finanzielle „Gegenleistungen" im Rahmen des Freikaufs erbracht hatte.[224] Friedrich Seeberger und Helmut Arff konnten nach mehr als zwei Jahren Inhaftierung nach Hause zurückkehren.

Honecker begnügte sich jedoch nicht mit der Bereinigung dieses Falls. Wegen des enormen politischen Schadens, der durch den Prozeß gegen Seeberger und Arff entstanden war, erhob die Abteilung Staats- und Rechtsfragen des ZK schwerste Anschuldigungen gegen Generalstaatsanwaltschaft und Oberstes Gericht: Warum sei die Abteilung nicht rechtzeitig informiert worden? Warum wurde die Öffentlichkeit ausgeschlossen? Wieso sei kein Signal gegeben worden, als Schwierigkeiten auftraten? Warum hätten Gericht und Staatsanwaltschaft den Zeitpunkt unmittelbar vor der Leipziger Messe nicht beachtet? Wie habe es zu den überhöhten Strafanträgen kommen können? Borchert, der für politische Verfahren zuständige stellvertretende Generalstaatsanwalt, rechtfertigte sich, er habe fälschlicherweise geglaubt, die Führung sei in Kenntnis gesetzt worden. Über die Messe habe man nicht nachgedacht. Borchert räumte ein, es sei eine „*Schwächung der Republik wegen Wiederholung Fall Hüttenrauch/Latinsky*" eingetreten.[225]

---

220 Informationen zum Verfahren Seeberger/Arff. Arbeitsprotokoll der Sitzung des Politbüros am 9.3.1971. SAPMO-BA, DY 30, J IV, 2/2, A 1503.

221 Nach eigener Erinnerung hatte Vogel bereits zuvor eine Beschwerde gegen Maßnahmen des Staatsanwalts gemäß § 91 StPO beim Generalstaatsanwalt Streit eingereicht und von ihm die Mitteilung erhalten, daß auch er eine Berufung für gerechtfertigt halte. Telefonat mit Wolfgang Vogel am 21.1.1999.

222 Konzeption zur weiteren Durchführung des Strafverfahrens gegen Seeberger und Arff vom 29.3.1971. MfS-Akte von Helmut Arff, Kopie beim Verfasser.

223 Beschluß des BG Halle vom 25.5.1971. Ebd.

224 Telefonat mit Wolfgang Vogel am 21.1.1999.

225 Handschriftliche Notizen der Abteilung Staats- und Rechtsfragen zum Verfahren Seeberger/Arff. SAPMO-BA, DY 30, J IV, A 2/13, 206.

Honecker mußte es darum gehen, derartige Störungen im Interesse der innerdeutschen Beziehungen und gedeihlicher Handelstätigkeit in Zukunft zu verhindern. Als Konsequenz aus dem Verfahren gegen Seeberger und Arff ließ er ein Berichtssystem von den zentralen Rechtspflegeorganen zur Parteizentrale installieren: Justizministerium, Oberstes Gericht und Generalstaatsanwaltschaft hatten die Abteilung Staats- und Rechtsfragen des ZK zukünftig über sensible Verfahren in Kenntnis zu setzen,[226] die ihrerseits bei besonders brisanten Fällen die Parteispitze informierte. Dieses Berichtssystem sollte zugleich der Kontrolle des MfS dienen, das bis dahin in politischen Verfahren nahezu unbeschränkt hatte agieren können. Die Staatssicherheit bemühte sich in den folgenden Jahren immer wieder, das Berichtssystem abschaffen zu lassen. Das ZK lehnte solche Forderungen jedoch mit dem knappen Hinweis ab, daß *„politische Führung entsprechende Informationen erfordert“.*[227] Damit hatte sich Honecker als Konsequenz aus dem Prozeß gegen Seeberger und Arff ein Informationssystem geschaffen, das es ihm ermöglichte, bei unliebsamen Verfahren schnell zu reagieren.

6.3 Der Prozeß gegen Horst Schlegel

Im Fall Seeberger/Arff hatten sich die Möglichkeiten zur Steuerung der politischen Justiz zu Gunsten der Angeklagten ausgewirkt. Die Aufhebung des Urteils war jedoch erst nach Pressionen der Bundesrepublik möglich geworden. Das Verfahren wegen Sabotage gegen Horst Schlegel im Jahr 1972 dagegen, das in der Bundesrepublik nicht bekannt wurde, ist ein deutliches Beispiel für die Manipulationsmethoden der politischen Justiz in den siebziger Jahren. Schlegel hatte als freier Konstrukteur in Karl-Marx-Stadt gearbeitet und Betriebe mit speziell angefertigten Maschinen beliefert. Die Abteilung II des MfS, deren Aufgabe die Abwehr feindlicher Agententätigkeit war, ermittelte gegen Schlegel seit Anfang der sechziger Jahre wegen Spionage.[228]

Vermutlich brachte die Staatssicherheit Schlegel mit einem Fluchttunnel in Verbindung, den sie 1962 in Berlin entdeckt hatte. Dabei entdeckte das MfS ein Gerät zum Abtransport der Erde, das von einem Fachmann entwickelt worden sein mußte. Daher suchte die Staatssicherheit nach einem Ingenieur, den sie gefunden zu haben glaubte, als in der über dem Tunnel liegenden Druckerei eine Papprolle mit Schlegels Adresse gefunden wurde.[229] Später übernahm die Abteilung XVIII des MfS, zuständig für den Schutz der Volkswirtschaft, seinen Vorgang. Im September 1969 ließ die Staatssicherheit Schlegel verhaften, da sie einen Republikfluchtver-

226 Schreiben des Präsidenten des OG, Toeplitz, an die Direktoren der BG vom 29.3.1971 BA-Berlin, DP 2, Toe 50.

227 Schreiben Karli Coburgers (MfS-Generalmajor, Leiter der Hauptabteilung VIII – Beobachtung, Ermittlung) an Mielke vom 23.6.1983. BStU, ZA, HA IX 3866, Bl. 31-33.

228 Mitteilung der Abteilung II der BVfS Karl-Marx-Stadt vom 22.8.1961. MfS-Akte von Horst Schlegel, Kopie beim Verfasser. Schlegel hat seine Erfahrungen publiziert in: Stalins DDR. Berichte politisch Verfolgter, Leipzig 1991, S. 134-142.

229 Ebd., S. 135.

such befürchtete. Er mußte nahezu drei Jahre in der Untersuchungshaft des MfS verbringen, davon fast anderthalb Jahre in Einzelhaft.[230]

Nach der Verhaftung Schlegels ermittelte das MfS in mehreren Richtungen, um ihn eines Staatsverbrechens überführen zu können. In einem von den Leitern der Abteilungen XVIII und IX der Bezirksverwaltung Karl-Marx-Stadt gebilligten Maßnahmeplan legte die Staatssicherheit im April 1970 fest, zunächst den Spionageverdacht weiter zu prüfen.[231] Unter dem Stichwort *„weitere Maßnahmen zur umfassenden Aufklärung der Vergangenheit des Beschuldigten"* formulierte die Staatssicherheit die Vorgehensweise, die sie schließlich für die Anklage gegen Schlegel verfolgen sollte: Eine Reihe von Personen, die im Rahmen einer Gutachterkommission zu Ingenieurarbeiten *„bekannt geworden"* waren, seien *„zu überprüfen und im Falle der Notwendigkeit und Eignung für Zeugenvernehmungen"* in der erforderlichen Weise vorzubereiten.

Offensichtlich baute die Staatssicherheit eine Alternativstrategie auf, um Schlegel, falls die Ermittlungen wegen Spionage fehlschlugen, wegen Sabotage verurteilen lassen zu können. Da bei einigen Maschinen, die Schlegel geliefert hatte, Mängel aufgetreten waren, sah das MfS die Chance, ihm Sabotage gemäß Paragraph 104 vorwerfen zu können. Nach der Erinnerung von Horst Schlegel gaben die Vernehmer dies sogar während der Verhöre offen zu: *„Die Stasi sagte mir an einer Stelle unverhohlen: ‚Sabotage ist unter unserer Gürtellinie, das interessiert uns nicht. Aber es ist die Möglichkeit, Sie in Haft zu halten.'"*[232] Falls sich der Spionage-Vorwurf nicht beweisen ließe, vermutete Schlegel, sollten angebliche Fehler in seinen Konstruktionen ausgenutzt werden, um ihn der Sabotage zu „überführen":

> „Sie dachten, ich wäre der Kopf einer Organisation, die in Berlin einen Tunnel baute, und daß sie – wenn sie mich umdrehten – alles, was in dieser Richtung lief, aufspulen könnten [...]. Dann hieß es: ‚Wir werden mit Ihren Fehlern gegen Sie so lange Sabotage volles Rohr fahren, bis Sie uns in der Tunnelsache weiterhelfen.' [...] Sie dachten tatsächlich, sie hätten den richtigen Mann".[233]

Erst im Januar 1972 konnte die Staatsanwaltschaft einen Entwurf der Anklageschrift unter dem Vorwurf der Sabotage fertigstellen. Da der Fall erhebliche Brisanz besaß, griff die Generalstaatsanwaltschaft ein und entsandte Staatsanwältin Nolepa nach Karl-Marx-Stadt, um die Prozeßregie zu überwachen. Sie legte fest, daß die *„prozeßvorbereitenden Maßnahmen [...] besonders gründlich durchzuführen"* seien. Die konkreten Schritte waren gemeinsam mit dem Untersuchungsorgan, also der Staatssicherheit, festzulegen.[234]

Anfang Februar 1972 erstellte die Bezirksstaatsanwaltschaft Karl-Marx-Stadt einen genauen Maßnahmeplan, nach dem sowohl Gericht wie Zeugen vor der Hauptverhandlung intensiv auf ihre Rolle vorbereitet werden sollten: Das Auftreten

230 Gespräch mit Horst Schlegel am 12.8.1996.
231 Maßnahmeplan des BVfS Karl-Marx-Stadt vom April 1970. MfS-Akte von Horst Schlegel, Kopie beim Verfasser.
232 Gespräch mit Horst Schlegel am 12.8.1996.
233 Ebd.
234 Verfügung des BStA Karl-Marx-Stadt vom 2.2.1972. MfS-Akte von Horst Schlegel, Kopie beim Verfasser.

der Zeugen müsse nach einem exakten Zeitplan festgelegt, die wichtigsten von ihnen vor dem Prozeß durch den Staatsanwalt noch einmal über die erwünschten Aussagen instruiert werden. Für ihre Befragung seien *„als Hilfsmittel für das Gericht Fragespiegel"* zu erarbeiten, die neben *„zielgerichteten Fragen"* auch Vorgaben der erwünschten Antworten enthalten sollten.[235] Das MfS suchte alle Zeugen an ihren Arbeits- bzw. Wohnorten auf, um sie auf ihren Auftritt *„gründlich vorzubereiten"*. Um beim Ablauf der Inszenierung keine Fehler zu riskieren, sollte *„mit den drei Hauptsachverständigen gemeinsam mit dem Gericht noch der Prozeß durchexerziert werden"*.

Auch die Auswahl der Schöffen wurde gezielt beeinflußt: Auf Veranlassung der Staatsanwaltschaft leitete die Staatssicherheit in Karl-Marx-Stadt eine konspirative Überprüfung der *„politischen Zuverlässigkeit"* möglicher Schöffen ein, um die vorgeschlagenen Personen bei Nichteignung rechtzeitig aus dem Verkehr ziehen und *„Ersatz"* bestimmen zu können.[236] Eine besondere Gefahr sah die Staatsanwaltschaft in dem zu erwartenden Widerruf der während der Verhöre protokollierten Aussagen durch den Angeklagten. Aus diesem Grund sollten die Vernehmungsprotokolle noch einmal gründlich durchgearbeitet und Gegenargumente bei möglichen Einlassungen Schlegels in der Hauptverhandlung zusammengestellt werden.[237] Wichtigstes Instrument zur Feststellung der Verhandlungsstrategie des Angeklagten aber war einer der beiden Verteidiger Schlegels, der dem MfS als *„Agentur"* zuarbeitete und *„bereits umfassend über das Verhalten Schlegels in Absprachen informiert"* hatte.[238]

Vor Beginn der Hauptverhandlung übermittelte die Generalstaatsanwaltschaft ihre *„Vorstellungen hinsichtlich des Strafmaßes"*, das bei neun bis zwölf Jahren Freiheitsentzug liegen sollte.[239] In einer Besprechung zwischen Konrad Nöckel, dem Leiter der zuständigen HA IX/3 der Berliner MfS-Zentrale, Staatsanwältin Nolepa von der Generalstaatsanwaltschaft und dem Anklagevertreter der Bezirksstaatsanwaltschaft wurde die *„Anklageerhebung nach § 104 StGB absolut bejaht"* und die *„Untersuchungstätigkeit und Beweisführung als ausgezeichnet eingeschätzt. Strafrechtliche oder strafprozessuale Probleme stehen nicht an."*[240]

Auch das Oberste Gericht stimmte einer Anklageerhebung nach Paragraph 104 zu, so daß *„die zu erwartende Berufungsverhandlung"* vor dem Obersten Gericht ebenfalls *„vorbereitet"* war. Das höchste Gericht der DDR entsandte zudem einen Vertreter, der die Verhandlung in Karl-Marx-Stadt beobachten sollte, um sich für eine eventuelle Revision zu rüsten. Nach Ansicht der Abteilung IX der Bezirksverwaltung für Staatssicherheit stand jedoch in Frage, ob der vorsitzende Richter des Bezirksgerichts Karl-Marx-Stadt den Angeklagten *„in jeder Phase der Verhand-*

---

235 Ebd.

236 Schreiben des Leiters der Abteilung IX der BVfS Karl-Marx-Stadt vom 29.2.1972. MfS-Akte von Horst Schlegel, Kopie beim Verfasser.

237 Verfügung des BStA Karl-Marx-Stadt vom 2.2.1972. Ebd.

238 Schreiben des Leiters der Abteilung IX der BVfS Karl-Marx-Stadt vom 15.3.1972. Ebd. Mit dem Begriff Agentur bezeichnete das MfS einen *„von einem Geheimdienstmitarbeiter gesteuerten Agenten ..."* Wörterbuch der Staatssicherheit, S. 13.

239 Schreiben der GStA vom 29.2.1972. MfS-Akte von Horst Schlegel, Kopie beim Verfasser.

240 Schreiben des Leiters der Abteilung IX der BVfS Karl-Marx-Stadt vom 15.3.1972. Ebd.

lung beherrscht" und Schlegel nicht möglicherweise „*zu viel Spielraum für Diskussionen und Argumente*" lasse. Daher veranlaßte Staatsanwältin Nolepa, daß das Oberste Gericht in entsprechender Weise auf den Richter Einfluß nahm. Größte Sorge bereitete dem MfS, daß unter Umständen bundesdeutsche Stellen von dem Prozeß erfahren könnten. Aus diesem Grund kontrollierte die Staatssicherheit die Post von Verwandten und Freunden Schlegels, um Briefe in den Westen rechtzeitig abfangen zu können.[241]

Die Hauptverhandlung, die unter Ausschluß der Öffentlichkeit stattfand, verlief im wesentlich nach den Vorstellungen der Staatsanwaltschaft. In einem abschließenden Sitzungsbericht konnte der Anklagevertreter zufrieden feststellen, sowohl Zeugen wie Gutachter hätten einen „*sicheren und glaubwürdigen*" Eindruck hinterlassen.[242] Obwohl das „*Recht auf Verteidigung großzügigerweise gewährleistet*" worden sei, seien die beiden Anwälte „im *Verlauf der Verhandlung nicht nennenswert in Erscheinung*" getreten. Das Urteil lautete entsprechend dem Antrag der Staatsanwaltschaft auf zehn Jahre Freiheitsentzug wegen mehrfacher Sabotage, Betrug, Preisverstoß und Steuerverkürzung. Lediglich von der Urteilsbegründung zeigte sich der Staatsanwalt enttäuscht, weil diese „*die Anklageschrift förmlich wörtlich wiedergegeben*" habe. Dadurch verliere der Spruch viel von seiner „*Wirkung*". Der für Staatsanwaltschaft und MfS insgesamt erfreuliche Verfahrensverlauf veranlaßte die Staatssicherheit, die Gutachter und den Anklagevertreter mit Geldprämien auszuzeichnen: Der Staatsanwalt erhielt neben einer Geldsumme von 500 Mark außerdem einen kostenlosen Aufenthalt im Ferienheim „Waldhaus Schnekkengrün", da er bei der „*Vorbereitung und Durchführung*" des Prozesses hervorragende Arbeit geleistet habe.[243] Horst Schlegel selbst wurde im Zug der Amnestie vom Oktober 1972 in die DDR entlassen.

Wie gezeigt, war die Einflußnahme auf Zeugen, Sachverständige und Gericht durch MfS und Staatsanwaltschaft umfassend. Die Anklage wurde zwischen den beteiligten Organen abgesprochen, das Urteil lag vor Prozeßbeginn im wesentlichen fest. Im Fall von Horst Schlegel fanden diese Absprachen nicht nur auf lokaler Ebene statt. Wegen der Brisanz der Verfahrens griffen die zentralen Organe bereits vor Eröffnung der Verhandlung in die Prozeßregie ein und sorgten auf diese Weise gleichzeitig für die „Absicherung" des Urteils in einem möglichen Berufungsverfahren. Obwohl der Prozeß gegen Horst Schlegel nicht typisch für den Verlauf politischer Prozesse in den siebziger Jahren war, zeigte er deutlich, in welcher Weise Staatssicherheit und Anklagebehörde solche Verfahren manipulieren konnten.

6.4 Die Prozesse gegen Karl-Heinz Nitschke und Gudrun L.

Nach Unterzeichnung der KSZE-Schlußakte von Helsinki im Jahr 1975 bzw. nach Inkrafttreten des UN-Pakts über bürgerliche und politische Rechte 1976 begann

---

241 Ebd.

242 Sitzungsbericht des BStA Karl-Marx-Stadt vom 25.5.1972. MfS-Akte von Horst Schlegel, Kopie beim Verfasser.

243 Schreiben des Leiters der Abteilung IX der BVfS Karl-Marx-Stadt vom 2.5.1972. Ebd.

sich mit der Ausreisebewegung eine neue Bedrohung für den SED-Staats zu entwickeln. Übersiedlungswillige protestierten öffentlich für ihr Anliegen oder nahmen Kontakt in den Westen auf, um hier Unterstützung zu finden. Dies barg aus Sicht von Parteispitze und Geheimpolizei die Gefahr der Entstehung einer Fluchtbewegung mit Hilfe des Ausreiseantrags und schadete darüber hinaus dem internationalen Ansehen der DDR erheblich.

Wie in Abschnitt 3.1 dargestellt, reagierte der SED-Staat mit einer Reihe von Gegenmaßnahmen, darunter dem 2. Strafrechtsänderungsgesetz von 1977, das die Paragraphen zur strafrechtlichen Verfolgung von Übersiedlungswilligen bereitstellte. Gegen einzelne Ausreiseantragsteller, die besonders vehement für ihr Gesuch eingetreten waren, griff die Staatssicherheit zu drastischen Maßnahmen. Zu den Betroffenen zählte Karl-Heinz Nitschke Er war bereits von 1964 bis 1966 wegen versuchter Republikflucht inhaftiert worden. Seit 1975 stellte er 13 Anträge auf Übersiedlung. Am 10. Juli 1976 verfaßte er eine Petition „Zur vollen Erlangung der Menschenrechte“, in der er erneut die Ausreise forderte. Karl-Heinz Nitschke sammelte für seine Petition die Unterschriften anderer Übersiedlungswilliger und gab sie an bundesdeutsche Medien weiter. Am 20. August 1976 verhaftete ihn das MfS unter dem Vorwurf der staatsfeindlichen Verbindungen gemäß Paragraph 100 und der staatsfeindlichen Hetze gemäß Paragraph 106.[244]

Wegen der erheblichen Brisanz des Falls hielt die zuständige Bezirksstaatsanwaltschaft Dresden den stellvertretenden Generalstaatsanwalt Borchert und den SED-Bezirkschef Modrow ständig auf dem Laufenden. Die Verhöre dauerten fast ein halbes Jahr. Am 26. Januar 1977 forderte Borchert die Bezirksstaatsanwaltschaft auf, ihm eine Fassung der Anklageschrift zuzustellen. Erst mit seiner Zustimmung sollte diese beim Bezirksgericht eingereicht werden. Zugleich sollte Modrow mitgeteilt werden, daß *„Einzelheiten über Prozeßablauf, Öffentlichkeit und Zeitpunkt der Verhandlung noch festgelegt und dann mit ihm abgestimmt werden“*. Der Direktor des Bezirksgerichts sei zu informieren, *„daß dem OG* [Obersten Gericht] *der Sachverhalt bekannt und die Anklage abgesprochen ist“*. Das Oberste Gericht werde *„die entsprechende Anleitung gegenüber dem BG* [Bezirksgericht] *vornehmen“*.[245] Die Einzelheiten des geplanten Prozesses, Anklage und Urteil wurden also vorher zwischen Staatsanwaltschaft, Gericht und Bezirksparteileitung verabredet. Ein mögliches Revisionsverfahren wäre nur Formsache gewesen, da die Anklage auch mit dem Obersten Gericht *„abgesprochen“* war.

Die Anklageschrift vom 28. Januar 1977 warf Karl-Heinz Nitschke Verstöße gegen Paragraph 98 (Sammlung von Nachrichten), Paragraph 106 (Staatsfeindliche Hetze) sowie Paragraph 213 (Ungesetzlicher Grenzübertritt) vor. Allein für die Verletzung von Paragraph 98 lautete die Höchststrafe auf zwölf Jahre. Paragraph 106 drohte Freiheitsentzug von bis fünf Jahren an; hatte der Beschuldigte wie

244 Die Akten zum Prozeß gegen Karl-Heinz N. fanden sich in den Beständen der ehemaligen Bezirksstaatsanwaltschaft Dresden, Abteilung Ia. Der Fall ist dokumentiert in: Politische Strafjustiz in der früheren DDR, dargestellt an ausgewählten Einzelschicksalen, zusammengestellt von den Landesjustizverwaltungen der neuen Bundesländer, Hohenleuben 1996, S. 134-155.

245 Aktenvermerk über einen Anruf des Genossen Borchert am 26.1.1977. Zitiert nach Ebd., S. 141.

Nitschke *„zur Durchführung des Verbrechens mit Organisationen, Einrichtungen, Gruppen oder Personen zusammengewirkt, die einen Kampf gegen die DDR führen,“* so lag die Höchststrafe bei zehn Jahren.[246]

Ein vermutlich von der Staatssicherheit abgefaßter *„Vorschlag zur Durchführung des Prozesses“* vor dem Bezirksgericht Dresden empfahl, das Verfahren in der Zeit vom 22. bis zum 25. Februar 1977 als eine Art Agitationsveranstaltung für Partei- und MfS-Mitarbeiter vor *„begrenzter Öffentlichkeit“* durchzuführen. Dem Prozeß gegen Karl-Heinz N. war auch die Funktion zugedacht, die eigenen Funktionäre zur Wachsamkeit gegenüber der neuen Strategie des „Gegners“ anzuhalten, der mit *„der Behauptung der Verletzung von Menschenrechten sowie der ungerechtfertigten Einschränkung der Freizügigkeit“* bestrebt sei, *„Bürger der DDR zu ungerechtfertigten provokativen Forderungen zu inspirieren“*. Es sei *„beabsichtigt, N. zu einer Freiheitsstrafe von 8–10 Jahren zu verurteilen“*. Um die propagandistische Wirkung des Prozesses zu erhöhen, sollte unmittelbar nach Abschluß der Verhandlung eine ADN-Meldung publiziert werden. Der Text dieser Meldung, in die nur noch die Höhe des Urteils hätte eingetragen werden müssen, lag dem „Vorschlag“ bei.[247] Wegen der großen Bedeutung des Falls ging der „Vorschlag“ auch der ZK-Abteilung Staats- und Rechtsfragen zu.

Das geplante Verfahren fand jedoch nie statt. Die Inhaftierung von Karl-Heinz Nitschke erregte erhebliches öffentliches Interesse in der Bundesrepublik. Als Verteidiger von Nitschke trat Wolfgang Vogel auf. Vor Eröffnung der Hauptverhandlung gab das Bezirksgericht Dresden den Fall für Nachermittlungen an die Staatsanwaltschaft zurück. Im August 1977 erging eine „zentrale Entscheidung“, also eine Anweisung Honeckers oder Mielkes, daß kein Prozeß stattzufinden habe. Am 28. August schob die Staatssicherheit Nitschke nach West-Berlin ab. Anfang September 1977 hob das Bezirksgericht Dresden den Haftbefehl auf und stellte das Verfahren ein.[248]

Im Fall von Karl-Heinz Nitschke wirkte sich öffentliches Interesse in der Bundesrepublik zugunsten des Betroffenen aus. Das war aber durchaus nicht immer der Fall: Am 16. August 1979 verurteilte das Stadtbezirksgericht Berlin-Lichtenberg Gudrun L. wegen Öffentlicher Herabwürdigung gemäß Paragraph 220 zu einem Jahr Freiheitsentzug ohne Bewährung, da sie in einem Interview mit einem ARD-Fernsehteam auf offener Straße gegen die Einführung der sogenannten Forum-Schecks protestiert hatte.

Bis zum 16. April 1979 hatten DDR-Bürger Westwaren in den Intershops gegen Devisen kaufen können. Von diesem Tag an sollten Ostdeutsche nur noch mit Forum-Schecks zahlen dürfen, die bei den Banken für D-Mark erworben werden mußten. Gudrun L. begab sich am 5. April zu einem Intershop, um noch vor Inkrafttreten der neuen Regelung einzukaufen. In der Schlange vor dem Geschäft interviewte sie ARD-Korrespondent Lutz Lehmann. Gudrun L. bezeichnete die neuen Gutscheine als *„Entmündigung“* und forderte, auch weiterhin mit Bargeld zahlen zu

---

246 Strafgesetzbuch der DDR, S. 53.

247 Vorschlag zur Durchführung eines Prozesses vor dem 1. Strafsenat des BG Dresden vom 2.2.1977. Zitiert nach Politische Strafjustiz in der früheren DDR, S. 149-152.

248 Ebd., S. 155.

können. Die „Tagesthemen“ strahlten ihre Äußerung noch am selben Abend aus. Ein Kollege erkannte sie und informierte die Staatssicherheit, die Gudrun L. am 23. Mai 1979 verhaftete.[249]

In einem *„Vorschlag zum Abschluß des Ermittlungsverfahrens“* vom 11. Juni 1979 hielt die Staatssicherheit fest, es sei *„in Abstimmung mit dem Generalstaatsanwalt der Hauptstadt und dem Direktor des Stadtgerichts vorgesehen, [...] im Juli 1979 vor der Strafkammer des Stadtbezirksgerichts Berlin-Lichtenberg in gerichtsüblicher Form die Hauptverhandlung durchzuführen“*. Die Abteilung Ia der Generalstaatsanwaltschaft von Berlin werde *„im Ergebnis der gerichtlichen Beweisaufnahme [...] den Ausspruch einer unbedingten Freiheitsstrafe von einem Jahr“* beantragen. Diesen Plan für die Prozeßregie segnete kein Geringerer ab als der Minister für Staatssicherheit selbst. Das Dokument trägt den handschriftlichen Vermerk: *„Einverstanden. Mielke“*.[250]

Wie vor dem Verfahren gegen Karl-Heinz Nitschke sprachen MfS, Staatsanwaltschaft und Gericht auch im Fall von Gudrun L. das „Ergebnis“ des Prozesses vorher ab. Da sie die Führung der DDR in bundesdeutschen Medien kritisiert hatte, schaltete sich Mielke persönlich ein. Öffentliche Aufmerksamkeit im Westen verlieh selbst vermeintlich harmlosen Äußerungen in den Augen der SED-Spitze eine solche Brisanz, die den Minister für Staatssicherheit veranlaßte, die Kontrolle über die Aburteilung der Betreffenden auszuüben.

6.5 Der Prozeß gegen Rolf Schälike

In den achtziger Jahre stieg der Druck der Ausreisebewegung immer mehr. Zu Beginn des Jahres 1984 kam es zu einer Reihe von Botschaftsfluchten von Übersiedlungswilligen, die auf diese Weise ihre Ausreise erreichen wollten. In dieser Situation entschied sich Honecker, möglichst viele Ausreiseanträge möglichst schnell genehmigen zu lassen, um sich des Problems ein für alle Mal zu entledigen. Daher erhielten die Ereignisse in der Bundesrepublik rasch die Bezeichnung „große Ausreisewelle“ vom Frühjahr 1984. Die erhoffte Wirkung trat jedoch nicht ein. Die Genehmigung alter Anträge provozierte fast zwangsläufig Nachahmer. Übersiedlungswillige traten zunehmend fordernder auf oder setzten sich mit bundesdeutschen Stellen in Verbindung, um ihrem Gesuch Nachdruck zu verleihen. Die Zahl der Verhaftungen von Ausreiseantragstellern wuchs.

In diesem Zusammenhang nahm das MfS im März 1984 auch Rolf Schälike fest. Schälike konnte jedoch nicht als „typischer“ Ausreiseantragsteller gelten: Sein Vater war von einem NS-Gericht zu einem Jahr Festungshaft verurteilt worden, da er kommunistische Literatur herausgegeben hatte, und dann mit seiner Familie in die Sowjetunion emigriert. Die NS-Zeit verbrachten die Schälikes im Moskauer Exil. Insofern zählte auch Rolf Schälike zum „kommunistischen Adel“ der DDR und hätte der Staatssicherheit eigentlich als unantastbar gelten müssen. In seiner

---

249 *Falco Werkentin*, Recht und Justiz im SED-Staat, Bonn 1998, S. 89.

250 Vorschlag zum Abschluß des Ermittlungsverfahrens gegen L., Gudrun vom 11.6.1979. Kopie aus der MfS-Akte von Gudrun L., Kopie beim Verfasser.

Familie war Rolf Schälike jedoch das „schwarze Schaf": Er begann früh, regimekritische Literatur zu lesen und weiterzugeben. Schälike diskutierte mit anderen offen über die Mängel des realen Sozialismus und suchte Kontakt zu Robert Havemann und Wolf Biermann. 1963 legte die Staatssicherheit den ersten „Operativen Vorgang" gegen ihn an. 1965 wurde er aus der Partei ausgeschlossen, sein Arbeitgeber, das Zentralinstitut für Kernforschung in Rossendorf, entließ ihn fristlos.

Schälike blieb jedoch bei seiner kritischen Haltung. Das MfS ermittelte weiter gegen ihn und eröffnete einen neuen „Operativen Vorgang". Nach Aufzeichnungen der Staatssicherheit *„waren auch Möglichkeiten vorhanden, gegen Schälike mit strafrechtlichen Mitteln vorzugehen"*. Dies sei jedoch *„auf Grund zentraler Festlegungen nicht erfolgt"*.[251] Im Jargon des MfS waren „zentrale Festlegungen" Weisungen der Spitze des Ministeriums für Staatssicherheit, die häufig auf Anordnungen Honeckers beruhten. Bis 1984 schützte Schälike also offensichtlich sein familiärer Hintergrund vor einer Festnahme. Er war jedoch ständiger Gängelung und Drangsalierung vor allem im beruflichen und persönlichen Bereich ausgesetzt: 1970 durfte er nicht mehr in der Handelsvertretung in Moskau arbeiten. 1974 zwang ihn sein Arbeitgeber zu einem Aufhebungsvertrag am Institut für grafische Technik. 1981 wurde ihm untersagt, als Dolmetscher in sozialistische Länder außer die Sowjetunion zu fahren.

Als ihm 1984 auch die Ausreise in die UdSSR verweigert wurde, war die Situation für Schälike unerträglich geworden. Der einzige Ausweg, der ihm blieb, war der Übersiedlungsantrag. Am 9. März 1984 setzte er ein Schreiben an die Abteilung Inneres des Rates des Stadtbezirks Dreden-Mitte auf, in dem er sein Übersiedlungsersuchen unter anderem damit begründete, in der DDR *„jahrzehntelang persönlich, beruflich und politisch entwürdigt"* worden zu sein. Bereits zuvor hatte er gemeinsam mit einem anderen Ausreiseantragsteller ein Papier verfaßt, in dem sie ihre Forderung nach Übersiedlung unterstrichen, da sie in der DDR andauernden Repressalien ausgesetzt seien. Dieses Dokument sollte an andere Übersiedlungswillige verteilt werden.[252] Solche Handlungen galten als „öffentliche Herabwürdigung" der staatlichen Ordnung im Sinn von Paragraph 220 StGB.

Warum aber verhaftete die Staatssicherheit Schälike gerade im März 1984 im Zusammenhang mit seinem Ausreiseantrag, obwohl ihn das MfS zuvor bei wesentlich schwereren Straftaten – gemessen an den Maßstäben des StGB der DDR – verschont hatte? Das Frühjahr 1984 war für die Staatssicherheit eine Ausnahmesituation Die oberste Direktive Mielkes lautete, die massenhafte Genehmigung von Ausreiseanträgen möglichst reibungslos abzuwickeln und Störungen in jedem Fall zu vermeiden. Daher gab er die Weisung an seine Untergebenen aus, gegen Übersiedlungsersuchende, die andere *„negativ-feindlich beeinflussen, konsequent vorzugehen"*.[253] Das bedeutete in aller Regel die Verhaftung des Betroffenen.

Diese Möglichkeit nutzte der neue Leiter der Bezirksverwaltung für Staatssicherheit in Dresden, Generalmajor Böhm, um Schälike zu inhaftieren. In einem

251 Aufzeichnungen der BVfS Dresden vom 20.3.1984. MfS-Akte von Rolf Schälike, Kopie beim Verfasser.

252 Aufzeichnungen der BVfS Dresden zum Ermittlungsverfahren gegen Rolf Schälike. Ebd.

253 Schreiben des Leiters der BVfS Dresden, Böhm, an den stellvertretenden Minister für Staatssicherheit, Mittig, vom 21.3.1984. Ebd.

Protokoll hielt das MfS nach der Verhaftung fest, es sei bereits zuvor *„ein offizieller Anlaß“* für die *„Einleitung eines EV* [Ermittlungsverfahrens] *mit Haft geprüft“* worden.[254] Nach der Erinnerung von Rolf Schälike sagte ihm sein Vernehmer während der Verhöre, er sei verhaftet worden, da Böhm schärfer als seine Vorgänger gegen Oppositionelle und Andersdenkende vorgehen wollte.[255]

Das „herabwürdigende“ Schreiben Schälikes an den Rat des Stadtbezirks vom 9. März 1984 bot den willkommenen Anlaß zur Festnahme. Die Staatssicherheit plante allerdings von Anfang an, das Verfahren nach der Verhaftung Schälikes auf „staatsfeindliche Hetze“ gemäß Paragraph 106 StGB sowie „Hetze gegen befreundete Staaten“, strafbar nach Paragraph 108 StGB, zu erweitern,[256] da Schälike unter anderem Solschenizyns „Archipel Gulag“ an Freunde weitergegeben hatte. Solche Schriften seien geeignet, schrieb das MfS, die *„gesellschaftlichen Verhältnisse in der DDR und anderer sozialistischer Staaten“* zu diskriminieren.[257]

Die Verhöre, die sofort nach der Verhaftung im März 1984 begannen, zogen sich jedoch in die Länge, da Schälike die geforderten Geständnisse verweigerte. Er leugnete die Vorwürfe, unterzeichnete Vernehmungsprotokolle nicht und raubte seinen Vernehmern mit zahllosen Haftbeschwerden die Nerven. Zudem wurde Schälikes Verhaftung rasch im Westen bekannt. Jürgen Fuchs, Heinrich Böll, Gerd Bastian und Petra Kelly setzten sich öffentlich für ihn ein, bundesdeutsche Medien berichteten über den Fall.

Dennoch verurteilte das Bezirksgericht Dresden Schälike am 3. Dezember 1984 wegen „staatsfeindlicher Hetze“ sowie „Hetze gegen befreundete Staaten“ in Tateinheit mit „öffentlicher Herabwürdigung“ zu sieben Jahren Freiheitsentzug. Das Urteil erlangte jedoch nie Rechtskraft, da Schälike umgehend Berufung einlegte. Am 7. Februar 1985 erging eine „zentrale Entscheidung“, also eine Anweisung Honeckers, daß Schälike aus der Staatsbürgerschaft der DDR zu entlassen sei.[258] Am nächsten Tag zog der Generalstaatsanwalt die Anklage zurück; das Oberste Gericht stellte das Verfahren umgehend ein. Zur selben Zeit erschien ein Oberstleutnant der Berliner Zentrale des MfS in der Dresdner Untersuchungshaftanstalt, „übernahm“ Schälike und brachte ihn zur Grenze. Am 8. Februar gegen 15.00 Uhr befand sich Rolf Schälike in der Bundesrepublik. Er zählte wie Helmut Arff zu den wenigen politischen Häftlingen, die in den Westen ausreisen konnten, ohne daß die Bundesregierung eine entsprechende finanzielle „Gegenleistung“ im Rahmen des Freikaufs erbracht hatte.[259]

254 Aufzeichnungen der BVfS Dresden zum Ermittlungsverfahren gegen Rolf Schälike. Ebd.

255 Gespräch mit Rolf Schälike am 10.8.1998.

256 Strafrechtliche Einschätzung der Abteilung IX der BVfS Dresden vom 19. 3. 1984. MfS-Akte von Rolf Schälike, Kopie beim Verfasser.

257 Verfügung der BVfS Dresden vom 27.4.1984. Ebd.

258 Aktenvermerk der BVfS Dresden vom 9.2.1984. Ebd.

259 Gespräch mit Wolfgang Vogel am 10.11.1998.

6.6 Der Prozeß gegen Wolfgang Mayer

In der zweiten Hälfte der achtziger Jahre spitzte sich die Krise in der DDR erheblich zu. Nach der Ausreisewelle und der großen Zahl erfolgreicher Botschaftsfluchten im Jahr 1984 nahm die Zahl der Übersiedlungsersuchen stark zu. Die Parteiführung bemühte sich, das Problem zwischen 1985 und 1987 zu begrenzen, indem sie wieder deutlich weniger Ausreisen genehmigen ließ. Dadurch aber stieg der innenpolitische Druck wieder an. Den entscheidenden Einschnitt markierten die regimekritischen Proteste bei der Luxemburg-Liebknecht-Demonstration am 17. Januar 1988 in Ostberlin. An diesem Tag nahmen die „zuständigen Organe" fast 100 DDR-Bürger fest. Die meisten von ihnen gehörten der „Gruppe Staatsbürgerschaftsrecht der DDR" an, die auf diese Weise ihre Ausreise zu beschleunigen hofften. Tatsächlich ließ die DDR bis zum 29. Januar 55 Demonstranten mit 41 Familienangehörigen nach West-Berlin ausreisen. Auf diese Weise provozierte das Regime fast zwangsläufig Nachahmer. Die Ausreisebewegung entwickelte sich zu einer Massenerscheinung, die Zahl der Botschaftsfluchten nahm erneut zu.

Zu diesen Botschaftsbesetzern zählte auch Wolfgang Mayer.[260] Er hatte am 10. März 1986 zum ersten Mal Antrag auf Ausreise gestellt. In Eingaben und einem Schreiben an die UN-Menschenrechtskommission trat er für sein Anliegen ein. Daher galt Mayer der Staatssicherheit als *„hartnäckiger Antragsteller auf Übersiedlung"*. Am 9. September 1988 flüchtete er mit siebzehn anderen Ausreiseantragstellern, darunter fünf Kindern, in die dänische Botschaft in Ost-Berlin. Möglicherweise hofften sie auf eine rasche Übersiedlung, da ein Besuch des dänischen Ministerpräsidenten in der DDR unmittelbar bevorstand, der durch die Botschaftsbesetzung überschattet worden wäre. Der dänische Botschafter befürchtete jedoch, daß der Ministerpräsident *„während seines Besuches durch diese Aktion zur politischen Geisel werde"*.[261] Aus diesem Grund versuchte er zunächst, die Botschaftsflüchtlinge zum Verlassen des Gebäudes zu bewegen und ließ die Mission schließlich in der Nacht vom 10. auf den 11. September von Sicherheitskräften der DDR räumen.

Mayer wurde mit den anderen Botschaftsbesetzern verhaftet. Die Kinder lieferte die Staatssicherheit in ein Kinderheim ein. Die beteiligten Frauen entließ sie nach zehn Tagen *„aus humanitären Gründen"* aus der Untersuchungshaft. Allerdings arbeitete das MfS auf eine *„gerichtliche Verurteilung auf Bewährung im Heimatbezirk"* hin.[262] Die Spitze des Ministeriums für Staatssicherheit ließ sich über den Fortgang der Verhöre von Mayer und seinen sechs männlichen Mittätern ständig auf dem laufenden halten. Wegen der internationalen Brisanz des Verfahrens informierte der Generalstaatsanwalt auch Krenz über den anstehenden Prozeß.[263] Zur Abschreckung von Nachahmern strebte die Untersuchungsabteilung der Staats-

260 Wolfgang Mayer hat seine Erlebnisse publiziert: *Wolfgang Mayer*, Dänen von Sinnen, Stuttgart 1991.

261 Vermerk über ein Gespräch mit dem Botschafter Dänemarks am 10.9.1988. MfS-Akte von Wolfgang Mayer, Kopie beim Verfasser.

262 Vorschlag der HA IX/9 zum Abschluß des Ermittlungsverfahrens vom 15.9.1988. Ebd.

263 Schreiben des Generalstaatsanwalts an Krenz vom 26.9.1988. Büro Krenz. SAPMO-BA, DY 30, IV 2/2.039, 217, Bl. 121-122.

sicherheit zunächst eine *„unverzügliche Verurteilung zu empfindlichen Freiheitsstrafen“* an.[264]

Da die Besetzung der dänischen Botschaft jedoch großes öffentliches Aufsehen im Westen hervorgerufen hatte, ließ sich ein solcher Plan nicht in die Tat umsetzen. Am 20. September erbat der Leiter der Hauptabteilung IX, Generalmajor Fister, von der MfS-Führung eine Entscheidung, ob gegen Mayer und seine Mittäter, die derart *„schwerwiegende politische Provokationen unter Anwendung krimineller Mittel und Methoden“* ausgeführt hatten, *„unbedingte Freiheitsstrafen in Anwendung zu bringen“* seien. Nach dem Gesetz bestehe die Möglichkeit, die Täter zu Freiheitsentzug von bis zu fünf Jahren zu verurteilen.[265] Fister hatte jedoch keinen Erfolg.

„Ausgehend von der aktuellen außenpolitischen Interessenlage“ der DDR, schrieb die Untersuchungsabteilung des MfS in einem *„Vorschlag zum differenzierten Abschluß der Strafverfahren“* am 5. Oktober, werde *„das bereits eröffnete gerichtliche Verfahren gegen die sieben männlichen Provokateure [...] mit einem Urteil abgeschlossen, wobei gegen alle Täter Strafen ohne Freiheitsentzug mit differenzierter Bewährungszeit und Strafdrohung [...] beantragt werden“*. Da westliche Medienvertreter versuchen könnten, an der Hauptverhandlung teilzunehmen, sollte diese nicht länger als einen Tag dauern und unter Ausschluß der Öffentlichkeit stattfinden. Die Staatssicherheit plante, die Ermittlungen gegen die sechs beteiligten Frauen einzustellen. Dieser Vorschlag fand die Zustimmung des Ministers für Staatssicherheit. Das Dokument versah er mit dem handschriftlichen Vermerk: *„Einverstanden. Mielke“*.[266]

Auch in diesem Fall übte also Mielke persönlich die Kontrolle über das Verfahren aus. In der zweiten Hälfte der achtziger Jahre war die ökonomische Abhängigkeit der DDR von der Bundesrepublik jedoch enorm gewachsen. Daher konnte sich der SED-Staat eine Aburteilung von Ausreiseantragstellern zu Freiheitsstrafen kaum noch leisten, wenn deren Fälle öffentliches Interesse im Westen gefunden hatten. Am 24. Oktober 1988 verurteilte das Stadtbezirksgericht Berlin-Lichtenberg Wolfgang Mayer wegen Hausfriedensbruch (Paragraph 134) und „Beeinträchtigung staatlicher Tätigkeit“ (Paragraph 214) zu einem Jahr und sechs Monaten Freiheitsentzug. Das Gericht setzte die Strafe für die Dauer von drei Jahren zur Bewährung aus.[267] Ein halbes Jahr später, am 22. März 1989, teilte die Abteilung Inneres Mayer mit, daß er aus der Staatsbürgerschaft der DDR entlassen sei. Am 23. März konnte Wolfgang Mayer mit seiner Familie in die Bundesrepublik übersiedeln.[268]

---

264 Vorschlag der HA IX/9 zum Abschluß des Ermittlungsverfahrens vom 15.9.1988. MfS-Akte von Wolfgang Mayer, Kopie beim Verfasser.

265 Schreiben des Leiters der HA IX vom 20.9.1988. Ebd.

266 Vorschlag der HA IX/9 zum differenzierten Abschluß des Strafverfahrens gegen die Besetzer der Botschaft des Königreichs Dänemark vom 5.10.1988. Ebd.

267 Urteil des Stadtbezirksgerichts Berlin-Lichtenberg vom 24.10.1988. Ebd.

268 *Mayer*, Dänen, S. 202-207.

7 Strafvollzug

Während die Ermittlungen bei Verstößen gegen politische Paragraphen meistens vom MfS geführt und die Betroffenen in Untersuchungsgefängnissen des Staatssicherheitsdienstes inhaftiert wurden, verbüßte die überwiegende Mehrzahl die verhängte Freiheitsstrafe in den Strafvollzugseinrichtungen des Innenministeriums. Ausnahmen bildeten lediglich die Sonderhaftanstalt des MfS Bautzen II,[269] in der die Staatssicherheit besonders prominente oder als gefährlich eingestufte politische Gefangene einlieferte, und das 1974 aufgelöste „Lager X“ des MfS, das Arbeitslager der Staatssicherheit innerhalb des Gefängniskomplexes in Berlin-Hohenschönhausen.[270] In den Strafanstalten des Innenministeriums wurden die politischen Gefangenen anders als beim MfS gemeinsam mit kriminellen Straftätern inhaftiert.[271]

7.1 Die Strafvollzugseinrichtungen

Den Strafvollzug regelte das am 12. Januar 1968 in Kraft getretene Strafvollzugsgesetz.[272] Das Gesetz unterschied zwischen einer erleichterten, einer allgemeinen und einer strengen Vollzugsart. Politische Gefangene wurden zum Teil in den allgemeinen, in der Mehrzahl aber in den strengen Vollzug aufgenommen. Diese Vollzugsart betraf Personen, die wegen eines Verbrechens zu einer Freiheitsstrafe von mehr als zwei Jahren verurteilt worden waren. Das bedeutete vor allem eine andere Art der Unterbringung, eingeschränkte Bewegungsfreiheit im Strafvollzug und stärkere Beaufsichtigung, strengere Ordnungs- und Disziplinarbestimmungen sowie abweichende Vergütung für Arbeitsleistungen und beschränkten Besuchs- und Briefverkehr. Die Änderung des Strafvollzugsgesetzes vom 19. Dezember 1974 fügte noch einen verschärften Vollzug hinzu, in den Rückfalltäter aufzunehmen waren.[273] Politische Häftlinge gelangten nun immer in den strengen Vollzug.

269 *Manfred Zeidler*, MfS Sonderhaftanstalt Bautzen II, Dresden 1994.

270 *Gerhard Finn* unter Mitarbeit von *Karl Wilhelm Fricke*, Politischer Strafvollzug in der DDR, Köln 1981, S. 44-45.

271 Einen Überblick über die Bedingungen in den Strafvollzugseinrichtungen geben: *Finn*, Politischer Strafvollzug, S. 79-111; *Fricke*, Menschen- und Grundrechtssituation, S. 59-83.

272 Strafvollzugs- und Wiedereingliederungsgesetz vom 12.1.1968. Gesetzblatt der DDR I (GBl.), Nr.3.

273 Gesetz zur Änderung des Strafvollzugs- und Wiedereingliederungsgesetzes vom 19.12.1974. GBl. I, Nr. 64.

Die alten Regelungen löste am 7. April 1977 ein neues Strafvollzugsgesetz ab,[274] das nur noch den allgemeinen und den erleichterten Vollzug kannte. Freiheitsstrafen wurden bei politischen Häftlingen im allgemeinen Vollzug durchgeführt. Das neue Gesetz zeichnete sich durch eindeutigere und verbindlichere Formulierungen aus. Es beseitigte einige der schlimmsten Übel, die bis dahin Mißbrauch und Willkür begünstigt hatten, wie etwa den strengen Arrest.

Andere grundlegende Mißstände des Strafvollzugs in der DDR konnte das neue Gesetz nicht beheben. Überbelegung der Zellen und unzureichende hygienische Verhältnisse waren in den Strafvollzugseinrichtungen die Regel. Auf engstem Raum dienten drei- oder vierstöckige Betten als Schlafstellen. Den Häftlingen standen nur wenige Waschgelegenheiten und Toiletten zur Verfügung: *„Auf ca. 20 qm waren wir mit zehn Männern untergebracht. Es gab ein WC und drei Waschbecken – ohne warmes Wasser“ [100].* Ein anderer ehemaliger Gefängnisinsasse berichtete, daß er mit 14 anderen Inhaftierten in einer Zelle mit einer Grundfläche von 20 qm leben mußte [294]. Das Essen bezeichnete die Mehrzahl der Teilnehmer als ausreichend, es sei aber häufig von schlechter Qualität gewesen.

Der Alltag verlief in den Haftanstalten außerordentlich monoton und war, so Rudolf Piesiur, 1978 Häftling in Cottbus, vor allem von den Arbeitsschichten diktiert:

> „Der Tagesablauf im Zuchthaus [...] ist stets der gleiche monotone Vorgang. Bedingt durch den Schichtwechsel verändert sich nur die Nachtruhe, sonst ist es tagein, tagaus ein ewiges Einerlei, das nur durch die Einnahme der Mahlzeiten unterbrochen wird: Wecken, fertigmachen zur Arbeit, also rasieren, waschen und ankleiden, dann frühstükken und raustreten zur Arbeit. Nach getaner Arbeit heißt es antreten zum Abmarsch, vor der Haustür kurze Filzung, ab in die Zelle, in die wir nach Ablegung der Arbeitskleidung sofort eingeschlossen werden“.[275]

Von den 576 Teilnehmern an dieser Untersuchung mußten 372 Freiheitsstrafen verbüßen. Die Mehrzahl saß in Brandenburg, Bautzen I (dem „Gelben Elend“) oder Cottbus ein: 123 der ehemaligen politischen Häftlinge verbüßten ihre Freiheitsstrafe oder einen Teil davon in Cottbus, 35 waren in Bautzen und 42 in Brandenburg inhaftiert. Die Bedingungen in den einzelnen Haftanstalten unterschieden sich teilweise erheblich: Insbesondere in Cottbus sammelten sich viele politische Häftlinge, da das Innenministerium hier Strafgefangene mit kurzen oder mittleren Haftstrafen zusammenfaßte, während in Bautzen und Brandenburg kriminelle „Langstrafer“ dominierten. Waren politische Häftlinge für den Freikauf in den Westen vorgesehen, überstellte das Innenministerium sie vor der Abschiebung in die U-Haftanstalt des MfS Karl-Marx-Stadt.

Weibliche politische Häftlinge wurden meist in die Strafvollzugseinrichtung Hoheneck bei Stollberg im Erzgebirge verbracht.[276] An dieser Untersuchung haben

---

274 Gesetz über den Vollzug der Strafen mit Freiheitsentzug (Strafvollzugsgesetz) vom 7.4.1977. GBl. I, Nr. 11.

275 Maschinenschriftliches Manuskript, Kopie beim Verfasser. Rudolf Piesiur hat seine Erinnerungen veröffentlicht: *Rudolf Piesiur*, Ich bin ein Spion und weiß es nicht. Als angeblicher Geheimagent im Stasi-Knast Gera (1977/78), Erfurt 2000.

276 Vgl. dazu *Ellen Thiemann*, Stell Dich mit den Schergen gut. Meine Wiederbegegnung mit dem Zuchthaus Hoheneck, München – Berlin 1984, Neuausgabe 1990; *Ulrich Schacht* (Hg.),

sich 56 Frauen beteiligt, die in Hoheneck inhaftiert worden waren. Diese Teilnehmerinnen beschrieben die räumlichen und sanitären Bedingungen dort als noch schlechter als in den Haftanstalten für Männer: *„Wir ‚lebten' mit 35 Personen auf ca. 28 qm."* [364] *„32 Frauen permanent zusammen, zwei Toiletten, zwei Steintröge mit ca. acht Kaltwasserhähnen."* [349] *„Die äußeren Bedingungen waren unsäglich, was den sanitären und medizinischen Bereich betraf. Medizinische Betreuung gab es kaum. Für 40 Häftlinge oder mehr gab es nur zwei Toiletten. Duschen durften wir nur einmal in der Woche."*[277]

Belastend wirkte sich zudem aus, daß die weiblichen politischen Gefangenen in Hoheneck – anders als die Männer in Cottbus – gemeinsam mit Schwerkriminellen mit langen Strafen untergebracht wurden: *„In Hoheneck waren wir mit etlichen Mörderinnen gemischt. Die Kriminellen hatten natürlich immer die entscheidenden Posten inne."* [349] Das Verhältnis zu den kriminellen Mithäftlingen sei nicht einfach gewesen, berichtete eine Betroffene, *„weil man ja mit denen auf engstem Raum zusammenlebte. Ich mit meiner hohen Strafe war mit Mörderinnen zusammen. Vor manchen dieser Frauen hatte ich schon etwas Angst. [...] Im Grunde waren die kriminellen Mithäftlinge das Schlimmste. Sie waren zum Teil wirklich gemein, und das Zusammenleben gestaltete sich wirklich schwierig."*[278]

Allerdings berichten einige Frauen von einer Kameradschaft unter den politischen Häftlingen, die das Leben in der Strafanstalt erträglich machte: *„Hoheneck war zwar äußerlich ein schrecklicher Strafvollzug. [...] Mir selbst ging es in Hoheneck gut. Ich war unter Gleichgesinnten, es gab gute Gespräche, keine Streitereien und sogar Spaß und Freude. Freude vor allem, wenn Transporte gingen, man freute sich über jeden, der es geschafft hatte. Am Schluß hatten wir nur noch drei bis vier kriminelle Langstrafer in der Zelle und waren fast unter uns."* [439] Dasselbe beobachtete auch eine andere ehemalige Insassin: *„Hoheneck war ganz schlimm, aber von den äußeren Bedingungen. Von den inneren Bedingungen war Hoheneck menschlicher als das MfS. [...] In Hoheneck befand man sich immer in einer Gruppe [...]."*[279] Es scheint allerdings von Zufällen – und der durch Raummangel diktierten Belegungspraxis – abhängig gewesen zu sein, ob politische Gefangene ihre Zelle in Hoheneck mit Gleichgesinnten oder mit kriminellen „Langstrafern" teilen mußten.

Die Verpflegung war auch hier schlecht, obwohl die Mehrzahl der Frauen im Dreischichtsystem arbeiten mußte. In Hoheneck befand sich eine zentrale Werkstatt, die Bekleidung und Wäsche für andere Strafvollzugseinrichtungen herstellte. Die Insassinnen hatten oft Näharbeiten auszuführen, darunter das Anfertigen von Bettwäsche [116, 218, 470] oder das Herstellen und Ausbessern von Häftlingskleidung [49]. Leitungsfunktionen in den Arbeitskommandos besetzte die Gefängnisverwaltung üblicherweise mit kriminellen Häftlingen.

Für alle Insassen in den Strafvollzugseinrichtungen bestand Arbeitspflicht. Meist hatten die Häftlinge simple, leicht zu normierende Tätigkeiten auszuführen.

Hohenecker Protokolle, Aussagen zur Geschichte der politischen Verfolgung von Frauen in der DDR, Zürich 1984.

277 Gespräch am 1.4.1996. Die Betroffene hat um Anonymisierung ihrer Angaben gebeten.

278 Ebd.

279 Ebd.

Oft handelte es sich um schwere körperliche Arbeiten, üblicherweise im Dreischichtsystem. Die begehrteren Posten innerhalb der Anstalten, die zur Aufrechterhaltung des Betriebs notwendig waren, etwa in der Küche, besetzten die Gefängnisleitungen in der Regel mit kriminellen Häftlingen. Eine Ausnahme waren die Häftlingsärzte, da sich in der Gruppe der politischen Gefangenen viele Mediziner befanden. Das Arbeitsentgelt für Strafgefangene betrug bei Einhaltung der Norm 18 Prozent des normalen Nettogehalts. Für Jugendliche in der Berufsausbildung lag der Satz bei 35 Prozent.[280] Unterschritt ein Häftling die Norm, setzte die Gefängnisverwaltung die Arbeitsvergütung entsprechend herab.

Die Mehrzahl der politischen Häftlinge in Cottbus mußte Kamerateile für den VEB Pentacon Dresden fertigen, der die Marken Praktika und Exacta herstellte. Zu den Arbeiten zählte das Stanzen und Entgraten von Kamerateilen [124, 365, 409]. Die Norm war hoch und auf Facharbeiter berechnet, für die Mehrzahl der politischen Gefangenen, die nicht für diese Tätigkeit ausgebildet waren, also kaum zu erfüllen: Ein Betroffener berichtete, er habe von den 72 Gehäusen, die Norm für eine Acht-Stunden-Schicht, gerade einmal 13 fertigstellen können. Daraufhin drohten ihm die Bewacher, wohl auf Veranlassung des Zivilmeisters, Arrest an. Seine Mitgefangenen verhinderten dies jedoch, indem sie ihm bei der Fertigstellung der Kameragehäuse halfen [267]. Ein ehemaliger politischer Häftling, der wegen seiner Ausbildung als Elektriker für Pentacon Dresden eingesetzt wurde, berichtete über die Arbeitsbedingungen:

> „Nach fünf Monaten wurde ich als Schichtelektriker in den Bereich Pentacon Dresden versetzt. Dort fand ich die schlimmsten Zustände vor. Ärzte und andere gebildete Leute saßen an großen Pressen oder mußten mit kleinen Schabern den Grat von den gepreßten Formen abkratzen. Ihnen wurde frech ins Gesicht gesagt: ‚Sie werden nie wieder in Ihrem Beruf arbeiten können.‘ In meiner Zeit verloren viele ihre Finger; diese mußte ich aus den defekten Pressen entfernen, damit sie wieder liefen. Ein Wärter machte den Sanitäter. Einen Arzt sah ich nie. Hier muß man sagen, daß in Bezug auf Ausbeutung und Drohungen nicht die Wächter die schlimmsten waren, sondern die Zivilangestellten. Außer ihrem Gehalt bekamen sie 600 Mark Gefahrenzulage und 35 Prozent Zulage für Übererfüllung der Normen.“ [72]

Zu den Tätigkeiten, die politische Häftlinge in Brandenburg zu verrichten hatten, gehörte die Herstellung von Motorteilen [267, 518]. Die politischen Gefangenen in der Strafvollzugseinrichtung Zeithain mußten im Stahlwerk Riesa arbeiten [64, 177] usw.

7.2 Medizinische Betreuung

Die medizinische Versorgung leisteten zum einen Krankenstationen in den Haftanstalten selbst. Die Betreuung innerhalb der Strafvollzugseinrichtungen gewährleisteten Mediziner und Pflegebedienstete, die zum Personal der Anstalt gehörten, sowie Häftlingsärzte und -pfleger. Spezielle Behandlungen führten auswärtige Fach-

---

280 Strafvollzugsgesetz, in: Strafprozeßordnung, S. 186.

ärzte aus. In bestimmten Fällen ließen die Strafvollzugseinrichtungen erkrankte Insassen in das zentrale Haftkrankenhaus in Leipzig-Meusdorf verlegen.[281]

Die medizinische Betreuung in den Strafvollzugseinrichtungen schätzten die Teilnehmer an dieser Untersuchung als unzureichend ein. Von den 123 ehemals in Cottbus Inhaftierten bezeichneten vier die medizinische Betreuung als gut, 37 (30,1 Prozent) empfanden sie als ausreichend oder befriedigend, die Mehrzahl, nämlich 82 (66,7 Prozent), schilderte sie als mangelhaft oder unzureichend. Von den 35 an unserer Untersuchung Beteiligten, die einen Teil ihrer Haftstrafe in Bautzen verbüßen mußten, machten 34 Angaben zur medizinischen Betreuung. Von diesen nannte sie nur einer gut, sechs bezeichneten sie als befriedigend oder ausreichend. Die übrigen 27 ehemaligen politischen Häftlinge, rund drei Viertel, empfanden sie als mangelhaft oder unzureichend.

Die medizinische Betreuung in Brandenburg beschrieben zwei der 40 ehemaligen politischen Häftlinge, die Angaben zu den Verhältnissen dort machten, als gut. 14 nannten sie ausreichend oder befriedigend, während 24, also annähernd zwei Drittel, sie als mangelhaft oder unzureichend kennzeichneten. Nicht wesentlich anders stellt sich die Situation in der Abschiebehaftanstalt in Karl-Marx-Stadt dar, in die das MfS politische Gefangene vor ihrem Transport in den Westen verbrachte. Von den 54 weiblichen ehemaligen politischen Gefangenen, die Angaben zur medizinischen Versorgung in Hoheneck machten, nannten elf diese befriedigend oder ausreichend, während 42, das entspricht mehr als drei Vierteln, sie als mangelhaft oder unzureichend beschrieben. Diese schlechte Einschätzung ist bei den männlichen Häftlingen nur der für die Strafvollzugseinrichtungen Bautzen vergleichbar.

Die Bewertung der medizinischen Versorgung in den Untersuchungsgefängnissen der Staatssicherheit unterschied sich nicht grundsätzlich von der Beurteilung der Betreuung in den Strafvollzugseinrichtungen des Innenministeriums. Von den 334 an der Untersuchung Beteiligten, die in Untersuchungshaftanstalten der Staatssicherheit festgehalten wurden, bezeichneten rund zwei Drittel die medizinische Versorgung als mangelhaft, unzureichend oder gar als katastrophal. Gerade an der medizinischen Betreuung zeigte sich, wie das MfS Bevorzugung oder Vernachlässigung des Häftlings nach dessen Bekanntheitsgrad im Westen dosierte: Eine 1950 geborene Künstlerin, die auch im Westen bekannt wurde, war zweimal aus politischen Gründen in der DDR inhaftiert; die medizinische Betreuung sei *„als anonymer Häftling 1968 nachlässig“* gewesen, während die Betroffene sie *„als Promi 1988 korrekt“* nannte [169].

Festzuhalten bleibt, daß die Mehrzahl der politischen Gefangenen die medizinische Betreuung als nicht ausreichend einschätzte. Viele Teilnehmer kritisierten jedoch nicht unbedingt die Qualität der medizinischen Versorgung selbst, sondern die Tatsache, daß sie in viel zu geringem Umfang angeboten wurde und häufig vollkommen verspätet einsetzte. Ein inhaftierter Arzt, den die Anstaltsleitung als Pfleger einsetzte, beschrieb die Situation so: Selbst bei akuten beziehungsweise lebensbedrohlichen Situationen habe er es erlebt, daß *„unglaubliche Verzögerungen bei*

---

281 Vgl. dazu *Klaus-Dieter Müller*, Die medizinische Versorgung in den Haftanstalten der DDR, in: Zur medizinischen, psychologischen und politischen Beurteilung von Haftfolgeschäden nach 1945 in Deutschland, Magdeburg 1994, S. 13-43.

der Verlegung" eingetreten seien, da die dafür notwendige Haftverschonung ausgeblieben sei [454].

Ein Betroffener nannte die Betreuung in seinem Fall zwar unzureichend. Ein als Hilfssanitäter tätiger Mithäftling aber, der ausgebildeter Arzt war, habe ihm geholfen, als er erkrankte [322]. Oft waren es die Häftlingsärzte, deren Engagement viele Betroffene positiv einschätzten: *„Einige wenige inhaftierte Ärzte haben dort heroisches geleistet. Jedoch war es für Häftlinge schwer, einmal dorthin* [auf die Krankenstation] *zu kommen"* [129]. Die Betreuung sei *„verhältnismäßig gut gewesen, da Ärzte und Zahnärzte selbst Inhaftierte waren".* [163] *„Die Betreuung durch die inhaftierten Ärzte war den Umständen entsprechend gut."* [225] Dagegen habe sich das medizinische Anstaltspersonal meist unfreundlich und abweisend verhalten [171].

Allerdings vermieden es die Anstaltsleitungen in der Regel, politische Gefangene als Häftlingsärzte einzusetzen. So schilderte ein Zahnarzt die medizinische Versorgung in den letzten drei Monaten seiner Inhaftierung in Cottbus als völlig unzureichend, da sie nur durch Feldscher sichergestellt wurde, *„obwohl dort 45 bis 50 Mediziner ständig einsaßen. Da diese aber wegen politischer Delikte verurteilt worden waren, durften sie nicht im Sanitätsdienst eingesetzt werden. Zwei Ärzte verstarben in Cottbus, weil dem einen keine Digitalispräparate mehr gegeben wurden beziehungsweise bei einem zweiten die Lungenentzündung nicht behandelt wurde."* [363] Von Todesfällen durch Unterlassen von medizinischen Hilfeleistungen berichtete auch ein anderer ehemaliger politischer Häftling [156].

Der Arzt Dietrich von Maltzahn war von Oktober 1976 bis zum Juli 1977 in Bautzen als Häftlingsarzt tätig. In dieser Zeit war er neben zwei Medizinern im Strafvollzugsdienst der einzige Häftlingsarzt für rund 5 000 Gefangene. Sein Arbeitstag dauerte in der Regel von den frühen Morgenstunden bis spät in die Nacht:

> „Ich wurde morgens um 2 Uhr geweckt und mußte zur sogenannten Vorsortierung. Es gab in Bautzen ca. 5 000 Strafgefangene, die arbeiteten zum Teil im Stahlwerk Freital oder im Braunkohlentagebau Hoyerswerda, wohin sie mit Bussen gefahren wurden. So ein Kommando bestand aus 400 bis 500 Leuten. Ab 3 Uhr rückten sie – jeweils um eine halbe Stunde versetzt – zur Arbeit aus. Ich mußte beispielsweise um 3 Uhr beim Stahlwerk sein und hatte eine halbe Stunde Zeit für alle Leute, die sich krank fühlten, um zu entscheiden, ob sie wirklich krank waren oder nicht. Aber unter Bedingungen einer Duschtoilette, ein Raum mit Dusche, Toilette und einem provisorischen kleinen Holztisch. Zehn Prozent fühlten sich immer krank. Bei 50 Leuten mußte ich innerhalb einer halben Stunde entscheiden, wer im Gebäude blieb und wer zur Arbeit ging. Die Leute verdienten 40 – 50 Mark im Monat, um damit einzukaufen, und wer wollte für so wenig Geld schon diese schwere Arbeit erledigen?! Keiner. Jeder hat versucht, sich zu drücken. Aber ich mußte mich ja um die wirklich Kranken kümmern. Deshalb war ich bestrebt, soweit man das in der kurzen Zeit konnte, objektiv zu sein. Im Zweifelsfall ließ ich ihn in Bautzen bleiben. Ab 10 Uhr, wenn ich mit der Durchsicht fertig war, durfte ich mich mit den paar hundert Zurückgebliebenen weiterbeschäftigen. [...] Wenn ich meinen Nachmittagsdienst beendet hatte, machte ich noch Stationsdienst: Visiten, Krankenberichte, Injektionen, Verbände. Und dann hatte ich noch vier Stunden Bereitschaft, denn um 2 wurde ich wieder geweckt. Bei 5 000 Strafgefangenen gab es keine Nacht ohne Suizidversuch, es gab jede Menge perforierte Mägen, Blinddarmentzündungen, Koliken."[282]

282 Gespräch mit Dietrich von Maltzahn am 28.5.1996.

Die Ausstattung der Krankenstation bezeichnete von Maltzahn als gut. Bestimmte Behandlungen, die von Maltzahn nicht leisten konnte, übernahmen auswärtige Ärzte. Für die Betreuung der Kranken war von Maltzahn jedoch praktisch allein zuständig, da die beiden Gefängnisärzte, die zum Personal der Strafvollzugseinrichtung gehörten, sich im wesentlichen administrativen Aufgaben widmeten. Den Umgang mit den Schwestern und Pflegern beschrieb von Maltzahn dagegen als sachlich und geprägt von gegenseitiger Akzeptanz. Durch seine Tätigkeit als Häftlingsarzt hatte von Maltzahn auch die Möglichkeit, den Standard der medizinischen Versorgung in verschiedenen Strafvollzugseinrichtungen zu vergleichen:

> „In Cottbus war es miserabel. Dort dauerte es, wenn wirklich etwas passierte, lange, ehe die medizinische Versorgung einsetzte. In Bautzen war die medizinische Versorgung in Ordnung. Damit meine ich nicht mich, die Funktion hatten außer mir zu anderen Zeiten auch andere, sondern das Haftkrankenhaus insgesamt hat funktioniert. Nur die Arbeitsbedingungen waren katastrophal, und entsprechend viel passierte am Arbeitsplatz. Es gab viele amputierte Finger. Die Stanzen waren uralt und lösten sich von alleine aus, es gab keine Sicherheitsvorrichtungen. Im Bereich Bautzen II, der absolut abgeriegelt war, saßen die Schleuser aus dem Westen. Wenn die aktuelle Probleme hatten, durfte ich hinein, aber ich durfte nicht mit ihnen reden. Sie hatten anonymisierte Bezeichnungen: Eine Nummer, mit Namen wurden sie nicht angesprochen. Es ging nur um die Krankheitsmerkmale. Ich hatte überhaupt keine Chance, Kontakt aufzunehmen."[283]

Auch Hans Günter Rein, der 1978 als Häftlingszahnarzt in Brandenburg tätig war, bezeichnte die medizinische Versorgung als ausreichend, *„sofern diejenigen, die zum Zahnarzt wollten, das auch durften"*. Zahnarztbesuche scheiterten oft an *„Schikane durch die Meister, die Aufseher. Sie erlaubten die Zahnarztbesuche nicht, wenn sie gegen jemanden etwas hatten. Oder wenn sie vermuteten, daß der Zahnarztbesuch ein Treff sein sollte, um Informationen auszutauschen."* Ein ständiges Problem war allerdings der Materialmangel:

> „Löcher flicken oder Zähne ziehen, das war ohne Einschränkung möglich. Einschränkung gab es, wie gesagt, nur beim Zahnersatz: Wenn ich mich recht erinnere, war Zahnersatz überhaupt gar nicht möglich. Brücken und Kronen sowieso nicht. Einzelkronen höchstens, was man so zusammengebastelt hatte unter den Bedingungen, die dort möglich waren. Wir hatten sogar ein zahnärztliches Labor in der Zelle, in der Honecker einmal gesessen hatte. Da wurde mehr oder weniger ganz einfacher Kunststoff-Zahnersatz hergestellt."[284]

Die Situation der Häftlingsärzte wurde dadurch erleichtert, daß die Krankenstationen und Behandlungszimmer eine wichtige soziale und kommunikative Funktion innerhalb der Strafvollzugseinrichtungen erfüllten und darüber hinaus für die Gefangenen ein gewisses Rückzugsgebiet bedeuteten. Noch einmal Hans Günter Rein:

> „Im Grunde genommen war die zahnärztliche Behandlungsstelle die Informationsdrehscheibe der gesamten Haftanstalt. Wir hatten die Möglichkeit, alle Leute zu bestellen. Wir hatten zwei Behandlungsstühle und konnten die Leute so bestellen, daß genau die, die miteinander Kontakt haben wollten, zum gleichen Zeitpunkt anwesend waren. Wir wußten auch, welche Meister 100-prozentig auf der Parteilinie lagen, bei denen konnte

---

283 Ebd.

284 Gespräch mit Hans Günter Rein am 28.8.1996.

> man das nicht machen; und wir wußten, welche Meister Dienst hatten. [...] Sie wurden bestellt, auch wenn es Kriminelle waren, die irgendwelche Dinge untereinander verschieben wollten. Wir hatten alle den gemeinsamen Feind, so daß ich keinerlei Probleme hatte. [...] Andererseits gab es im Krankenhaus viele Ärzte, die alle nach dem Westen wollten, quasi eine extra Truppe, die durchaus die Möglichkeit hatten, Verschiedenen zu helfen. Die entsprechenden Leute wurden einfach für vierzehn Tage ins Krankenhaus gelegt, indem ihnen irgendwelche Krankheiten angedichtet wurden."[285]

Die Qualität der medizinischen Betreuung scheint starken Schwankungen unterworfen gewesen zu sein. Dies war sowohl von der Bereitschaft der Anstaltsleitungen abhängig, inhaftierte Mediziner als Ärzte einzusetzen, wie auch von der Kooperationsbereitschaft der Gefängnisärzte. H.-J. Kuhnert war von Oktober 1988 bis April 1989 in Cottbus inhaftiert. Er berichtete, er habe gemeinsam mit anderen Ärzten und Zahnärzten dank der Kooperationsbereitschaft der Gefängnisärztin einen Bereitschaftsdienst für die Strafvollzugseinrichtung einrichten können. Einmal in der Woche bestellte sie die Häftlingsärzte zu einer Dienstbesprechung und half ihren inhaftierten Kollegen im Rahmen ihrer Möglichkeiten [514].

Im Zeitverlauf scheint es insgesamt zu Verschlechterungen der medizinischen Versorgung in den Strafvollzugseinrichtungen gekommen zu sein. Die Frauen, die ihre Haftzeit in den achtziger Jahren in Hoheneck verbüßen mußten, bezeichneten die medizinische Betreuung ausnahmslos als mangelhaft oder unzureichend. Von den in den siebziger Jahren Inhaftierten schätzte sie immerhin noch ein Drittel als befriedigend oder ausreichend ein. In Cottbus empfanden 73,5 Prozent der dort in den achtziger Jahren Inhaftierten die medizinische Betreuung als mangelhaft oder unzureichend, während dies für die siebziger Jahre nur 61 Prozent angaben. Vergleichbares gilt für Brandenburg oder Bautzen. Eine Erklärung mag darin zu suchen sein, daß sich der Standard der Gesundheitsversorgung in der DDR in den achtziger Jahren wegen des Mangels an Material und modernen Geräten insgesamt verschlechterte und die medizinische Versorgung in den Haftanstalten diesem Trend folgte.[286]

7.3 Erziehungs-, Überwachungs- und Disziplinierungsmaßnahmen

Nach den Buchstaben des Gesetzes hatte der Strafvollzug in der DDR die Aufgabe, nicht nur die Verbüßung der Freiheitsstrafe zu gewährleisten, sondern außerdem erzieherisch auf die Inhaftierten einzuwirken und so ihre Wiedereingliederung in die sozialistische Gesellschaftsordnung zu unterstützen. Aus diesem Grund sollte ein sogenannter Erzieher – ein Offizier des Gefängnispersonals – die Häftlinge politisch und gesellschaftlich schulen. Zu den Erziehungsmaßnahmen zählten regelmäßig abgehaltene „politisch-aktuelle Gespräche", Vorführungen von Karl Eduard von Schnitzlers „Schwarzem Kanal" und anderen Sendungen des Fernsehens der DDR, Vorträge des Erziehers oder die Lektüre des „Neuen Deutschland". Die Teilnahme an den politisch-aktuellen Gesprächen war Pflicht. Wohlverhalten und Äu-

---

285 Ebd.

286 *Müller*, Ärzteschaft in der SBZ und DDR, S. 268-269.

ßerungen im Sinn der Ziele dieses staatsbürgerlichen Unterrichts konnten mit Erleichterungen im Haftregime belohnt werden [71].

Die Mehrzahl der an der Untersuchung Beteiligten bezeichnete die politischen Schulungen allerdings als *„plump und hilflos"* [549] oder *„lächerlich"* [517]. Bei politischen Häftlingen zielten die Erziehungsmaßnahmen gelegentlich darauf, die Betroffenen zur Rücknahme ihres Ausreiseantrags zu bewegen [505]. Auch den Erziehern selbst sei aber klar gewesen, daß durch die *„politisch-aktuellen Gespräche nicht ein politischer Häftling umgestimmt wurde"*, so ein ehemaliger Gefangener [517]. Ein Teilnehmer berichtete, sein Erzieher habe ihn allen Ernstes aufgefordert, beim politischen Wochengespräch einen Vortrag zum Thema *„Der Mensch steht im Mittelpunkt des Sozialismus"* zu halten; der Betroffene weigerte sich und wurde mit Paketsperre und Zusatzarbeit bestraft [539].

Auch in den regulären Strafvollzugseinrichtungen gab es Verwaltungen der Staatssicherheit, die die politischen Häftlinge überwachten.[287] Diese gehörten zur Hauptabteilung VII beziehungsweise zu den entsprechenden Abteilungen der Bezirksverwaltungen, die für die *„Sicherung und Abschirmung"* des Innenministeriums und damit auch für den Strafvollzug zuständig waren.[288] Den Mitarbeitern der Abteilung VII in den Strafvollzugseinrichtungen oblag unter anderem die *„politisch-operative Kontrolle von Strafgefangenen [...]"*. Eine ihrer Hauptaufgaben war die *„Suche, Auswahl und Gewinnung geeigneter Strafgefangener für eine perspektivvolle inoffizielle Zusammenarbeit mit dem MfS [...]."*[289] Das MfS versuchte nicht nur Kriminelle, sondern auch politische Häftlinge als Spitzel anzuwerben. Ihnen versprach die Staatssicherheit Haftvergünstigungen oder vorzeitige Entlassung [116].

Die Überwachungsmaßnahmen der Abteilung VII in den Strafvollzugseinrichtungen, die *„politisch-operative Arbeit im Bestand der Strafgefangenen"*, konzentrierte sich dagegen in erster Linie auf die politischen Häftlinge. Die entsprechende Dienstanweisung Mielkes nannte unter anderem Republikflüchtlinge, Häftlinge mit Verbindungen in den Westen, wegen *„Staatsverbrechen"* Verurteilte, sogenannte Inspiratoren politischer Untergrundtätigkeit, Ausreiseantragsteller und Ausländer als die Gruppen von Strafgefangenen, die die Abteilung VII zu überwachen habe. Auch in den Strafvollzugseinrichtungen leitete das MfS gegen auffällige Häftlinge Operative Personenkontrollen beziehungsweise Operative Vorgänge ein. Damit verfolgten die Abteilungen VII auch das Ziel, Hinweise auf *„geplante Straftaten und andere feindlich-negative Handlungen"* nach der Entlassung zu sammeln.[290]

Neben dem *„Ausspruch einer Mißbilligung"* und einer *„Verwarnung"* kannte das Strafvollzugsgesetz drei weitere Arten von Disziplinarmaßnahmen: *„Einschränkung oder Entzug von Vergünstigungen"*, die *„Einschränkung des Verfü-*

287 Vgl. dazu *Tobias Wunschik*, Der DDR-Strafvollzug unter dem Einfluß der Staatssicherheit in den siebziger und achtziger Jahren, in: *Engelmann/Vollnhals* (Hg.), Justiz, S. 467-494.

288 *Wiedmann* (Bearb.), Organisationsstruktur des MfS, S. 252.

289 Dienstanweisung Nr. 5/85 des Ministers für Staatssicherheit zur politisch-operativen Arbeit im Organ Strafvollzug des MdI vom 3.6.1985. Zitiert nach: Die Steuerung der Justiz im SED-Staat, Magdeburg 1994, S. 90-113, hier 98.

290 Ebd.

gungssatzes für den monatlichen Einkauf" und *„Arrest"*.[291] *„Einschränkungen des Verfügungssatzes für den monatlichen Einkauf*" bedeutete das Einbehalten eines Teils oder der gesamten monatlichen Arbeitsvergütung. Zu den Vergünstigungen, die beschränkt oder entzogen werden konnten, zählten das Recht, Päckchen zu empfangen [140, 177], der Zugang zu Literatur [326], die Möglichkeit, an Fernsehvorführungen beziehungsweise am Hofgang teilzunehmen [55, 177] oder der Empfang von Briefen beziehungsweise von Besuch [27, 55, 177].

Nach der ersten Durchführungsbestimmung zum Strafvollzugsgesetz von 1977 konnten Häftlinge drei Briefe pro Monat abschicken, alle zwei Monate einmal Besuch und alle drei Monate ein Paket erhalten. Das Gesetz erlaubte jedoch die zeitliche befristete Einschränkung oder vollständige Unterbindung des Post- und Besuchsverkehrs, *„wenn das im Interesse der Sicherheit notwendig ist oder das Erreichen des Erziehungsziels gefährdet wird"*.[292] Es war also jeder Anstaltsleitung möglich, die persönlichen Verbindungen mißliebiger Häftlinge zu beschränken oder vollständig zu unterbrechen.

Diese Regelungen unterscheiden sich dem Wortlaut nach zunächst nicht auffällig von den im bundesdeutschen Strafvollzug vorgesehenen Maßnahmen.[293] Während es sich im Strafvollzug der DDR bei disziplinarischen Mitteln jedoch um den *„Entzug von Vergünstigungen"* handelte, also um die Rücknahme von Privilegien, sind gerade die Bestimmungen über den Verkehr mit der Außenwelt (also Briefverkehr usw.) im bundesdeutschen Strafvollzug Minimalgarantien, auf die Strafgefangene Anspruch haben, zumal dem Kontakt zur Außenwelt eine erhebliche Bedeutung im Rahmen der Resozialisierung zugeschrieben wird. Dieser darf durch disziplinarische Maßregelungen nur eingeschränkt, aber nicht vollständig unterbunden werden.[294] In der DDR dagegen war die Zuteilung oder der vollständige Entzug von Vergünstigungen ein wichtiges Mittel zur Disziplinierung der Häftlinge.

Arrest konnte nach dem Strafvollzugsgesetz bis zu einer Dauer von 21 Tagen verhängt werden. Allerdings umgingen die Anstaltsleitungen diese Bestimmung bei besonders mißliebigen Häftlingen, indem sie die Betroffenen für wenige Tage aus dem Arrest entließen, um dann sofort wieder Arrest zu verhängen. Das bedeutete Isolierung in einer kleinen Einzelzelle, die in der Regel nicht mehr als sechs Quadratmeter maß. Dieser enge Raum wurde durch ein zusätzliches Gitter innerhalb der Zelle weiter verkleinert, das Toilette und Waschbecken abtrennte. Das Wachpersonal schloß die Schlafgelegenheit tagsüber an der Wand fest, so daß der Arrestant keine Möglichkeit hatte, sich auszuruhen. In Cottbus trug der Arrest wie in anderen Haftanstalten auch bei den Gefangenen die Bezeichnung „Mumpe". Die Zellen waren im Keller untergebracht, der Fußboden feucht und die Bedingungen gesundheitsgefährdend [310].

Der strenge Arrest (Einzug des normalen Bettlagers, Essensschmälerung) ist im bundesdeutschen Strafvollzug abgeschafft. Auch das Strafvollzugsgesetz der DDR von 1977 erwähnt dieses Zwangsmittel nicht mehr. Bis 1977 kam der strenge Arrest

---

291 *Fricke*, Menschen- und Grundrechtssituation, S. 79.

292 Strafvollzugsgesetz, in: Strafprozeßordnung der DDR, S. 173.

293 *Günther Kaiser, Hans-Jürgen Kerner und Heinz Schöch*, Strafvollzug. Ein Lehrbuch, Heidelberg 1992, S. 243-244.

294 Ebd., S. 198-207.

jedoch zur Anwendung. Mit strengem Arrest, den das Strafvollzugsgesetz von 1968 zwar nannte, aber nicht spezifizierte, waren Einschränkung der Essensrationen und im Winter häufig Unterkühlungen verbunden, da oft nur unzureichende Kleidung und zu wenig Decken ausgegeben wurden.[295] Mit der Verhängung von Arrest gingen in manchen Fällen Willkür und Mißhandlungen durch das Wachpersonal einher: Ein Betroffener berichtete, seine Bewacher hätten ihn wegen mehrmaliger Proteste mit Handschellen an das Zwischengitter der Arrestzelle gekettet [250]. Ein anderer Teilnehmer schilderte, er sei am Bett der Arrestzelle festgeschnallt worden [50].

Disziplinarmaßnahmen konnten aus den verschiedensten Gründen verhängt werden: Dazu zählten Verstöße gegen die Hausordnung [326], politische Äußerungen [214], Proteste gegen Maßnahmen des Wachpersonals oder Nichtbefolgung von Befehlen [140]. Arbeitsleistungen, die nicht die Normen erreichten, und Arbeitsverweigerungen zogen die schärfsten Sanktionen nach sich: Einer der an der Untersuchung Beteiligten, der Anfang der siebziger Jahre inhaftiert worden war, berichtete, daß ihm die Anstaltsleitung wegen Nichterfüllung der Arbeitsnorm Sabotage vorgeworfen habe. Ein erneutes Strafverfahren wurde zwar nicht eingeleitet, der Betroffene kam aber für eine Woche in Arrest [270]. In den Folgejahren scheinen Disziplinarmaßnahmen bei Nichterfüllung der Normen weniger drastisch ausgefallen zu sein und zogen meist nur Kürzungen des Arbeitsentgelts nach sich. Arbeitsverweigerungen dagegen ahndete die Anstaltsleitung praktisch in jedem Fall mit Arrest [50, 96, 163, 291].

7.4 Mißhandlungen im Strafvollzug

Von den 372 an der Untersuchung Beteiligten, die in Strafvollzugseinrichtungen der DDR inhaftiert worden waren, berichteten 139 (37,4 Prozent) von physischen oder psychischen Mißhandlungen. 76 ehemalige politische Häftlinge (20,4 Prozent) gaben an, Angehörige des Personals hätten sie mißhandelt. 31 Personen (8,3 Prozent) berichten von Quälereien durch andere Häftlinge. 32 ehemalige politische Gefangene (8,6 Prozent) schilderten sowohl Übergriffe des Personals wie krimineller Mithäftlinge. Dabei handelte es sich jedoch nicht um systematische oder regelmäßige physische Folter, sondern um einzelne Situationen, in denen Bewacher Gefangene schlugen [6, 43]. Dagegen dürften *„rechtswidrige Übergriffe und körperliche Mißhandlungen in den Strafvollzugseinrichtungen“*[296] in der ersten Hälfte der fünfziger Jahre die Regel gewesen sein.

Insbesondere in Cottbus gab es einige berüchtigte – inzwischen verurteilte – Aufseher, deren Beinamen jedem ehemaligen politischen Häftling geläufig sind, darunter „Roter Terror“ („RT“), „Arafat“ oder „Urian“. Ein ehemaliger Insasse der Strafvollzugseinrichtung Cottbus schilderte, von „Urian“ mit einer Stahlrute geschlagen worden zu sein, weil er – ein Verstoß gegen die Hausordnung – laut ge-

295 Allerdings konnten auch nach dem neuen Strafvollzugsgesetz von 1977 im Rahmen von *„Sicherungsmaßnahmen“* Gegenstände entzogen werden, etwa Bettdecken.

296 Politische Häftlinge berichten auch noch aus den sechziger und frühen siebziger Jahren in Einzelfällen von schweren körperlichen Mißhandlungen. *Finn*, Politischer Strafvollzug, S. 108-110.

sungen habe. Seine Anzeige wegen Körperverletzung sei jedoch nicht weitergeleitet worden [74]. Mitunter wurden diese Bewacher eingesetzt, um Neuankömmlinge in der Haftanstalt einzuschüchtern und die übrigen Insassen zu Wohlverhalten zu ermahnen: *„Durch einige Wärter, beispielhaft der ‚Rote Terror' (RT), wurde massiv psychischer Druck durch Einschüchterungen und Drohungen ausgeübt."* [515]

Festzuhalten bleibt aber, daß jeder vierte ehemalige politische Häftling von Mißhandlungen durch das Wachpersonal berichtete. Gerade im Arrest, so einige der Untersuchungsteilnehmer, sei es zu Mißhandlungen durch das Anstaltspersonal gekommen [491, 555]. Schläge oder Schikanen durch kriminelle Häftlinge scheinen in massiverer Form vorgefallen zu sein, etwa von Inhaftierten, die als Brigadiere [270, 505] oder in anderen Funktionen tätig waren [529], aber auch durch Insassen derselben Zelle [57]. Einige Teilnehmer vermuteten, daß das Wachpersonal oder das MfS kriminelle Häftlinge zur Gewaltanwendung angestiftet habe [14, 57, 63, 210]. Andere kriminelle Insassen standen ihren politischen Mithäftlingen jedoch gegen Übergriffe bei [539].

Es wäre also wohl falsch, von einer grundsätzlichen Trennlinie zwischen politischen und kriminellen Häftlingen zu sprechen, zumal politische Gefangene davon berichten, auch von politischen Mithäftlingen unter Druck gesetzt worden zu sein. Beschwerden beim Personal schätzten die meisten politischen Häftlinge dagegen als sinnlos oder gar gefährlich ein [66, 215, 225]. Der wirksamste Schutz gegen Schikanen oder Mißhandlungen sei es gewesen, so ein ehemaliger Insasse der Strafvollzugseinrichtung Cottbus, sich an die Spielregeln anzupassen, die Arbeitsnorm so weit wie möglich einzuhalten und vor allem nicht die Arbeit zu verweigern [528].

Nach Einschätzung der überwiegenden Mehrzahl der Untersuchungsteilnehmer wurden kriminelle Häftlinge besser als politische Gefangene behandelt. Von den 372 ehemaligen politischen Häftlingen, die einen Fragebogen eingesandt haben, nahmen 330 zu diesem Problem Stellung: 219 Teilnehmer (66,4 Prozent) gaben an, politische seien von den Wachmannschaften schlechter als kriminelle Häftlinge behandelt worden. 81 (24,5 Prozent) empfanden das Verhalten der „Schließer" gegenüber kriminellen und politischen Gefangenen als gleich und nur 30 Betroffene (9,1 Prozent) gaben an, sie seien besser als kriminelle Mitinsassen behandelt worden.

Besserbehandlung krimineller Häftlinge bestand zunächst darin, daß sie praktisch alle Posten innerhalb der Strafvollzugseinrichtung innehatten, die mit Häftlingen zu besetzen waren. Gleiches galt für Brigadiersstellungen in den Arbeitskommandos. Vermutlich bevorzugten die Anstaltsleitungen kriminelle Häftlinge aber nicht nur wegen ihres Mißtrauens gegenüber politischen Gefangenen; bei „Kriminellen" mit hohen Strafen konnten sich die Strafvollzugsverwaltungen sicher sein, daß diese lange in den Haftanstalten verbleiben würden. Auf diese Weise vermieden sie häufige Wechsel bei begehrten Funktionen und damit Unruhe unter den Gefangenen. Da den politischen Strafgefangenen in aller Regel der Zugang zu Funktionen verwehrt wurde, konnten sie auf diesem Weg auch keine Hafterleichterung oder Aufbesserung ihrer Arbeitsvergütung erreichen [73, 224, 277, 404].

Zudem erhielten kriminelle Häftlinge nach Beobachtung vieler ehemaliger politischer Gefangener öfter kleine Vergünstigungen wie regelmäßige Besuchserlaubnis, Briefe oder Pakete und Fernseh- beziehungsweise Sporterlaubnis [43, 338, 528]. Gelegentlich bestätigten kriminelle Häftlinge diese Beobachtung sogar gegenüber politischen Mitgefangenen [370]. Die Begründung, mit der einige Angehörige des Wachpersonals diese Ungleichbehandlung rechtfertigten, lautete, daß ihnen Mörder lieber seien, die schließlich nur ein Menschenleben auf dem Gewissen hätten und nicht wie die politischen Häftlinge die gesamte Gesellschaftsordnung hatten untergraben wollen. Von solchen Äußerungen berichten sowohl männliche [74, 218, 338, 391, 465] wie auch weibliche politische Häftlinge [4, 140, 197, 513].

Trotz gleicher Situation scheinen sich die politischen Häftlinge in den Strafvollzugseinrichtungen nicht als Gruppe mit einem besonderen Zusammenhalt formiert zu haben. Aus diesem Grund entstanden auch selten Zirkel oder gar Widerstandskreise politischer Häftlinge. Dies wurde wohl schon dadurch verhindert, daß die Mehrzahl der politischen Gefangenen nach Verbüßung eines Teils der Haftstrafe durch die Bundesregierung freigekauft wurde. Enge Kontakte konnten so kaum zustande kommen. Vermutlich warteten viele der politischen Häftlinge auf ihren Freikauf in den Westen und wollten diesen nicht durch eine weitere Verurteilung gefährden. Zudem achtete die Anstaltsleitung darauf, nur kriminellen Häftlingen Posten als Brigadier oder Zellenältester zu übertragen, und nahm politischen Gefangenen auf diese Weise die Möglichkeit, Mithäftlingen wirkungsvoll zu helfen. Allerdings entwickelten sich zwischen einzelnen politischen Gefangenen enge menschliche Bindungen, die halfen, die Haftzeit zu überstehen [47].

Die Erwartung eines möglichen Freikaufs und das Wissen um die Zentrale Erfassungsstelle in Salzgitter beeinflußte nach Ansicht von 41,9 Prozent der ehemaligen politischen Gefangenen das Verhalten des Wachpersonals. Hätte es diese Einrichtungen nicht gegeben, so die Überzeugung der Mehrzahl dieser Betroffenen, wäre es zu verstärkten Übergriffen und Mißhandlungen durch das Wachpersonal gekommen [129, 246, 338, 345]. Dabei bewerteten die Teilnehmer Freikauf und die Zentrale Erfassungsstelle unterschiedlich: Der Zentralen Erfassungsstelle schrieben sie eine überwiegend mäßigende Wirkung zu. Teilnehmer berichteten, oft habe allein schon der Zuruf „Salzgitter" ausgereicht, um die „Schließer" zu verunsichern [280, 509].[297]

Die Zentrale Erfassungsstelle hatte nach Meinung der Befragten zunächst – noch vor der Angst vor strafrechtlicher Verfolgung – vor allem die Wirkung, dem Wachpersonal die Sicherheit der Anonymität zu nehmen: Die Bewacher hätten vor allem gefürchtet, daß ihr Name in der westlichen Öffentlichkeit genannt werden könnte [504]. Die Frage nach dem Namen des Wärters bei Mißhandlungen habe diesen zurückhaltender werden lassen [326].

Dagegen habe die Möglichkeit des Freikaufs das Personal eher gegen die politischen Häftlinge aufgebracht: *„Die Aussicht auf Freikauf machte das Personal noch wütender auf die nichtkriminellen Inhaftierten; dagegen hatten die meisten doch Respekt vor der Zentralen Erfassungsstelle in Salzgitter."* [277] Diese Wut habe die Bewacher häufig veranlaßt, die politischen Insassen bewußt schlechter zu behandeln [150, 353]. Stand jedoch der Freikauf unmittelbar bevor, so stimmte nicht zu-

297 Allerdings hätte die „Zentrale Beweismittel- und Dokumentationsstelle der Landesjustizverwaltungen" in Salzgitter ohne den Freikauf nicht dieselbe Wirkung haben können, durch den kontinuierlich politische Häftlinge aus der DDR – also potentielle Zeugen von Mißhandlungen – in die Bundesrepublik gelangten.

letzt die Aussicht auf eine baldige Befragung der Häftlinge durch die Zentrale Erfassungsstelle die „Schließer" milder [14, 214].

Darüber hinaus wirkten sich Freikauf und die Zentrale Erfassungsstelle positiv auf die psychische Situation einiger politischen Häftlinge aus, die dadurch *„optimistischer wurden und sich sicherer fühlten [...]"*. [33] Die Mehrzahl maß dem Freikauf jedoch keinen wesentlichen Einfluß auf ihr Handeln bei: Von den 372 ehemaligen politischen Gefangenen, die sich an unserer Untersuchung beteiligt haben, war 274 vor ihrer Inhaftierung die Praxis des Freikaufs bekannt. Von diesen sprachen nur 99 (36,1 Prozent) davon, dieses Wissen habe Auswirkungen auf die Durchführung des Fluchtversuchs oder die Ausreiseantragstellung gehabt.

Allerdings kalkulierte rund ein Drittel der politischen Gefangenen die Chance ein, freigekauft zu werden. Das galt häufig für Teilnehmer, die einen Fluchtversuch planten. Die Gefahr einer Festnahme war in diesen Fällen besonders groß: *„Ich wußte mit ziemlicher Sicherheit, daß meine Flucht nicht klappt. Ich habe also bewußt das Gefängnis gewählt, um dann freigekauft zu werden."* [351] Andere Teilnehmer bestätigten, daß die Haft nur eine Zwischenstation gewesen sei: *„Wir haben die Haft quasi einkalkuliert."* [527] Die Festnahme sei zurückzuführen auf eine *„bewußte Provokation, um über die Haftstrafe in die Bundesrepublik entlassen zu werden"*. [361] *„Ich versuchte mit einer minimalen politischen Straftat in politische Haft zu kommen; ich hoffte auf eine geringe Haftzeit mit anschließendem Freikauf."* [238] Der Freikauf *„gab Hoffnung auch im Falle des Scheiterns, ja man kalkulierte das Scheitern ein"*. [400]

Einige der Teilnehmer beschrieben den Freikauf als eine Art letzten Ausweg angesichts der Verhältnisse im SED-Staat: *„Wenn es diese Möglichkeit nicht gegeben hätte, hätten wir uns mit den Gegebenheiten in der DDR abfinden müssen."* [430] Obwohl der Freikauf nur in geringem Maße die Pläne zum Verlassen der DDR beeinflußt habe, *„war er eine Art Versicherung für den Fall meiner Verhaftung"*. [333] Ein Betroffener nannte den Freikauf eine *„Absicherung für den Notfall, wie das Netz für einen Seiltänzer"*. [43]

Die Verhältnisse in den Strafvollzugseinrichtungen des Innenministeriums unterschieden sich deutlich von denen in den Untersuchungsgefängnissen des MfS: Die hygienischen und sanitären Verhältnisse waren in den regulären Strafanstalten fast durchweg schlechter als in den Gefängnissen der Staatssicherheit, während die psychische Belastung in der Untersuchungshaft wesentlich höher lag: Systematische Vereinzelung, Isolierung und Desorientierung gehörten zu den üblichen Verhörpraktiken des MfS, während es für die Gefangenen in den Strafanstalten des Innenministeriums die Möglichkeit des Austausches mit Zellenkameraden gab. Im Vergleich zu den Strafanstalten des Innenministeriums, so eine Betroffene, war die *„MfS-Untersuchungshaft bei weitem strenger, steriler und mehr für psychischen Terror aufgezogen"*. [193] *„Die Verpflegung beim MfS war etwas besser [...], dafür war der psychologische Druck wesentlich stärker"*. [228]

8 Repressionen nach der Haftentlassung

Repressionen nach der Entlassung aus dem Strafvollzug konnten sich nur gegen die politischen Gefangenen richten, die in die DDR entlassen wurden, während etwas mehr als die Hälfte aller politischen Häftlinge von der Bundesregierung freigekauft worden sein dürfte. Von den 372 an dieser Untersuchung beteiligten ehemaligen politischen Gefangenen gelangten 213 (57,3 Prozent) auf dem Weg des Freikaufs in den Westen. Das MfS betrieb den Verkauf politischer Häftlinge mit einem großen Maß an geschäftlicher Sachlichkeit, die dem Leser heute zynisch erscheint: Personen, die die DDR in den Westen abschob, verzeichnete die Staatssicherheit als *„Leistungen"*, wirtschaftliche Zuwendungen der Bundesrepublik hießen *„Gegenleistungen"*.[298]

Der Basispreis betrug bis 1977 40 000 DM pro Häftling. Diese Summe konnte sich in Abhängigkeit von Strafhöhe, Reststrafe und Bildungsgrad des politischen Gefangenen wesentlich erhöhen. Der Bildungsabschluß fand Berücksichtigung, da er nach Auffassung der ostdeutschen Seite die Kosten widerspiegelte, die dem SED-Staat für die Ausbildung des Betroffenen entstanden waren. Was die beiden anderen Kriterien anging, war nicht der finanzielle Verlust der Tat ausschlaggebend, sondern deren Schwere im Sinn des Strafgesetzbuchs.[299] 1977 einigten sich die Verhandlungsparteien auf einen Pauschalpreis von rund 96 000 DM pro Häftling unabhängig von Strafmaß oder Ausbildung, wobei die Bundesregierung dazu überging, nur noch die Gesamtzahl der Freigekauften und die insgesamt erbrachten Gegenleistungen abzurechnen.[300]

Grob gerundet konnte die Bundesregierung in den siebziger Jahren etwa 1 000 Häftlinge pro Jahr freikaufen, während es in den achtziger Jahren rund 1 500 Personen im jährlichen Durchschnitt waren. Die Zahl der Freigekauften schwankte zwischen 631 Personen im Jahr 1973 und 2 669 Gefangenen 1985.[301] 1973 waren es besonders wenig, da die Amnestie von 1972 die Gefängnisse vorübergehend geleert hatte und es zu Stockungen bei den Freikaufverhandlungen zwischen der Bundesrepublik und der DDR gekommen war. 1985 konnte die DDR nach der sogenann-

298 Stellungnahme vom 22.7.1989. BStU, ZA, Rechtsstelle 203, Bl. 9.

299 *Schroeder*, Strafrecht des realen Sozialismus, S. 159.

300 Untersuchungsausschuß des Deutschen Bundestages zur Rolle des Arbeitsbereichs „Kommerzielle Koordinierung", Deutscher Bundestag – 12. Wahlperiode, Drucksache 12/7600, S. 309.

301 *Falco Werkentin*, Politische Strafjustiz in der Ära Ulbricht, Berlin 1995, S. 408.

ten großen Ausreisewelle vom Frühjahr 1984 besonders viele politische Häftlinge „anbieten". Ludwig Rehlinger, der auf bundesdeutscher Seite mit dem Freikauf befaßt war, nannte für den gesamten Zeitraum der „besonderen Bemühungen" zwischen 1963 und 1989 insgesamt 33 755 politische Häftlinge, die von der Bundesregierung freigekauft wurden. Im Rahmen der „besonderen Bemühungen", die u.a. auch die Unterstützung von Ausreisen zur Familienzusammenführung einschlossen, erbrachte die Bundesregierung nach Angaben Rehlingers Gegenleistungen von mehr als 3,5 Milliarden D-Mark.[302]

Politische Gefangene wurden in größerer Zahl aus drei Gründen in die DDR entlassen: Entweder kamen sie im Rahmen einer der 1972, 1979 und 1987 verkündeten Amnestien frei, oder die Behörden des SED-Staats stuften sie als Geheimnisträger ein und ließen sie aus diesem Grund nicht ausreisen. Schließlich wurde eine Reihe von Fällen politischer Häftlinge im Westen nicht bekannt. Diese Personen konnte die Bundesregierung nicht der DDR gegenüber „benennen" und somit nicht in den Freikauf einbeziehen. Um als Geheimnisträger zu gelten, genügte es bereits, wenn der Betreffende in einer als sensibel eingestuften Einrichtung gearbeitet hatte, ohne daß er mit geheimzuhaltenden Informationen in Berührung gekommen war. Bei den Amnestien handelte es sich allerdings nicht um Begnadigungen, sondern um allgemeine Entlassungen auf Bewährung. Die Betroffenen wurden nicht amnestiert; der Staatsrat der DDR setzte ihre Strafen lediglich für eine gewisse Zeit zur Bewährung aus. Für die Haftentlassenen bedeutete das vor allem, daß sie mit einer Reihe von Auflagen leben mußten. Wurden sie in dieser Zeit erneut straffällig, war die alte Reststrafe zusätzlich zu verbüßen.

8.1 Überwachung von Haftentlassenen

Die meisten der im Vorfeld von Verhaftungen und zur Ermittlung strafrechtlich relevanter Informationen angewendeten Repressionsmethoden setzte das MfS auch nach der Haftentlassung ein. Die Betroffenen wurden observiert, erneut traten IM in Aktion, um Informationen über sie zu sammeln [65]. Vorladungen zu *„Aussprachen"* beim Rat des Kreises gehörten zu den Bewährungsauflagen und dienten der *„Absicherung"* der ehemaligen Strafgefangenen [430]. In vielen Fällen nahm die Polizei den Haftentlassenen ihren Ausweis ab. Sie erhielten den sogenannten PM 12. Mit diesem Ersatzdokument waren neben anderen Restriktion auch Reisen in das sozialistische Ausland unmöglich. Der PM 12 kennzeichnete die Betroffenen bei jeder Ausweiskontrolle und in Ämtern als Vorbestrafte [74, 112, 241, 290].

Das Strafgesetzbuch sah eine Reihe von Zusatzstrafen für verurteilte Straftäter vor, die nach der Haftentlassung zur Anwendung kamen. Dazu zählten Aufenthaltsbeschränkungen oder das Verbot bestimmter Tätigkeiten. Häufig untersagten die Gerichte Haftentlassenen, sich in Ost-Berlin aufzuhalten. Vermutete das MfS Pläne zur Flucht, konnte eine Aufenthaltsbeschränkung für alle Grenzkreise verhängt werden [228, 465, 511]. Die Volkspolizei verbot nicht nur die Einreise in be-

302 *Ludwig A. Rehlinger*, Freikauf. Die Geschäfte der DDR mit politisch Verfolgten 1963-1989, Frankfurt a.M. 1991, S. 247.

stimmte Gebiete, sondern untersagte auch das Verlassen des eigenen Heimatortes [60] oder wies ein anderen als den alten Wohnort zu [74]. Die Einengung der Bewegungsfreiheit innerhalb der DDR konnte bis zum Hausarrest gehen [395], ähnlich wie bei Robert Havemann. Meldepflichten bei der Abteilung Inneres des Rates des Kreises oder der Volkspolizei [63] ergänzten solche Beschränkungen.

Das Wiedereingliederungsgesetz hob die Einordnung der aus dem Strafvollzug Entlassenen in den Arbeitsprozeß als zentral für ihre gesellschaftliche Reintegration hervor. Nach Möglichkeit sollten die ehemaligen Häftlinge wieder an ihrer alten Arbeitsstelle beschäftigt werden. Eine durch die Freiheitsstrafe unterbrochene Berufsausbildung sollte fortgesetzt werden können.[303] Die Räte der Kreise hatten dafür Sorge zu tragen, daß den Haftentlassenen *„geeignete Arbeits- bzw. Ausbildungsplätze"* nachgewiesen würden. Meist hatte der Nachweis einer Arbeitsstelle allerdings den Charakter einer Zuweisung.

Wie in den meisten anderen Gesellschaftsordnungen war es auch für Haftentlassene in der DDR schwierig, eine neue Arbeitsstelle zu finden oder die alte Arbeit wieder aufzunehmen. Obwohl das Gesetz jedem ehemaligen Gefängnisinsassen im Prinzip einen Arbeitsplatz garantierte, scheuten Kaderleiter häufig vor der Einstellung von früheren politischen Häftlingen zurück, vor allem wenn diese einen Ausreiseantrag gestellt hatten [289, 421]. Versuche, einen anderen als den zugewiesenen Arbeitsplatz zu finden, schlugen in aller Regel fehl [228, 337, 431], wenn der Betroffene nicht über sehr gute Beziehungen oder Protegierung verfügte [12]. Eine wichtige Ausnahme bildete die Anstellung bei der Kirche [197], die ein gewisses Rückzugsgebiet für entlassene politische Häftlinge bedeutete und sie bis zu einem gewissen Grad vor erneutem staatlichem Zugriff schützte.

Für die zugewiesene Stelle konnten Arbeitsplatzbindungen ausgesprochen werden, die einen Betriebswechsel für eine bestimmte Zeit untersagten [60]. Selbst wenn die Rückkehr in das alte Arbeitskollektiv gelang, kam es zu sozialer Ausgrenzung durch die alten Kollegen und Überwachung durch die Betriebsleitung [63, 285]. In der Mehrzahl der Fälle wurde eine deutlich schlechter qualifizierte und wesentlich geringer bezahlte Arbeit zugewiesen. Insbesondere für Akademiker war es so gut wie aussichtslos, in ihre alten Berufe zurückzukehren [112, 145, 156, 421]. Wer die ihm zugeteilte Arbeitsstelle nicht annahm, schwebte in der Gefahr, nach Paragraph 249 StGB verurteilt zu werden [430]. Paragraph 249 stellte die *„Gefährdung der öffentlichen Ordnung und Sicherheit durch asoziales Verhalten"* unter Strafe. Gegen diesen Paragraph verstieß unter anderem, wer *„das gesellschaftliche Zusammenleben der Bürger beeinträchtigt, indem er sich aus Arbeitsscheu einer geregelten Arbeit entzieht [...]"*.[304]

Ein Betroffener, promovierter Geophysiker, schilderte die Zeit zwischen seiner Haftentlassung in die DDR nach der Amnestie von 1972 und der Ausreise in folgender Weise:

> „Ich bin im Dezember 1972 wieder zu Hause gewesen, mußte mich innerhalb von zwei Tagen beim Rat des Kreises, Abteilung Inneres, melden, und bekam gesagt, daß ich am nächsten Tag beim VEB Elektrowärme in Belzig zur Arbeit anzutreten hätte. Wenn ich

303 Wiedereingliederungsgesetz vom 7.4.1977. In: Strafprozeßordnung der DDR, S. 197.
304 Strafrecht der DDR, S. 520.

das nicht tun würde – schließlich wäre ich ja auf Bewährung entlassen, ich hatte von den drei Jahren sechs Monaten erst 16 Monate hinter mir – gäbe es noch einen Paragraphen für asoziales Verhalten. [...] Mir war ja klargemacht worden, daß ich mich für eine lange Zeit – ich glaube, es waren zehn Jahre – im VEB Elektrowärme zu bewähren hatte. Und wenn ich versucht hätte, wieder ins Institut zu kommen, wäre aus der Ausreise nichts geworden. [...] Ich hatte in dieser Zeit ja nur den PM 12, den man als Verbrecherausweis bezeichnen konnte. Es war ein zweiseitiges Faltblatt, das jeder Polizist sofort erkannte und damit wußte, wes Geistes Kind man war, worauf er die entsprechenden Maßnahmen einleiten konnte. Jeder wußte im Prinzip Bescheid, was der PM 12 bedeutete. 1973 fanden die Weltjugendfestspiele in Berlin statt. Da kam der Dorfpolizist, der Abschnittsbevollmächtigte, wie er sich nannte, und sagte, ich dürfe in den nächsten drei Wochen nicht nach Berlin fahren. Anderenfalls würde man mich mit der ‚Grünen Minna' wieder zurückbringen".[305]

8.2 Ermittlungen gegen Haftentlassene

Von den 159 Teilnehmern an dieser Untersuchung, die in die DDR entlassen wurden, gaben ausnahmslos alle an, es sei zu weiteren Drangsalierungen nach der Entlassung aus dem Strafvollzug gekommen. Gerade gegen ehemalige politische Häftlinge leitete das MfS häufig erneut Ermittlungen ein. Die Staatssicherheit legte Operative Personenkontrollen oder Operative Vorgänge an, wenn sie Fluchtpläne oder *„demonstrativ-provokatorische Handlungen"* zur Durchsetzung des Ausreiseantrags vermutete.

Matthias Haensler, Schlosser aus Königs Wusterhausen, war bei einem Fluchtversuch gefaßt worden. Im Zuge der Amnestie von 1987 sollte er vorzeitig in die DDR entlassen werden. Schon vor seiner Freilassung leitete das MfS erneut eine Operative Personenkontrolle gegen ihn ein. Der Staatssicherheit lagen *„operativ bedeutsame Anhaltspunkte vor, daß der H. nach seiner Haftentlassung im Zusammenhang mit der Amnestie 1987, eine Wiedereingliederung ablehnt und mit allen Mitteln versuchen will, seine Übersiedlung in die BRD zu erzwingen"*.[306] Die Operative Personenkontrolle sollte die *„Ziele und Absichten des H."* ermitteln, Republikfluchtversuche verhindern und *„öffentlichkeitswirksames, demonstratives Auftreten"* unterbinden.

Zu den eingeleiteten Maßnahmen zählte unter anderem der Auftrag an einen als IM verpflichteten Nachbarn Haenslers, mit ihm Kontakt aufzunehmen und ihn auszuforschen. Außerdem sollte Haenslers Bewährungshelfer in die Überwachung einbezogen werden: Um Haftentlassenen die Reintegration zu erleichtern, schrieb das Wiedereingliederungsgesetz vom 7. April 1977 vor, die örtlichen Räte hätten den ehemaligen Sträflingen ehrenamtliche Betreuer zuzuweisen. Bei diesen sollte es sich um *„staatsbewußte Bürger"* handeln, *„die über die entsprechende Lebenserfahrung verfügen"*, um zur Wiedereingliederung des Haftentlassenen beizutragen.[307]

---

305 Zeitzeugengespräch am 22.2.1996. Der Betroffene hat um Anonymisierung seiner Angaben gebeten.

306 MfS-Akte von Matthias Haensler, Kopie beim Verfasser.

307 Wiedereingliederungsgesetz vom 7.4.1977. In: Strafprozeßordnung der DDR, S. 197.

Nach dem Maßnahmeplan der Operativen Personenkontrolle, die gegen Haensler angelegt wurde, sollte *„der vom Rat der Gemeinde benannte und eingesetzte Betreuer zur OPK-Person kontaktiert und in die Absicherung einbezogen“* werden. Seine *„Aufgabenstellung“* teilte ihm das MfS bereits vor der Entlassung Haenslers mit. Allerdings verpflichtete das Wiedereingliederungsgesetz die ehrenamtlichen Betreuer im Interesse der *„Sicherung berechtigter Interessen der aus dem Strafvollzug entlassenen Bürger“* zur Verschwiegenheit über alle ihnen im Rahmen dieser Tätigkeit bekannt gewordenen Tatsachen.[308]

Die Operative Personenkontrolle führte aber nicht zu einer erneuten Inhaftierung Haenslers, sondern diente tatsächlich nur seiner Überwachung. Die Furcht der Staatssicherheit vor öffentlichen Auftritten von Ausreiseantragstellern war 1987 bereits so groß, daß Haensler wenige Monate nach der Haftentlassung die Ausreise gestattet wurde. Die zuständige Abteilung Inneres des Rates des Kreises sicherte ihm bei *„Disziplinierungsgesprächen“* schon für das erste Halbjahr 1988 die Übersiedlung zu, wenn er an seinen Arbeitsplatz zurückkehre und sich ruhig verhielte. Allerdings war die Angst beträchtlich, derartige Beispiele könnten Schule machen: *„Die gemachte Mitteilung bezieht sich ausschließlich auf seine Person. Eine Weiterverbreitung würde die Realisierung gefährden“.*[309]

Tatsächlich verbuchte das MfS die Übersiedlung Haenslers als Erfolg, da *„eine nachhaltige Disziplinierung erreicht und ein öffentlichkeitswirksames Auftreten in Verbindung mit einer erneuten Straftat“* habe verhindert werden können. Vermutlich hatte das MfS mit dem Freikauf Haenslers gerechnet und wäre den potentiellen Störenfried auf diese Weise losgeworden; nachdem er jedoch im Zuge der Amnestie in die DDR entlassen worden war, mußte es das oberste Interesse des Staatssicherheitsdienstes sein, *„öffentlichkeitswirksame Handlungen“* zu verhindern. Dies ließ sich am einfachsten und unauffälligsten bewerkstelligen, indem ihn das MfS in den Westen abschob.

8.3 Haftfolgeschäden

Psychische Spätfolgen bei Opfern von Kriegen, Folterungen, aber auch Naturkatastrophen und Kriminalität können zu einem Krankheitsbild führen, das als Posttraumatische Belastungsstörung (PTSD) beschrieben worden ist und das auch bei vielen ehemaligen politischen Häftlingen nachgewiesen wurde.[310] Posttraumatische Belastungsstörungen sind durch fünf Kriterien definiert: Ein traumatisches Erlebnis außerhalb des normalen menschlichen Erfahrungsbereichs, ungewollte, belastende Wiedererinnerungen, Vermeidungs- oder Rückzugsverhalten, ein anhaltend hohes Erregungsniveau, das sich beispielsweise in Schlafstörungen, Nervosität oder gewachsener Aggressivität äußert, sowie das Vorhandensein der Symptome länger als einen Monat nach dem Erlebnis. Zum Vollbild der Krankheit zählen alle fünf Krite-

308 Ebd., S. 197.

309 MfS-Akte von Matthias Haensler, Kopie beim Verfasser.

310 Vgl. dazu *Andreas Maercker*, Psychische Folgen politischer Inhaftierung in der DDR, in: Aus Politik und Zeitgeschichte 38/95, S. 30-38; Zur medizinischen, psychologischen und politischen Beurteilung von Haftfolgeschäden nach 1945 in Deutschland, Magdeburg 1994.

rien. Neben den Merkmalen der Posttraumatischen Belastungsstörungen besteht für ehemalige politische Häftlinge ein erhöhtes Risiko von Depressionen oder Angststörungen.

Die Mehrzahl der Teilnehmer, die über psychische Haftfolgeschäden berichteten, nannte unkontrollierbare Ängste und Schlafstörungen. Ein Teil der Betroffenen gab Depressionen und psychosomatische Erkrankungen an. Psychische Folgeschäden löste insbesondere der extreme Druck durch die Verhöre der Staatssicherheit aus. Ausschlaggebend war dabei nicht nur die objektive Belastung, also etwa die Dauer von Nachtverhören, sondern auch das subjektive Empfinden der Inhaftierten.

Psychische Haftfolgeschäden können eine massive Beeinträchtigung des täglichen Lebens bedeuten. Ein Betroffener faßte die bei ihm nach der Haft aufgetretenen Symptome zusammen: *„Schlafstörungen, psychosomatische Erkrankungen, Depressionen, Angstzustände in geschlossenen Räumen, in Verkehrsmitteln und Kaufhäusern etc., Meidung jeglichen Körperkontakts mit fremden Menschen, Schweißausbrüche, Atemnot, wiederkehrende Alpträume vom Alleinsein, Eingesperrtsein oder der Trennung von meinen Kindern.“* [197] Eine ehemalige politische Gefangene schrieb, die psychischen Folgeschäden hätten bei ihr die Form von Verfolgungswahn und Klaustrophobie angenommen [140]. Andere Betroffene nannten Eß- und Konzentrationsstörungen [38, 155, 165]. Insbesondere Ängste und Alpträume bezogen sich häufig auf die Situation der Inhaftierung. So schilderte ein Betroffener, daß *„Alpträume vom Gefangensein“* in größeren Abständen auftraten [385]. Die Wiederkehr des Hafterlebnisses in Träumen nannten auch andere ehemalige politische Gefangene [53, 511].

151 der an der Untersuchung beteiligten 372 ehemaligen politischen Häftlinge (40,6 Prozent) gaben an, die Haft habe Auswirkungen auf ihr Familienleben gehabt. Dies war oder ist vor allem dann der Fall, wenn sich die Persönlichkeitsstruktur der Betroffenen infolge der Haft veränderte. Ehemalige politische Häftlinge berichteten, sie seien aggressiver, mißtrauischer oder verbitterter geworden [360, 441, 515]. Die Belastungen konnten oder können so stark sein, daß Familienangehörige ebenfalls unter Beeinträchtigungen zu leiden haben [99], Ängste und Toleranzstörungen auf Ehepartner oder Kinder übertragen werden [395]. Die Schädigungen konnten bis zur Scheidung von Ehen und zur Zerstörung von Familien gehen [74, 207].

Auswirkungen auf das Familienleben konnte die Zeit der Haft auch durch Entfremdung von den eigenen Kindern haben, besonders dann, wenn diese bei der Verhaftung noch sehr jung waren und nach dem Freikauf der Eltern nicht sofort übersiedeln durften [207, 361, 518, 558]. Ehepaare, die mit der Festnahme rechneten, versuchten zu verhindern, daß beide Eltern gleichzeitig in Haft gerieten, damit die Kinder nicht in ein Heim verbracht wurden [219]. Ein Betroffener berichtete, er habe nach der Haft unter so tiefgehendem Mißtrauen gelitten, daß es ihm unmöglich war, eine neue Beziehung aufzubauen [82].

Insbesondere vom Rückhalt von Familie und Freunden hing es aber ab, ob sich die ehemaligen politischen Gefangenen wieder stabilisieren konnten. Eine Reihe von Betroffenen berichtete, die Belastungen der Haft hätten im Gegenteil zu einem engeren Zusammenhalt innerhalb ihrer Familie geführt [12, 116, 167, 289, 363, 371].

9 Zusammenfassung und Bewertung

Auch in den siebziger und achtziger Jahren zählte politische Verfolgung zur gesellschaftlichen Realität in der DDR, obwohl andere politische Entwicklungen dies überlagerten und teilweise verdeckten. Im Rahmen des Entspannungsprozesses und der Annäherung zwischen Ost und West gelang es dem SED-Staat, sein internationales Ansehen allmählich zu verbessern. Auf diplomatischem Parkett verzeichnete die DDR in den siebziger Jahren eine Reihe von Durchbrüchen: Das Bemühen um volle außenpolitische Anerkennung hatte mit dem Grundlagenvertrag zwischen der Bundesrepublik und der DDR vom Dezember 1972, der Aufnahme in die UNO 1973 und der Unterzeichnung der KSZE-Schlußakte von Helsinki 1975 zumindest teilweise Erfolg. Insbesondere der UN-Pakt über bürgerliche und politische Rechte, der 1976 in Kraft trat, verpflichtete die DDR zur Beachtung und Wahrung der dort fixierten Prinzipien.

Der Bevölkerung der DDR versprach Honecker in seinem neuen konsumpolitischen Programm, der auf dem VIII. Parteitag 1971 ausgerufenen „Hauptaufgabe" der Einheit von Wirtschafts- und Sozialpolitik, ein höheres Konsumniveau und eine Teilhabe an den wirtschaftlichen Fortschritten in der DDR. Eine Verbesserung des Lebensstandards sollte das System in den Augen der Bürger legitimieren und ihm – auch angesichts des wirtschaftlichen Erfolgsmodells Bundesrepublik – Akzeptanz verschaffen. Allerdings stieß dieses Programm rasch an seine Grenzen, die die geringen ökonomischen Ressourcen der DDR setzten. Gerade bei Verbrauchsgütern mußte es der SED-Staat meist bei Versprechen belassen oder die Zuteilung durch westliche Kredite finanzieren.

Um ihre Herrschaft zu sichern, blieb die SED-Führung auch in den siebziger und achtziger Jahren auf eine politische Geheimpolizei und die Arbeit der politischen Justiz angewiesen. Ein Charakteristikum der Amtszeit Honeckers war es, daß Repressionen im Vorfeld von Verhaftungen an Bedeutung gewannen. Träger solcher *„Zersetzungsmaßnahmen"* war nicht nur das MfS; vielmehr traten auch andere staatliche und gesellschaftliche Organisationen oder die Betriebe in Erscheinung. *„Maßnahmen der Zersetzung"* sollten insbesondere dann zur Anwendung kommen, wenn eine Inhaftierung nicht opportun erschien. Dabei blieb die Drohung mit Festnahme und Verurteilung aber immer bestehen und war durchaus ernst zu nehmen.

Wichtigstes Instrument des MfS bei der *„Zersetzung"* Oppositioneller wie auch bei der Ermittlung von Informationen über politisch Mißliebige waren IM und GMS, da diese nach Auffassung der Staatssicherheit *„am umfassendsten in die Konspiration des Feindes eindringen"* konnten. Entscheidend für den Erfolg im

Sinn des MfS war es, IM aus der unmittelbaren Umgebung des Betroffenen zu verpflichten beziehungsweise sie direkt an das Opfer *„heranzuführen"*. Daher versuchte das MfS ständig, neue IM gerade unter Andersdenkenden anzuwerben. Die Unterschrift unter die Verpflichtungserklärung wurde oft durch massiven Druck erzwungen, gelegentlich durch fast freundliche Annäherung quasi erschlichen.

Neben beruflichen Sanktionen war das Entziehen oder Verwehren von Bildungsmöglichkeiten ein weiteres einschneidendes Mittel zur Maßregelung der Betroffenen. Solche Zurücksetzungen richteten sich in der überwiegenden Mehrzahl der Fälle auch gegen Familienangehörige, die in der Ausbildung oder am Arbeitsplatz gezielt benachteiligt wurden: Von den 576 Teilnehmern an dieser Untersuchung gaben 73,4 Prozent an, Familienmitglieder seien systematisch diskriminiert worden.

Wie bei der Anwendung von *„Maßnahmen der Zersetzung"* gegen Oppositionelle war der Arbeitsplatz auch bei der Drangsalierung von Ausreiseantragstellern von zentraler Bedeutung. Übersiedlungswillige sollten zunächst an ihrer alten Arbeitsstelle verbleiben, da hier die wirksamste *„politisch-ideologische Einflußnahme"* möglich sei, um die Betreffenden zur Rücknahme ihres Gesuchs zu bewegen. Zur Bekämpfung der Ausreisebewegung entwickelten Partei und Geheimpolizei 1976 eine Strategie, die im Prinzip bis zum Untergang des SED-Staats beibehalten wurde. Am Anfang standen *„Versuche zur Rückgewinnung"*, etwa in Form materieller Besserstellungen wie der Zuweisung von Wohnraum.

Wenn dies nicht fruchtete, folgten arbeitsrechtliche Sanktionen. Dazu zählten Versetzungen, Drohungen mit dem Verlust des Arbeitsplatzes und schließlich die Entlassung, die aber nicht mit dem Übersiedlungsersuchen, sondern *„mit Pflicht- und Disziplinarverletzungen"* zu begründen war. Am Ende stand die strafrechtliche Verfolgung. Ermittlungen leitete das MfS gegen *„hartnäckige Ersucher auf Übersiedlung"* ein. Dabei handelte es sich um Personen, die trotz Ablehnung eines oder mehrerer Ausreiseanträge an ihrem Übersiedlungsgesuch festhielten. Gemeint sein konnten Übersiedlungswillige, von denen das MfS befürchtete, daß sie zur Unterstützung ihres Ausreiseantrags eine westliche diplomatische Vertretung aufsuchen könnten. Als *„hartnäckige Ersucher"* galten außerdem Übersiedlungswillige, die Kontakt zu westlichen Stellen hatten, sowie Personen, die möglicherweise öffentlich für ihren Ausreiseantrag auftreten würden.

Strafrechtlich bedeutsame Informationen gewann das MfS überwiegend auf konspirativem Weg. Die Staatssicherheit kontrollierte die Post der Betroffenen, observierte sie rund um die Uhr, drang illegal in ihre Wohnungen ein und hörte die Telefone und die Wohnungen der Opfer ab. Methoden zur Ermittlung strafrechtlich relevanter Informationen wandte das MfS vor allem gegen Bürger an, bei denen Fluchtpläne vermutet wurden oder die einen Ausreiseantrag gestellt hatten. Dabei kam es jedoch im Zeitverlauf zu Veränderungen: Während mutmaßliche Republikflüchtlinge stets einen hohen Prozentsatz der von der Staatssicherheit Verfolgten stellten, begann sich eine Ausreisebewegung als Gefahr für den SED-Staat erst Mitte der siebziger Jahre zu entwickeln.

Die Eröffnung eines Ermittlungsverfahrens durch das MfS ging in aller Regel mit der Verhaftung der Betroffenen einher. Die für die Vernehmungen der Inhaftierten zuständige Abteilung IX des MfS achtete streng darauf, mit formal legalen

Mitteln im Sinn der Strafprozeßordnung zu operieren. Die Masse der von der Staatssicherheit auf konspirativem, also illegalem Weg zusammengetragenen Informationen war vor Gericht jedoch nicht verwendbar. Solche *„inoffiziellen Beweismittel“* reichten auch nicht aus, um einen formellen Haftbefehl zu rechtfertigen. Nach Paragraph 92 der Strafprozeßordnung rechtfertigten *„eigene Feststellungen der Untersuchungsorgane“* jedoch die Prüfung der Einleitung eines Ermittlungsverfahrens. Die *„Prüfungshandlung“* der Staatssicherheit bestand in aller Regel in der Festnahme des Betroffenen, die zu diesem Zeitpunkt noch *„Zuführung“* hieß, und der ersten Vernehmung, welche das MfS *„Verdächtigenbefragung“* nannte. Für die Betroffenen war dieser Unterschied ohne Bedeutung. Das MfS bemühte sich jedoch peinlich, auf diesem Weg den Schein von Legalität zu wahren.

Die Aussagen der Inhaftierten während des ersten Verhörs, das 24 Stunden oder länger dauern konnte, mußten die fehlenden Beweise erbringen, um Haftbefehl und Ermittlungsverfahren auch im Sinn der Strafprozeßordnung zu rechtfertigen. Den Untersuchungsführern der Abteilung IX war es auf diese Weise möglich, die illegal beschafften Informationen als Geständnis der Betroffenen in gerichtsverwertbare Beweismittel umzusetzen. Da praktisch jede Anklage in einem politischen Prozeß auf dem Geständnis des Beschuldigten beruhte, diente alles in der Untersuchungshaft der Staatssicherheit – die Verhörmethoden, das Verhalten der Vernehmer, die Haftbedingungen – der Gewinnung von belastenden Aussagen.

Zu diesem Zweck setzte die Staatssicherheit ein abgestuftes und wohldurchdachtes System psychischen Drucks ein, das Formen psychischer Folter annehmen konnte. Seine wesentlichen Elemente waren Isolation, Verunsicherung, systematische Desinformation und Zermürbung der Inhaftierten. 74 Prozent der Teilnehmer, die vom MfS inhaftiert worden waren, gaben an, sie hätten die Bedingungen in den Untersuchungsgefängnissen als Mißhandlung empfunden. Für viele der Betroffenen waren die ersten Vernehmungen besonders belastend, da das MfS zu Beginn der Befragungen häufig zu Dauer- und Nachtverhören griff. Schlafentzug war in der ersten Zeit – wie in bestimmten Fällen auch im weiteren Verlauf der Vernehmungen – eines der wichtigsten Instrumente zur Zermürbung des Inhaftierten. Zu den Verhörtaktiken der MfS zählte die Drohung mit der Verhaftung nächster Familienangehöriger. Gezielt nutzte die Staatssicherheit die Verunsicherung von Eltern über den Verbleib ihrer Kinder aus. Druck übten die Vernehmer mit der Drohung aus, die Kinder nicht in der Obhut von Verwandten zu belassen, sondern in ein staatliches Heim einzuweisen. Wichtigstes Ergebnis der Verhöre waren Vernehmungsprotokolle, die die Aussagen der Inhaftierten in einer für eine Verurteilung ausreichenden Weise wiedergaben.

Fast einhellig fiel die Einschätzung der Untersuchungsteilnehmer über ihren Prozeß aus, den die überwiegende Mehrzahl als Farce einstufte. Üblicherweise dauerte keines dieser Verfahren länger als einige Stunden, in Ausnahmefällen zwei oder drei Tage. Wichtigstes Beweismittel waren die während der Verhöre protokollierten Aussagen der Angeklagten. Die Öffentlichkeit war bei nahezu allen Verfahren ausgeschlossen; 93,4 Prozent der Teilnehmer gaben an, ihre Verhandlung sei nicht öffentlich gewesen. Die Rolle des Verteidigers stufte die Mehrzahl als die eines Statisten ein. Auch wenn sich die Anwälte für ihre Mandanten einsetzten, beschränkten Staatssicherheit, Staatsanwaltschaft und Gericht die Verteidigungsmöglichkeiten systematisch.

Allerdings waren direkte Eingriffe in einzelne Verfahren durch Partei oder Staatssicherheit in den siebziger und achtziger Jahren die Ausnahme. Nur bei einem Bruchteil der hier untersuchten politischen Verfahren konnte eine konkrete Beeinflussung nachgewiesen werden. Eine „Verbiegung“ von Strafverfahren in großem Ausmaß war während der Amtszeit Honeckers nicht erforderlich, weil sich die Mehrzahl der politischen Prozesse in vorgegebene Schemata einordnete. Bei diesen Routinefällen benötigten die politischen Strafsenate keine speziellen Anweisungen zum erwünschten Verfahrensablauf und zum Strafmaß. Bei außergewöhnlich sensiblen Verfahren oder in schwierigen politischen Situationen wählten die zentralen Stellen vorab geeignete Gerichte aus, an denen besonders verläßliche Juristen die Prozesse durchführten. Obwohl es ein politisches Strafrecht und politische Strafprozesse in erheblichem Ausmaß gab und Eingriffe von Parteiführung und Geheimpolizei in jedes beliebige Verfahren im Prinzip immer möglich blieben, erwies sich eine solche Einwirkung aber wohl in den meisten Fällen als nicht erforderlich.

Allerdings gab es auch in den siebziger und achtziger Jahren Verfahren, die von der eingespielten Routine politischer Prozesse abwichen. In Kapitel 6 ist anhand konkreter Fälle von Untersuchungsteilnehmern dargestellt worden, in welcher Weise Parteispitze und Geheimpolizei Strafverfahren beeinflußten. Oft handelte es sich dabei um Prozesse, die in der Bundesrepublik öffentliches Aufsehen erregt hatten. In diesen Fällen wirkten sich die Möglichkeiten zur Lenkung der politischen Justiz ironischerweise mitunter zu Gunsten der Angeklagten aus, da die Parteispitze bemüht war, westliche Kritik zu vermeiden.

Bei politischen Verfahren, die in der Bundesrepublik nicht bekannt wurden, zeigten sich dagegen die Möglichkeiten zur Manipulation solcher Prozesse durch Geheimpolizei und Staatsanwaltschaft. In den in Kapitel 6 dargestellten Fällen wurden Gericht, Zeugen und Sachverständige vor der Hauptverhandlung intensiv auf ihre Rolle vorbereitet. Für die Befragung der Zeugen erarbeitete die Staatsanwaltschaft Fragespiegel und instruierte sie über die erwünschten Aussagen. Sachverständige mußten mit den Anklagevertretern den Prozeßablauf einüben. Schöffen überprüfte das MfS auf ihre politische Zuverlässigkeit. Die zentralen Justizorgane lenkten die Prozeßregie, Anklage und Urteil wurden im wesentlichen im Vorfeld festgelegt. Das Ergebnis einer möglichen Berufungsverhandlung sprach die Generalstaatsanwaltschaft mit dem Obersten Gericht ab. In zwei Fällen konnte nachgewiesen werden, daß Mielke das Urteil vorab persönlich gebilligt hatte. Obwohl diese Verfahren nicht typisch für die Praxis der politischen Justiz in den siebziger und achtziger Jahren waren, zeigte sich doch, in welchem Ausmaß MfS und Staatsanwaltschaft politische Prozesse manipulieren konnten.

Während die Ermittlungen bei Verstößen gegen politische Paragraphen meist vom MfS geführt und die Betroffenen in Untersuchungsgefängnissen der Staatssicherheit inhaftiert wurden, mußte die überwiegende Mehrzahl die verhängte Freiheitsstrafe in den Strafvollzugseinrichtungen des Innenministeriums gemeinsam mit kriminellen Straftätern verbüßen. Die Mehrzahl der 372 an dieser Untersuchung beteiligten ehemaligen politischen Häftlinge saß in Brandenburg, Bautzen I (dem „Gelben Elend“) oder Cottbus beziehungsweise in Hoheneck ein. Insbesondere in Cottbus sammelten sich viele politische Häftlinge, da das Innenministerium hier männliche Strafgefangene mit kurzen oder mittleren Haftstrafen zusammenfaßte, während in Bautzen und Brandenburg kriminelle „Langstrafer" dominierten. Weibliche politische Häftlinge verbrachte die Strafvollzugsverwaltung meist in das Gefängnis Hoheneck bei Stollberg im Erzgebirge. Hier scheinen die Bedingungen noch härter gewesen zu sein als in den Strafvollzugseinrichtungen für Männer.

Einige der schlimmsten Übel in den Haftanstalten beseitigte das neue Strafvollzugsgesetz von 1977, darunter den verschärften Arrest, der bis dahin Willkür und Mißhandlungen begünstigt hatte. Andere grundlegende Mißstände wie die Überbelegung der Zellen und unzureichende hygienische Verhältnisse konnte das Gesetz nicht beheben. Die medizinische Betreuung in den Gefängnissen schätzte die überwiegende Mehrzahl der Teilnehmer als unzureichend ein. Eine Reihe von Betroffenen kritisierte jedoch nicht unbedingt die Qualität der medizinischen Versorgung, sondern vor allem den Umstand, daß sie in viel zu geringem Umfang angeboten wurde und häufig vollkommen verspätet einsetzte. Oft waren es Häftlingsärzte, die die medizinische Betreuung der Gefangenen aufrechterhielten.

Von physischen oder psychischen Mißhandlungen durch Angehörige des Wachpersonals berichteten 29 Prozent der ehemaligen politischen Häftlinge. Dabei handelte es sich jedoch nicht um regelmäßige oder systematische physische Folter, sondern um vereinzelte Übergriffe. Schwere körperliche Mißhandlungen waren in den siebziger und achtziger Jahren die Ausnahme. Als Gruppe mit einem besonderen Zusammenhalt oder gar in Widerstandszirkeln scheinen sich die politischen Häftlinge nicht formiert zu haben. Vermutlich warteten viele von ihnen auf ihren Freikauf in den Westen und wollten diesen nicht durch eine weitere Verurteilung gefährden.

57,3 Prozent der an dieser Untersuchung beteiligten politischen Häftlinge wurden von der Bundesregierung freigekauft. Auf die psychische Situation vieler Gefangener wirkte sich der Freikauf positiv aus, da er ihnen die Hoffnung gab, nach einer gewissen Zeit in den Westen zu gelangen. Dennoch gab die Mehrzahl an, der Freikauf habe keinen wesentlichen Einfluß auf ihr Handeln vor der Inhaftierung gehabt, also auf den Entschluß zur Flucht bzw. auf die Entscheidung für den Ausreiseantrag. Auf der anderen Seite bedeutete der Freikauf eine Absicherung für die Betroffenen: Bei einer Verhaftung konnten sie damit rechnen, in die Bundesrepublik zu gelangen. Ein Untersuchungsteilnehmer bezeichnete den Freikauf als *„Netz für Seiltänzer"*. Nicht zuletzt beraubte der Freikauf den angedrohten Freiheitsstrafen bei politischen Straftaten eines erheblichen Teils ihrer abschreckenden Wirkung.

Das galt insbesondere für die achtziger Jahre. Wegen der wachsenden wirtschaftlichen Abhängigkeit von der Bundesrepublik mußte die DDR politische Repression einschränken und zurücknehmen. Oppositionelle Gruppierungen konnten sich nun – oft unter dem Dach der Kirche – zunehmend freier äußern. Eine ähnliche Entwicklung zeigte sich im Bereich der politischen Justiz: Die ständig steigende Zahl von Ausreiseantragstellern, die von den politischen Strafsenaten abgeurteilt wurden, erhielt nun in der überwiegenden Mehrzahl vergleichsweise geringe Strafen zudiktiert. Damit verkürzte sich die Zeit bis zum erwarteten Freikauf, der Abschreckungseffekt des politischen Strafrechts sank weiter.

Dennoch gab es sowohl in den siebziger als auch in den achtziger Jahren ein zusammenhängendes System politischer Verfolgung in der DDR. Es handelte sich nicht um vereinzelt oder zufällig angewandte Strategien. Die Methoden politischer Repression bauten systematisch aufeinander auf. Ein für diese Aufgaben geschaffener Apparat setzte sie in Abhängigkeit von den vermeintlichen Erfordernissen des Einzelfalles ein. Die Instrumente dieses Systems wurden im Vergleich zur Frühphase der DDR differenzierter. Sie begannen mit *„Aussprachen"* oder öffentlichen Ermahnungen und endeten bei Verurteilungen zu mehrjährigen Freiheitsstrafen nach langer Untersuchungshaft beim MfS. Die Auswahl der Mittel hing vom Einzelfall ab, etwa ob die Geheimpolizei die *„Rückgewinnung"* eines Ausreiseantragstellers für möglich hielt. Darüber hinaus waren Bekanntheit des Opfers und seine Kontakte zu westlichen Einrichtungen ein entscheidender Faktor.

Der Einsatz massiven Drucks während der Verhöre durch das MfS bis zur psychischen Folter und die weitgehende Außerkraftsetzung der gesetzlichen Bestimmungen in den Untersuchungsgefängnissen der Staatssicherheit schränkt das Urteil von einer Rücknahme der Repression zusätzlich ein. Die Verhörmethoden der Staatssicherheit änderten sich auch in den achtziger Jahren nicht wesentlich. Die wichtigsten Instrumente zur Erzwingung von Geständnissen – Dauer- und Nachtverhöre, Isolation der Häftlinge, Drohungen mit Repressionen gegen Familienangehörige – hatte bereits der stalinistische NKWD in den dreißiger Jahren angewandt. Allerdings verzichtete die Staatssicherheit in der DDR der siebziger und achtziger Jahre ganz im Gegensatz zur sowjetischen Geheimpolizei weitgehend auf körperliche Mißhandlungen. Das monströse Wachstum des Ministeriums für Staatssicherheit zeigte, daß zumindest der Kontrollanspruch der SED-Führung nicht weniger ausgeprägt war als etwa in den fünfziger Jahren.

Allerdings wuchs die Furcht des Regimes vor einer Beschädigung seines internationalen Ansehens in den achtziger Jahren, dem kaum etwas so abträglich war wie offene Repression gegen Andersdenkende. Daher ließ die SED-Spitze Mißliebige in wachsender Zahl in die Bundesrepublik abschieben. Vordergründig führte dies zu einer Schwächung des Protests und damit zu einer vorübergehenden Stabilisierung. Langfristig jedoch bewirkte diese Politik das Gegenteil: Ausreisewillige nutzten die Angst vor *„demonstrativ-provokatorischen Handlungen"*, um ihre Übersiedlung in den Westen zu erreichen. Ihr Erfolg provozierte Nachahmer. Erst der Versuch, Widerspruch durch Abschiebung zu mindern, machte die Ausreisebewegung zu einem Massenphänomen und trug damit zum Untergang der DDR bei.

Die Rücknahme politischer Verfolgung in den achtziger Jahren wurde allerdings nicht durch die Tatsache des Beitritts der DDR zur UNO oder der Beteiligung am KSZE-Prozeß allein erreicht. Es bedurfte einer großen Anzahl von Bürgern der DDR, die sich auf die internationalen Abkommen beriefen und sich der Überprüfung ihrer Einhaltung durch westliche Organisationen und Medienöffentlichkeit versicherten. Dies gibt einen Hinweis auf einen weiteren Faktor, der zum Untergang des SED-Staats beitrug: Der Spagat zwischen Verweigerung der Menschen- und Bürgerrechte im Inneren und dem gleichzeitigen Bemühen um internationale Anerkennung, die an die Einhaltung dieser Rechte geknüpft war, ließ sich auf die Dauer nicht durchhalten.

MfS HA XX/Fo/ 211 Bild-Nr.: 5 NK

Demonstration Ausreisewilliger („Weißer Kreis“) in Jena 1983 (MfS-Observationsfoto)

MfS HA XX/Fo/211 Bild-Nr.: 49 NK

Anlagekarte

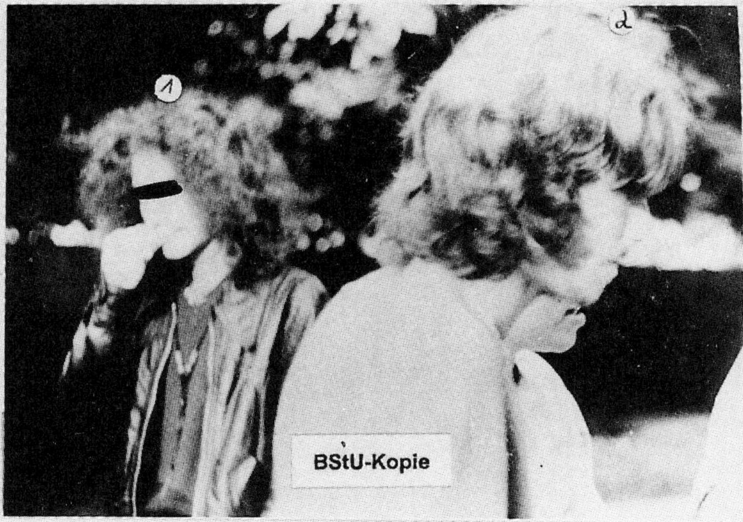

HS-HA XX/Fo/106 Bild-Nr.: 29130 Nk

Auszug (drei Seiten) aus einer Fotodokumentation des MfS über „Aktivitäten negativ-feindlicher Personen“ am 1. September 1983 vor den Botschaften der UdSSR und der USA in Ost-Berlin

Anlagekarte

MfS-HA XX/Fo/106 Bild-Nr.: 41142 Nk

Anlagekarte

Bisher identifizierte Teilnehmer

Seite 1

Nr. 4 vermutlich [redacted] (Berlin)
Nr. 8 [redacted] (Berlin)
Nr. 9 vermutlich [redacted] (Magdeburg)
Nr.10 Bekannte von [redacted] (Berlin)
Nr.14 vermutlich [redacted] (Berlin)

Seite 2

Nr. 2 [redacted] (Berlin)
Nr. 4 [redacted] (Berlin)
Nr. 5 [redacted] (Berlin)
Nr. 6 [redacted] (Berlin)
Nr. 7 Fischer,Werner (Berlin)

Seite 3

Nr. 5 [redacted] (Antragsteller/Berlin)
Nr. 7 Hauswald,Harald (Berlin)
Nr.11 [redacted] (Berlin)
Nr.13 [redacted] ? (Berlin)

Seite 4

Nr. 4 und Nr.14 [redacted](soll beim Runfunk d. DDR tätig sein)
Nr. 7 [redacted] (Berlin)
Nr. 8 [redacted] (Berlin)
Nr. 9 vermutlich [redacted] (Berlin)
Nr.10 Fischer,Werner (Berlin)

Seite 5

Nr. 1 Hauswald,Harald (Berlin)
Nr. 3 Ehefrau von [redacted] (Berlin)

Seite 6

Nr. 2 [redacted] (Berlin)
Nr. 4 [redacted] (Berlin)

Seite 7

Nr. 1 Fischer,Werner(Berlin)
Nr. 2 Hauswald,Harald (Berlin)
Nr. 3 Ehemann von [redacted] (Berlin)
Nr. 5 [redacted] (Antragsteller/Berlin)
Nr. 7 Bekannte der [redacted] (Berlin)

Seite 8

Nr. 1 [redacted] (Berlin)
Nr. 2 Ehemann von [redacted] (Berlin)

Seite 9

Nr. 2 [redacted] (Berlin)
Nr. 3 Mitglied ESG Berlin
Nr. 5 [redacted] (Antragsteller/Berlin)
Nr. 6 vermutlich [redacted] (Magdeburg)
Nr. 7 [redacted] (Berlin)

BStU-Kopie

MfS-HA XX / Fo / 106 Bild-Nr.: 022 NK

Festnahmen auf dem Alexanderplatz, Berlin, 7. September 1989 (Auszüge aus einem MfS-Observationsvideo)

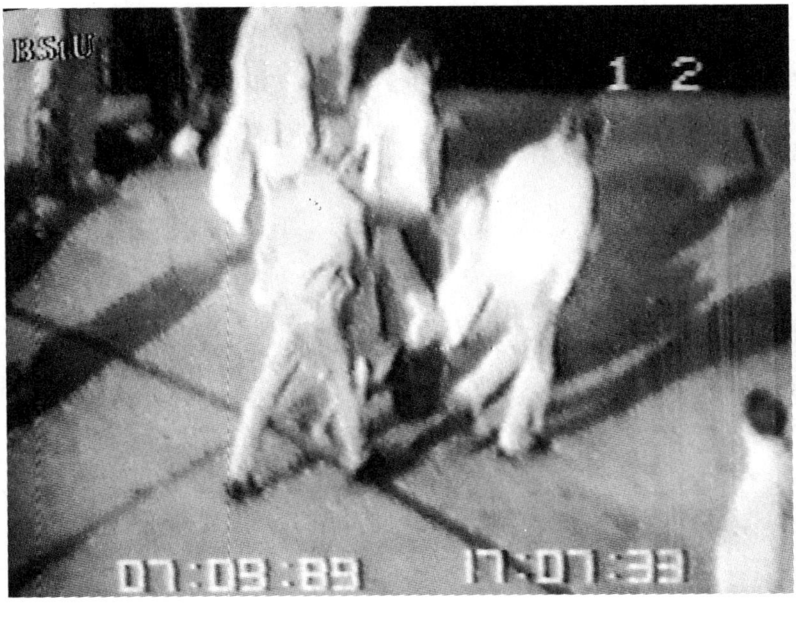

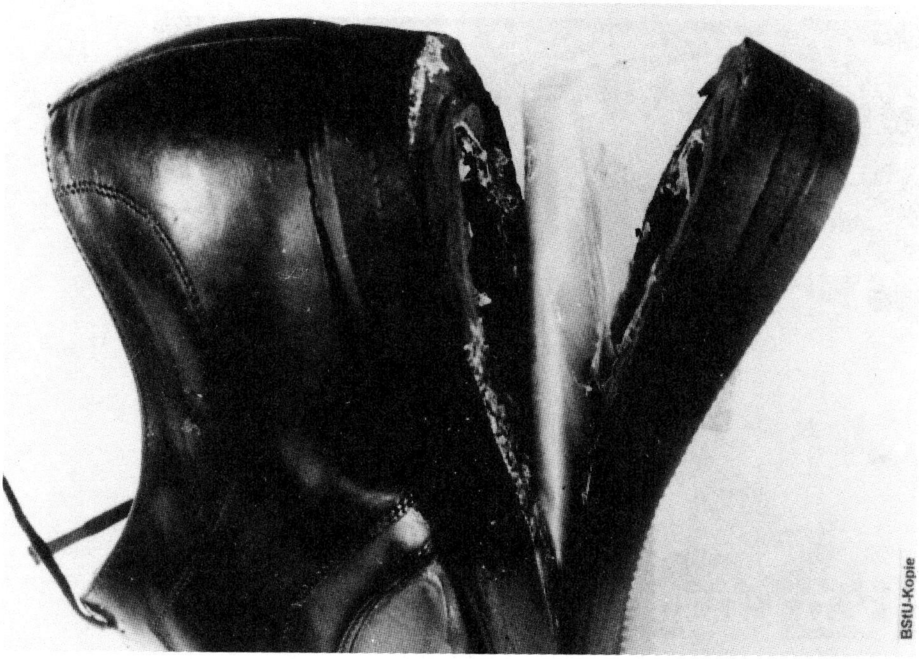

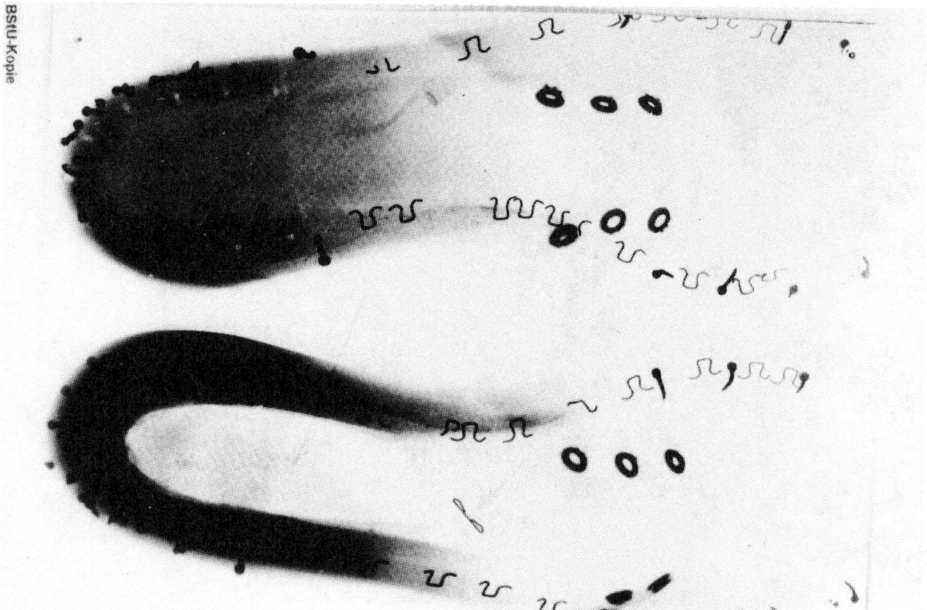

Da politische Häftlinge Prozeßunterlagen häufig nicht oder nur kurzfristig einsehen konnten, versuchten sie, solche Papiere einzuschmuggeln. In diesem Falle wurde das Versteck beim Röntgen des Schuhs in der MfS-Untersuchungshaft entdeckt.

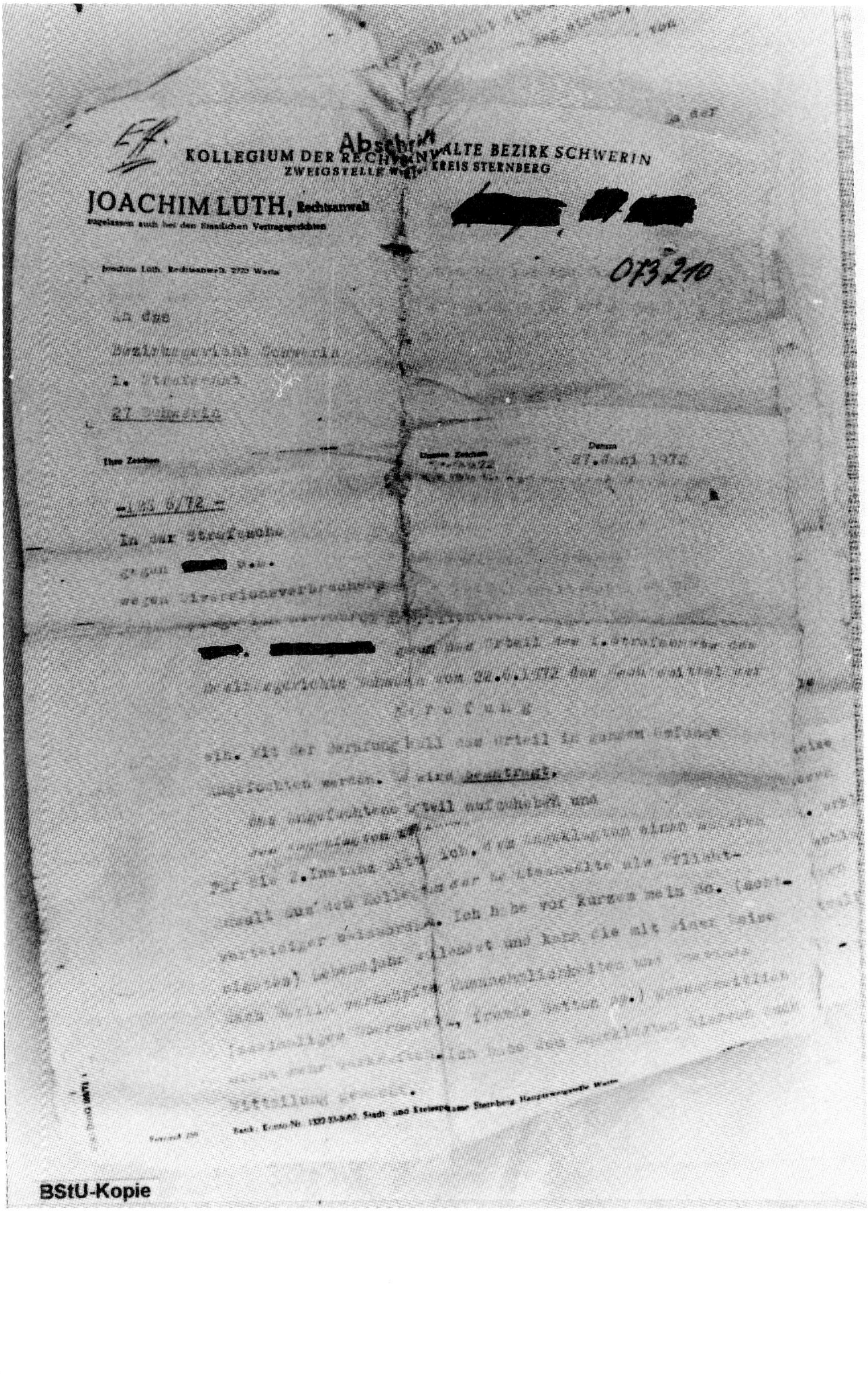

Abschrift

KOLLEGIUM DER RECHTSANWÄLTE BEZIRK SCHWERIN
ZWEIGSTELLE W[illegible] KREIS STERNBERG

JOACHIM LÜTH, Rechtsanwalt
zugelassen auch bei den Staatlichen Vertragsgerichten

Joachim Lüth, Rechtsanwalt, 2723 Warin

[redacted]

073210

An das
Bezirksgericht Schwerin
1. Strafsenat
27 Schwerin

Ihre Zeichen — Unsere Zeichen [illegible] — Datum 27. Juni 1972

-1BS 6/72 -

In der Strafsache
gegen [redacted] u.a.
wegen Diversionsverbrechens [illegible]

[redacted] gegen das Urteil des 1. Strafsenats des Bezirksgerichts Schwerin vom 22.6.1972 das Rechtsmittel der

Berufung

ein. Mit der Berufung soll das Urteil in ganzem Umfange angefochten werden. Es wird beantragt,

das angefochtene Urteil aufzuheben und

den Angeklagten [illegible]

Für die 2. Instanz bitte ich, dem Angeklagten einen anderen Anwalt aus dem Kollegium der Rechtsanwälte als Pflichtverteidiger beizuordnen. Ich habe vor kurzem mein 80. (achtzigstes) Lebensjahr vollendet und kann die mit einer Reise nach Berlin verknüpften Unannehmlichkeiten [illegible] gesundheitlich nicht mehr verkraften. Ich habe dem Angeklagten hiervon auch Mitteilung gemacht.

Fernruf 230 Bank: Konto-Nr. [illegible] Stadt- und Kreissparkasse Sternberg Hauptzweigstelle Warin

BStU-Kopie

10 Dokumentation

Zur Einführung

Die folgenden Dokumentation umfaßt Auszüge aus Interviews mit Betroffenen sowie Unterlagen aus personenbezogenen MfS-Akten. Sie verdeutlicht die Ergebnisse der Darstellung anhand aussagekräftiger Beispiele und exemplarischer Einzelschicksale. Als besonders schwierig erwies sich dabei der Umgang mit personenbezogenen MfS-Akten, da diese Dossiers eine Reihe persönlicher und privater Angaben über die Betroffenen oder über Dritte enthalten. Solche Passagen wurden nicht aufgenommen; die Streichungen sind kenntlich gemacht. Ziel der Dokumentation ist es auch, dem Leser einen Eindruck von Aufbau und Inhalt personenbezogener MfS-Akten – also von „Stasi-Akten" – zu vermitteln. Aus diesem Grund werden Unterlagen über längere Passagen ausführlich zitiert und in Auswahl faksimiliert wiedergegeben. Sprachliche Fehler wurden in der Regel nicht verbessert, um den Duktus der Staatssicherheit so anschaulich wie möglich zu machen. Auszüge aus den Dossiers zu einer Person sind jeweils in einem Abschnitt zusammengefaßt. Erläuterungen des Autors wurden durch einen abweichenden Schrifttyp kenntlich gemacht, ebenso wie handschriftliche Ergänzungen im Original, die zusätzlich kursiv gesetzt sind.

Personenbezogene MfS-Akten wurden von den Betroffenen in Kopie zur Verfügung gestellt oder mit ihrem Einverständnis bei der Behörde der Bundesbeauftragten für die Unterlagen des Staatssicherheitsdienstes der DDR eingesehen. Als Quellenangabe ist der Name des Teilnehmers genannt; sofern die Akte bei der Behörde der Bundesbeauftragten eingesehen wurde oder die Betroffenen die Signatur ihres Dossiers weitergeben wollten, ist diese ebenfalls genannt. Wenn die Teilnehmer Kopien aus ihren Akten zur Verfügung gestellt haben, ohne die Signatur anzugeben, wird nur auf den Betroffenen verwiesen. Die Behörde der Bundesbeauftragten für die Unterlagen des Staatssicherheitsdienstes ist durch Gesetz verpflichtet, Namen und bestimmte Angaben über Dritte in den Akten zu verdecken. Solche Schwärzungen sind im folgenden kenntlich gemacht, wenn die Lesbarkeit des Textes dies erforderte.

Im Kapitel zum Strafvollzug werden Auszüge aus Haftakten wiedergegeben. Solche Dossiers legten die einzelnen Strafvollzugseinrichtungen an. Die zitierten Akten, die zum Bestand der Verwaltung Strafvollzug des Innenministeriums der DDR zählten, verwahrt die Senatsverwaltung für Justiz des Landes Berlin. Es handelt sich um Dokumente zu Personen, die in den achtziger Jahren inhaftiert und von der Bundesregierung freigekauft worden sind. Diese Akten konnten mit einer schriftlichen Einverständniserklärung der Betroffenen in der Justizvollzugsanstalt Plötzensee eingesehen werden. In der Dokumentation sind der Name des jeweiligen Betroffenen sowie die Senatsverwaltung für Justiz als Quellennachweis angeführt.

In den Interviews beschrieben die Betroffenen die Wirkung politischer Drangsalierung und politischer Haft aus ihrer Sicht. Diese Gesprächsprotokolle sind eine unerläßliche Ergänzung zu den Akten der Staatssicherheit und des Innenministeriums der DDR. Als Quellenangabe wird im folgenden auf den Gesprächspartner und das Datum des Interviews verwiesen. Sofern die Teilnehmer darum gebeten haben, werden sie auch in der Dokumentation nur in anonymisierter Form zitiert. Namen Dritter werden grundsätzlich nicht genannt. Das gilt nicht für Mitarbeiter der Staatssicherheit.

Verzeichnis der Dokumente

Zu Repressionen im Vorfeld von Verhaftungen

Einleitung einer Operativen Personenkontrolle

Dokument 1: Übersichtsbogen einer Operativen Personenkontrolle vom 13. November 1981
Quelle: MfS-Akte von Christine Stognienko, Kopie beim Verfasser.

Planung und Durchführung einer Operativen Personenkontrolle

Dokument 2: Eröffnungsbericht einer Operativen Personenkontrolle vom 29. Januar 1986
Dokument 3: Operativplan einer Operativen Personenkontrolle vom 7. Februar 1986
Dokument 4: Sachstandsbericht einer Operativen Personenkontrolle vom 16. Juli 1986
Dokument 5: Abschlußbericht einer Operativen Personenkontrolle vom 23. Oktober 1987
Quelle: MfS-Akte von Lars Klingberg, BStU, ASt. Berlin, AOPK 4575/87.

Eröffnung eines Operativen Vorgangs

Dokument 6: Eröffnungsbericht eines Operativen Vorgangs vom 3. Januar 1989
Quelle: MfS-Akte von Reinhard Weidner, Kopie beim Verfasser.

„Maßnahmen der Zersetzung" im Rahmen Operativer Vorgänge

Dokument 7: Bericht vom 21. Januar 1981 über eine Absprache zu einem Operativen Vorgang
Dokument 8: Bericht vom 7. Januar 1983 über eine Beratung zu einem Operativen Vorgang
Dokument 9: Abschlußbericht eines Operativen Vorgangs vom 20. Juni 1984
Quelle: MfS-Akte von Dietmar Linke, BStU, ASt. Frankfurt/O., AOp 889/84 sowie AOPK 2069/89.

Überwachungen und „Zuführungen" aus der Sicht der Betroffenen

Dokument 10: Auszug aus einem Gespräch mit Elke Westendorff
Quelle: Gespräch mit Elke Westendorff am 26. August 1996.

Überwachung und Zersetzung aus der Sicht der Betroffenen

Dokument 11: Auszug aus einem Gespräch mit Michael Beleites
Quelle: Gespräch mit Michael Beleites am 4. Juli 1996.

Zu Ermittlungen und Verhaftung

Ermittlungen gegen Ausreiseantragsteller I

Dokument 12: Übersichtsbogen einer Operativen Personenkontrolle vom 16. Februar 1984
Dokument 13: Handschriftlicher Vermerk über ein „Vorbeugungsgespräch" am 16. April 1984
Dokument 14: Vermerk über eine „Prüfungshandlung" gemäß § 95 StPO vom 8. Mai 1984
Dokument 15: Vermerk über ein Gespräch am 25. Januar 1985
Dokument 16: Abschlußbericht eines Operativen Vorgangs vom 6. August 1985
Quelle: MfS-Akte von Bernd Langedieckhoff, BStU, ASt. Magdeburg, AOp 807/85 sowie AU 813/85.

Ermittlungen gegen Ausreiseantragsteller II

Dokument 17: Sachstandsbericht einer Operativen Personenkontrolle vom 17. November 1981
Dokument 18: Einschätzung der Bezirkskoordinierungsgruppe vom 23. April 1981
Dokument 19: Protokoll eines Gesprächs am 2. September 1982
Dokument 20: Protokoll einer „Aussprache" am 11. Oktober 1982
Dokument 21: Handschriftlicher Vermerk über eine „Planabsprache" vom 10. November 1982
Dokument 22: Sachstandbericht zum Abschluß der Operativen Personenkontrolle und Überführung in einen Operativen Vorgang vom 15. Februar 1983
Dokument 23: „Strafrechtliche Stellungnahme" vom 15. März 1983
Dokument 24: „Erstmeldung" der Abteilung IX vom 27. Juni 1983
Dokument 25: Verfügung zur Einleitung eines Ermittlungsverfahrens vom 27. Juni 1983
Dokument 26: Untersuchungsplan vom 22. August 1983
Quelle: MfS-Akte von Reinhard Golde, BStU, ASt. Leipzig, AOp 05/84 sowie AU 532/84.

Konspirative Wohnungsdurchsuchungen

Dokument 27: Auftrag für eine „Konspirative Wohnungsdurchsuchung" vom 28. April 1973
Quelle: MfS-Akte von Rudolf Altmann, Kopie beim Verfasser.

„Operative Kombinationen" im Rahmen Operativer Vorgänge

Dokument 28: Maßnahmeplan eines Operativen Vorgangs vom 30. August 1982
Dokument 29: Planung einer „Operativen Kombination"
Dokument 30: Information vom 31. März 1983 über die Durchführung einer „Operativen Kombination"
Quelle: MfS-Akte von Gunther Junkert, BStU, ASt. Dresden, 1983.

„Legalisierung" von Beweisen

Dokument 31: Eröffnungsbericht eines Operativen Vorgangs vom 2. Mai 1975
Dokument 32: Maßnahmeplan eines Operativen Vorgangs vom 2. Mai 1975
Dokument 33: „Legalisierung" der illegalen Öffnung eines Briefs und Rückdatierung der Anzeige: Schreiben der Deutschen Post vom 29. April 1975
Quelle: MfS-Akte von Hartmut Stach, BStU, ASt. Magdeburg, 1062/76.

Beobachtung und Verhaftung bei Republikfluchtverdacht

Dokument 34: Beschluß zum Anlegen eines Operativen Vorgangs vom 31. Januar 1979
Dokument 35: Maßnahmeplan eines Operativen Vorgangs vom 31. Januar 1979
Dokument 36: Protokoll einer Absprache vom 6. Februar 1979 zu einem Operativen Vorgang
Dokument 37: Beschluß vom 15. März 1979 zur Einleitung von „B-Maßnahmen"
Dokument 38: Beobachtungsbericht vom 19. März 1979
Dokument 39: Bericht vom 29. Juni 1979 über eine „Kombination" zur Beschaffung von Wohnungsschlüsseln
Dokument 40: „Vorschlag zur Realisierung eines Operativen Vorgangs" vom 21. September 1979
Quelle: MfS-Akte von Marion und Berthold Foellbach, BStU, ASt. Rostock, AOp 590/80.

Zu Verhör und Untersuchungshaft

Vernehmungen durch die Staatssicherheit aus Sicht der Betroffenen I

Dokument 41: Auszug aus einem Gespräch mit Gunter Lindner
Quelle: Gespräch mit Gunter Lindner am 4. April 1996.

Vernehmungen durch die Staatssicherheit aus Sicht der Betroffenen II

Dokument 42: Auszug aus einem Gespräch mit Hans-Werner Kintzel
Quelle: Gespräch mit Hans-Werner Kintzel am 29. April 1996.

Vernehmungen durch die Staatssicherheit aus Sicht der Betroffenen III

Dokument 43: Auszug aus einem Gespräch mit Gunhild Gerth
Quelle: Gespräch mit Gunhild Gerth am 10. Juni 1996.

„Zuführung", Verhör und Festnahme

Dokument 44: Eröffnungsbericht einer Operativen Personenkontrolle vom 28. Dezember 1976
Dokument 45: Operativplan zu einer Operativen Personenkontrolle vom 28. Dezember 1976
Dokument 46a: Vermerk vom 7. Januar 1977 über eine Absprache zur „Einweisung eines Kleinkindes"
Dokument 46b: Rapport über eine Absprache zur geplanten „Zuführung" vom 6. Januar 1977
Dokument 47: Rapport vom 13. Januar 1977 über die „Zuführung"
Dokument 48: Handschriftlicher Vermerk vom 17. Januar 1977 über die Einweisung eines Kindes
Dokument 49: Untersuchungsplan des MfS vom Januar 1977
Quelle: MfS-Akte von Wolfgang Bischoff, BStU, ASt. Magdeburg, AOV 1777/77.

Verhörplanung der Stsaatsicherheit

Dokument 50: Untersuchungsplan des MfS vom Juli 1987
Quelle: MfS-Akte von Steffen Donath, BStU, ASt. Dresden, 3038/87.

Festnahme und Verhör

Dokument 51: Handschriftliche Information des MfS vom 11. Dezember 1980 über die Festnahme einer DDR-Bürgerin in der ČSSR
Dokument 52: Verfügung vom 11. Dezember 1980 zur Einleitung eines Ermittlungsverfahrens
Dokument 53: „Erstmeldung" des MfS vom 12. Dezember 1980
Dokument 54: Untersuchungsplan des MfS vom 22. Dezember 1980
Quelle: MfS-Akte von Sybille Neuhauser, BStU, ASt. Leipzig, AU 141/81.

Zu politischen Strafprozessen

Politische Strafprozesse aus Sicht der Betroffenen I

Dokument 55: Auszug aus einem Gespräch mit Uwe Jürgensen
Quelle: Gespräch mit Uwe Jürgensen am 13. Juni 1996.

Politische Strafprozesse aus Sicht der Betroffenen II

Dokument 56: Auszug aus einem Gespräch mit Arnold Wiersbinski
Quelle: Gespräch mit Arnold Wiersbinski am 15. Mai 1996.

Zur Routine politischer Prozesse in den siebziger Jahren

Dokument 57: Vermerk des Kreisgerichts Dresden-Ost vom 21. Oktober 1974
Dokument 58: Meldung des Kreisgerichts Dresden-Ost über einen Vorfall am 14. Oktober 1974
Quelle: BA-Berlin, DP 1, SE, 2100/1d.

Das Verfahren gegen Helmut Arff aus der Sicht des Betroffenen

Dokument 59: Auszug aus einem Gespräch mit Helmut Arff
Quelle: Gespräch mit Helmut Arff am 24. August 1996.

Das Verfahren gegen Helmut Arff

Dokument 60: Denunziationsschreiben an das MfS vom 13. Juni 1968
Dokument 61: Verfügung zur Einleitung eines Ermittlungsverfahrens vom 16. April 1969
Dokument 62: Antrag auf Verlängerung der Bearbeitungsfrist vom 9. Juli 1969
Dokument 63: Verfügung vom 10. April 1970 zur Erweiterung des Ermittlungsverfahrens
Dokument 64: Bericht der Staatsanwaltschaft vom 5. Januar 1971 an SED-Bezirksleitung
Dokument 65: Auszug aus der Handakte der Staatsanwaltschaft
Quelle: MfS-Akte von Helmut Arff, Kopie beim Verfasser

Die Folgen des Verfahrens gegen Helmut Arff innerhalb des Justizapparats

Dokument 66: Vorschlag des Obersten Gerichts vom 9. März 1971 zur „Behandlung" der Berufung
Dokument 67: SED-Hausmitteilung vom 10. März 1971
Dokument 68: Handschriftliche Notiz der ZK-Abteilung Staats- und Rechtsfragen
Dokument 69: Handschriftlicher Vermerk der ZK-Abteilung Staats- und Rechtsfragen über eine Unterredung mit Walter Ziegler (Oberstes Gericht) sowie Josef Streit und Karl-Heinrich Borchert (Generalstaatsanwaltschaft)
Quelle: SAPMO-BA, DY 30 I IV, 2/13, 206.

Das Verfahren gegen Horst Schlegel aus der Sicht des Betroffenen

Dokument 70: Auszug aus einem Gespräch mit Horst Schlegel
Quelle: Gespräch mit Horst Schlegel am 12. August 1996.

Das Verfahren gegen Horst Schlegel

Dokument 71: Schreiben der Abteilung II des MfS vom 22. August 1961
Dokument 72: Verfügung der Staatsanwaltschaft Karl-Marx-Stadt vom 31. Januar 1972
Dokument 73: Verfügung der Staatsanwaltschaft Karl-Marx-Stadt vom 2. Februar 1972
Dokument 74: Vermerk der Staatssicherheit vom 29. Februar 1972 zur politischen Überprüfung der Schöffen
Dokument 75: „Vorstellungen" der Staatsanwaltschaft „hinsichtlich des Strafmaßes" vom 29. Februar 1972
Dokument 76: Information der Staatssicherheit zum Prozeß vom 15. März 1972
Dokument 77: „Informationsbedarf" der Staatssicherheit vom 15. März 1972
Dokument 78: Prämierung von Staatsanwalt und Gutachtern durch die Staatssicherheit vom 2. Mai 1972
Quelle: MfS-Akte von Horst Schlegel, Kopie beim Verfasser

Das Verfahren gegen Rolf Schälicke

Dokument 79: Operativplan der Staatssicherheit vom 21. Oktober 1977
Dokument 80: Strafrechtliche Einschätzung des Operativen Vorgangs vom 19. März 1984
Dokument 81: Verfügung vom 20. März 1984 zur Einleitung eines Ermittlungsverfahrens
Dokument 82: Schreiben des Leiters der Bezirksverwaltung Dresden an den stellvertretenden Minister für Staatssicherheit vom 21. März 1984 zur Einleitung von Ermittlungsverfahren
Dokument 83: Untersuchungsplan des MfS
Dokument 84: Verfügung zur Erweiterung des Ermittlungsverfahrens vom 27. April 1984
Dokument 85: Schreiben der Bezirksverwaltung Dresden an die HA IX des MfS vom 24. Januar 1985
Dokument 86: Beschluß des Obersten Gerichts zur Einstellung des Verfahrens vom 8. Februar 1985
Dokument 87: Vermerk der Staatssicherheit vom 9. Februar 1985 über „Abschlußmaßnahmen im Verfahren"
Quelle: MfS-Akte von Rolf Schälike. BStU, ZA, HA IX/9, 45 sowie ASt Dresden, AU 574/85.

Das Verfahren gegen Wolfgang Mayer

Dokument 88: Erstinformation der Staatssicherheit vom 11. September 1988
Dokument 89: Vorschlag zum Abschluss der Ermittlungsverfahren vom 15. September 1988
Dokument 90: Schreiben der HA IX des MfS vom 20. September 1988
Dokument 91: Information über Reaktionen in der Bundesrepublik vom 24. September 1988
Dokument 92: Vermerk zum Abschluss der Strafverfahren vom 29. September 1988
Dokument 93: „Vorschlag zum differenzierten Abschluss der Strafverfahren" vom 5. Oktober 1988
Quelle: MfS-Akte von Wolfgang Mayer. BStU, ZA, AU 2771/89.

Zum Strafvollzug

Aufnahme in den Strafvollzug

Dokument 94: Protokoll eines Aufnahmegesprächs vom 3. Januar 1984
Quelle: Haftakte von Peter Niebergall, Senatsverwaltung für Justiz des Landes Berlin.

„Erziehung" im Strafvollzug

Dokument 95: Auszug aus einem „Erziehungsprogramm"
Quelle: Haftakte von Rainer Juranek, Senatsverwaltung für Justiz des Landes Berlin.

Häftlingsärzte im Strafvollzug I

Dokument 96: Auszug aus einem Gespräch mit Dietrich von Maltzahn
Quelle: Gespräch mit Dietrich von Maltzahn 28. Mai 1996.

Häftlingsärzte im Strafvollzug II

Dokument 97: Auszug aus einem Gespräch mit Hans Günter Rein
Quelle: Gespräch mit Hans Günter Rein am 28. August 1996.

Strafvollzug in Hoheneck für weibliche politische Häftlinge

Dokument 98: Auszug aus einem Gespräch mit einer 1942 geborenen Lehrerin
Quelle: Gespräch mit einer 1942 geborenen Lehrerin am 1. April 1996 (die Betroffene hat um Anonymisierung ihrer Angaben gebeten).

Zu Repressionen nach der Haftentlassung

Überwachung nach der Haftentlassung I

Dokument 99: Operativplan vom 3. Juli 1986
Quelle: MfS-Akte von Heinz Holtschke, BStU, ZA, AOp 1534/89 sowie 10509/85.

Überwachung nach der Haftentlassung II

Dokument 100: „Übersichtsbogen" einer Operativen Personenkontrolle vom 24. September 1987
Dokument 101: Einleitungsbericht zur Operativen Personenkontrolle vom 9. September 1987
Dokument 102: Maßnahmeplan zur Operativen Personenkontrolle vom 24. September 1987
Dokument 103: Vermerk über ein „Wiedereingliederungsgespräch" am 17. Dezember 1987
Dokument 104: Abschlußbericht einer Operativen Personenkontrolle vom 12. April 1988
Quelle: MfS-Akte von Matthias Haensler, BStU, ASt. Potsdam, AOPK 883/88.

Zu Repressionen im Vorfeld von Verhaftungen

Einleitung einer Operativen Personenkontrolle

Nr. 1:
Übersichtsbogen einer Operativen Personenkontrolle vom 13. November 1981

KOPIE

MfS/BV/V BV Gera

Diensteinheit KD Saalfeld

Mitarbeiter Gen. Hautmann

Saalfeld, den 13.11.

Reg.-Nr. X 944/18

Übersichtsbogen zur operativen Personenkontrolle

Der Bundesbeauftragte für die Unterlagen des Staatssicherheitsdienstes der ehemaligen Deutschen Demokratischen Republik Außenstelle Gera H.-Drechsler-Straße 1 O-6500 Gera

"Kantor"
Deckname

Lfd. Nr.	Name, Vorname	PKZ [1]	Karteikarten erhalten Datum/Unterschrift
1	Stognienko, Christine	1 4 0 9 4 3 5 1 8 5 2 5	~~78. 11. 81 XII~~

1. Gründe für das Einleiten Die St. ist die Schwester des ehemaligen DDR-Bürger Jürgen Fuchs, der nach WB ausgewiesen wurde. Zwisch beiden besteht ein enger postalischer und telefonischer Kontakt. Es besteht der Verdacht, daß die St. die gleiche antisozialistische Einstellung wie Fuchs hat und diese im Kollegenkreis und unter Schüle verbreitet.

2. Zielstellung der OPK Die St. ist zur Frage "Wer ist Wer?" aufzuklären. Ihre Verbindungen und deren Chrakter sind festzustellen. Es ist Einfluß darauf zu nehmen, daß sie ihre Aufgaben als Lehrerin zur Wissensvermittlung und sozialistischen Erziehung entsprechend ihr Arbeitsvertrages nachkommt.

3. Entscheidung über das Einleiten

Bestätigt: i.V. [Unterschrift] 13.11.81 Datum Hautmann-Oltn. Unterschrift

4. Eingesetzte IM/GMS Koordiniert mit

1 PKZ bei DDR-Bürgern, bei Ausländern Geburtsdatum angeben!

310 O

Quelle: MfS-Akte von Christine Stognienko, Kopie beim Verfasser.

Planung und Durchführung einer Operativen Personenkontrolle

Nr. 2:
Eröffnungsbericht einer Operativen Personenkontrolle vom 29. Januar 1986

Abteilung XX/3 Berlin, 29. Januar 1986

Eröffnungsbericht zur OPK „Klingel"

Es wird vorgeschlagen, die Personen
Name, Vorname: Klingberg, Lars [...]
und
Name, Vorname: Z[...], Ulrich [...]
zur Herausarbeitung von Hinweisen zum Verdacht der staatsfeindlichen Tätigkeit im Sinne des § 106 StGB in einer OPK zu bearbeiten.

Von operativer Bedeutung sind in diesem Sachverhalt die DDR-Bürger
Name, Vorname: A.[...], Yvette [...]
und
Name, Vorname: H.[...], Sabine [...]

1. Bekanntwerden der Personen
Durch inoffizielle Quellen wurde im September 1984 bekannt, daß der Klingberg, Lars Standpunkte der bürgerlichen Ideologie und Propaganda vertritt und auf dieser Grundlage eine verfestigte negative Position gegenüber der sozialistischen Gesellschaft in der DDR besitzt. Insbesondere lehnt er die Form der sozialistischen Demokratie und die Verteidigungs- und Sicherheitspolitik ab (vgl. Information des Oltn. L[...], Direktstudent des MfS vom 26. 9. 1984 und vom 16. 11. 1984).

Durch inoffizielle Information wurde der o.g. Z[...] bekannt, der zum Klingberg persönliche und postalische Verbindungen unterhält, die Verbindungen konspiriert und Positionen der „Grünen" vertritt.

2. Einschätzung der Personen

2.1. Klingberg, Lars [...]
Während seines 1 1/2jährigen Ehrendienstes bei der NVA trat er positiv in Erscheinung, eignete sich gutes fachliches Wissen als Militärkraftfahrer an und wurde somit als Hilfsfahrlehrer eingesetzt. Auch im Polituntericht erreichte K. gute Ergebnisse. Am gesellschaftlichen Leben seiner Einheit beteiligte er sich, in dem er sich besonders in der Kulturgruppe betätigte.

Seit Herbst 1984 studiert der K. an der Humboldt-Universität Musikgeschichte und erreicht ebenfalls gute Leistungen. Gesellschaftlich trat er nicht besonders in Erscheinung. [...]

3. Wesentliche Ermittlungsergebnisse
Inoffiziell konnte erarbeitet werden, daß der Klingberg Positionen der bürgerlichen Ideologie vertritt und die bestehenden gesellschaftlichen Verhältnisse der DDR ablehnt.
Dies kommt durch mehrere Informationen zum Ausdruck:

- K. konspektierte im April 1985 Hitlers Werk „Mein Kampf", wobei er das Original am Hauptwohnsitz aufbewahrte und das Konspekt ständig bei sich führte.

Gegenüber einer inoffiziellen Quelle äußerte der K., daß Hitler in seiner Jugendzeit sich oft waschen mußte, die Juden, mit deren er viele Kontakte hatte, dies nicht taten. Daraus entwickelte sich bei Hitler der Gedanke, daß man die deutsche Rasse reinhalten muß, daß die Juden aufgrund ihrer Unsauberkeit nicht zum deutschen Volk gehören können.
Im November 1984 betrat der K. im Studentenwohnheim ein Zimmer mit dem Hitlergruß. Im Zimmer hielt sich allein eine inoffizielle Quelle auf (vgl. IM-Information „Peter Mai" vom 3. 4. 1985).

- K. lehnt das Wahlsystem der DDR und die sozialistische Demokratie überhaupt ab. Diese sei für ihn keine Demokratie.
  Diesen Standpunkt begründete er mit Passagen aus Frühwerken von Rosa Luxemburg, die der K. ebenfalls konspektierte (vgl. IM-Information „Peter Mai" vom 3. 4. 1985).
- Der K. vertritt die Auffassung, daß sich die Partei- und Staatsführung vom Volk immer mehr trennt. Wörtlich dazu: „Die Parteibonzen riegeln sich in Wandlitz richtig ab, das ist doch nicht richtig." (vgl. IM-Information „Peter Mai" vom 3. 4. 1985).
- Der K. lehnt die Ausbildung im marxistisch-leninistischen Grundlagenstudium und in Sprachen an den Hoch- und Fachschulen der DDR ab. Er würde sich lieber mit Theologie und Malerei beschäftigen. Nach seiner Auffassung müßte der „freie Student" an der „Freien Universität" frei studieren können.
  Diese Bedingungen sind an der HUB im Gegensatz zur „Freien Universität Westberlin" nicht gegeben. Dort könnte jeder das Fach belegen, was er für richtig hält (vgl. IM-Information „Peter Mai" vom 3. 4. 1985)
- Der K. vertritt die Auffassung, daß in der DDR bewußt ein falsches Geschichtsbild vermittelt wird und versucht diese Meinung mit Erschießungen von Kommunisten in der SU in der „Stalinzeit" und mit einem angeblichen Angriffskrieg der SU gegenüber Finnland zu begründen (vgl. IM-Information „Peter Mai" vom 3. 4. 1985)
- K. zweifelt die Unabhängigkeit der DDR und ihrer Außenpolitik an und begründet dieses mit dem Absagen der geplanten Reise des Staatsratsvorsitzenden in die BRD, die der SU nicht gepaßt hätte und somit nicht stattgefunden hat (vgl. IM-Information „Peter Mai" vom 3.4. 1985).
- K. vertritt die Auffassung, daß die DDR aufgrund ihrer ökonomischen Schwäche gezwungen ist, sehr viel zu exportieren. Nur der Rest verbleibt der DDR-Bevölkerung (vgl. IM-Information „Peter Mai" vom 3. 4. 1985).
- K. hält den Umweltschutz für sehr wichtig. Er wird als Sympathisant der „Grünen" bzw. der „Alternativen Liste" eingeschätzt. Alle seine Bekannten in der BRD bzw. WB engagieren sich für diese politische Strömung (vgl. IM-Information „Peter Mai" vom 3. 4.1985 und Originalbrief des Z[...], Ulrich vom 19. 12. 1984).
- K. besitzt eine ablehnende Haltung zur sozialistischen Wehrerziehung. Dies kommt zum Ausdruck, daß er enge Beziehungen zu einem Dozenten des Bereiches Musikwissenschaft unterhält, der 1984 bei der NVA diente und dort „große Probleme" hatte. Dieser Dozent [...] ist kirchlich gebunden (vgl. IM-Information „Peter Mai" vom 3. 4. 1985).
- K. versucht in diesem Bekanntenkreis über Literatur zu diskutieren, deren Inhalt dem sozialistischen Realismus widerspricht. Er ist im Besitz von Büchern von Schriftstellern, die in die BRD übergesiedelt sind. Ein Beispiel für die Tiefgründigkeit seiner Bemühung in dieser Richtung ist der Roman von Ch. Wolf „Casandra" (sic!). Dieses Buch erschien sowohl in der DDR als auch in der BRD, ohne Streichungen und Kürzungen. K. besorgte sich beide Ausgaben, stellte die in der DDR nicht veröffentlichten Passagen fest und diskutierte darüber in seinem Bekanntenkreis (vgl. IM-Information „Peter Mai" vom 3. 4. 1985).
- Neben der obenangeführten Ablehnung der Wehrbereitschaft lehnt der K. auch die sozialistischen Sicherheitsorgane, insbesondere das MfS ab.

K. äußerte gegenüber einer inoffiziellen Quelle, daß Mitarbeiter des MfS dumme Leute sind, mit denen er nichts zu tun haben will. Wörtlich: „Die suchen sich zur Bespitzelung in erster Linie so richtige Schlampen aus, die nicht groß auffallen; weniger traten sie an Genossen heran". (vgl. IM-Information „Peter Mai" vom 3. 4. 1985).
Diese Position wird auch in den M-Kopien belegt. So teilt der K. einer Kommilitonin mit, daß ein gewisser Ch. von 4 Stasi-Typen in den institutionseigenen Knast (Otto-Nuschke-Straße) abgeholt wurde und dort mit einer länger dauernden Verhaftung erpreßt worden wäre.

- Durch einen IM unserer DE befragt, wo K. leben möchte, antwortete er, daß er dies nicht genau wüsste (vgl. IM-Information „Peter Mai" vom 3. 4.1985). Während eines Chorlagers äußerte der K., daß er unter kapitalistischen Verhältnissen ebenso gut leben könnte wie hier (vgl. Information von Oltn. L[...] vom 26. 9. 1984). [...]
- Über die beiden obengenannten Personen K[...], Daniel und Petra kam ein Kontakt zum BRD-Bürger
  Z[...], Ulrich [...]
  zustande. Dieser Z. zählt in der Zwischenzeit zu den engsten Vertrauten des K. [...]
  Die Beziehungen des K. zum Z. sind durch politische Übereinstimmung auf der Grundlage der Ansichten der „Grünen" bzw. „AL" gekennzeichnet. Da beide davon ausgehen, im Blickfeld des MfS zu stehen, versuchen sie ihre Kontakte zu konspirieren.
  Dies erfolgt zum einen durch die Nutzung einer Deckadresse. K. schreibt nicht direkt an Z., sondern an
  F[...], Holger [...]

Diese Deckadresse wird genutzt, um, wie der K. gegenüber inoffizieller Quelle betonte, den Briefwechsel ohne Bemerken des MfS abzuwickeln (vgl. IM-Information „Peter Mai" vom 3. 4. 1985).

Des weiteren werden viele Absprachen zwischen beiden Personen per Telefon geführt, da hier von einer geringen Überwachungsmöglichkeit ausgegangen wird (vgl. IM-Information „Peter Mai" vom 3. 4. 1985). Des weiteren benutzen K. und Z. bei ihren Absprachen gewisse „Codierungen", z. B. tritt bei Eintritt gewisser Umstände „T1" in Kraft, wahrscheinlich handelt es sich dabei um Ausweichtermine bei verpaßten Zusammentreffen (vgl. IM-Information „Peter Mai" vom 3. 4. 1985)

Z[...] reist häufig über die Transitwege in die BRD. In einem Originalbrief – durch Abt. M eingezogen -, teilt er dem K. mit, daß er zum Jahreswechsel 1984/85 nach Karlsruhe fährt, die GÜSt Wartha nutzt, da das das Beste ist, was die DDR bisher gebaut habe. [...]

Bemerkenswert erscheint der Fakt, daß durch den zuständigen ABV [Abschnittsbevollmächtigten der Volkspolizei] für das SWH Storkower Straße im Juni 1985 im SWH [Studentenwohnheim] eine Ermittlung zu A[...], H[...]und Klingberg führte. Der ABV begründete dieses mit intensiven Beziehungen der 3 genannten Personen zum Z[...] (vgl. Information Gen. Brunk vom 1. 7. 1985).

[...] Klingberg [...] machte den Vorschlag, daß an einem FDJ-Studienjahr sein Bruder aus Westberlin, [....] und der Z[...] teilnehmen sollten. Es sollten Probleme an der HUB und über Freiheit und Demokratie diskutiert werden. Nach Meinung der inoffiziellen Quelle wurde der K. durch den Z[...] zu diesem Vorschlag inspiriert (vgl. IM-Information „Peter Mai" vom 22.10.1985).

Zu der Durchführung eines solchen FDJ-Studienjahres kam es bisher nicht. Es wurde ein Studienjahr zum Thema „Solidarität mit Nikaragua" durchgeführt, zu dem als Gast ein gewisser [...] eingeladen wurde. Dieser soll der „Hilfsgruppe für das nikaraguanische Volk angehören, deren Hauptsitz in Gotha ist und die kirchlich angebunden ist (vgl. IM-Information „Peter Mai" vom 8. 11. 1985).

Gesamteinschätzung
Die bisherigen Ermittlungsergebnisse belegen, daß K. eine ablehnende Haltung gegen die Politik von Partei und Regierung besitzt.

Diese negative Haltung wird durch Kontakte zu dem Z[...] als auch zu seinem in Westberlin lebenden Bruder weiter vertieft und durch den Z[...] in Richtung der Ideologie der „Grünen" bzw. der „AL" beeinflußt.

Durch die Übernahme der Funktion des Agitators seiner Seminargruppe hat der K. seit September 1985 günstige Möglichkeiten, seine Ideologie in der Seminargruppe zu verbreiten. Da er annimmt, im Blickpunkt des MfS zu stehen, tut er dies nicht offen, sondern verdeckt.

Erste Ansätze zeigten sich in dem Vorschlag, FDJ-Studienjahre mit ehemaligen DDR-Bürgern und mit dem Z[...] durchzuführen.

Die Konspirierung der Verbindung Klingberg – Z[...] läßt darauf schließen, daß beide Personen sich bewußt sind, daß Handlungen von ihnen sich in der Nähe der strafrechtlichen Relevanz bewegen.

Z[...] wirkt offenkundig inspirierend und instruierend auf seine Kontaktpartner.

Zielstellung der weiteren Bearbeitung
In der weiteren Bearbeitung ist der Verdacht gem. Straftaten § 106 StGB herauszuarbeiten.

Der Verdacht der Verletzung objektiver Tatbestandsmerkmale gem. § 106 StGB ist zu dokumentieren (Beschaffung, Weiterverbreitung von antimarx., pseudopazifistischer Literatur, die objektiv geeignet ist, gegen die DDR aufzuwiegeln, Ausarbeitung von antisozialistischen Positionen und ihrer Weiterverbreitung, ideologisch negative, zielstrebige Beeinflussung von Personen, um sie auf feindliche Positionen zu bringen).

Der Verdacht der Verletzung subjektiver Tatbestandsmerkmale ist zu dokumentieren. Es ist zu belegen, daß die Personen Klingberg und Z[...] sich über die Rechtswidrigkeit des Tuns bewusst sind, ihre feindliche Haltung zur DDR offenkundig wird und ihre Handlungen sorgfältig konspiriert werden.

Verteiler Hannawald
1x Leiter der Abteilung Leutnant
anschl. OPK
1x Ref. A
2x Reserve

[handschriftlich hinzugefügt:
2.) Vorbeugende Verhinderung von Rechtverletzungen gemäß §§ 106, 220 StGB
3.) Nachweis einer inspirierenden Rolle der Mitglieder der AL Westberlin bzw. bei den „Grünen" engagierten Personen]

Nr. 3:
Operativplan einer Operativen Personenkontrolle vom 7. Februar 1986

Abteilung XX/3

Berlin, 7. 2. 1986
he-pl 42 533

Operativplan zur OPK „Klingel"

Auf der Grundlage des Eröffnungsberichtes zur OPK vom 29. 1. 1986 werden zur konzentrierten Bearbeitung der Personen

Klingberg, Lars

und

Z[...], Ulrich [...]

nachfolgend dokumentierte Maßnahmen vorgeschlagen:

Ziel der Bearbeitung der OPK
1. Erarbeitung tatbestandsbezogener Hinweise gem. § 106 StGB, die den Verdacht strafbarer Handlungen bestätigen und erhärten.

Es ist insbesondere dabei herauszuarbeiten:

- Verdachtsmomente, aus denen hervorgeht, daß die Verdächtigen pseudopazifistische, alternative, revisionistische oder faschistische Schriften besitzen bzw. versuchen und versuchten, in den Besitz solcher zu gelangen,
- Erarbeiten von Ansatzpunkten, daß die Genannten im Besitz von Schriftmaterialien sind, die objektiv geeignet sind zur Hetze (Aufwiegeln, Diskriminieren, Verherrlichung faschistischer Gedanken) gegen die DDR,
- Erarbeiten von Hinweisen, daß die Verdächtigen derartige Schriften bzw. feindliches Gedankengut durch gemeinsame Diskussionen mit anderen op. Relevanten Personen weiter verbreiten,
- Erarbeiten von sachbezogenen Hinweisen, daß die Verdächtigen theoretische Ausarbeitungen fertigen, die Verleumdungen und antisoz. Positionen (Verfälschung des M./L. beinhalten),
- Herausarbeitung der Ziele, die mit der Beschäftigung mit antisoz. Positionen verfolgt werden,
- Erarbeitung von Hinweisen der Außensteuerung, Initiierung zu staatsfeindlichen Aktivitäten durch Kräfte aus dem Operationsgebiet zu Schaffung einer opp. Bewegung in d. DDR,
- Erarbeiten von Ausgangshinweisen, daß gemäß der Bearbeitungsrichtung Material in beide Richtungen ausgetauscht wird.

2. Vorbeugende, schadensverhütende Maßnahmen.

- Verhinderung öffentlichkeitswirksamer Aktivitäten, insbesondere zu politischen Höhepunkten.
- Verhinderung des Zusammenschlusses mit anderen politisch-negativ eingestellten Personen,
- Verhinderung des Wirksamwerdens von Kräften aus dem Operationsgebiet als Inspiratoren einer politischen Untergrundtätigkeit,
- Unterbindung weiterer Verbindungen in das Operationsgebiet, die für eine staatsfeindliche Tätigkeit genutzt werden können.

3. Aufklärung der Hintermänner und Inspiratoren.

- Feststellen der geistigen Inspiratoren für die politisch-negativen Positionen des K.
- Aufklärung der Position und Aufgabenstellung von Z[...] als Inspirator,
- Aufklärung, ob weitere bisher nicht bekannte Personen (Mitglieder der AL) anstelle von Z[...] als Verbindungspersonen in Aktion treten,
- Personen aus dem Operationsgebiet aufklären und identifizieren, die revisionistische, pseudopazifistische oder feindliche Literatur und andere Materialien einschleusen,
- Ansatzpunkte sind zu fixieren, wie über die festgestellten Verbindungen in die Konspiration eingedrungen werden kann.

4. Anzustrebende Etappenziele der operativen Bearbeitung.

- Erarbeitung von Hinweisen, die die objektive Eignung der durch Klingberg gefertigten Schriften gem. § 106 StGB belegen, [handschriftlich eingefügt: *(§ 220 StGB prüfen!)*]
- Erarbeitung von Verdachtsmomenten der zielgerichteten Außensteuerung des Klingberg und der Personen seines Umfeldes,
- Erarbeitung von offiziell auswertbaren Anhaltspunkten, daß Klingberg im Besitz faschistischer Schriften ist und sich mit diesen auf der Grundlage einer politisch-negativen Haltung zur DDR beschäftigt.

5. Durchzuführende Maßnahmen zur Realisierung der genannten Etappenziele

5.1. Einsatz der inoffiziellen Kräfte

5.1.1. Einsatz IMS [Inoffizieller Mitarbeiter Sicherung[1]] „Peter Mai“
Mit IMS „Peter Mai“ sollen folgende Aufgaben gelöst werden:

- Präzisierung und Objektivierung der bisher gefertigten Berichte, Suche nach offiziell verwertbaren Vorhalten, wer hat insbesondere noch Kenntnis vom Konspekt „Mein Kampf“,
- Erarbeitung von Verdachtshinweisen, daß Klingberg Aktivitäten entwickelt, um der DDR zu schaden, destabilisierende Wirkung politischer Untergrundtätigkeit,
- Erarbeitung aktueller Erkenntnisse zum Verhältnis Klingberg – Z[...], treten anstelle von Z[...] (Einreisesperre)neue Personen aus WB in Erscheinung,
- Aufklärung des aktuellen Umfeldes von Klingberg, wer verkehrt nach Bezug der Studentenwohnung von K. in dieser Wohnung,
- Erarbeitung von geplanten Aktivitäten,
- Erarbeiten von Ansatzpunkten, um in das Verbindungssystem K. – Z[...] einzudringen,
- konkrete politische Bestimmung der Positionen von Klingberg in Lehrveranstaltungen und im Freizeitbereich.

  T.: 30. 3. 1986
  V.: Gen. Hannawald/Herbst
- Erarbeitung einer Einsatzkonzeption zum zielgerichteten Einsatz des IMS „Peter Mai“.

  T.: 20. 2. 1986
  V.: Gen. Hannawald/Herbst

Alle Maßnahmen des IM sind so auszurichten, daß er das Vertrauen des Verdächtigen weiter gewinnen kann.

---

1 Inoffizieller Mitarbeiter zur Sicherung eines gesellschaftlichen Bereichs oder Objekts. Abkürzungsverzeichnis. Häufig verwendete Abkürzungen des MfS, S. 46.

Es ist zu prüfen, inwieweit durch geeignete Legenden bzw. op. Kombinationen der Einsatz des IM forciert werden kann (Nutzung des Umstandes, daß IM Rockgruppe selbst aufbaut, zu beachten, IM ist Genosse).

T.: 25. 2. 1986
V.: Gen. Hannawald/Herbst

5.1.2. Einsatz des Direktstudenten des MfS L[...], Klaus.
Der DS wird peripher eingesetzt, mit seiner Hilfe ist vor allem zu klären:

- Verhalten und Entwicklung von Klingberg im Studienprozeß,
- peripher sind Informationen abzuschöpfen unter Nutzung gemeinsamer Veranstaltungen und Proben des Studentenchores,
- Präzisierung des Umgangskreises des K. im Universitätsbereich,
- Charakteristik des K., Erarbeitung einer umfangreichen Personeneinschätzung/Persönlichkeitsbild

T.: 30. 3. 1986
V.: Gen. Hannawald

5.1.3. Gewinnung eines IM aus dem Umfeld des K., der kurzfristig in die Bearbeitung eingeführt werden kann.
Anlegen IM-Vorlauf „Johnsdorf"

T.: 20. 2. 1986
V.: Gen. Hannawald/Herbst

Vorschlag zur Kontaktaufnahme: T.: 20. 2. 1986
V.: Gen. Hannawald/Herbst

Einschätzung der objektiven und subjektiven Eignung für die Einführung in die Bearbeitung.
T.: 10. 3. 1986
V.: Gen. Hannawald/Herbst

- Vorschlag zur Einführung des IM in die OPK-Bearbeitung

T.: 30. 3. 1986
V.: Gen. Hannawald/Herbst

- Werbung

T.: 20. 4. 1986
V.: Gen. Hannawald/Herbst

6. Einsatz operativ-technischer Mittel und anderer spezieller Maßnahmen.

6.1. Schaffung notwendiger Voraussetzungen zum Einsatz operativer Technik
durch IM bei Gesprächen in der Wohnung des K.
26 B – [handschriftlich eingefügt: *dazu bitte R.* (Rücksprache), *im genannten Objekt sind die Voraussetzungen schwierig.*]
Hausaufklärung gemäß o.g. Zielstellung.

V.: Gen. Hannawald/hFIM [hauptamtlicher Führungs-IM[2]]
T.:30. 3. 1986

Suche eines geeigneten Stützpunktes

2 Führungs-IM waren inoffizielle Mitarbeiter, die sich politisch und operativ bewährt hatten und unter Anleitung eines hauptamtlichen Mitarbeiters des MfS andere IM anleiteten. Abkürzungsverzeichnis. Häufig verwendete Abkürzungen des MfS, S. 31.

T.: 20. 4. 1986
V.: Gen. Hannawald/Herbst

Absprachen zur Realisierung der Zielstellung mit Ref. E oder
Abt. 26 nach Notwendigkeit und bei Erfordernis. [handschriftlich eingefügt: *(v. Ref.-Ltr.)*]

6.2 Einleitung von Fahndungsmaßnahmen und Kontrollmaßnahmen
- Einleitung M-Kontrolle zu Klingberg und Z[...]

T.: 20. 1. 1986
V.: Gen. Hannawald/Herbst

- Leiterberatung und Entscheidung, ob Z[...] in die Hauptstadt einreisen kann, bei positiver Entscheidung zum Zwecke der Sicherung weiterer Beweise im Sinne Instrukteur [handschriftlich eingefügt: *Unterbrechung des Feindkontaktes ist richtig – Zeitpunkt muß oper. geeignet sein!*],
- Einleitung von Einreisefahndung in Verbindung mit Zollintensivkontrolle,
- Einleitung von Beobachtungsmaßnahmen im Zusammenhang mit der Einreisefahndung zum Z[...], um weitere Kontaktpartner zu identifizieren.

T.: nach Entscheidung
V.: Gen. Hannawald/Herbst

Maßnahmen bei Aufrechterhaltung der Einreisesperre
- Fahndung bei der Abt. VI zur Kontrolle von Bewegungen des Z[...] im speziellen Transit (zeitlich befristet) gekoppelt mit Beobachtungen auf der Transitstrecke (zeitlich befristet 4 – 8 Wochen max.) mit dem Ziel der Nachweisführung, daß Z. und K. sich auf der Transitstrecke treffen, um mündlich oder schriftlich Informationen auszutauschen. (Klingberg besitzt Motorrad und nutzt Pkw seiner Eltern.)

T.: 20. 3. 1986
V.: Gen. Hannawald/Herbst

Maßnahmen zur Identifizierung neuer Kontaktpartner aus WB
- Analyse M-Material
- Überprüfungen bei HA VI/Speicherführung
- Speicherüberprüfungen Zoll
- Kontrollmaßnahmen über AGV [Antrags- und Genehmigungsverfahren (Reiseverkehr)]
- Bei Erarbeitung von personellen Anhaltspunkten und Verdacht des Auftretens neuer Unbekannter, möglicher Instrukteure/Beobachtungsmaßnahmen zeitlich befristet bei Abt. VIII.

7. Koordinierung mit anderen DE [Diensteinheiten].
- Koordinierung mit KD Potsdam zu vorhandenen Erkenntnissen zu den Personen

K[...], Daniel

und

K[...], Petra

die durch die KD Potsdam bearbeitet wurden und aufgrund pol.-op. Erfordernisse übergesiedelt wurden. (Z. Z. wh. in WB, Kontaktpartner von Z[...]).
- Abstimmung von Maßnahmen und Aktivitäten [handschriftlich eingefügt: *Aufklärung der Rückverbindung gemäß § 106 StGB entsprechend d. Bearbeitungsziel der OPK; aber auch gemäß § 213 StGB und mögl. ÜES des K. Lars.*],
- Sicherung und Informationsfluß

T.: 1. 3. 1986
V.: Gen. Hannawald/Herbst

- Koordinierung mit Linie VI zur Realisierung von Fahndungsmaßnahmen.
  T.: nach Notwendigkeit
  V.: Gen. Hannawald/Herbst
- Koordinierung mit Linie VIII zur Realisierung von Beobachtungsmaßnahmen
  T.: nach Notwendigkeit
  V.: Gen. Hannawald/Herbst

[handschriftlich eingefügt: – *Zielkontrollauftrag bei der Abt. III (K. und Bezugsperson Z., sofern Voraussetzungen bei K. in neuer Wohnung und Potsdam und bei Z. in WB gegeben sind). Pers. Absprache mit Ref.-Ltr. Ebenso die in WB wh. Geschwister beachten!*]

8. Erarbeitung von offiziellen Beweisen, die als Vorhalte zu einer offensiven Klärung genutzt werden können. [...]

- Erarbeitung von Informationen, wer verfügt außer dem IM über Kenntnisse, [...]
  T.: laufend
  V.: Gen. Hannawald/Herbst
- Erarbeitung von Informationen, wo derzeitig [...] seine persönlichen Unterlagen im SWH aufbewahrt – bis zum Einzug in seine Wohnung,
- Analyse der Verhältnisses A[...], Z[...], da Informationen vorliegen, daß die A[...] sich von Z. distanziert

[handschriftlich hinzugefügt: *Speicherung/Überprüfung in Schriftenklassifizierungsschrank*]

Herbst
Hauptmann

Verteiler
1x XX/Leiter
1x XX/A
2x Reserve

[handschriftlich darunter:
Termin für Sachstandsberichte/Maßnahmepläne
T.: 30.06.1986
30.12.1986]

Nr. 4:
Sachstandsbericht einer Operativen Personenkontrolle vom 16. Juli 1986

Abteilung XX/3 Berlin, 16. Juli 1986

Sachstandsbericht zur OPK „Klingel“ [...]

In der OPK „Klingel“ werden der DDR-Bürger

Klingberg, Lars [...]

und der Westberliner Bürger

Z[...]

zur Herausarbeitung von Hinweisen zum Verdacht von Handlungen gemäß §§ 106 und 220 StGB bearbeitet.

Im Berichtszeitraum konnten folgende Sachverhalte erarbeitet werden:

K. nahm an der militärischen Qualifikation in Seeligenstädt vom 17.3.1986 bis 17.4.1986 teil. Gerade in dieser Phase mußte sich seine politische Haltung zeigen, da er dort zu Handlungen und Äußerungen veranlaßt war.

Die im Eröffnungsbericht charakterisierte pseudopazifistische, die sozialistische Gesellschaft ablehnende Haltung trat klar zum Vorschein.

Mit Schreiben der KD Gera vom 18.4.1986 wurde über das Auftreten des K. im MQ-Lager [Lager für militärische Qualifizierung] informiert.

Nach Einschätzung des stellvertretenden Kompaniechefs und des stellvertretenden Gruppenführers des K. äußerte K. im MQ–Lager folgende Ansichten:

- K. lehnt die Diktatur des Proletariats ab und tritt für eine Demokratie (im bürgerlichen Sinne) ein. Nach seiner Meinung müßten in unserer Gesellschaft Institutionen unabhängig von Parteien und vom Staat gebildet werden. Als Beispiel führt K. das Bundesverfassungsgericht an, das selbst Festlegungen des Bundestages außer Kraft setzen kann. So etwas wird in der DDR vermißt (Information der KD Gera vom 18.4.1986).
- Entsprechend der obengenannten Ansicht, lehnt K. ebenfalls das Wahlsystem in der DDR ab, kennzeichnet es als undemokratisch und als Farce.
  Als Beispiel für demokratische, freie Wahlen in K.'s Sinne erkennt er das Wahlsystem der BRD an.
- K. schließt sich der Ansicht an, wenn kein Bürger bereit ist, in den Krieg zu ziehen, findet er nicht statt.
- K. vertritt weiterhin die Auffassung, daß in der DDR der Konsumgedanke soweit ausgeprägt ist, daß keine revolutionären Prozesse mehr stattfinden können.
- K. handelt nach der Devise „Politisches Bewußtsein in unserer Zeit“ heißt aktive Verweigerung. Diese Haltung wurde durch die Ablehnung der Anfertigung einer Wandzeitung im MQ-Lager deutlich. Die Anfertigung einer Wandzeitung widersprach seinem künstlerischen Empfinden [...].

Die Auffassungen und Äußerungen des K. und anderen Studenten der gleichen Sektion wurden durch die Leitung des MQ-Lagers offiziell an die HUB gemeldet. Auf einer Parteimitgliederversammlung wurden ohne Personifizierung die obengenannten Ansichten der Studenten widergegeben, hingegen auf der anschließenden GO-Leitungssitzung der Sektion insbesondere K. als Vertreter der Auffassung genannt.

Eine Auseinandersetzung mit dem K. und anderen Studenten durch FDJ- oder stattliche Leitung der Sektion konnte bisher nicht festgestellt werden [...].

Der K. bezog Ende 1985 eine Studentenwohnung [...], um so dem kollektiven Einfluß im Studentenwohnheim zu entgehen. Dadurch verschlechterten sich die Einsatzbedingungen des IMS „Peter Mai“.

Entsprechend dem Maßnahmeplan vom 7.2.86 erfolgte der Einsatz des IMS „Peter Mai“. Durch den Auszug aus dem Studentenwohnheim hatte IMS „Peter Mai“ am Ende 1985 nicht mehr unmittelbaren Kontakt zu K. wie zuvor. Trotzdem konnte der IM den Kontakt weiterführen. Dabei nutzte er den Sachverhalt, daß der IM Leiter einer Amateurmusikformation ist und für diese Funktion Notenbücher aus der BRD braucht.

Entsprechend der Instruktion bat der IM den K., über den Z[...] entsprechende Notenbücher aus WB zu besorgen.

Dabei konnte der IM herausarbeiten, daß zwischen K. und Z. postalische Kontakte bestehen, der Z. allerdings nicht in die DDR einreisen darf. K. äußerte: „Das MfS hat auf den Z. ein Auge geworfen“. Weiterhin äußerte K. gegenüber dem IM, daß er der Meinung ist, daß die Post zwischen K. und Z. vom MfS kontrolliert wird.

In ideologischer Hinsicht konnte der IM die Auffassung des K. zu den Volkswahlen, die er im MQ-Lager äußerte, bestätigen. [...].

Z[...] wurde am 16.12.1985 durch die Grenzkontrollorgane der DDR zurückgewiesen, da bei der Zollkontrolle ein Mitgliedsausweis der „Alternativen Liste“ WB bei ihm gefunden wurde. Entsprechend der Weisung der HA VI wurde zu ihm eine Einreisesperre eingeleitet (vgl. Schreiben der HA VI vom 8. 1. 1986). Diesem Umstand würde die Aussage des K. entsprechen, daß der Z. zur Zeit nicht in die DDR einreisen darf.

Allerdings beantragte der Z. mehrmals – letztmalig zum 24.5.1986 und 15.7.1986 – touristische Tagesaufenthalte nach Potsdam und Berlin, da K. seine Hauptwohnung in Potsdam hat, ist ein Zusammentreffen beider Personen weiterhin möglich gewesen. [...]

Einschätzung der OPK

Die im Eröffnungsbericht dargestellte politische Position des K. bestätigte sich. Diese Position beinhaltet im wesentlichen die Ablehnung des sozialistischen Staates, der Diktatur des Proletariats, der führenden Rolle der SED und spiegelt sich in der Ablehnung des Wahlsystems der DDR, der Anerkennung des Wahlrechts der BRD, pazifistischer Auffassungen und Ablehnung der sozialistischen Sicherheitsorgane wider. Sie sind objektiv geeignet, ideologische Grundlage für Handlungen gem. § 106 StGB zu sein.

Da durch eingeleitete operativ-technische Maßnahmen kein postalischer Kontakt zwischen K. und Z. dokumentiert wurde (auch nicht unter Deckadresse), K. aber gegenüber dem IM postalischen Kontakt vorgibt, ist eine weitere bewußte Konspiration der Kontakte gegeben. Daraus ist zu schließen, daß K. und Z. bekannt ist, daß sie mit ihren Ansichten und Handlungen zumindest gegen die herrschende politische Auffassung stehen.

Ziele der weiteren Bearbeitung

Das Ziel der weiteren Bearbeitung besteht in der Herausarbeitung von operativen Anhaltspunkten gem. § 106 StGB.

Im einzelnen sind folgende operative Anhaltspunkte herauszuarbeiten:

- Zur Aufklärung von möglichen Hintermännern und Inspiratoren werden die bisher identifizierten Kontakte ins NSW z.B. Z[...] erneut überprüft, um Personen, die als aktuelle Kontaktpartner und für evtl. Einschleusung von feindlicher Literatur sowie anderer feindlicher Aktivitäten anzusehen sind, festzustellen.
- Offizielle Anhaltspunkte, aus denen hervorgeht, daß der K. im Besitz soz. ablehnender oder feindlicher Schriften ist bzw. sich intensiv und wiederholt bemüht, derartige

Schriften zu erlangen, die objektiv geeignet sind zur Hetze gegen die DDR (angreift, aufwiegelt, diskriminiert).

- Die Verbreitung derartiger Schriften bzw. feindlichen Gedankengutes durch Diskussionen, Weitergabe von Büchern sowie Anfertigung theoretischer Ausarbeitungen, die Verleumdungen bzw. Verfälschungen des Marxismus-Leninismus enthalten.

Im Rahmen der vorbeugenden und schadensverhütenden Arbeit wird veranlaßt, daß zu den bei der MQ geäußerten Auffassungen an der HUB offensive Auseinandersetzungen geführt werden.

Verteiler:	Hannawald
1x Leiter der Abteilung	Leutnant
1x OPK	
1x XX/AI	

[handschriftlich eingefügt: *Entsprechend dem Operativplan vom 07.02.86 sind von uns ein Teil der Maßnahmen realisiert worden. Die Zielstellung der weiteren Bearbeitung ist klar formuliert, muß jedoch mit mehr Konsequenz (IM-Einsatz, op. techn. Maßnahmen) umgesetzt werden.*]

Nr. 5:
Abschlußbericht einer Operativen Personenkontrolle vom 23. Oktober 1987

XX/3 Berlin, 23.10.1987

Abschlußbericht zur OPK „Klingel“ Reg.Nr. XX/376/ 86

In der OPK „Klingel“ wurden seit Februar 1986 der DDR-Bürger

Klingberg, Lars [...]

und der Bürger Berlin (West)

Z[...]

mit der Zielsetzung der vorbeugenden Verhinderung bzw. der Herausarbeitung des Verdachts von Straftaten gem. §§ 106, 220 StGB sowie der Nachweisführung der inspirierenden Rolle von Mitgliedern der AL Berlin (West) operativ bearbeitet.[...]

Ausgangspunkt der Bearbeitung war im April 1985 die Dokumentierung der politisch-ideologischen Position des Klingberg und seines Kontaktes zum Z[...] durch inoffizielle Quelle.

Diese politische Position beinhaltet im wesentlichen die Ablehnung des sozialistischen Staates, der Diktatur des Proletariats, der führenden Rolle der SED und spiegelt sich in der Ablehnung des Wahlsystems der DDR, der Anerkennung des Wahlrechts der BRD, pazifistischer Auffassungen und Ablehnung sozialistischer Sicherheitsorgane wider.

Im Einzelnen kam dies in der Konspektierung von Hitlers „Mein Kampf“, in der Ablehnung des marxistisch-leninistischen Grundlagenstudiums, in seinem Auftreten im Lager für militärische Qualifizierung Seeligenstädt und in der Identifizierung mit den Positionen der „Grünen“ bzw. der AL Berlin (West) zum Ausdruck.

Über seinen Bruder bzw. seine Schwester [...], die nach Berlin (West) übersiedelten, lernte der Klingberg den Z[...] kennen. [...]

Bis zum 16.12.1985 trafen sich Z[...] und Klingberg regelmäßig in der Hauptstadt, wobei sie bemüht waren ihre Kontakte zu konspirieren, da sie sich nach inoffizieller Information bewußt waren im Blickpunkt des MfS zu stehen.

Am 16.12.1985 wurde durch die HA VI entsprechend zentraler Weisung eine Einreisesperre zum Z[...] eingeleitet.
In der Folgezeit wurde der Kontakt Klingberg – Z[...] postalisch und telefonisch, sowie durch Zusammentreffen in Prag fortgesetzt.

Nachdem im September/Oktober 1986 an der Sektion Ästhetik/Kunstwissenschaften, insbesondere die FDJ-Leitung des Studienjahres des Klingberg eine offensive politische Auseinandersetzung mit ihm geführt wurde, insbesondere zu seinem Auftreten im MQ-Lager Seeligenstädt, verhält sich der Klingberg politisch zurückhaltend.

Über eine inoffizielle Verbindung, bei der sich der Klingberg im marxistisch-leninistischen Grundlagenstudium befindet, und die über die negative politische Position des Klingberg informiert wurde, konnte erarbeitet werden, daß der Klingberg sich entsprechend des Lehrstoffes politisch festlegt bzw. keine Meinung äußert.

Auch bei anderen Veranstaltungen im Rahmen der Seminargruppe wurde entsprechend inoffizieller Information eine Disziplinierung des Klingberg herausgearbeitet. [...]

Aufgrund zentraler Weisung wurde die Einreisesperre zum Z[...] im Mai 1987 aufgehoben.

Durch inoffizielle Kontrollmaßnahmen konnte festgestellt werden, daß der Z[...] nach Aufhebung der Einreisesperre wieder in die Hauptstadt einreist, sich auch mit dem Klingberg traf, jedoch ein so enges Verhältnis wie 1985 zwischen beiden Personen nicht mehr besteht.

Das Ziel der OPK bestand in dem vorbeugenden Verhindern bzw. der Herausarbeitung des Verdachts von Straftaten gem. §§ 106, 220 StGB sowie der Nachweisführung der inspirierenden Rolle von Mitgliedern der AL Berlin (West).

Da durch die offensive politische Auseinandersetzung an der Sektion mit dem Klingberg [...] eine Disziplinierung des Klingberg erreicht wurde und z.Z. keine operativ-bedeutsamen Anhaltspunkte vorliegen, daß der Kontakt Klingberg – Z[...] den politisch-negativen Charakter von 1985 besitzt, wird vorgeschlagen die OPK zu archivieren und im Archiv der Abteilung XII abzulegen.

Zur operativen Nachkontrolle, die durch eine inoffizielle Verbindung unserer DE gewährleistet wird, sollte der Klingberg für die BV Berlin Abt. XX KK erfaßt werden. Das Material verbleibt im Ref. AI der DE.

Verteiler:	Hannawald
1x Leitung	Oltn.
1x RefA	
1x OPK	

Quelle: MfS-Akte von Lars Klingberg, BStU, ASt. Berlin, AOPK 4575/87.

Eröffnung eines Operativen Vorgangs

Nr. 6: Eröffnungsbericht eines Operativen Vorgangs vom 3. Januar 1989

Kreisdienststelle Schleiz

Schleiz, 03. 01. 1989
Bestätigt:
Leiter der BV

Eröffnungsbericht
zum OV „Drohne"

Es wird vorgeschlagen, die

1. Personalien

Name, Vorname — Weidner, Reinhard [...]
sowie die Ehefrau [...]

im OV zu bearbeiten.

Begründung
Genannte Personen betreiben Aktivitäten zur Bildung einer ökologisch bemäntelten unabhängigen Gruppierung mit oppositionellem Charakter. Zielstellung dieser Gruppierung ist die Verhinderung der planmäßigen Entwicklung einer Großanlage der sozialistischen Tierproduktion und des Unwirksammachens staatlicher Lösungsvorschläge. Es liegen von der OV-Person Absichtserklärungen vor, die Zielstellung auch unter Einsatz von Gewalt zu erreichen.

Mit dem Erreichen der vollen Produktionskapazität des VEB SZM [Schweinezucht und -mast] Neustadt/Orla, Standort Quaschwitz wurde eine zunehmende Umweltgefährdung durch Schadstoffemmission (sic!) sichtbar. Vor allem im Bereich der Gülleaufbereitung, die sich überwiegend im Kreis Schleiz befindet, setzte ein Waldsterben ein. Staatlicherseits wurde auf diese Probleme nicht rechtzeitig reagiert und Maßnahmen eingeleitet.

Diese wie weitere Umweltprobleme aufgreifend entwickelten sich die OV-Personen zum Sprachrohr zunächst der umweltinteressierten Einwohner in den betroffenen Gebieten, vor allem Jugendlicher und Jungerwachsener. Am 09.03.87 fand eine erste bekannte Gesprächsrunde zu ökologischen Problemen im Pfarrhaus Dittersdorf statt.

An dieser Veranstaltung nahm mindestens ein BRD-Bürger teil, der auch am Seminar Cutterfield VII in Neudietendorf teilnahm.

Weidner animierte zum aktiven Einsatz in Form von Baumpflanz-aktionen und kam damit den Interessen vor allem der jugendlichen Teilnehmer entgegen. Die Pflege der Bäume z. B. hinter dem neuen Bullenstall in Dittersdorf wurde vernachlässigt. Im November 1988 beteiligten sich nur noch die OV-Person, Pfarrer T[...] und zwei weitere nicht bekannte Jugendliche an Pflanzmaßnahmen.

Das Desinteresse an diesen Maßnahmen ist eindeutig auf die veränderten Inhalte der Veranstaltungen sowie der veränderten personellen Zusammensetzung der Veranstaltungen bei Weidner zurückzuführen. Zunehmend integrierte W. feindlich-negative Personen.

- 21. 06. 1987 – Auftritt von dem inzwischen in die BRD übersiedelten K[...]
- 15. 11. 1987 – Auftritt des Cabarett „Amika" [...] aus Saalfeld
- seit 1988 ist die Teilnahme von ÜSE [Übersiedlungsersuchenden] an den Veranstaltungen bekannt

- 02. 10. 1988 – W- organisiert und führt einen Fürbitt- und Umweltgottesdienst durch, an dem sich eine Veranstaltung im Freien anschließt. An diesen Aktivitäten nehmen Vertreter der Umweltbibliothek Altenburg (OV „Magdalena") sowie ÜSE teil.
- Der Inhalt bezog sich ausschließlich auf Umweltprobleme und gipfelte in der Forderung nach Drosselung der Produktion der SZM Neustadt.
- Es wurde der Versuch unternommen einer Solidarisierung mit den Umweltproblemen im Raum Bitterfeld.
- 29. 10. 1988 – Weidner sendet als Initiator einer „Eingabe" zu Rumänien diese unter der Bezeichnung „Christlicher" Umweltkreis Dittersdorf" an das MfAA [Ministerium für Auswärtige Angelegenheiten].
- Inhaltlich versteht er sich als Vertreter der Menschrechte und greift die bekannten ökologischen Probleme auf.
- 03. 11. 1988 – Interview der OV-Person im „Stern" Nr. 95.
- W. popularisiert bestehende Umweltprobleme unter Verwendung emotionaler Momente und Halbwahrheiten.
- Er weist auf Aktivitäten der Kirche hin und unterstützt Vorstellungen zur Organisierung und Installierung einer unabhängigen Umweltbewegung in der DDR.
- 12. 11. 1988 – Weidner hält im Rahmen der Friedensdekade 88 in der Gnadenkapelle Altenburg ein Referat zum Thema: „Du arme Sau – verfressen wir unsere Zukunft?" In der Veranstaltung wurden die Probleme um die SZM angesprochen und im Rahmen einer Ausstellung „Grüner Laden" vorgestellt.
- 10. 02. 1988 – Weidner führt einen Fürbittgottesdienst aus Anlaß des 40. Jahrestages der allgemeinen Menschenrechtserklärung der UNO durch. Es nehmen überwiegend ÜSE teil. [...]

Versionen:

1. Weidner organisiert die genannten Aktivitäten zur Aufwertung seiner Person und versucht auf diese Weise, günstige Grundpositionen für seine weitere Perspektive in der ELKT zu schaffen.
2. W. wurde und wird zielgerichtet aufgebaut zur Schaffung eines Zentrums der PUT unter dem Deckmantel Ökologie.
3. W. wirkt als Exponent von PiD/PUT, um hier zielgerichteten Druck auf den VEB SZM auszuüben mit der Zielstellung, der Beeinflussung ökonomischer Entscheidungen.
4. W. identifiziert sich mit den ÜSE und sucht durch Unterstützung dieser zur baldigen Realisierung der Übersiedlung beizutragen.

Strafrechtliche Einschätzung der vorliegenden operativen Erkenntnisse

Die OV-Person organisierte unter Einbeziehung bekannter Exponenten von PiD [politisch-ideologische Diversion] und PUT [politische Untergrund-Tätigkeit] negativ-feindliche Veranstaltungen unter dem Deckmantel der Kirche und zum Teil in kircheneigenen Räumen. Er qualifizierte sich zunehmend zum Organisator und Inspirator negativ-feindlicher Tätigkeit und der Bildung einer Gruppierung mit gleicher Zielstellung unter dem Vorwand der Ökologie.

Die Zielstellung spiegelt sich in der personellen Zusammensetzung der Gruppierung wider. Es sind Vertreter der Filiale Altenburg der Umweltbibliothek Berlin, Vertreter verschiedener Basisgruppen und ELKT [Evangelische Landeskirche Thüringen] und operativbekannte ÜSE integriert.

Auf Grund der Vielfalt und Vielschichtigkeit ist zum gegenwärtigen Bearbeitungszeitpunkt noch keine konkrete Zuordnung einer Strafrechtsnorm möglich. In der gegenwärtigen Bearbeitungsetappe sind die Maßnahmen auf PUT und subversive Handlungen gegen den VEB SZM gerichtet.

Mit dem Abschluß der ersten Bearbeitungsetappe erfolgt eine Präzisierung.

Zielstellung des OV in der ersten Bearbeitungsetappe

1. Aufklärung der Pläne und Absichten sowie Mittel und Methoden der OV-Person durch:
- Aufklärung der weiteren Absichten und Aktivitäten der Gruppierung;
- Herausarbeitung der Inspiratoren und Hintermänner;
- Aufklärung der Organisationsstrukturen des christlichen Umweltkreises Dittersdorf und der personellen Zusammensetzung;
- Herausarbeitung überterritorialer Verbindungslinien, insbesondere zu kirchlichen Forschungseinrichtungen, der Umweltbibliothek, zum Dachverband Arche und in das NSW.
2. Schaffung von Voraussetzungen und Zerschlagung der Gruppierung im Sinne der vorbeugenden, verhindernden Arbeit durch:
- allseitige Aufklärung der Persönlichkeit;
- Schaffung von Voraussetzungen zur Diffamierung der OV-Person;
- Schaffung von Grundlagen zur Durchführung strafrechtlicher und ordnungswidrigkeitsrechtlicher Maßnahmen;
- sowie Verhinderung des Eindringens von Mitgliedern des Zusammenschlusses in staatliche und gesellschaftliche Strukturen.
3. Unterstützung des Partei- und Staatsapparates bei der politisch-ideologischen Arbeit im Belastungsgebiet des VEB KIM SZM [Kombinat Industrielle Mast, Schweinezucht und -mast] und Verhinderung negativ-feindlicher Aktivitäten.

Referatsleiter TS	OV-führender Mitarbeiter
Behnstedt Hauptmann	Herold Hauptmann

Leiter der Kreisdienststelle

Eck
Oberstleutnant

Quelle: MfS-Akte von Reinhard Weidner, Kopie beim Verfasser

„Maßnahmen der Zersetzung“ im Rahmen Operativer Vorgänge

Nr. 7:
Bericht vom 21. Januar 1981 über eine Absprache zu einem Operativen Vorgang

KD Strausberg Strausberg, den 21. 1. 81

Bericht
über die, am 21. 01. 81 in der KD Strausberg, durchgeführte Absprache zum OV „Kreuz“

Am 21. 1. 81 fand in der KD Strausberg unter Leitung des Leiters der KD, Gen. Oberstltn. Mielcarek, eine Absprache zum OV „Kreuz“ statt. Das Ziel der Absprache bestand in der Einschätzung des Standes der Bearbeitung des OV und in der Festlegung der weiteren Maßnahmen zur offensiven und aktiven Bearbeitung, zur Erhöhung von inoffiziellen und offiziellen Beweisen für eine Feindtätigkeit sowie zur Realisierung der vorbeugenden Arbeit zu den bearbeiteten Personen. [...]

Gen. Wiegand erläuterte in diesem Zusammenhang, daß es in der jetzigen Situation verstärkt darauf ankommt, solche Maßnahmen durchzuführen, die die L-s in immer größere Schwierigkeiten bringen, durch die sie sich auf Grund ihrer Aktivitäten selber diskreditieren und in Widerspruch zur Kirchengemeinde bzw. der Kirche insgesamt kommen.

Zur weiteren Verunsicherung des L. sowie zur vorbeugenden Einschränkung und Verhinderung von weiteren Kontakten und Handlungen des L. wurden durch den Gen. Wiegand folgende Vorschläge zur weiteren Bearbeitung unterbreitet:

- Es ist verstärkt daran zu arbeiten, einen IM mit vertraulichen Beziehungen zu den L's aufzuklären und zur offensiven Bearbeitung einzusetzen. Hauptaufgabe des IM-Einsatzes besteht darin, den Charakter der operativ interessanten Verbindungen aufzuklären bzw. aufzuklären, mit welchen geeigneten Mitteln man den Differenzierungsprozeß um die L's aufklären und operativ ausnutzen kann, um die L's in immer größere Schwierigkeiten zu bringen. Der IM-Einsatz ist nur unter strengster Konspiration durchzuführen.
- Mit allen zur Verfügung stehenden Mitteln muß verhindert werden, daß die L's im Juni 1981 eine ähnliche ökumenische Veranstaltung organisieren, wie 1980. Dazu sollen schon jetzt Maßnahmen eingeleitet werden, um von offiziellen Seiten den L's klarzumachen, daß für 1981 eine solche Veranstaltung nicht in Frage kommt. (staatliche territoriale Organe, wie z.B. Rat der Gemeinde, Rat des Kreises)
- Für die Reise des L. nach England wird über die Abt. VI eingeleitet, daß Kontrollmaßnahmen bei der Ausreise des L. nicht durchgeführt werden, um ihn für die Rückreise in Sicherheit zu wiegen. Für die Rückreise wird über ein entsprechendes Fahndungsersuchen an die Abt. VI gesichert, daß durch die Kontrollorgane eine intensive Kontrolle des L. und der J. erfolgt, um eventuelles Material bei diesen Personen als offizielles Beweismaterial sicherzustellen.
- Bei der Verbindung der L's zu der Holländerin H. müssen Zersetzungsmaßnahmen-durchgeführt werden. Dies könnte durch einen aus Holland geschriebenen Brief an offizielle Stellen in Neuenhagen erfolgen. In diesem Brief sollte als Hauptproblem stehen, daß mit dem Geld, welches holländische Menschen für die evangelische Gemeinde Neuenhagen sammeln, durch die L's nicht zweckgebunden verwendet wird (Brief wird durch die HA XX/4 vorbereitet.
- Trotz der zu verbietenden Festwoche im Juni 81 erfolgt eine Einreisesperre der bekannten polnischen und tschechischen Bürger zu dieser Festwoche. Desweiteren sollte die

Einreise der H. verhindert werden (Einreisesperre). Desweiteren wird vorgeschlagen, offiziell die Kirchenleitung davon zu informieren, daß im genannten Zeitraum nur 1 Pfarrer aus England einreisen kann.

- Durch die HA XX wird geprüft, inwieweit der IM aus der SU während der Abwesenheit des L. in die DDR einreist und somit die Gelegenheit hat, mit der Frau L. allein in Verbindung zu treten.
- Desweiteren wird durch die HA XX an der theologischen Fakultät die Möglichkeit geprüft, während des Studiums an die Frau L. einen geeigneten IM zum Aufbau eventuell vertraulicher Beziehungen heranzuführen.
- Durch die KD sind Vorbereitungen zu treffen, rechtzeitig nach der Wiedereinreise des L. aus England sofort mit der Auswertung der Ergebnisse der Abt. 26 zu beginnen sowie durch Kräfte der Abteilung VIII der BV Ffo. die zielgerichtete Beobachtung des L. zu gewährleisten (Einrichtung eines B-Stützpunktes). [...]

Durch die KD sind aktive Maßnahmen einzuleiten, um die Bautätigkeit des L. unter dem Gesichtspunkt eventueller krimineller Handlungen zu unternehmen. [...]

Auf Grund der festgelegten operativen Maßnahmen ist ein neuer Operativplan für den Zeitraum bis Juni 1981 zu erarbeiten.

Verteiler
- OV
- Abt. XX
- HA XX/4
- Stellv. Ltr. d. KD

Richter
Oltn.

bestätigt:
Leiter der KD
Mielcarek
Oberstltn.

Nr. 8:
Bericht vom 7. Januar 1983 über eine Beratung zu einem Operativen Vorgang

Abteilung XX/7 Frankfurt(O), 7. 1. 1983

Bericht über eine Beratung bei der Kreisdienststelle Strausberg zum OV „Kreuz"

Am 7. 1. 1983 wurde bei der KD Strausberg eine Beratung zur weiteren politisch-operativen Bearbeitung des OV „Kreuz" durchgeführt. [...]

Zum Beginn der Beratung gab OSL Mielcarek einen Überblick über die Entwicklung des OV „Kreuz" und verwies u.a. darauf, daß

- zunehmend der Verdacht entsteht, daß Pfarrer L. wesentlich durch die niederländische Kirche inspiriert und unterstützt wird;
- die Kirchenleitung Berlin-Brandenburg die feindlichen Aktivitäten des Pfarrer L. billigte und billigt, ihn dadurch in seinem Handeln unterstützt;
- teilweise Aktivitäten des Pfarrer L. in die Hauptstadt verlagert worden sind;
- ein Umschwenken auf Aktivitäten in Richtung der Schaffung und Stabilisierung einer staatsunabhängigen Friedensbewegung erfolgte und in diesem Zusammenhang die Verbindungen zu den Berliner Pfarrern Eppelmann und P[...] eine Intensivierung erfahren haben;
- auch von der Ehefrau des Pfarrers verstärkt Aktivitäten ausgehen, die staatsunabhängige Friedensbewegung als Opposition auszubauen;
- schlußfolgernd aus den Erkenntnissen zum OV „Kreuz" die Einschätzung getroffen werden kann, daß sich beide Verdächtige als Personen des politischen Untergrundes profiliert und erheblichen Anteil an der Herausbildung der staatsunabhängigen Friedensbewegung haben.

Aus dieser Vorgangslage wurden folgende Schwerpunkte für die weitere Bearbeitung des OV „Kreuz" formuliert:

- Die innerkirchliche Auseinandersetzung mit Pfarrer L. muß zustandekommen, um bei L. Wirkungen zu erzielen.
- Es sind IM mit echten vertraulichen Beziehungen zu den Verdächtigen zu schaffen und effektiv einzusetzen.
- Die Maßnahmen zur öffentlichen Diskreditierung von Pfarrer L. sind gezielt fortzusetzen.
- Die Zusammenarbeit der Diensteinheiten, die über die ent-sprechenden Voraussetzungen verfügen (und die an der Beratung teilnahmen) muß abgestimmt und arbeitsteilig erfolgen. [...]

Major Heydel führte aus, daß Pfarrer L. sich zunehmend zum Initiator feindlicher Aktivitäten entwickelt und seine Aktivitäten konspiriert, indem er z.B. den Kuriereinsatz organisiert, irreführende Telefonate inszeniert, den Postverkehr reduziert, Absprachen im Freien führt.

Daraus ist für die politisch-operative Arbeit abzuleiten, daß die politisch-operativen Maßnahmen noch besser konspiriert werden und wirksamer durchgeführt werden müssen.

Es sind eine Vielzahl von Maßnahmen eingeleitet und realisiert worden, aber nur wenige Maßnahmen riefen nachhaltige Wirkungen hervor. Um dem Rechnung zu tragen, daß Pfarrer L. mit seinen Aktivitäten in die Breite geht, ist es erforderlich, das Zusammenspiel der Kräfte und Möglichkeiten der betreffenden Diensteinheiten auf gezieltere und effektivere Maßnahmen auszurichten.

Vorrangig geht es darum

- den Zersetzungs- und Beeinflussungsprozeß in Neuenhagen intensiv zu forcieren und nachzuweisen, daß Pfarrer L. in Neuenhagen als Pfarrer im Grunde ohne Wirksamkeit ist.

Das muß zu einer erheblichen Verschärfung der Widersprüche zwischen der Bevölkerung, der Kirchengemeinde und Pfarrer L. führen;

- in der Kirche, in kirchenleitenden Organen den Partner für Pfarrer L. zu finden, der ihn zu disziplinieren bereit ist und ihn wirksam diszipliniert;
- die durchzuführenden Differenzierungsmaßnahmen gezielter und effektiver zu gestalten.

[...]

Zur Positi0on des für L. zuständigen Superintendenten Rißmann wurde ausgeführt, daß dieser der negativste Superintendent von Berlin ist. Er ist zuständig für den Kirchenkreis Berlin-Lichtenberg und Marzahn. Zur Zeit, bis Ende März 1983 ist Rißmann amtierender Generalsuperintendent von Berlin.

Rißmann unterstützt L. im vollen Umfang und rechtfertigt alle Aktivitäten von ihm.

Es ist auszuschließen, daß Rißmann den L. in kirchenleitenden Organen diszipliniert, eher inspiriert er ihn zu negativen Aktivitäten.

Major Antczak brachte zum Ausdruck, daß sein IM, der vertrauliche Beziehungen zu L. besitzt, ein Jahr wegen Krankheit keine Verbindung zu L. hatte. Eine erste Verbindungsaufnahme gab es im Zusammenhang mit den von L. organisierten Lesungen von S[...] und Heym.

Bei dem Treffen am 11.12.81 hat die L. gegenüber dem IM offenbart, daß sie und eine Berliner Malerin Initiatoren und Verfasser eines Briefes an den Staatsratsvorsitzenden bezüglich der Einberufung von Frauen zum Wehrdienst sind.

Der IM sollte dazu bewegt werden, diesen Brief ebenfalls zu unterschreiben, eine Unterschrift erfolgte bisher nicht. Anläßlich des genannten Treffens erklärte die L. dem IM, daß im Sommer 1982 der Zustand eingetreten war, daß sie weggehen wollten, denn zu diesem Zeitpunkt waren sie isoliert, ihre Freunde hatten sich abgekehrt und sie hatten keine Basis mehr. Träte eine solche Situation wieder ein, würden sie und ihre Familie gehen (wobei offen blieb, ob sie die DDR verlassen würden).

Durch Major Antczak wurde eingeschätzt, daß jetzt wieder Möglichkeiten bestünden, den IM einzusetzen und ihn in die Vorgangsbearbeitung konkret einzubeziehen.

Oberstleutnant Wiegand erklärte, daß er die Richtung der Bearbeitung im vollen Umfang billige. Es sei nicht so, daß die eingeleiteten Maßnahmen wirkungslos gewesen seien, es komme jedoch darauf an, die vorhandenen Potenzen kontinuierlich einzusetzen, um L. *kaputtzumachen.*

Wesentlich sei, daß auf Grund der operativ erarbeiteten Erkenntnisse konkreter, prinzipieller massive Forderungen an die Kirche gestellt werden, weil nur über diesen Weg die Maßnahmen Wirkungen haben.

Es ist davon auszugehen, daß den feindlich-negativen Kräften in der Kirche nicht kampflos das Feld überlassen wird.

Demzufolge ist in Gesprächskreisen, bei Diskussionen usw. durch progressive Leute die Politik des Staates offensiv zu vertreten und gegen feindliche Positionen aufzutreten. [...]

Hoffmann
Hauptmann

Nr. 9: Abschlußbericht zu einem Operativen Vorgang vom 20. Juni 1984

BV Frankfurt (O)
KD Strausberg

Strausberg, den 20. 06. 84

Bestätigt:
Leiter der KD
Schmidt
Major

Abschlußbericht OV „Kreuz", Reg.-Nr. V/30/80

[...] Die Bearbeitung des OV „Kreuz" erfolgte mit dem Ziel der Erarbeitung von Informationen und Beweisen zu Tatbestandsmerkmalen des § 100 StGB.

Linke zählte zu den Inspiratoren und Organisatoren einer sogenannten staatlich „unabhängigen" Friedensbewegung in der DDR. Er organisierte unter Mißbrauch der Freiräume der Kirche und seiner kirchlichen Funktion und unter Einbeziehung seiner Ehefrau Aktionen demonstrativ-provokatorischen Charakters, die sich gegen die Friedens-, Verteidigungs- und Sicherheitspolitik der DDR richteten und bezog dabei politisch-negative Kunst- und Kulturschaffende sowie Personen aus nichtsozialistischen Staaten ein. [...]

Die Ehefrau des L. identifizierte sich völlig mit den Aktivitäten ihres Ehemannes und hatte ebenfalls eine verfestigte feindliche Position. Sie entfaltete selbständig umfangreiche Aktivitäten im Rahmen der sogenannten staatlich unabhängigen, pazifistisch orientierten Friedensbewegung.

Bei der Bearbeitung des OV „Kreuz" wurde davon ausgegangen, daß diese feindlichen Aktivitäten der Linkes aus politischen Gründen strafrechtlich nicht geahndet werden können. Durch Anwendung des Strafgesetzes der DDR hätte man die Linkes zu „Märtyrern" und sogenannten „Friedenskämpfern" in der DDR gemacht. Aus diesem Grund wurden vielfältige Differenzierungs-, Zersetzungs- und Kriminalisierungsmaßnahmen in Zusammenarbeit mit der HA XX/4 und der Abt. XX der BV Frankfurt (O) geplant und durchgeführt.

Dabei konnten folgende Ergebnisse erreicht werden: [...]

- Durch zielgerichtet Kriminalisierungsmaßnahmen wurden die Linkes als Christen und Amtsträger in Neuenhagen unglaubwürdig. So häuften sich in der letzten Zeit Gerüchte über Eigensucht, Unterschlagung und Bestechlichkeit der Linkes.
  Desweiteren wurden die Linkes durch Verstöße gegen die Bauordnung, die Straßenverkehrsordnung, die Gemeindeordnung, die Veranstaltungsordnung und die Brandschutzordnung ständig ordnungsstrafrechtlich belangt und ihre Verfehlungen als Grundlage für den innerkirchlichen Differenzierungsprozeß genutzt.
- Die feindlich-negativen Aktivitäten der Linkes wurden beweiskräftig dokumentiert und als Zersetzungs- und Differenzierungsmaßnahmen zur Schürung der innerkirchlichen Auseinandersetzung durch kirchenleitende Organe aufbereitet.
- Öffentlichkeitswirksame Aktivitäten wurden beweiskräftig dokumentiert und diese Aktivitäten als Grundlage für gesellschaftliche und staatsanwaltschaftliche Belehrungen und Verwarnungen verwendet.
- Alle durch die Bearbeiteten inszenierten Aktivitäten wurden zur offensiven politischen Arbeit durch die SED-Kreisleitung genutzt. (ständige Erarbeitung von Parteiinformationen zum Verhalten und zu Aktivitäten der Linkes)

– Der Differenzierungsprozeß innerhalb der Kirchgemeinde in Neuenhagen wurde ständig geführt. Im Ergebnis dieses Differenzierungsprozesses gelang es, den Gemeindekirchenrat zu spalten und somit die Arbeitsfähigkeit und den Aktionsradius der feindlich-negativen Kräfte stark einzuschränken.

Alle diese durchgeführten Zersetzungs- und Differenzierungsmaßnahmen führten bei den Linkes zu dem Entschluß, einen Antrag auf Übersiedlung nach WB zu stellen. Sie sahen hier keine Möglichkeiten mehr einer „weiteren aktiven Arbeit“ im Sinne der „staatlich unabhängigen Friedensbewegung“ der Kirche.

Desweiteren machten kirchliche Funktionäre der Landeskirche –Berlin-Brandenburg – deutlich, daß sie die Aktivitäten der Linkes nicht mehr decken können und auch nicht gewillt waren, diese Handlungen des feindlichen Pfarrerehepaares weiter zu tolerieren.

Am 16. 11. 83 stellten die Linkes einen „Antrag auf Ausbürgerung aus der Staatsbürgerschaft der DDR“. Es wurde konkret herausgearbeitet, daß dieser Antrag aus den zunehmenden Auseinandersetzungen, die mit den Linkes wegen ihrer feindlich-negativen Aktivitäten von seiten kirchen-leitender Organe und des Staatsapparates geführt wurden, resultierte.

Die Kirchenleitung –Berlin-Brandenburg- entzog dem L. die Ordination vor seiner Übersiedlung nach WB. Die Übersiedlung der Linkes erfolgte am 22. 12. 1983 um 23.50 Uhr nach WB.

Zum heutigen Zeitpunkt kann eingeschätzt werden, daß auf Grund des Entzugs der kirchlichen Unterstützung der Linkes sowie des Entzugs der Ordination des L., der Eingliederungsprozeß in WB sehr schwer vonstatten geht. Beide sind in WB arbeitslos und haben keinen festen Wohnsitz. Unterstützung erhalten sie in WB nur durch Privatpersonen. Die westlichen Massenmedien nahmen kaum Kenntnis von der Übersiedlung der Linkes.

Die bestehenden Rückverbindungen der Linkes sind bis zum gegenwärtigen Zeitpunkt politisch-operativ bedeutungslos.

Aus den genannten Gründen wird der OV „Kreuz“ abgeschlossen und archiviert. [...]

Richter
Hptm.

Quelle: MfS-Akte von Dietmar Linke, BStU, ASt. Frankfurt/O., AOp 889/84 sowie AOPK 2069/89.

Überwachungen und „Zuführungen" aus der Sicht der Betroffenen

Nr. 10:
Auszug aus einem Gespräch mit Elke Westendorff

R. Sie schrieben, die [...] Kontrolle durch das MfS sei nicht zu übersehen gewesen. Was wurde sichtbar?

W. Zwei bis drei Leute in ekelhaften Ledermänteln standen vor dem Haus, und es sah ziemlich komisch aus. Das fiel einfach auf, noch dazu, wenn sie hochschauten und sich blöd benahmen. Das war so. Das wußte jeder. Bestimmte Anoraks, bestimmte Jacken und ein Regenschirm, ganz gleich ob es regnete oder nicht – das gehörte dazu.

R. Fanden Sie es damals auch schon komisch?

W. Ja, [...] die Leute, die herumstanden [...], taten mir eher leid, wenn sie feststellen mußten: „Um 7.43 Uhr verließ sie das Haus." Es war lächerlich. Ich fand es komisch, weil sie mir nichts anhaben konnten. Wofür hätten die mich festhalten sollen, wenn ich aus meinem Haus komme? Ich hatte in dieser Hinsicht nie Angst. Angst hatte ich, wenn sie vor der Tür standen. Es war nicht selten, daß sie früh um 6 kamen, mich abholten und ich nicht wußte, was werden würde. Mir war klar: Wenn sie wollten, konnten sie mich inhaftieren. Dieser Gedanke zog sich durch die ganze Zeit. [...]

R. Wie liefen solche Zuführungen ab?

W Meistens kamen sie morgens um 6 und sagten, es handle sich um die „Klärung eines Sachverhalts", nahmen mich mit und brachten mich irgendwohin zur Befragung. Oder ich bekam eine schriftliche Vorladung, auch zur „Klärung eines Sachverhalts".
Es gab aber auch Fälle – wenn sie früh um 6 kamen -, daß sie mehrere und sogar viele Leute abholten. Das war beispielsweise, wenn die Grünen aus Westberlin einmal zu uns kamen. Damit wollten sie erreichen, daß von uns so wenig wie möglich Leute präsent waren. Man holte uns also ab, und weil nicht überall so viel Platz war, kamen wir auch auf Polizeidienststellen. Ich war einmal zu einer Vernehmung auf einer Polizeidienststelle. [...]

R. Gab das mit der Zeit eine gewisse Sicherheit, daß Sie nach der ersten Zuführung wußten, wie das ungefähr ablief?

W [...] Es gab Sicherheit, weil wir darüber geredet hatten. Das hatte niemand für sich behalten. Es gab auch einen Arbeitskreis [innerhalb der unabhängigen Friedensbewegung]: „Wie verhalte ich mich bei der Stasi?" Was sage ich, was sage ich nicht? Ich erfand irgendwann, als man mich wieder einmal abgeholt hatte und ich schlechter Laune war, etwas. Ich sagte: „Wissen Sie, was ich heute mache? Schweigen für den Frieden." Daraufhin guckten die ganz blöd. Ich hatte mir ein Buch und einige Äpfel eingesteckt, schwieg wirklich stundenlang und las mein Buch. Der Vernehmer wollte immer wieder etwas fragen, ich weigerte mich aber. In diesen Momenten fühlte ich mich ziemlich gut. Ich weiß auch nicht, wie ich das konnte, denn es hätte ja durchaus sein können, daß man anders mit mir umgesprungen wäre. Glücklicherweise war es nicht an dem. Der Vernehmer war natürlich sauer und rastete leicht aus: „Was ist denn das jetzt wieder für eine neue Bewegung?! Wo kommt denn das jetzt her?!" Dann verließ er das Zimmer. Er mußte wahrscheinlich erst einmal telefonieren und sich Instruktionen holen, wie er sich mir gegenüber verhalten solle. [...]
Es war potentiell klar, daß bei jedem, der zu einer Vernehmung war, der Versuch unternommen wurde, ihn anzuwerben. Ich war gewappnet und konnte mich darauf einstellen. Die Möglichkeit, einem Anwerbungsversuch ausgesetzt zu sein, hatte ich bei jeder Vernehmung im Hinterkopf und war vorsichtig. Auch mit dem, was ich sagte. Meist sagte ich nichts oder ganz wenig. Das war meine Strategie.

Quelle: Gespräch mit Elke Westendorff am 26. August 1996.

Überwachung und Zersetzung aus der Sicht der Betroffenen

Nr. 11:
Auszug aus einem Gespräch mit Michael Beleites

R. Sie schrieben, die Überwachung begann schon in der Lehrzeit. Was für Formen hatte die Überwachung damals?

B. Das war der operative Vorgang. Er begann schon in meiner Lehrzeit. Zum operativen Vorgang gehörte einerseits Überwachung, also Bespitzelung, Telefonabhören, Raumabhören und Briefkontrolle, aber darüber hinaus auch die sogenannte Zersetzung, d.h. die persönliche Einschränkung oder Behinderung der Entwicklung, so daß die Stasi immer wieder auf Personen im Bildungsbereich oder bei staatlichen Behörden Einfluß nahm, sobald es um Entscheidungen zu meiner Person oder überhaupt zu denjenigen ging, gegen die ein operativer Vorgang lief.

R. Was wurde seinerzeit konkret sichtbar von den Zersetzungsmaßnahmen? Wie konnten Sie sicher sein, daß die Stasi dahinter steckte, bevor Sie Ihre Akte gelesen hatten?

B. Beweisbar, sichtbar war ganz wenig oder fast gar nichts, aber stichhaltige Indizien tauchten natürlich immer wieder auf. Zum Beispiel die Reisesperre: Zwei Jahre lang wurde ich immer wieder an der Grenze zurückgeschickt. Von wem sollte das sonst ausgegangen sein?! Auch die Reisesperren gegen die westdeutschen Freunde, die keine Papiere mehr bekamen ... Die Studienablehnung, daß man ausgerechnet bei mir keinen Weg sah, währenddessen rund um mich alle Leute ihre beruflichen Entwicklungen fortsetzten ... Es lag ziemlich deutlich auf der Hand, daß es von der Stasi ausging, war aber nie konkret belegbar. Außer in einem Fall, wo sie aus Versehen ihr Zettelchen im Brief vergessen hatten.

R. Was hatte sich da abgespielt?

B. Sie hatten bei einer Briefkontrolle auf einen Zettel geschrieben, welche Personen im Brief genannt wurden und für welche Stasi-Dienststellen Kopien anzufertigen seien. Den Zettel hatten sie im Brief vergessen. Dadurch war natürlich klar, daß die Stasi sich zumindest für die Post interessierte.

R. Gab es irgendwelche Möglichkeiten zur Gegenwehr? Sie sagten, Sie haben Ihre Recherchen für die „Pechblende" konspirativ betrieben. Gab es auch andere Möglichkeiten?

B. Man hätte untertauchen können. Man konnte versuchen, daß die Stasi manches nicht mitbekam oder zu spät mitbekam. Zum Beispiel druckte eine FDJ-Zeitschrift der Jenaer Universität Anfang 1989 einen langen Artikel von mir zum Problem des Uranbergbaus ab. Das hätte die Stasi natürlich verboten, aber sie hatten nicht damit gerechnet, daß ausgerechnet an dieser Stelle von mir etwas erscheinen würde. Wenn man die Kanäle in eine Richtung, wo die Stasi nicht auf der Lauer lag, unbemerkt graben konnte, konnte man die Stasi-Zensur umgehen bzw. bedingt umgehen. Die Zeitschrift hatte eine Auflage von 3 000 Stück. 2 000 davon wurden eingezogen und eingestampft, die anderen 1 000 waren aber schon verteilt. [...] Die Stasi hätte es ja verboten, wenn sie es rechtzeitig gemerkt hätte. Es durfte nicht veröffentlicht werden. Es wurde nur veröffentlicht, weil es sich um eine Zeitschrift handelte, wo 20 Jahre lang nie etwas politisch Auffälliges erschienen war und wo die Leute, die für die Zensur verantwortlich waren, wahrscheinlich gar nicht mehr hinschauten. [...]

R. Sie schrieben, operative Vorgänge seien keine Überwachung gewesen, sondern eine Repressionsmaßnahme.

B. Sie waren beides: sowohl Überwachung wie Repression. [...] In der Richtlinie von 1976 über operative Vorgänge steht, wie so ein Vorgang zu führen ist und wodurch er sich von einer operativen Personenkontrolle unterscheidet. Die Überwachung war eine Stufe schärfer und zur Überwachung kam die Repression – die Stasi nannte es „Zersetzung“ – dazu. Den Leuten sollten auf nach außen möglichst unsichtbare Weise die Beine weggezogen werden. Ich vermute, daß dies im Zusammenhang mit der Unterzeichnung der Helsinki-Schlußakte steht. Die DDR verpflichtete sich damals, niemanden mehr politisch zu verfolgen, d.h., die Ermittlungsverfahren und Inhaftierungen konnten nicht mehr so offen ablaufen, alles mußte möglichst unsichtbar ablaufen. Dafür gab es die Zersetzungsmaßnahmen mit allem, was dazugehörte, sie waren in den 70er und 80er Jahren das charakteristische Mittel der Stasi, um politisch Oppositionelle zu bekämpfen. Das Traurige ist, daß diese Tatsache bis heute noch nicht von der Öffentlichkeit und der Politik zur Kenntnis genommen wurde.

R. Das scheint mir anders zu sein. Die Zersetzungsmaßnahmen wurden ja relativ umfangreich dokumentiert.

B. Sie sind dokumentiert worden, und trotzdem ist oft ein Bewußtsein da: Wer nicht im Gefängnis war, dem ist ja gar nichts passiert. Die Gesetzesregelung, das SED-Unrechtsbereinigungsgesetz, geht auf die Zersetzungsmaßnahmen nicht ein. Das heißt, man gibt der Stasi im nachhinein noch den Erfolg, die politische Verfolgung so zuverlässig ins Unsichtbare verlagert zu haben, daß sie heute noch nicht einmal politisch zur Kenntnis genommen wird.

R Sie sagten, eine Folge der Zersetzungsmaßnahmen seien Behinderungen Ihres Bildungs- und Lebensweges gewesen. Gab es noch andere Folgen, persönliche Einschränkungen?

B Die Zersetzungsmaßnahmen sollten in erster Linie sogenannte staatsfeindliche Aktionen verhindern. Jeder Schritt in die falsche Richtung sollte unterbunden werden. Darüber hinaus gab es noch eine Art direkte Bestrafung. Beispielsweise wurde die Gewerbeerlaubnis nicht erteilt, oder ich wurde aus dem Museum herausgedrängt. Dinge, die überhaupt nicht im Zusammenhang standen mit der Verhinderung einer staatsfeindlichen Aktion. Die Reisesperren waren zwar auch eine persönliche Bestrafung, aber da konnte die Stasi sagen, sie wollten verhindern, daß sich Leute im Ausland trafen und etwas Böses planten. Bei solchen Dingen wie Verhinderung des Studiums oder überhaupt der beruflichen Entwicklung wurde eigentlich das Gegenteil erreicht, weil ich, wenn ich studiert hätte, viel weniger Zeit gehabt hätte, mich um politische Opposition zu kümmern.

Quelle: Gespräch mit Michael Beleites am 4. Juli 1996.

Revisor

Ungesetzliche Verbindungsaufnahme

Die folgenden Bilder sind einem veröffentlichten Filmdokument der Bundesbeauftragten für die Stasi-Unterlagen entnommen. Es handelt sich um eine vom MfS 1983/84 hergestellte Video-Dokumentation zum Operativen Vorgang „Revisor"; Zweck der Dokumentation war es, *„das prinzipielle Vorgehen und bestimmte Etappen der Vorgangsbearbeitung vom Ersthinweis über die Erarbeitung inoffizieller Beweise bis zur Festnahme (zu) veranschaulichen"*. Der Operative Vorgang betraf einen Ost-Berliner, der 1983/84 den Versuch machte, von ihm verfaßte belletristische Manuskripte mit – dem Film zufolge – regimekritischer Tendenz einem bundesdeutschen Presse-Korrespondenten zu übergeben; das MfS war durch Hinweise Inoffizieller Mitarbeiter hierauf aufmerksam gemacht worden. Der Videofilm, der offenbar für Lehrzwecke bestimmt war, zeigt vor allem das Vorgehen bei einer „konspirativen Wohnungsdurchsuchung" und einer „konspirativen Festnahme".

Die im folgenden aus diesem Film abgedruckten Bilder werden durch eine leicht gekürzte Fassung des originalen Filmtextes erläutert. Die in dem Filmtext durch die Behörde der BStU gelöschten Namen und Adressen sind in der Nachschrift durch das Symbol „____", redaktionelle Kürzungen durch das Auslassungszeichen „[...]" kenntlich gemacht.

Hauptabteilung II/1/T

BStU
000216

Berlin, 5. 1. 1984
meth- ol

Bericht

über die durchgeführte konspirative Wohnungsdurchsuchung zum Vorg. "Revisor" am 5. 1. 1984 in Berlin

Am 5. 1. 1984 wurde in der Zeit von 9.10 bis 12.40 Uhr entsprechend einem vom Leiter der HA II/13 bestätigten Sicherungsplan die Wohnung des Bürgers der DDR [redacted]

nachstehend als "Revisor" bezeichnet

durch die Mitarbeiter der HA II/1, Major M[redacted] und Oberleutnant M[redacted] nach vorgegebenen operativen Schwerpunkten konspirativ durchsucht.
Die Absicherung des "Revisor" sowie seiner Nachbarn erfolgte durch Mitarbeiter der HA II/13 und HA II/17. Der Schließprozeß wurde durch den Genossen Oberleutnant M[redacted], HA II/16, realisiert.

Nachdem am 5. 1. 1984 um 9.10 Uhr "Revisor" sowie seine Nachbarn unter Kontrolle waren, begaben sich die Genossen Oberleutnant M[redacted] und Oberleutnant M[redacted] in das Wohnhaus von "Revisor". Genosse Oberleutnant M[redacted] öffnete mittels Sperrzeug das Buntbartschloß in der Korridortür von "Revisor", wobei er durch den Genossen Oberleutnant M[redacted] abgesichert wurde.
Da das obere Sicherheitsschloß nicht verschlossen war, verlief der Schließprozeß schnell und ohne Komplikationen.
Beide Genossen betraten unter Beachtung aller Vorsichtsmaßnahmen die Wohnung von "Revisor" und stellten zum Unterzeichneten die Sprechfunkverbindung her. Daraufhin suchte der Genosse Unterleutnant G[redacted], HA II/16 und Unterzeichneter ebenfalls die Wohnung von "Revisor" auf.
Genosse Unterleutnant G[redacted] begann mit der Installierung der B-Maßnahme und Genosse Oberleutnant M[redacted] sicherte die Korridortür von innen ab.
Genosse Oberleutnant M[redacted] und Unterzeichneter begannen mit der konspirativen Durchsuchung.
Nachdem alle Räume, Schränke und Behältnisse einer gründlichen Kontrolle unterzogen werden konnten, wurde die Wohnung von "Revisor" nach gründlicher Prüfung, ob keine Spuren hinterlassen wurden, unter Absicherung der Sicherungskräfte gegen 12.40 Uhr durch die Einsatzgruppe wieder konspirativ verlassen.

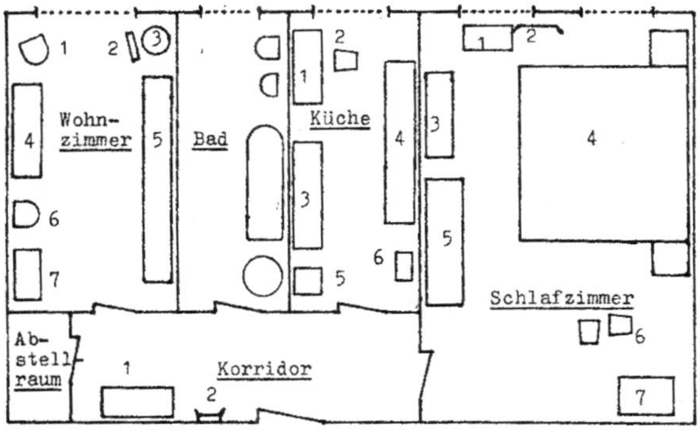

gefertigt am 05.01.84
HA II/1/T

[Aus dem Originaltext der Video-Dokumentation]
Zur Überprüfung der vorliegenden Hinweise und zur Realisierung der genannten Aufgabenstellungen wurde festgelegt, die Wohnung des „Revisor" konspirativ zu durchsuchen und festzustellen, ob der von der vorgangsführenden Abteilung operativ bearbeitete „Revisor" mit dem _____ identisch ist, der die Verbindung zum „Stern"-Korrespondenten aufnahm, ob „Revisor" Schriften, Manuskripte oder andere Materialien anfertigte, die geeignet sind, den Interessen der DDR zu schaden, und ob bzw. welche Anhaltspunkte dafür vorliegen, daß er diese Materialien am 7.1.1984 an den „Stern" übergeben will.

Nachdem „Revisor" einige Tage vor und nach der Arbeitszeit durch eigene Beobachtungskräfte unter Kontrolle gehalten worden war, erfolgte am 5.1.1984 die konspirative Wohnungsdurchsuchung. An diesem Tag verließ er wie gewöhnlich mit einer braunen Aktentasche um 6.28 Uhr das Wohnhaus, ging zügig durch _____ in Richtung ____, überquerte diese und den Parkplatz hinter der Gaststätte „Zum Bauarbeiter", ging am „Bauarbeiter-Hotel" vorbei durch die Siegfriedstraße bis zu seiner Arbeitsstelle. Um 6.40 Uhr betrat „Revisor" den Neubau ____, in welchem sich das Kombinat ____ befindet. Die Beobachtungskräfte verblieben während der Zeit der konspirativen Wohnungsdurchsuchung vor dem Betrieb und sicherten ab, daß „Revisor" nicht unvorhergesehen unsere Maßnahme stören konnte.

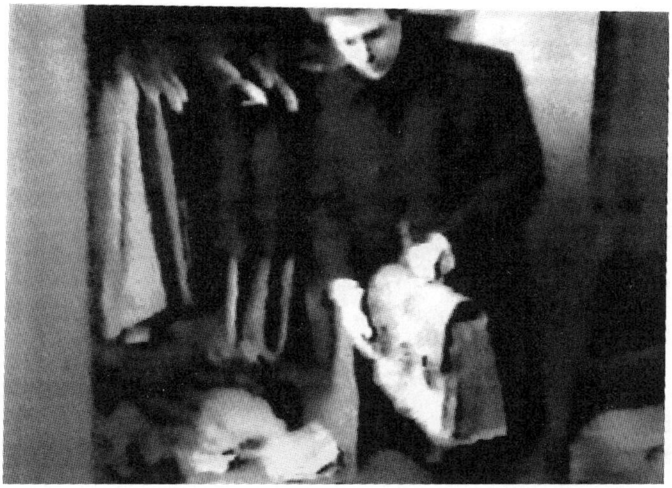

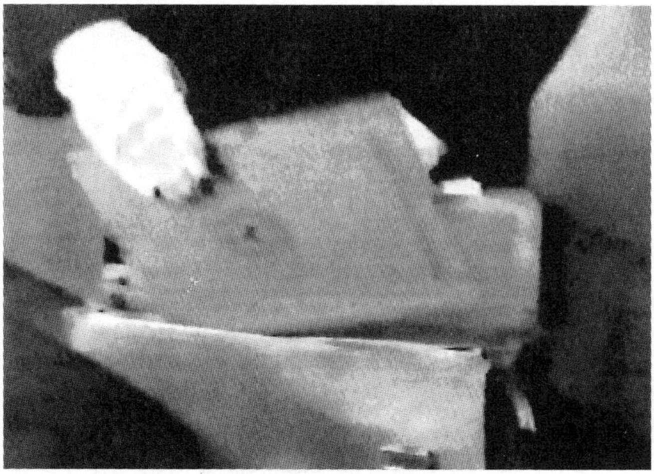

Nachdem die unmittelbar unter „Revisor" wohnenden Mieter ebenfalls um 7.11 Uhr bzw. 7.25 Uhr das Wohnhaus verlassen und ihre Arbeitsstellen aufgesucht hatten, wurde mit der konspirativen Wohnungsdurchsuchung begonnen. Drei operative Mitarbeiter, zwei davon in Uniform, realisierten unter der Legende „Brandschutzkontrolle auf dem Dachboden" die Vorsicherung. Nachdem sich die Sicherungskräfte überzeugt hatten, daß sich in den links und rechts von der Mansardenwohnung des „Revisor" befindlichen Bodenräumen keine Personen aufhielten und aus seiner Wohnung keine Geräusche zu vernehmen waren, betraten die über Funk verständigten und für die konspirative Durchsuchung eingesetzten Kräfte das Wohnhaus. Der Spezialist öffnete mittels Nachschlüssel das Buntbartschloß um 9.10 Uhr. Da das obere Sicherheitsschloß nicht verschlossen war, verlief der Schließprozeß schnell und ohne Komplikationen. Die Durchsuchungskräfte überzeugten sich, daß sich niemand in der Wohnung aufhielt, und schlossen die Wohnung von innen ab. Die Sicherungskräfte verblieben auf ihren Posten außerhalb der Wohnung.

Die Wohnung bestand aus zwei kleinen Räumen, Wohn- und Schlafzimmer, sowie aus Küche, Bad, Abstellkammer und Flur. Es war nicht zu übersehen, daß sie von einem Junggesellen bewohnt wurde; Ordnung und Sauberkeit ließen zu wünschen übrig.

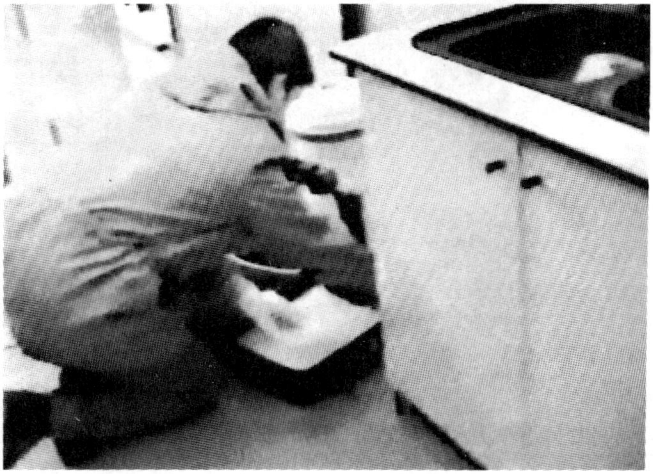

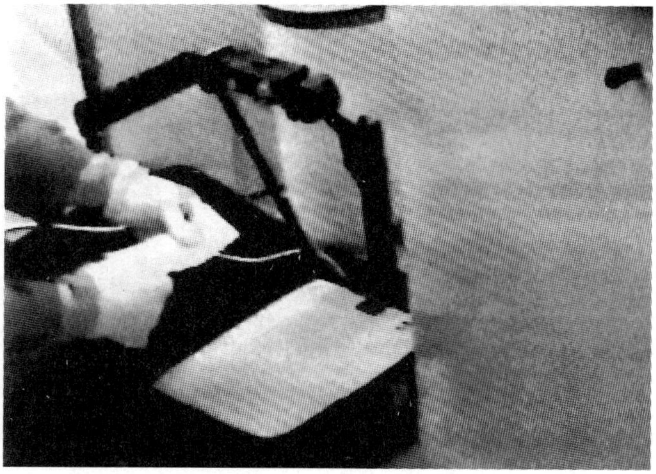

Die Mitarbeiter begannen mit der Durchsuchung des Wohnzimmers und fertigten, wie auch in den anderen Zimmern, zuerst Übersichtsaufnahmen mit einer Polaroid-Kamera. Auf dem Tisch im Wohnzimmer lagen u.a. schriftliche Unterlagen, Kalender, Zettel mit handschriftlichen Aufzeichnungen, auch eine herausgerissene Seite aus einem Notizbuch mit dem handschriftlichen Vermerk „Sonnabend, 7. Januar 1984, 9.30 Uhr ____ 11. Stock, Wohnung 4, Tel. ____". Damit war inoffiziell bewiesen, daß zwischen „Revisor" und dem „Stern"-Korrespondenten Kontakt bestand und eine konkrete Vereinbarung für den 7.1.1984 getroffen wurde. Auf dem Tisch lagen des weiteren eine Klemm-Mappe mit ca. 200 Blatt DIN-A 4 mit maschinenschriftlichen Gedichten [...] chronologisch geordnet von 1971 bis 1976.

Entsprechend der Zielstellung der konspirativen Wohnungsdurchsuchung wurde das Vorgehen der die Durchsuchung durchführenden Mitarbeiter bestimmt. Aufgrund der vorliegenden Hinweise ging es, nachdem die Verbindung zum „Stern"-Korrespondenten bereits inoffiziell bewiesen war, jetzt insbesondere darum, schriftliche Unterlagen zu sichern und beweiskräftig zu dokumentieren, deren Inhalt sich gegen die gesellschaftlichen Verhältnisse in der DDR richtete. Im Schrank auf dem Flur befanden sich u.a. [folgt Beschreibung der Manuskripte mit Seitenzahlen] sowie diverse betriebliche und berufliche Unterlagen des „Revisor". Soweit es die Zeit zuließ, ergab die stichprobenartige Durchsicht der von „Revisor" gefertigten Gedichte und Romane, daß sich ein großer Teil dieser Machwerke in offener oder versteckter Form gegen die gesellschaftlichen Verhältnisse in der DDR richtete. Im gleichen Schrank befand sich eine Reiseschreibmaschine vom Typ „Erika". Von ihr wurde eine Schriftprobe entnommen, da sie vermutlich von „Revisor" zur Anfertigung der maschinenschriftlichen Aufzeichnungen benutzt wurde.

Im Schlafzimmer wurde im linken Kleiderschrank eine braune Lederaktentasche vorgefunden, die u.a. folgende Materialien enthielt: eine Mappe mit Durchschlägen von Eingaben an den Staatsrat, die Volkskammer und das Oberste Gericht der DDR, drei Fachbücher aus den Jahren 1958 bis 1961, die „Revisor“ geschrieben hat bzw. an deren Erarbeitung er beteiligt war. Die anschließende konspirative Durchsuchung des Bades, der Küche und der kleinen Abstellkammer ergab keine weiteren operativen Anhaltspunkte. Hinweise auf nachrichtendienstliche Hilfsmittel bzw. auf eine nachrichtendienstliche Tätigkeit konnten nicht erarbeitet werden.

Große Teile der vorgefundenen hand- und maschinenschriftlichen Aufzeichnungen, insbesondere solche, die strafrechtlich relevante Hinweise enthalten könnten, wurden [...] in der Küche dokumentiert, so u.a. der Zettel mit Namen und Anschrift des Stern-Korrespondenten ____ mit der vereinbarten Zusammenkunft, die Teile 4 und 6 der Mappen mit den Gedichten [...] sowie die Inhaltsverzeichnisse der anderen Bände, Aufzeichnungen mit Namen, Adressen und Telefonnummern, der Inhalt der Mappe mit den genannten Eingaben sowie persönliche Dokumente wie Reisepaß, Sparkassenbuch, Zeugnisse, SVK-Ausweis, um nur einige zu nennen. Des weiteren wurden von dem im Kleiderschrank vorgefundenen Wohnungsschlüssel Abdrücke gefertigt.

U
STADTMITTE

Nachdem alle Räume, Schränke und Behältnisse einer eingehenden Kontrolle unterzogen waren, wurde die Wohnung des „Revisor“ nach gründlicher Prüfung, daß keine Spuren hinterlassen wurden, unter Absicherung durch die Sicherungskräfte gegen 12.40 Uhr wieder konspirativ verlassen und die Korridortür ordnungsgemäß verschlossen. Die Einsatz- und Sicherungskräfte verließen gegen 12.45 Uhr das Haus. Es wurde eingeschätzt, daß das Betreten und Verlassen der Wohnung des „Revisor“ konspirativ und ohne Vorkommnisse verlief und die gestellten Aufgaben und Zielstellungen erreicht wurden.

Mit der konspirativen Durchsuchung der Wohnräume des „Revisor“ wurde eine wesentliche Etappe der operativen Bearbeitung, in der aussagekräftige inoffizielle Beweise erarbeitet werden konnten, abgeschlossen. Die umgehend vom Leiter der Hauptabteilung vorgeschlagene Festnahme des „Revisor“ wurde vom Genossen Minister bestätigt. Der Vorschlag wurde u.a. wie folgt begründet: [...]

[Vorgeschlagen wurde u.a.:] ... konspirative Festnahme am 7.1. 1984 und gleichzeitige Unterbindung der Übergabe des Materials; im Anschluß an die Festnahme offizielle Wohnungsdurchsuchung zur Sicherung von Beweisen, Vernehmung durch die Hauptabteilung IX mit dem Ziel der Einleitung und Durchführung eines Ermittlungsverfahrens.

Am Morgen des 7.1. 1984, dem Tag der Festnahme, wurde mit der Beobachtung am Wohnhaus des „Revisor“ um 5.48 Uhr begonnen. Um 6.07 Uhr war durch das rechte Fenster der Wohnung Licht zu sehen. Um 8.33 Uhr wurde die Beleuchtung ausgeschaltet. Um 8.38 Uhr verließ „Revisor“ das Wohnhaus. Er ging die ____ bis zum U-Bahnhof ____. Die bei der konspirativen Wohnungsdurchsuchung im Schlafzimmerschrank festgestellte braune Aktentasche hatte er bei sich. Nachdem sich „Revisor“ durch die Beobachtungskräfte unter Kontrolle befand, wurde nochmals eine kurze konspirative Wohnungsdurchsuchung vorgenommen, um festzustellen, ob und welche Materialien er möglicherweise mitgenommen hatte. Folgende Materialien waren nicht mehr aufzufinden: [...]. Die anschließende Festnahme bestätigte die Vermutung, daß er diese Unterlagen in der Aktentasche mit sich führte.

Um 9.08 Uhr verließ „Revisor“ die U-Bahn-Station Stadtmitte, ging durch die Mohren- und Charlottenstraße zielstrebig auf das Büro des „Stern“-Korrespondenten in der ____ zu, welches er um 9.15 Uhr erreichte. Um die Festnahme des „Revisor“ möglichst unbeobachtet von Korrespondenten und Diplomaten insbesondere der BRD und anderer Personen zu realisieren, wurde er am direkten Zugang zum Haus gehindert. Das wurde durch Reparaturarbeiten an der Haustür, die zwei operative Mitarbeiter ausführten, gewährleistet. Einer der beiden Mitarbeiter forderte „Revisor“ wegen der angeblich nicht zu öffnenden Tür auf, mit ihm den Hintereingang des Hauses aufzusuchen und von dort das Haus zu betreten. „Revisor“ stimmte bereitwillig zu und wurde auf dem Weg dorthin in der Charlottenstraße um 9.19 Uhr konspirativ festgenommen.

Zu Ermittlungen und Verhaftung

Ermittlungen gegen Ausreisantragsteller I

Nr. 12:
Übersichtsbogen zu einer Operativen Personenkontrolle vom 16. Februar 1984

MfS/BV/V Schwerin

Diensteinheit Hagenow

Mitarbeiter Wendt

Der Bundesbeauftragte für die Unterlagen des Staatssicherheitsdienstes der ehemaligen Deutschen Demokratischen Republik Außenstelle Magdeburg Wilhelm-Höpfner-Ring 3 Magdeburg-Sudenburg

0..262

Hagenow, den 16.o2.84

Reg.-Nr. II 268/84

Übersichtsbogen zur operativen Personenkontrolle

" Opponent "
Deckname

Lfd. Nr.	Name, Vorname	PKZ [1]	Karteikarten erhalten Datum/Unterschrift
1	Langediekhoff, Bernd	141162 4 o212 9	12. März 1984

1. Gründe für das Einleiten

L. tritt seit Juli 1983 als hartnäckiger Gesuchsteller auf Übersiedlung in die BRD auf. Zur Realisierung dieser Zielstellung nutzt er objektiv bestehende Wohnraumprobleme seitens seiner Familie als Ausgangspunkt.
Zur soz. Gesellschaftsordnung nimmt L. eine verfestigte negative Position ein.

2. Zielstellung der OPK

Aufklärung der wahren Motive, die zur Gesuchstellung des L. auf Übersiedlung in die BRD führten sowie deren Zurückdrängung im ZW mit dem Rat des Kreises Hagenow, Abt. Inneres.
Aufklärung des Charakters der Verbindungen des L. in die BRD, sowie die Verhinderung der Übergabe von Informationen an die Kontaktpersonen durch L. betreffs seiner Gesuchstellung.

3. Entscheidung über das Einleiten

Bestätigt: [Unterschrift] 16.o2.84 (Datum) [Unterschrift] Wendt Ultn. (Unterschrift)

4. Eingesetzte IM/GMS — Koordiniert mit

IMS "Karl Wolf"
IMS "Torsten"
A-IM "Birke"
IMS "Karl"

KOPIE BStU KOPIE BStU

1 PKZ bei DDR-Bürgern, bei Ausländern Geburtsdatum angeben!

310 O

Nr. 13:
Handschriftlicher Vermerk vom 16. April 1984 über ein „Vorbeugungsgespräch“

KD Hagenow Hagenow, 16. 4. 84

Aktenvermerk
über das Vorbeugungsgespräch mit der Person
Langedieckhoff, Bernd [...]

Das Vorbeugungsgespräch wurde am 05.04.84 durch Gen. Hptm. Haugg und Ultn. Wendt mit folgender Zielstellung durchgeführt:

1. Herausarbeitung der wahren Motive, die zur Gesuchstellung sowie zu seiner verfestigten hartnäckigen Haltung zur Realisierung seiner Zielstellung führten;
2. Prüfung der Möglichkeiten, die eine wirksame Zurückdrängung der Gesuchstellung begründen;
3. Aufdeckung bereits begangener strafrechtlich-relevanter Handlungen, die im Zusammenhang mit der Gesuchstellung stehen.

Das Gespräch wurde über den Vorsitzenden der Konsumgenossenschaft Hagenow, [...], terminlich vereinbart und in dessen Arbeitszimmer durchgeführt.

Mit Eröffnung des Gesprächs um 9.30 Uhr wurde der Person L. mitgeteilt, daß die Gesprächsführung auf einem Tonträger konserviert wird. Gegen diese Maßnahme bestanden seitens des L. keine Einwände.

Ausgehend von der Zielstellung lag der Schwerpunkt zu Beginn des Gesprächs auf der Herausarbeitung der politischen Position des L. sowie seine derzeitige Haltung zur Gesuchstellung. In dieser Phase stellte sich heraus, daß es sich bei L. um eine Person mit feindl.-negativer politischer Einstellung handelt. Es zeigte sich, daß er der PID unterliegt und seine polit. Einstellung geformt wird durch das ständige Verfolgen von polit. Sendungen der BRD-Massenmedien. [...]

Die op. Wertigkeit dieser Sendungen im Zusammenhang mit L. ergibt sich aus der Tatsache, daß L. über diese Sendungen angeregt wurde, Verbindungen zu BRD-Personen aufzunehmen, die ihm hinsichtlich seiner Zielstellung Unterstützung geben würden. [...]

Weiterhin wurde sichtbar, daß L. trotz umfangreicher und tiefgründiger Argumentation unsererseits hartnäckig an seiner Gesuchstellung festhält.

Im Gespräch untermauerte L. seine Hartnäckigkeit mit folgenden Motiven:

1. Er fühlt sich durch Staat u. Gesellschaft in seiner persönlichen Entscheidungsfindung bevormundet.
2. Er fühlt sich in seiner persönlichen Freiheit eingeengt, da er nicht in das Land seiner Wahl reisen kann. [...]

Ausgehend von den dargestellten Motiven, äußerte L. seine ablehnende Haltung gegenüber den gesell. Verhältnissen in der DDR. Operativ zu beachten ist, daß die in seinem ersten Antrag genannten Motive – Wohnraumproblem – nur als fiktives Motiv zu betrachten ist, da er auf eingeleitete Maßnahmen staatlicher Organe zur Bereitstellung eines eigenständigen Wohnraumes negativ reagierte.

Nach op. Wertung des bisherigen Verlaufs des Gespräches mußte Schlußfolgerung gezogen werden, daß L. keine Bereitschaft zeigt, positiv auf das Gespräch zu reagieren. Daher wurde der weitere Verlauf zielstrebig genutzt, zur Herausarbeitung bestehender Verbindungen zu Personen und staatlichen Organen/Institutionen der BRD sowie zur Dokumentierung bereits begangener strafrechtlich-relevanter Handlungen.

In Zusammenfassung dieses Komplexes wurde dem L. eine schriftliche Erklärung abgenommen aus der bereits eingeleitete und durchgeführte Handlungen zur Durchsetzung seiner Gesuchstellung hervorgehen. [...] Darüber hinaus wurde der L. in schriftlicher Form belehrt und ihm der Inhalt umfassend erläutert. [...] Mit diesen Maßnahmen wurde das Gespräch gegen 15.30 Uhr beendet.

Einschätzend zur Person kann aus der Gesprächsführung folgende op. Wertung getroffen werden:

Bei L. handelt es sich um eine Person, die über eine gute Allgemeinbildung verfügt. Es wurde aber sichtbar, daß auf Grund des ständigen Einflußes der BRD-Massenmedien L. sich zu einem jungen Menschen entwickelt hat, der nicht in der Lage ist, sich vollziehende gesell. Prozeße (sic!) in der DDR objektiv zu werten u. einzuordnen. Hinzu kommt, daß sein polit. Meinungsbild weiterhin geprägt wird, durch sein aktives Engagement in der kath. Kirche Wittenburg. Diese kirchliche Bindung ist Bestandteil der elterlichen Erziehung seit Kindheit an.

Im Gespräch erwieß [sic] er sich als geistig rege, wobei er für sich keine positiven Schlußfolgerungen ableitete.

In der ersten Phase des Gespräches zeigte L. sich gefaßt und nahm aktiv an der Gesprächsführung teil. Aber bereits hier zeigte sich, auch in Auswertung vorliegenden Materials, daß L. nicht auf alle Frage- u. Problemstellungen offen u. wahrheitsgemäß antwortete. Seine vorgetäuschte innere Ruhe mußte er aufgeben, als die Gesprächsführung gelenkt wurde auf seine wahren Motive und bestehende Verbindungen in die BRD. Die innere Unruhe machte sich bei L. bemerkbar, als er mit Haltung kirchlicher Würdenträger hinsichtlich der Praxis zur Durchsetzung von Gesuchstellungen und moralischen Grundregeln katholischer Christen konfrontiert wurde. Das diesbezügliche Vorgehen machte es möglich, daß L bereits realisierte Handlungen zur Durchsetzung seiner Zielstellung nach u. nach offenbarte.

In diesem Zusammenhang ist op. zu beachten, daß L. sich nach eigener Darstellung nicht mit den positiven Verhaltensweisen kath. Amtsträger identifiziert. Er nimmt in Anspruch, daß jeder Christ seine eigene Haltung zu allen Problemen haben kann.

Entgegen allen bisher op. vorliegenden Erkenntnissen offenbarte er hinsichtlich der Familiensituation, daß er alle mit einer Übersiedlung in die BRD im Zusammenhang stehenden familiären Konsequenzen aufsichnehmen [sic] würde.

Durch das Gespräch wurde Beweißkräftig [sic] herausgearbeitet, daß es sich bei L. um eine Person handelt, die auf der Grundlage seiner feindl.-negativen Einstellung bereits über ein längeren Zeitraum mit dem Gedanken sich beschäftigt, ein Leben in der BRD aufzubauen. Daher muß geschlußfolgert werden, daß L. bereit ist, bei Nichtrealisierung einer legalen Übersiedlung in die BRD durch strafrechtlich relevante Handlungen seine Zielstellung zu realisieren.

Referatsleiter XVII/XX	op. Mitarbeiter
Haugg – Hptm. –	Wendt – Ultn. –

Nr. 14:
Vermerk vom 8. Mai 1984 über eine „Prüfungshandlung" gemäß § 95 StPO

Abteilung IX — Schwerin, den 8. 5. 1984

Kreisdienststelle
Hagenow

Prüfungshandlung gem. § 95 StPO zum OV „Opponent" der KD Hagenow

Am 25. 4. 1984 wurde der im OV „Opponent" bearbeitete Verdächtige

LANGEDIEKHOFF, Bernd

durch die Abteilung IX gem. § 95 StPO im Rahmen eines Verdachtsprüfungsverfahrens befragt sowie sein Vater [...] zeugenschaftlich vernommen.

Im Ergebnis der Befragung wurde die Feststellung getroffen, daß die Handlungen des L. für die Erfüllung des Tatbestandes des § 219 Abs. 2 Ziff. 1 StGB nicht ausreichend sind.

Nach Konsultation mit der HA IX und mit Zustimmung des Stellvertreter Operativ, Gen. Oberst KRALISCH, wurde entschieden, L. zu belehren und nach Hause zu entlassen. [...]

Leiter der Abteilung
Pawlowski
Major

Nr. 15:
Vermerk über ein Gespräch am 25. Januar 1985

Rat des Kreises Hagenow
Abt. Innere Angelegenheiten

Aktenvermerk über das Gespräch mit Bernd Langediekhoff am 25.01.1985

Der Bürger wurde aufgrund seiner ständigen Wiederholungsversuche vorgeladen. Nach wie vor bringt er zum Ausdruck, daß er in die BRD übersiedeln möchte.

Im Gespräch kamen durch L. auch realistische Einschätzungen zum Ausdruck. So war er über die statistischen Veröffentlichungen unserer Planwirtschaft informiert und sah auch den hohen Zuwachs in den einzelnen Positionen. Gewisse Teile des gesellschaftlichen Entwicklungsprozesses erkennt er an und verwickelte sich dadurch in Widersprüche.

L. meint, für den Frieden kann er auch etwas in der BRD tun. Z.B. beim Krefelder Appell. Als er konkreter werden sollte, meinte er: „In der BRD könnte er dann über die CDU seinen Beitrag leisten, aber das ist ja alles Utopie."

In Wittenburg ist er aktiv in der Kirche tätig. Konkreteres nannte er nicht.

Seit 1 Jahr schreibt er sich mit einer Freundin in Hamburg, die er aber persönlich nicht kennt.

In der DDR sieht er für eine Gründung einer Familie keine Perspektive.

Seine Tante in der BRD ist Ordensfrau. Sie leitet ein Heim in der Struktur von Lobetal, nur größer.

Befragt, wie er sein weiteres Leben in der Perspektive sieht, sagte er: „Ich sehe meine Zukunft in der BRD."

Dem Bürger wurde abschließend mitgeteilt, daß die Entscheidung, die ihm ehemals mitgeteilt wurde, aufrechterhalten bleibt, da er laut Verordnung vom 15.09.83 nicht antragsberechtigt sei. Diese beziehen sich auch auf eventuell neue Schreiben seinerseits. [...]

Nr. 16:
Abschlußbericht zu einem Operativen Vorgang vom 6. August 1985

Kreisdienststelle Hagenow Hagenow, 6. Aug. 1985

Abschlußbericht zum Operativ-Vorgang „Opponent" – Reg. Nr. II 268/84

Durch unsere DE wurde am 5. 4. 1984 der OV „Opponent" zur Person
Langediekhoff, Bernd [...]
angelegt.

Die Zielstellung der operativen Bearbeitung bestand in
- der umfassenden Herausarbeitung der wahren Motive, die zur Gesuchstellung des L. auf Übersiedlung in die BRD führten sowie deren Zurückdrängung im ZW mit dem Rat des Kreises Hagenow, Abt. Inneres;
- Aufklärung des Charakters der Verbindungen des L. in die BRD zu Personen, Gruppen und Organisationen, mit denen er in postalischem Kontakt, sowie die Verhinderung der Übergabe von Informationen an diese durch L. betreffs seiner Gesuchstellung. [...]

L. trat erstmalig am 16. 7. 1983 operativ in Erscheinung, indem er an das MDI/Rechtsabteilung eine Eingabe richtete mit der Forderung, ihn aus der Staatsbürgerschaft der DDR zu entlassen und in die BRD überzusiedeln.

Aufgrund seines damit verbundenen feindlich-negativen Auftretens wurde zu L. die OPK eingeleitet.

In der Folgezeit stellte L. hartnäckig weitere Gesuche auf Übersiedlung in die BRD an verschiedene staatliche Organe und dokumentierte in diesem Zusammenhang seine feindlich-negative Haltung.

Als Motive für seine Handlungsweisen gab er unterschiedliche soziale Probleme an. Im Prozeß der OPK konnte erarbeitet werden, daß diese Motive von den wahren politischen Motiven ablenken sollten, die hauptsächlich durch ideologische Beeinflussungen seitens BRD-Personen und –Institutionen sowie deren Fernseh- und Rundfunkstationen erzeugt wurden.

So unterhielt L. umfangreiche postalische Kontakte zu seiner Tante [...] sowie zu einem gleichaltrigen Mädchen aus der BRD Sch[...].

Die Anschrift der Sch. erhielt L. über den BRD-Radiosender NDR-II, zu dem er postalischen Kontakt unterhielt.

Bereits in der Anfangsphase dieses Briefkontaktes wurde sichtbar, daß die Sch. dem L. moralische Unterstützung hinsichtlich der Realisierung der Gesuchstellung gab.

Da eingeschätzt werden mußte, daß eine Zurückdrängung des L. von seinem Vorhaben keinen Erfolg verspricht und er konspirative Methoden zur Aufrechterhaltung seiner Briefkontakte in die BRD anwandte, wurde die Bearbeitung des L. im OV fortgesetzt.

Im Rahmen einer operativen Kombination wurde zu L. über das WKK Hagenow eine Einberufungsüberprüfung eingeleitet. In diesem Zusammenhang übergab er am 6. 3. 1985 dem WKK eine schriftliche Erklärung, mit der er den bevorstehenden Wehrdienst ab 2. 5. 85 mit und ohne Waffe ablehnt. L. erhoffte durch seine Wehrdienstverweigerung inhaftiert und später über den Strafvollzug in die BRD übergesiedelt zu werden. Über dieses Vorgehen informierte L. auch die BRD-Person Sch[...].

Am 22. 4. 1985 erhielt der L. von der Sch[...] einen Brief, in dem sie ihm mitteilt, daß er nur dann aus der Haft in die BRD übergesiedelt wird, wenn er Straftaten begeht und ausschließlich vom MfS festgenommen und inhaftiert wird. Eine Inhaftierung wegen Wehrdienstverweigerung würde nicht zu seiner Entlassung aus der Haft in die BRD führen.

Da seine Einberufung zur Ableistung des Wehrdienstes am 2. 5. 1985 bevorstand, entschloß sich L. am 28. 4. 1985, ein Schreiben an die Abt. Inneres des Rates des Kreises Hagenow herzustellen und in diesem demonstrative Handlungen zum 1. Mai 1985 anzudrohen.

Nachdem von ihm das Schreiben fertiggestellt war, setzte er sich am 29. 4. 1985 telefonisch mit dem WKK Hagenow in Verbindung und kündigte dort an, daß er nunmehr bereit sei, Wehrdienst ohne Waffe abzuleisten.

Als ihm jedoch mitgeteilt wurde, daß seine Einberufung zur Ableistung des Grundwehrdienstes mit Waffe aufrechterhalten bleibt, sandte er das gefertigte Schreiben an den Rat des Kreises Hagenow per Post ab.

Aufgrund dieses Sachverhaltes wurde L. durch unser Organ am 30. 4. 1985 in Untersuchungshaft genommen und ein Ermittlungsverfahren eingeleitet. Im Prozeß des EV wurde der Sachverhalt bestätigt.

Am 16. 7. 1985 wurde L. durch das Kreisgericht Schwerin-Stadt gemäß den §§ 214, Abs. 1 StGB und 43, Abs. 1, Ziff 3 des Wehrdienstgesetzes zu 1 Jahr und 4 Monaten Freiheitsentzug sowie Einziehung von Schriftenmaterial und einer Magnettonbandkassette verurteilt.

Aus diesem Grunde wird vorgeschlagen, den OV „Opponent" in der Abteilung XII der BV Schwerin zu archivieren [...].

Leiter der Kreisdienststelle	Sachbearbeiter XX
Eichhorn	Wendt
Oberstleutnant	Leutnant

Quelle: MfS-Akte von Bernd Langedieckhoff, BStU, ASt. Magdeburg, AOp 807/85 sowie AU 813/85.

Ermittlungen gegen Ausreiseantragsteller II

Nr. 17: Sachstandsbericht einer Operativen Personenkontrolle vom 17. November 1981

Kreisdienststelle Torgau Torgau, 17.11.1981

Sachstandsbericht zur OPK „Botschaft"

Unter operativer Kontrolle steht der DDR-Bürger

Golde , Reinhard [...]

wegen hartnäckiger rechtswidriger Antragstellung, auf Übersiedlung in die BRD und Aberkennung der Staatsbürgerschaft der DDR.

G. hat eine negative Grundeinstellung zur DDR.

Auf Grund dieser politischen Einstellung versucht er, die DDR „legal" zu verlassen. Zu diesem Zwecke hat er sich im Rahmen des Besucherverkehrs BRD / DDR mit der Bürgerin [Name von der Behörde der Bundesbeauftragten geschwärzt] „schein-verlobt". Inoffiziell ist bekannt, daß diese Verlobung nur zum Zwecke der Übersiedlung des G. in die BRD inszeniert wurde. Im Auftrage des G. hat die [Name von der Behörde des Bundesbeauftragten geschwärzt.] in der BRD Verbindung zu dem Bundestagsabgeordneten O[...] und dem Bundesminister für innerdeutsche Beziehungen aufgenommen, mit dem Ziel, die Übersiedlung des G. auf „legaler Weise" zu unterstützen.

Nach der Realisierung mehrerer Aussprachen mit dem G. durch Funktionäre des Betriebes und des Staatsapparates wechselte er kurzfristig die Arbeitsstelle. Mit Absprache des [Name von der Behörde der Bundesbeauftragten geschwärzt] wurde G. Pfleger im evangelischen Katharinenheim in Großhennersdorf. Deutlich erkennbares Ziel ist dabei, daß G. sein Ziel mit Unterstützung der Kirche erreichen will. In diesem Zusammenhang hat G. Verbindung mit der evgl. Landeskirchenleitung in Dresden aufgenommen. G. ist Unterzeichner der Unterschriftensammlung des „Sozialen Friedensdienstes".

Die rechtswidrigen Anträge des G. wurden abgelehnt.

In den mehrfach danach erneut gestellten Anträgen wird sichtbar, daß sich G. in seiner Argumentation als Träger der PID erweist.

Es ist einzuschätzen, daß die politisch-ideologische Entwicklung des G. gegenwärtig mit negativer Tendenz verläuft. Aus diesem Grund sind bei G. provokatorisch-negative Handlungen nicht auszuschließen.

Die OPK ist deshalb erforderlich.

Zielstellung der OPK:

- weitere Aufklärung und Dokumentierung der echten Motive des Handelns des G.
- Aufklärung des G., vor allem des aktuellen Standes seiner politisch-ideologischen Einstellung, mit dem Ziel, den Zeitpunkt evtl. krimineller Handlungen rechtzeitig bestimmen zu können
- Durchsetzung von abgestimmten Maßnahmen durch Abt. Inneres beim Rat des Kreises, mit dem Ziel, die negative Entwicklung zu neutralisieren.

Leiter der Kreisdienststelle
Böhm, Major

Nr. 18:
Einschätzung der Bezirkskoordinierungsgruppe vom 23. April 1982

BV für Staatssicherheit Leipzig
Bezirkskoordinierungsgruppe

Leipzig, 23. April 1982
hrm-dö

Einschätzung der vorgeschlagenen Maßnahmen zur OPK „Botschaft“

Entsprechend den vorliegenden Ergebnissen der operativen Bearbeitung sowie die gegenwärtigen Aktivitäten des Verdächtigen GOLDE ist das Führen eines Vorbeugungsgespräches mit GOLDE gerechtfertigt. Es braucht jedoch nicht unbedingt durch die Abteilung IX geführt werden

Vorschläge zur weiteren operativen Bearbeitung

1. Qualifizierte Aussprachetätigkeit, verbunden mit einer eindeutigen Klärung der Rechtslage seitens der Abteilung Inneres bzw. durch Genossen der KD Torgau.
2. Herstellung eines echten Vertrauensverhältnisses der eingeführten IM, mit der Zielstellung
- Aufklärung der weiteren Pläne und Absichten des G. bezüglich seines Übersiedlungsersuchens,
- Aufklärung der Aktivitäten der Kirche bei der Unterstützung bzw. Durchsetzung seines RE,
- Identifizierung der unbekannten Person, die G. vermutlich rechtlich berät,
- eindeutige Klärung, welche Rolle GOLDE in der von kirchlichen Kreisen organisierten Bewegung „Sozialer Friedensdienst“ spielt.
3. Die von der Kirche organisierte „Friedensbewegung“ nimmt zur Zeit einen hohen operativen Stellenwert ein.
   Nach Konsultation mit der Abteilung XX ist zu prüfen, ob GOLDE zur operativen Bearbeitung dieser Bewegung inoffiziell nutzbar ist.
4. Koordinierungsabsprache mit der zuständigen KD im Bezirk Dresden zur Abstimmung weiterer operativer Maßnahmen.

Stellv. Leiter der BKG
Gieck
Major

Nr. 19:
Protokoll eines Gesprächs am 2. September 1982

Protokoll – zum Gespräch *Golde* vom 2.9.82

Am 2.09.1982 erschien der Bürger Golde bei Stellv. d. Vorsitzenden für Inneres. In diesem Gespräch wurde gegenüber Golde sein Brief an das MDI vom 26.7.82 beantwortet.

Golde brachte zum Ausdruck, daß er ab 15.9.82 in einer kirchlichen Einrichtung des Kreises Torgau eine Teilzeitbeschäftigung aufnehmen wird.

Welche Einrichtung das sein wird, sagte er nicht.

Weiterhin brachte er zum Ausdruck, daß er zwar [Name von der Behörde der Bundesbeauftragten geschwärzt] noch heiraten möchte, die DDR aber in erster Linie aus politischen Gründen verlassen will, da in seinem Falle die Menschenrechte verletzt werden.

Von seinem Vorhaben sei er nur durch ein Haft abzubringen.

F.d.R. [...]

Nr. 20:
Protokoll einer „Aussprache“ am 11. Oktober 1982

Ausspracheprotokoll – über die geführte Aussprache mit Golde, Reinhard [...]

Am 21.9.82 erschien der Bürger Golde beim Abt. Leiter Innere Angelegenheiten um bezüglich seiner Antragstellung zwecks Übersiedlung vorzusprechen.

Golde betonte im Gespräch, daß er auf jedem Fall bei seiner Antragstellung bleibt.

Er *teilte mit*, daß er *ab 28.9.82 keiner Arbeit* mehr *nachgehen* wird. Seinen Unterhalt wird er aus seinen Ersparnissen, die nicht unbeträchtlich sind, bestreiten. Dies könnte jederzeit nachgeprüft werden. Im weiteren Verlauf erbat er Unterstützung bei der Einreisegenehmigung seiner Verlobten, die wiederholt durch das VPKA [Volkspolizeikreisamt] abgelehnt wurde. Hierzu wurde er an die VP verwiesen, da daß nicht Sache der staatlichen Organe ist.

Bürger Golde brachte nochmals zum Ausdruck, daß er sich als Bürger 2. Klasse fühle und durch die PM 12 dies zum Ausdruck komme.

Er verwies nochmals darauf, *daß er auch keine strafrechtlichen Konsequenzen scheue um sein Ziel,* die DDR zu verlassen, *zu erreichen.* Golde ist hierzu auch zu weiteren Gesprächen mit den staatlichen Organen bereit, ohne jedoch von seinen Absichten der Übersiedlung Abstand zu nehmen.

Torgau, 11.10.82 [...]

Nr. 21:
Handschriftlicher Vermerk über die „Planabsprache“ vom 10. November 1982

KD Tg Tg., d. 10.11.82

Aktenvermerk

In der Planabsprache 1983 mit der BKG – vertreten durch Gen. Gieck + Meinhardt wurde zum OPK „Botschaft“ folgendes festgelegt:

1. OPK „Botschaft“ wird in die Planvorgabe 83 aufgenommen mit dem Ziel
   - Abschluß mit strafrechtlichen Maßnahmen bis 31.3.83.
   - die OPK wird vorher zum OV entwickelt.
   - Grundgedanke dabei ist, daß auf zentrale Festlegungen das Aufsuchen der Vertretung d. BRD in d. HS d. DDR zum Zwecke der Durchsetzung d. RE neu op. bewertet wird.
2. Der Verdächtige ist offiziell zu belehren, daß er die ständige Vertretung d. BRD nicht aufzusuchen hat. Für sein bisheriges Verhalten dazu ist er zu verwarnen. Diese Verwarnung ist schriftlich zu dokumentieren. Sollte G. die Unterschrift verweigern, haben anwesende Personen die Verwarnung zu bekunden.

Böhm, OSL

Nr. 22:
Sachstandsbericht zum Abschluß der Operativen Personenkontrolle und Überführung in einen Operativen Vorgang vom 15. Februar 1983

Kreisdienststelle Torgau   Torgau, 15. 02. 1983

bestätigt:
Stellvertreter Operativ
Eppisch
Oberst

Sachstandsbericht zum Abschluß der OPK und zur Anlage des OV „Botschaft“

In der OPK „Botschaft“ [...] wird der DDR-Bürger

Name: *Golde*
Vorname: Reinhard [...]

wegen hartnäckiger Antragstellung auf Übersiedlung in die BRD und Aberkennung der Staatsbürgerschaft der DDR operativ bearbeitet.

Als wesentlichste Ergebnisse wurden erarbeitet:

1. Golde, Reinhard hat sich mit Hilfe des BRD-Bürgers [Name von der Behörde der Bundesbeauftragten geschwärzt]
ein Scheinverlöbnis zu der BRD-Bürgerin [Name von der Behörde der Bundesbeauftragten geschwärzt] aufgebaut. Zuvor war Golde im September 1977 in der BRD-Botschaft in der VR Ungarn gewesen und hat dort vergeblich um Asyl gebeten. [...]
Dieses Scheinverlöbnis benutzte Golde vielfach zur „Begründung“ seines rechtswidrigen Antrages auf Übersiedlung in die BRD.
Seine „Verlobte heiratete am 1. Osterfeiertag 1982 den [Name von der Behörde der Bundesbeauftragten geschwärzt] (nähere Angaben dazu sind bisher nicht bekannt). Obwohl Golde davon Kenntnis erhalten hat, blieb er bei den staatlichen Stellen bei seiner Forderung der Übersiedlung zur „Verlobten“. [...]
Im November 1982 gibt Golde der Abt. Inneres beim Rat des Kreises Torgau bekannt, daß er sein „Verlöbnis“ mit der [Name von der Behörde der Bundesbeauftragten geschwärzt] gelöst habe, jedoch seine Forderung, auf Übersiedlung in die BRD bestehen bleibt [...].
2. Mit Wissen des Golde, Reinhard hat Frau [Name von der Behörde der Bundesbeauftragten geschwärzt] Verbindung zu dem Bundestagsabgeordneten O[...] aufgenommen mit dem Ziel, die Übersiedlung des Golde in die BRD zu unterstützen [...].
Dieser Bundestagsabgeordnete vermittelt eine Verbindung zum Bundesminister für Innerdeutsche Beziehungen [...].
3. Am 27.04.1982 suchte Golde die Vertretung der BRD in der Hauptstadt der DDR auf. Die Gesprächsführung erfolgt mit einer Mitarbeiterin der Vertretung, deren Namen nicht bekannt ist [...]. Golde berichtet angeblich wahrheitsgemäß zu seiner Person und zum Übersiedlungsproblem. [...]
In diesem Gespräch wird Golde an eine Person [...] verwiesen. [...] würde dem Golde „Ratschläge über das weitere Vorgehen bzw. Verhalten geben“. [...]
Am 30.09.1982 suchte Golde erneut die Ständige Vertretung der BRD in Berlin auf. (siehe Information der Abt. II vom 13.10.82 und IM-Bericht „Maier“ vom 06.10.1982) [...].
Es muß eingeschätzt werden, daß der Golde das Aufsuchen der Ständigen Vertretung der BRD in der Hauptstadt der DDR nur mit dem Ziel durchführt, Unterstützung zur Durchsetzung des rechtswidrigen Ersuchen auf Übersiedlung und Aberkennung der Staatsbürgerschaft der DDR zu erhalten. Die Angaben des Golde in der Ständigen Vertretung der

BRD können aus seinen eigenen Einlassungen, Schreiben, Anträgen und Beschwerden abgeleitet werden. Diese Angaben richten sich gegen die Interessen der DDR.

4. Golde hat wiederholt Verbindung mit der UNO-Menschenrechtskommission in Genf schriftlich und telefonisch aufgenommen. Ein Brief des Golde an die UNO vom 30.10.1981 und ein Antwortschreiben der UNO an Golde vom 22.02.1982 liegen als offiziell auswertbare Dokumente bei [...].
5. Alle eingeleiteten Maßnahmen, Aussprachen und Belehrungen, durch die Abt. Inneres beim Rat des Kreises Torgau und Abt. K des VPKA Torgau, als auch die Hinweise an Golde von zentralen staatlichen Stellen hatten im Bezug auf ein gesellschaftsgemäßes Verhalten des Golde keine Wirkung. Golde behauptet in allen schriftlichen und mündlichen Äußerungen, daß in der DDR die Menschenrechte verletzt werden. (siehe dazu einschlägige Schreiben des Golde an unterschiedliche zentrale und örtliche Staatsorgane).

Einschätzung:
Golde versucht mittels Täuschung und Druckausübung auf staatliche Organe eine Übersiedlung in die BRD zu erzwingen. Die echten Motive seines Verhaltens sind in ablehnender Einstellung des Golde zu den sozialistischen Gesellschaftsverhältnissen der DDR begründet.

Es kann begründet davon ausgegangen werden, daß eine nicht genau feststellbare Anzahl von Schreiben des Golde an die UNO-Menschenrechtskommission übermittelt wurden. Die schriftlichen Kontakte des Golde zur UNO wurden über die bereits genannte [Name von der Behörde der Bundesbeauftragten geschwärzt] abgewickelt.

Telefonische Kontakte hat Golde nach Genf zur UNO im Durchwählverfahren selbst aufgenommen (siehe Brief vom 25.10.1982 des Golde an die [Name von der Behörde der Bundesbeauftragten geschwärzt] [...]).

Einschätzung:
Das Ziel der OPK ist erreicht. Golde begeht Handlungen, welche den begründeten Verdacht einer Straftat gemäß § 100 StGB zulassen. Aus diesem Grund erfolgt die weitere operative Bearbeitung im OV „Botschaft".

Golde besitzt eine negativ-feindliche Grundeinstellung zu wesentlichen Seiten der Politik der SED. Sein Handeln und Vorgehen im Zusammenhang der Durchsetzung des rechtswidrigen Ersuchens auf Übersiedlung stimmt er mit einem Herrn [Name von der Behörde der Bundesbeauftragten geschwärzt] in Bonn ab.

Alle Hinweise und Instruktionen [...] werden von Golde vorbehaltlos realisiert. Die Verbindung zu [Name von der Behörde der Bundesbeauftragten geschwärzt] kam auf direkten Hinweis einer Mitarbeiterin der Ständigen Vertretung der BRD in Berlin zustande. In den von Golde bisher verfaßten Schreiben u. dgl. m. bezieht er sich stets auf konkrete Daten von Schreiben, welche zu einem früheren Zeitpunkt von ihm verfaßt wurden. Aus diesem Grunde kann geschlußfolgert werden, daß Golde im Besitz von Duplikaten aller bisher verschickten Schreiben ist.

Vorschlag:
Realisierung einer Prüfungshandlung gemäß § 95 StPO wegen Verdacht einer Straftat gemäß § 100 StGB.

Im Prozeß der Prüfungshandlung sind mögliche Ansätze zur Rückgewinnung des Golde bzw. Zurückziehung des rechtswidrigen Ersuchens zu nutzen.

Notwendige Absprachen sind in Zusammenarbeit mit der BKG und Abt. IX der BV Leipzig zu führen.

Leiter der Kreisdienststelle
Böhm
OSL

Kenntnis genommen:
Leiter der BKG

Nr. 23: „Strafrechtliche Stellungnahme“ vom 15. März 1983

BV für Staatssicherheit
Abteilung IX

Leipzig, 15. März 1983

gesehen:
Leiter der Bezirksverwaltung
Hummitzsch
Generalmajor

Strafrechtliche Stellungnahme zur OPK „Botschaft“, Reg. Nr. XIII 1192/81, der KD Torgau

In der OPK wird

Golde, Reinhard [...]

wegen des Verdachts der landesverräterischen Agententätigkeit gemäß § 100 StGB bearbeitet.

Durch die Abteilung M wurde am 27. 7. 1979 bekannt, daß der Verdächtige die Absicht verfolgt, nach der BRD überzusiedeln. Um eine Antragstellung auf Übersiedlung nach der BRD bei den dafür zuständigen staatlichen Organen der DDR begründen zu können, nahm er am 10.8.1980 mit der BRD-Bürgerin [Name von der Behörde der Bundesbeauftragten geschwärzt] ein Scheinverlöbnis auf. Dabei erhielt der Verdächtige Unterstützung durch die ihm bekannte [Name von der Behörde der Bundesbeauftragten geschwärzt] aus der BRD. Nach der Aufnahme des Scheinverlöbnisses stellte der Verdächtige im August 1980 erstmals Antrag auf Übersiedlung nach der BRD. Gleichzeitig beauftragte er die [Name von der Behörde der Bundesbeauftragten geschwärzt] Verbindung zum „Bundesministerium für innerdeutsche Beziehungen“ der BRD herzustellen. Der Verdächtige hoffte, daß von Seiten dieser Einrichtung der BRD Einfluß auf die staatlichen Organe der DDR genommen wird, damit seine Ausreise nach der BRD erfolgen kann. Am 13.10.1980 stellte die [Name von der Behörde der Bundesbeauftragten geschwärzt] auftragsgemäß diese Verbindung her, die in der Folgezeit über sie durch den Verdächtigen aufrechterhalten wurde. Gleichzeitig wandte sich die genannte BRD-Bürgerin an den Bundestagsabgeordneten O[...], damit sich dieser ebenfalls für die Ausreise des Verdächtigen aus der DDR verwendet. Über Aktivitäten des O[...] für eine Übersiedlung des Verdächtigen nach der BRD kann keine Aussage getroffen werden. Bei der Verbindungsaufnahme zum „Bundesministerium für innerdeutsche Beziehungen“ der BRD versandte die [Name von der Behörde der Bundesbeauftragten geschwärzt] am 13.10.1980 2 Fotokopien von Schreiben des Verdächtigen an diese Einrichtung. Diese Schreiben stammten vom August und Oktober 1980. Mit hoher Wahrscheinlichkeit wird es sich um Kopien von Anträgen auf Übersiedlung nach der BRD des Verdächtigen handeln, die er zu den vorgenannten Zeitpunkten an staatliche Organe der DDR geschickt hat.

Ebenfalls durch die Abteilung M wurde bekannt, daß die [Name von der Behörde der Bundesbeauftragten geschwärzt] seit November 1980 im Auftrage des Verdächtigen Verbindung zum Bundeshaus in Berlin (West) unterhält. Nach operativen Erkenntnissen befindet sich im Bundeshaus in Berlin (West) eine Abteilung des „Bundesministerium für innerdeutsche Beziehungen“, die sich mit Familienzusammenführung beschäftigt. Am 6.11.1980 fordert sie von dem Verdächtigen in einem Brief Informationen zu seiner Person, seiner beruflichen Tätigkeit, seinen Angehörigen und zu seinen bisherigen Aktivitäten auf Übersiedlung nach der BRD ab. Dem Verdächtigen wurde dabei bekannt, daß diese Informationen für die Ausfüllung eines Fragebogens benötigt werden, den die [Name von der Behörde der Bundesbeauftragten geschwärzt] an das Bundeshaus in Berlin (West) zu übermitteln hat, damit dem Golde, Reinhard bei der von ihm angestrebten

Übersiedlung nach der BRD geholfen werden kann. Vom Verdächtigen wurden diese Informationen nach der BRD übermittelt, was die [Name von der Behörde der Bundesbeauftragten geschwärzt] in einem vom 26.11.1980 durch die Abteilung M festgestellten Brief bestätigt.

Am 27.4.1982 suchte der Verdächtigte erstmals die Ständige Vertretung der BRD in der DDR auf, um durch Mitarbeiter dieser Einrichtung Hilfe und Unterstützung für die von ihm angestrebte Übersiedlung nach der BRD zu erhalten. Der Verdächtigte soll nach Hinweisen der Abteilung M in der Ständigen Vertretung der BRD in der DDR Mitteilung zu seiner Person und zu seinen bisherigen Aktivitäten auf Übersiedlung nach der BRD gemacht haben. [...]

Am 30.9.1982 soll sich Golde, Reinhard nach Mitteilung der Abteilung II der BV Leipzig nochmals in der Ständigen Vertretung der BRD in Berlin aufgehalten haben. Informationen zu diesem Aufenthalt in der Ständigen Vertretung liegen nicht vor. Alle vorliegenden Beweismittel sind inoffizieller Art.

Aus dem dargelegten Sachverhalt ergibt sich der Verdacht der landesverräterischen Nachrichtenübermittlung gemäß § 99 (1) StGB. Durch den Verdächtigen wurden seit Oktober 1980 der Geheimhaltung nicht unterliegende Nachrichten an das „Bundesministerium für innerdeutsche Beziehungen" übermittelt. In der Folgezeit wurden derartige Informationen auch der Ständigen Vertretung der BRD in der DDR zugänglich gemacht.

Mit diesen Handlungen wollte der Verdächtigte durch die Einrichtungen einer fremden Macht Hilfe bei der von ihm angestrebten Übersiedlung nach der BRD erlangen. Da er zwei Einrichtungen einer fremden Macht die erwähnten Informationen zugänglich machte, liegt gemäß § 63 (2) StGB tatmehrheitliches Handeln vor.

Es wird vorgeschlagen, mit dem Verdächtigen auf der Grundlage des § 95 StPO eine Befragung durchzuführen, um offizielle Beweise für seine landesverräterische Nachrichtenübermittlung zu erarbeiten. Im Ergebnis der Befragung ist zu entscheiden, ob ein Ermittlungsverfahren nach § 99 (1) StGB i.V.m. § 63 (2) TM [Tatmehrheit] StGB eingeleitet wird.

Frömmichen
Feldwebel

Leiter der Abteilung
Etzold
Oberstleutnant

Nr. 24:
„Erstmeldung“ der Abteilung IX vom 27. Juni 1983

AN
BV Leipzig, Abt. IX
MfS Berlin, HA IX, AK G/Stellv. für Auswertung

Leipzig 27. 6. 83

Erstmeldung [...]

1.02 *GOLDE*
1.03 Reinhard [...]
3. Am 27.6.1983 wurde GOLDE gemäß § 95 StPO befragt, wobei sich bestätigte, daß GOLDE zur Durchsetzung seines rechtswidrigen Ersuchens auf Aberkennung der Staatsbürgerschaft der DDR Verbindung zum Bundesministerium für innerdeutsche Beziehungen sowie zur Ständigen Vertretung der BRD in Berlin aufgenommen hat.
Der Beschuldigte stellte erstmals im August 1980 einen Antrag auf Entlassung aus der Staatsbürgerschaft der DDR, was er mit Zusammenführung mit seiner Verlobten [Name von der Behörde der Bundesbeauftragten geschwärzt] begründete. Im Widerspruch zu den Aussagen des Beschuldigten ist operativ bekannt, daß es sich hierbei um ein zum Zwecke der Ausreisebegründung manipuliertes Scheinverlöbnis handelte.
Zwischen dieser BRD-Bürgerin, deren Eltern und dem Beschuldigten bestanden seit Ende 1979 regelmäßige postalische Verbindungen.
Entsprechend einer im August 1980 in Belgern getroffenen Absprache, Aktivitäten zur Durchsetzung seines Ausreisevorhabens in der BRD zu unternehmen, nahm die [Name von der Behörde der Bundesbeauftragten geschwärzt] vermutlich bereits im Herbst 1980 Verbindung zum „Bundesministerium für innerdeutsche Beziehungen“ auf, was vom Beschuldigten sanktioniert wurde.
Um mit Hilfe dieser Einrichtung sein Ersuchen gegenüber der DDR durchzusetzen, übersandte der Beschuldigte von allen Schreiben an staatliche Organe der DDR einen Durchschlag an die [Name von der Behörde der Bundesbeauftragten geschwärzt], welche deren Weiterleitung an die genannte BRD-Einrichtung dem Beschuldigten postalisch bzw. telefonisch mitteilte.
Seinen Agngaben zufolge habe ihm die [Name von der Behörde der Bundesbeauftragten geschwärzt] Anfang 1982 mitgeteilt, daß sein Ersuchen in Regierungsverhandlungen mit der DDR aufgenommen worden sei, was den Beschuldigten veranlaßt habe, im Mai 1982 persönlich Verbindung zur SV aufzunehmen.
Um mit Hilfe dieser Einrichtung eine baldige Genehmigung seines Ersuchens zu erreichen und Einzelheiten zum Stand der erwähnten Verhandlungen zu erfahren, nahm der Beschuldigte im Mai 1982 Kontakt zu dieser Einrichtung auf und führte mit einer weiblichen Mitarbeiterin ein etwa 10minütiges Gespräch.
Dabei informierte der Beschuldigte über bisher gestellte Ersuchen an Staatsorgane der DDR und deren Ablehnung.
Bei diesem Gespräch wurde dem Beschuldigten mitgeteilt, daß eine Hilfe nicht möglich sei.
Diese Verbindung wurde durch eine erneute Kontaktaufnahme durch den Beschuldigten im September 1982 aufrecht erhalten.
Zu dieser Kontaktaufnahme habe den Beschuldigten eine postalische Mitteilung [Name von der Behörde der Bundesbeauftragten geschwärzt] über ein von ihr an die SV gerichtetes Schreiben veranlaßt.

Von dieser Kontaktaufnahme erhoffte sich der Beschuldigte Informationen zu möglicherweise zwischenzeitlich erfolgten Aktivitäten der Staatsorgane der BRD zur Durchsetzung seines Ersuchens.
Außer an die genannten Einrichtungen hat der Beschuldigte im Zeitraum 1981/82 in 5 Fällen postalische Mitteilungen über den Stand seines Ersuchens auf Anerkennung der Staatsbürgerschaft der DDR an die UNO-Menschenrechtskommission in Genf gemacht.

4. – Prüfen inwieweit der Beschuldigte durch seine Handlungen den Tatbestand des § 99 StGB verletzt hat,
   – Erarbeitung operativ-relevanter Informationen zu Personen aus Kirchenkreisen

Leiter der Bezirksverwaltung	Leiter der Abteilung
Hummitzsch	Etzold
Generalmajor	Oberstleutnant

Nr. 25:
Verfügung zur Einleitung eines Ermittlungsverfahrens vom 27. Juni 1983

32

BStU
000042

Bezirksverwaltung
für Staatssicherheit
Untersuchungsabteilung

~~Leipzig~~, den 27. 6. 83

Verfügung

Gemäß § 98 der Strafprozeßordnung wird gegen den/~~die~~

Name G o l d e

Vorname Reinhard

geboren am 20. 6. 1954 in Torgau

Beruf FA für maschinelle Glasverarbeitung zuletzt Betriebshandwerker

Wohnanschrift 7293 Belgern, Kirchbergstr. 19

KOPIE BStU

aus den unten angeführten Gründen die Einleitung/~~Bearbeitung~~ eines/~~des~~*) Ermittlungsverfahrens angeordnet.

Gründe:

GOLDE ist dringend verdächtig, mehrfach landesverräterische Agententätigkeit begangen zu haben, indem er seit mindestens 1980 zum "Bundesministerium für innerdeutsche Beziehungen" der BRD und im Mai 1982 zur Ständigen Vertretung der BRD in der DDR Verbindungen aufnahm, um in einer die Interessen der DDR schädigenden Weise sein rechtswidriges Ersuchen auf Aberkennung der Staatsbürgerschaft der DDR gegenüber den Staatsorganen der DDR durchzusetzen.

Strafbar gem.: § 100 (1) StGB i.V.m. § 63 (2) StGB (TM)

Siegel
Ministerium für St...

Leiter des Untersuchungsorgans

*) Nichtzutreffendes streichen

Form 502 a

Kopie BStU
AR 8

Nr. 26:
Untersuchungsplan vom 22. August 1983

BStU
000027

20

U-Plan

zum Untersuchungsvorgang Nr. XIII 89 /83

GOLDE	Reinhard	72/48	22.8.1983
Name	Vorname	Häftl.-Nr.	Bearbeitungsfrist

Tatbestand: Landesverr. Agententätigkeit gem. § 1oo (1) StGB

Fristverlängerungen:

Op. zuständige Abt.: KD Torgau

Zielstellung der Bearbeitung:

I. politische Zielstellung

- Aufklärung und Verhinderung feindlicher politischer Aktionen des GOLDE und seiner Kontaktpersonen in der BRD
- Aufklärung von Aktivitäten des "Bundesministerium für innerdeutsche Beziehungen" und der Ständigen Vertretung der BRD in der DDR, die eine Einmischung in die inneren Angelenheiten der DDR darstellen.

II. polit.-operative Zielstellung

- Aufklärung aller op. interessierenden Kontakte des Beschuldigten in die BRD mit dem Ziel, Maßnahmen einleiten zu können, damit keine weiteren Personen aus dem Bekanntenkreis des GOLDE zum Verlassen der DDR inspiriert werden können.
- Feststellung des Umgangskreises des Beschuldigten, woraus sich spätere Rückverbindungen ergeben können
- Informationsgewinnung zu anderen Antragstellern, zu seiner Tätigkeit in kirchlichen Einrichtungen und seiner Aktivitäten im Rahmen der "SoFD - Bewegung "

-2-

VD - L 99 O B.049 379 2.0

Kopie BStU
AR 8

BStU
000028

-2-

III. <u>rechtliche Zielstellung</u>

- Nachweis von Straftaten gem. § 1oo StGB
- Prüfung des Vorliegens von Straftaten gem. § 99 StGB
- Prüfung des Vorliegens von Straftaten gem. § 1o6 StGB im Zusammenhang mit der Verbindungsaufnahme zur UNO-Menschenrechtskommission

KOPIE BStU

Quelle: MfS-Akte von Reinhard Golde, BStU, ASt. Leipzig, AOp 05/84 sowie AU 532/84.

Konspirative Wohnungsdurchsuchungen

Nr. 27:
Auftrag für eine „Konspirative Wohnungsdurchsuchung" vom 28. April 1973

BV Karl-Marx-Stadt
KD Zschopau

Zschopau, den 28. 04. 1973

bestätigt:
Leiter der Bezirksverwaltung

Gehlert
Generalmajor

Auftrag

zur konspirativen Wohnungsdurchsuchung

1. *Altmann* , Rudolf [...]

Die unter 1. genannten Personen befinden sich zum Zeitpunkt der Durchführung der operativen Maßnahme zu einem Urlaubsaufenthalt in Hasselfelde, Kreis Wernigerode [...].

2. Vorgangsart: Operative Personenkontrollakte /OPK Nr. 6 und 27
Bearbeitung nach § 213 StGB in Verbindung mit Tatbestand § 105 StGB
Beginn der Bearbeitung: 12. 08. 1972

Deckname: „Doktor"

3. Grund der Bearbeitung

Bei den in der Bearbeitung stehenden Personen handelt es sich um Ärzte, die umfangreiche Verbindungen nach Westdeutschland unterhalten. Es konnte bisher erarbeitet werden, daß die OPK-Personen Briefe erhielten, wo ihnen mitgeteilt wird „... daß entsprechende Vorbereitungen in Westdeutschland getroffen wurden ...".

Am 13. 01. 1973 ging den OPK-Personen auf dem Postweg eine Veröffentlichung des „Deutschen Ärzteblattes" vom 28. 12. 1972 mit 10 Stellenangeboten von privaten Arztpraxen in Westdeutschland zu. Darüber hinaus besteht der Verdacht, daß Dr. ALTMANN, Rudolf mit dem im November 1972 durch Feindorganisationen geschleusten Dr. G[...] in Verbindung stand.

Die Bearbeitung dieser OPK erfolgt schwerpunktmäßig in Verbindung mit der Abt. XX der BV und steht im Zusammenhang mit der operativen Klärung der Verhinderung weiterer Republikfluchten im Bereich des Gesundheitswesens des Bezirkes. [...]

5. Zielstellung der Durchsuchung:

Der Schwerpunkt der Wohnungsdurchsuchung ist zu richten auf:

– die Schaffung von Beweisen, die den Verdacht einer aktiven Vorbereitung zur Republikflucht begründen und verdichten.
– Wie und Wo bewahren die Verdächtigen wichtige persönliche Dokumente auf (z. B. Zeugnisse, Facharztanerkennungen, Dokumente und Anerkennungsschreiben aus dem Gesundheitswesen, Ausweise, Familienstammbuch, Sparbücher, Auszeichnungen usw.)

- Aufbewahrung von zwei Briefen, in den Hinweise auf Vorbereitungshandlungen zum ungesetzlichen Verlassen der DDR zum Ausdruck kamen; [...]
- Adressenmaterial (auch vorgefertigte Briefe), besonders von Briefverbindungen nach WD, WB und dem übrigen kap. Ausland sowie sozialistischen Staaten;
- Schreiben, Briefe, Pläne, Statistiken, Dokumente u. a. dienstliche Unterlagen aus dem VEB Motorradwerk Zschopau bzw. aus dem Gesundheitswesen, unter besonderer Beachtung des Geheimhaltungscharakters;
- Landkarten, Autokarten, besonders mit Grenzverlauf (insbesondere auf Eintragungen achten),
- Fotoapparate, Ferngläser, Kompasse und andere Orientierungsgegenstände,
- Waffen, Sprengmittel
- Polizeiliche Kennzeichen von Fahrzeugen, besonders WD, WB-Kennzeichen
- Bargeldbeträge der DDR und ausländischer Währungen
- westdeutsche Presseerzeugnisse, besonders aus dem medizinischen Bereich,
- wertvolle Geschenke, wie Gold- und Schmuckwaren
- Fernsehgerät (Westfernsehempfang)
- Radiogerät (Typ, Wellenbereiche, Sendereinstellung)
- Schreibmaschine (mit Schriftprobe)

Alle zum Wohnverband (Vorsaalwohnung – 3. Etage rechts) gehörenden Räume sind zu durchsuchen.

Hinweise auf Verstecke liegen nicht vor. [...]

7. Die Überprüfung der Hausbewohner in den Abteilungen XII und M wurde eingeleitet. Das komplexe Überprüfungsergebnis liegt zur Zeit noch nicht vor.

8. Die Verdächtigen bewohnen in der dritten Etage rechts eine 2 1/2 –Zimmer-Neubauwohnung.

9. Der Wohnungsschlüssel befindet sich bereits in der Abteilung VIII der BV. Die einzelnen, sich im Vorsaal befindlichen Türen werden mit einfachen Kastenschlössern verschlossen.

10. Der Schlüsselabdruck wurde durch einen Mitarbeiter der KD legendiert beschafft. Inoffizielle Mitarbeiter kamen nicht zum Einsatz.

11. Inoffizielle Mitarbeiter werden im Zusammenhang mit der Durchführung der Maßnahme der konspirativen Durchsuchung nicht zum Einsatz gebracht.

12. Am 06. 03. 1973, zum Zeitpunkt der NVA-Musterungen, wurde während der Mittagspause durch 3 op. MA der KD ein Schlüsselabdruck vom Vorsaalschlüssel vorgenommen, da Dr. ALTMANN als Musterungsarzt eingesetzt war. ALTMANN hatte den Schlüsselbund in seiner Aktentasche, die im Musterungsarztzimmer abgestellt war. Eine Dekonspiration dieser Maßnahme trat nicht ein.

Die vorliegende Wohnungsskizze wurde von Gen. Ofw. Steyer angefertigt, der im gleichen Haus wohnhaft ist.

13. Für die Durchführung der operativen Maßnahme – konspirative Durchsuchung der Wohnung – werden folgende Absicherungsmaßnahmen getroffen:

13.1. „Doktor“ verantw. Gen. Ofw. Steyer

- In Verbindung mit der KD Wernigerode werden am Tag der Durchführung der operativen Maßnahme Überprüfungen über den Aufenthalt von „Doktor" in Hasselfelde, Krs. Wernigerode, durchgeführt.

13.2. Zur Absicherung der Familie R[...] [Nachbarn] werden verantwortlich eingesetzt:

[...] Gen. Ofw. Krause

[...] Gen. Ltn. Kreißig

Die Absicherung erfolgt dadurch, daß diese eingesetzten operativen Mitarbeiter direkte Überprüfungen in den Arbeitsstellen dieser Personen vornehmen und die Anwesenheit am Arbeitsplatz persönlich überprüfen.

Die Absicherung ist bis zur Beendigung der operativen Maßnahmen zu gewährleisten.

14. Ein gedeckter Posten steht, da ein Mitarbeiter im gleichen Haus – vierte Etage links – wohnhaft ist, zur Verfügung.

15. Da sich die Verdächtigen zum Zeitpunkt der Durchführung der operativen Maßnahme am Urlaubsort befinden, ist für die Durchsuchung eine Mindestzeitspanne von 4 Stunden gewährleistet.

Hausbewohner besitzen bei Abwesenheit keine Wohnungsschlüssel. Die Wohnung der Verdächtigen ist durch andere Wohnungen nicht einsehbar.

16. Haustiere sind in der Wohnung der Verdächtigen nicht vorhanden.

17. Die Mitarbeiter der Durchsuchungsgruppe begeben sich erst dann an das Objekt, wenn überprüft ist, daß die Bewohner der Wohnung „Doktor" noch am Urlaubsort sind und die Bewohner der gegenüberliegenden Wohnung sich am Arbeitsplatz befinden. Sollten bei der Annäherung bzw. dem Betreten des Objektes Komplikationen durch andere Personen auftreten (vor Betreten der Wohnung), so haben sich die Mitarbeiter der Durchsuchungsgruppe als Vertreter des Rates des Kreises, Abt. Gesundheitswesen, auszugeben.

Während der Zeit der Durchführung der operativen Maßnahme befindet sich ein operativer Mitarbeiter der KD im VPKA Zschopau, der alle ankommenden Anrufe und Hinweise kontrolliert und auf die Maßnahmen der VP Einfluß nimmt.

erarbeitet:

Leiter der Kreisdienststelle

Steyer
Oberfeldwebel

Nagel
Major

Quelle: MfS-Akte von Rudolf Altmann, Kopie beim Verfasser.

„Operative Kombinationen“ im Rahmen Operativer Vorgänge

Nr. 28:
Maßnahmeplan eines Operativen Vorgangs vom 30. August 1982

KD Bischofswerda

Bischofswerda, 30.08.1982

bestätigt:
Leiter der Bezirksverwaltung
Böhm /Oberst

Maßnahmeplan zur Anlage des OV „Bastei“ Reg.-Nr.: XII 2039/82

Einleitung
Durch die IMK/K [Inoffizieller Mitarbeiter zu Sicherung der Konspiration][1] „Falkenstein“ wurde bekannt, daß der Junkert im Besitz von Literatur Solzchenizyns ist, welche er der IMK/KW [Inoffizieller Mitarbeiter zu Sicherung der Konspiration/Konspirative Wohnung][2] ausgeliehen hat und auch weiterhin anbietet. Des weiteren wurde durch die IMK/KW bekannt, daß der J. nach Abschluß seiner Promotion die DDR ungesetzlich verlassen will.
Die Bearbeitung des J. erfolgt gemäß § 106 (1) 2 StGB unter Prüfung der §§ 105 und 213 StGB.

Personalien:
Junkert, Gunther [...]

1. IM-Einsatz

1.1. FIM [Führungs-IM] „Rainer Löwe“
Der J. ist Diplomlehrer und arbeitet an einer Promotion, welche er abgeschlossen, jedoch noch nicht verteidigt hat.
1. an welcher Hochschule promoviert der J.?
2. Wer ist sein Mentor?
3. Welche Thematik hat die Dissertation?
4. Erarbeitung einer umfassenden Personeneinschätzung
5. Welche Stelle hat dem J. die Aspirantur gegeben? [...]

1.2. IMB [IM mit Feindverbindung] „Lorenz Schuster“
- Aufklärung des J. im Wohn- und Freizeitbereich
- Feststellung seines Verbindungskreises, insbesondere die Verbindung zu seiner Schwiegermutter u.a. weiblichen Personen
- Feststellung, ob J. ein Grundstück, Garten und Garage besitzt; nutzt er ein Gartengrundstück; wie erfolgt die Nutzung
- Schaffung eines Vertrauensverhältnisses zu J.
- Instruierung des IMB über Grundansichten des Eurokommunismus mit dem Ziel, Grundlagen zur Kontaktaufnahme zu J. zu schaffen. [...]

---

1 Gemeint waren IM, die konspirative Wohnungen besaßen oder verwalteten, Deckadressen lieferten oder die Konspiration anderer IM sicherten.

2 Die Abkürzung IMK/KW bezeichnete IM, die ihre Wohnung für konspirative Treffs zur Verfügung stellten. Ebd.

1.3. IMS „Petra Gerlach"
- Schaffung eines Vertrauensverhältnisses zu J.
- Aufklärung des J. im Wohn- und Freizeitbereich [...]

1.4. IMS „Erich Stein"
- Aufklärung des J. im Wohngebiet, insbesondere seine Verbindungen innerhalb des Wohnortes
- Ermittlung zu den Personen, die im Haus des J. wohnhaft sind [...]

1.5. IMS „Poppe"
- Aufklärung der Verbindungen des J. im Wohngebiet
- Erarbeitung von Einschätzungen zu J.
- Aufklärung der Hausbewohner [...]

1.6. Einsatz der GMS [Gesellschaftlicher Mitarbeiter Sicherheit] entsprechend Pkt. 1.5.
GMS „Ewald" – Hptm. Finger [handschriftlich eingefügt: *ABV*]
GMS „Monika" – Hptm. Finger
GMS „Lutz Schildan" – Uffz. Wehowsky [handschriftlich eingefügt: *Gruppenl. für Wehrerz.*]

1.7. IMK/KW „Berndt"
- wo bewahrt J. in der Schule seine Wohnungsschlüssel auf?
- Aufklärung des Tagesablaufes von J. im Arbeitsbereich
- Aufklärung der Gewohnheiten des J.
- Beschaffung von aktuellem Handschriftenmaterial zu J. und Prüfung, ob J. eine Schreibmaschine hat bzw. Schreibmaschinen benutzt.
  Überprüfung in Abt. XX – Schriftenfahndung

2. Absprache mit Abt. XIX der BV Dresden über weitere inoffizielle Nutzung der IMK/KW „Falkenstein" zur Bearbeitung des J. – und was soll konkret mit Abt. XIX abgesprochen werden? [...]

3. Der J. ist im Besitz von Literatur Solzchenizyns
- Klärung, ob J. diese Literatur für seine Promotion verwendet
- Feststellen, woher J. diese Literatur hat
- Feststellen, an wen J. diese Literatur verborgt und Feststellung der Zielstellung des J. [...]

3.1. Vorbereitung einer konspirativen Wohnungsdurchsuchung
- fotografische Dokumentation des Wohnhauses
- Festellen der Namen der Hausbewohner, Arbeitsstellen, Gewohnheiten
- Aufklärung der Räumlichkeiten die J. nutzt oder nutzen kann
- Sichtung des Türschlosses in der Wohnung d. J.
- Feststellung, wer hat Türschlüssel oder wer kann die Wohnung betreten [...]

4. Absprache mit VPKA Bischofswerda – Zulassungsstelle Kfz. und PM [Paß- und Meldewesen (der Volkspolizei)]
- Feststellung des Fahrzeugtyps, Farbe, pol. Kennzeichen
- Sofortmeldung an KD MfS, wenn J. sein Fahrzeug verkauft
- Sofortmeldung über Ein- und Ausreisen, die beantragt werden [...]

4.1. Aufklärung der Aktivitäten des J. im visafreien Reiseverkehr

– Häufigkeit, Reiseziele

4 2. Feststellung, ob der J. im Besitz eines Telefonanschlusses ist.
– Feststellen der Telefonnummer
– Art des Anschlusses
– ist eine Postleitung in der Wohnung d. J. verlegt [...]

5. Einleitung einer M-Kontrolle zur Mutter des J., [...], sowie Einleitung einer PZF [Postzollfahndung] zu J.

6. Feststellung von Anzeichen von Vorbereitungshandlungen des J. gem. § 213 StGB.

7. Feststellung von Handlungen des J. gem. § 106 (1) 2 StGB
Schaffung von Zeugen und Beweismitteln

8. Aufklärung der Wirkungsweise der PID unter seinem Bekanntenkreis.

9. Umfassende Aufklärung des J.
   1. Lebenslauf
   2. Ermittlung zur Person
   – Tagelablauf, Gewohnheiten, Inhalt und Charakter seiner Verbindungen
   – politische Einstellung
   – Feststellung der Kontenbewegung [...]

Rolke/Ofw.

Arbeitsgruppenleiter
Rosenkranz/Hptm.

Leiter der Kreisdienststelle
Pursche/OSL

Nr. 29:
Planung einer „Operativen Kombination"

Ablauf der operativen Kombination zum OV „Bastei"
am 30./31. 3. 1983

Zur Durchführung der operativen Kombination ist folgender Ablauf vorgesehen:

Am 28. 3. 1983 fährt IMK/KW „Falkenstein" zum Verdächtigen J. und lädt diesen zu seiner Geburtstagsfeier am 30. 3. 1983 nach Waitzdorf ein. Gleichzeitig wird ihm mitgeteilt, daß der J. bei ihm übernachten kann. Der IMK/KW „Falkenstein" erhält den Auftrag, mit J. größere Mengen Alkohol zu trinken und den Abschluß der Geburtstagsfeier möglichst lang hinauszuschieben. Am 31. 3. 1983 muß J. früh im Zeitraum von 5.00 – 5.30 Uhr mit seinem Pkw Wartburg 353 [...] den IMK/KW-Inhaber verlassen, um zum Unterrichtsbeginn an der POS „Wilhelm Pieck" in Bischofswerda zurechtzukommen.

Durch die Abteilung VIII ist an einem geeigneten, noch zu bestimmenden Ort der Fahrtstrecke des J., eine Verkehrskontrolle verbunden mit Alkoholkontrolle durch die Mot-VK der BDVP durchzuführen. Die Kontrollstelle muß an der Hauptstraße Sebnitz – Hohnstein, Abzweig Waitzdorf, eingerichtet werden. Das Ziel besteht darin, J. zu stoppen und dabei Restalkohol festzustellen. Im Ergebnis wird der J. und das Fahrzeug durch die Mot-VK dem zuständigen VPKA Sebnitz zugeführt, wo J. einer genauen Blutalkoholkontrolle unterzogen wird. Der Pkw des J. wird zwischenzeitlich einer intensiven technischen Kontrolle unterzogen, wo die beiden Bände des Machwerkes „Archipel Gulag" von Solzchenyzin und evtl. andere Hetzliteratur gefunden werden muß. Durch den IM „Falkenstein" sind Garantien zu schaffen, daß sich diese Literatur tatsächlich im Pkw befindet, indem er sie ihm am 31. 3. 1983 früh zurückgibt.

Das VPKA Sebnitz verständigt offiziell die Kreisdienststelle MfS.

Durch die Abteilung IX ist J. zum Sachverhalt zu befragen, wobei besonders auf Personen einzugehen ist, denen J. Hetzliteratur zur Verfügung stellte.

Leiter der Kreisdienststelle
Pursche/OSL

Nr. 30:
Information vom 31. März 1983 über die Durchführung einer „Operativen Kombination“

Volkspolizei-Kreisamt Sebnitz Sebnitz, den 31.03.1983
Verkehrspolizei

Information

Am 31.03.1983 wurde der Bürger *Junkert*, Gunther [...] durch die mot. VK der BDVP Dresden gestellt, da er unter dem Einfluß von Restalkohol mit seinem PKW gefahren war.

Der Bürger Junkert wurde der VK des VPKA Sebnitz zur Durchführung der Blutentnahme übergeben.

Gleichzeitig wurde der PKW des Bürgers Junkert durch die VK des VPKA Sebnitz einer technischen Kontrolle unterzogen, dabei wurde festgestellt, daß sich im PKW in Zeitungspapier eingeschlagen zwei broschürte Bücher befanden. Beim Lesen der Titel wurde festgestellt, daß es sich um folgende Druckerzeugnisse handelt:

1. „Dr. Schiwago“ von Boris Pasternak,
2. „Der Archipel Gulag – Teil 2“ von Solschenizyn.

Da bekannt ist, daß es sich bei Solschenizyn um einen antisowjetischen Autor handelt und solche Druckerzeugnisse in der DDR nicht vertrieben werden, erfolgt zuständigkeitshalber die Übergabe an die Kreisdienststelle des MfS Sebnitz

Leiter der Verkehrspolizei
Hänsel
Hptm.d.VP

Quelle: MfS-Akte von Gunther Junkert, BStU, ASt. Dresden, 193/84.

„Legalisierung“ von Beweisen

Nr. 31:
Eröffnungsbericht eines Operativen Vorgangs vom 2. Mai 1975

Abteilung XIX

Magdeburg, den 2. 5. 1975

bestätigt:
Leiter der Abteilung XIX
Dallmann
Major

Eröffnungsbericht
zum Anlegen eines Operativ-Vorganges gemäß § 106 StGB

In dem anzulegenden Operativ-Vorgang soll der DDR-Bürger

Stach, Hartmut [...]

operativ bearbeitet werden, weil gegen ihn der begründete Verdacht eines Staatsverbrechens der staatsfeindlichen Hetze gemäß § 106 StGB vorliegt.

Begründung

Aus einem Hinweis der Abteilung M der BV Magdeburg vom 29. 4. 1975 wurde unserer Diensteinheit bekannt, daß der STACH, Hartmut in einer Briefverbindung in die BRD Äußerungen tätigt, die objektiv geeignet sind, die staatlichen und gesellschaftlichen Verhältnisse in der DDR und darüber hinaus der Sowjetunion sowie den anderen jungen Nationalstaaten (Kambodscha, Südvietnam) zu diskreminieren [sic]. [...]

Nach bisherigen inoffiziellen Einschätzungen und offiziellen Beurteilungen wird der St. als ruhiger Bürger mit äußerst labiler Einstellung eingeschätzt. Im Wohngebiet und auch im Arbeitsbereich tritt er gesellschaftspolitisch nicht in Erscheinung. Er hat Umgang mit negativen Jugendlichen, äußert sich nicht offen über die Politik unseres Staates, wird als Muttersöhnchen eingeschätzt und von zu Hause verwöhnt. [...]. Zur Beweisführung einer staatsfeindlichen Tätigkeit des STACH, Hartmut gemäß § 106 StGB auf der Grundlage des bestehenden begründeten Verdachtes eines solchen Verbrechens macht sich das Anlegen eines Operativ-Vorganges erforderlich.

Die operative Bearbeitung soll straftatbezogen auf den § 106 StGB erfolgen, wobei im Prozeß der Bearbeitung auch geprüft werden soll, ob auf Grund der objektiven Möglichkeiten der Spionage (Militärverkehr) und die Verbindung zu dem Ost-Europa-Institut München Tatmehrheit bezüglich der §§ 97 und 100 StGB vorliegt.

Ich schlage vor, dem Operativ-Vorgang den Decknamen „Freiherr“ zu geben. [...]

Nr. 32:
Maßnahmeplan eines Operativen Vorgangs vom 2. Mai 1975

Abteilung XIX Magdeburg, den 2. 5. 1975 [...]

Maßnahmeplan
zum Operativ-Vorgang „Freiherr" Reg.-Nr. VII

Ziel der Bearbeitung des Operativ-Vorganges „Freiherr" ist die offensive, konzentrierte und tatbestandsbezogene Erarbeitung von Beweisen eines Staatsverbrechens, der staatsfeindlichen Hetze, gemäß § 106 StGB, um nach Abschluß der Bearbeitung den Tatbestand eines Staatsverbrechens gemäß § 106 StGB nachzuweisen, um die Person der Abteilung IX zuzuführen, wobei die Maßnahmen gleichlaufend auf die Prüfung strafrechtlich relevanter Handlungen gemäß §§ 97, 100, 104 StGB ausgerichtet werden.

Zur Erreichung dieser Zielstellung werden folgende Maßnahmen vorgeschlagen.

1. Sicherung und Schaffung von Beweisen.
1.1. Der Leiter der DE führt eine Absprache mit der Abteilung M, BV Magdeburg zur Legalisierung des Briefes vom 20.04.75 mit hetzerischem Inhalt, um diesen zum Beweisgegenstand zu erheben zu können.
1.2. Das Originalschreiben (Brief vom 08.11.74) mit Vergleichsmaterial wird an die Abteilung 32 gesandt zur Anfertigung einer Expertise, bzw. eines Gutachtens, welches die Übereinstimmung des Schriftenverursachers bestätigt. [...]
1.3. Es ist ein umfangreiches Persönlichkeitsbild über die Person Hartmut Stach zu erarbeiten. [...]
1.4. Bei der Volksstimme Stendal Überprüfungen durchführen, um festzustellen, ob und wann im Dezember 1974 ein anonymer Brief eingegangen ist. Dabei ist der Verbleib des Briefes zu klären und nach evtl. Auffinden den Inhalt des Briefes einschätzen und strafrechtliche Relevanz prüfen. (Schreiben des Stach abgeleitet aus M-Material) [...]
1.5. Überprüfen, ob es im Wohn-, Freizeit- oder Dienstbereich des Stach ungeklärte Vorkommnisse gab, die den Verdacht einer feindlichen Tätigkeit gemäß § 106, 220 StGB zulassen. [...]
1.6. Der Abteilung XX und der Abteilung II der BV Magdeburg ist Handschriftenmaterial des Stach zum Vergleich mit Schriftenmaterial unbekannter bzw. nicht identifizierter Straftäter zu übersenden. [...]

2. Überprüfung und Kontrollmaßnahmen zu den Verbindungen und Kontakten
2.1. Über alle bekannten Verbindungen der bearbeiteten Person ist eine Post- und Paketkontrolle einzuleiten, um den Umfang und Inhalt der Verbindungen zu dokumentieren. [...]
2.2. In der Zeit vom 7. bis 9. 5. 1975 sind die Beobachter der Abteilung XIX zum Einsatz zu bringen. Es ist festzustellen, welches Fahrtziel der Stach antritt und welche Kontakte er aufnimmt bzw. welche Verbindungen er dabei unterhält. [...]
2.5. Aufklärung der Verbindungen, die von Stach über den Rahmen des bisher bekannten unterhalten werden. (Art, Umfang, Charakter der Verbindungen) – (Wer beschaffte Rangabzeichen kapitalistischer Armeen). [...]

3. Sonstige operative und technische Maßnahmen
3.1. Bestandsaufnahme der vorhandenen IM, GMS und Organisierung des Einsatzes.
- Beschaffung und Bestätigung von Fakten zur Beweisgrundlage.
- Aufklärung des Persönlichkeitsbildes des Hartmut Stach.

- Aufklärung und Überprüfung des Umfanges, Charakters der bekannten Verbindungen.
- Aufklärung und Überprüfung der bisher unbekannten Verbindungen.
- Operative Kontrolle über Stach und seine Verbindungen in Bezug auf die Sicherungsaufgaben zur Aktion „Fundament“. [...]

3.2. Es ist kurzfristig eine operative Einschätzung zu fertigen über die objektiven Möglichkeiten der Spionage und Anhaltspunkte aus gegebenen Verhaltensweisen des Stach, die Rückschlüsse auf eine Spionagetätigkeit gemäß § 97 StGB zulassen. [...]

3.4. Mit der Abteilung 26 der BV Magdeburg ist eine Rücksprache zum Einbau der operativen Technik im Stellwerk B 2 des Bahnhofes Tangerhütte zur operativen Kontrolle des Stach im Arbeitsbereich im Zusammenhang mit der Aktion „Fundament“ zu führen. [...]

3.5. Mit den vorhandenen IM sind Möglichkeiten zu schaffen zur konspirativen Überprüfung der Wohnung des Stach, um festzustellen, ob dieser eine Schreibmaschine besitzt, bzw. eine ihm nicht gehörende Schreibmaschine benutzen kann. [...]

Das vorliegende Material ist im Erststadium der Bearbeitung und Überprüfung abzustimmen und festzulegen, ob die objektive Eignung des Materials vorliegt. Darüber hinaus werden weitere Festlegungen zur Erarbeitung und Sicherung von Beweisen für den späteren Vorgangsabschluß durch Abstimmung des Stellv. Leiters der Abteilung XIX, Gen. Hptm. Nowak mit verantwortlichen Mitarbeitern der Abteilung IX, BV Magdeburg festgelegt. [...].

Nr. 33:
„Legalisierung“ der illegalen Öffnung eines Briefs und Rückdatierung der Anzeige: Schreiben der Deutschen Post vom 29. April 1975

Deutsche Post
Bahnpostamt Magdeburg

Bahnpostamt, 3005 Magdeburg, Karl-Marx-Straße 203-206

Ministerium für Staatssicherheit
Bezirksverwaltung Magdeburg
M a g d e b u r g
Walter Rathenau-Strasse 88

BStU
000004

Ihre Zeichen	Ihre Nachricht vom	Fernsprecher	Unsere Zeichen	Datum
			U/S	29.04.1975

Als Anlage überreichen wir Ihnen eine Briefsendung, die infolge Beschädigung durch eine andere Sendung, deren Inhalt ausgelaufen ist, unzustellbar wurde. Zur Feststellung des Absenders wurde die Sendung amtlich geöffnet. Bei der inhaltlichen Prüfung wurde festgestellt, daß die Schilderungen des Briefschreibers auf ungesetzliche Handlungen gegen unseren Staat schließen lassen.
Zuständigkeitshalber überreichen wir Ihnen diese Sendung zur Kenntnis und evtl. weiterer Veranlassung.

i.A. [Unterschrift]
O.-Insp.

Fernsprecher ...81 | Bankkonto IHB Magdeburg 3271-14-100 | Postscheckkonto 5007 PSchA Magdeburg

IV-14-66 NkG (15) 328 1254 10 72

5

BStU KOPIE

Quelle: MfS-Akte von Hartmut Stach, BStU, ASt. Magdeburg, 1062/76.

Beobachtung und Verhaftung bei Republikfluchtverdacht

Nr. 34:
Beschluß zum Anlegen eines Operativen Vorgangs vom 31. Januar 1979

AOP 590/80 Bd. I, HA ~~[illegible]~~

MfS BV Verw. Rostock   Rostock, den 31.1.79
Diensteinheit Abt. VI
Mitarbeiter Hptm. Schmidt   Reg.-Nr. I/ 114/79

BStU
000006

Beschluß

über das Anlegen

einer Operativ-Vorlaufakte

1. Deckname (wenn als notwendig erachtet)
2. Tatbestand

---

eines Operativ-Vorganges

1. Deckname " F a ß "
2. Tatbestand gemäß §§ 1o5,213 STGB

---

eines Ermittlungsverfahrens
(nur bei Ermittlungsverfahren ohne Haft gegen Unbekannt bei Übernahme von anderen Organen)

1. Tatbestand

---

eines Vorganges über Feindobjekt/Sondervorgang

1. Bezeichnung des Objektes/Personenkreises

Gründe für das Anlegen: Durch die HA VI / 1 wurde am 29.1.79 bekannt, daß die Verdächtigen durch die KMHB Mierendorff, am 27.1.79 über die Transitstrecke F 5 ausgeschleust werden sollten. Da die Schleuser am Treffort, Gaststätte " Quitzow " verspätet eintrafen, kam es zu keiner Kontaktaufnahme und Schleusung. Es wird vorgeschlagen, die operative Bearbeitung der Verdächtigen, gemäß §§ 1o5 ,213 STGB in einem OV vorzunehmen.

Schmidt / Hptm.
Mitarbeiter *

B a a s k e / Major
Leiter der Diensteinheit *

Bestätigt am: von *   Unterschrift

* Anmerkung: Zusätzlich Name und Dienstgrad mit Maschine bzw. Druckschrift angeben.

Nr. 35:
Maßnahmeplan eines Operativen Vorgangs vom 31. Januar 1979

AOP 590/80 Bd. I

BStU
000014

Abteilung VI

Rostock, 31. Januar 1979

bestätigt:
Stellvertreter Operativ

Otto
Oberst

M a ß n a h m e p l a n

zum Eröffnungsbericht des OV "Faß" - Verdacht der Schleusung durch die Kriminelle Menschenhändlerbande Mierendorff

Auf der Grundlage des vorliegenden Eröffnungsberichtes zum Anlegen des OV "Faß" gemäß §§ 105, 213 StGB sind folgende operative Maßnahmen mit der Zielstellung:

- Verhinderung des ungesetzlichen Verlassens der DDR;
- Erkennen und Liquidierung von Kurieren und Schleusern der genannten KMHB;
- Feststellung weiterer Zielpersonen zur möglichen Ausschleusung

einzuleiten.

Maßnahmen	Termin	verantw.	Kontrolle/Ergebnis	
1. Anlage des OV	31.1.79	Hptm. Schmidt	Leiter des Referates	angelegt 1.2.79
2. Einleitung von Fahndungsmaßnahmen gegen Unbekannt an allen GÜst der DDR zum MfS - Bei Übergabe der Abt. VIII und Ausreise der Bürger Festnahme.	31.1.79	Hptm. Schmidt	Leiter des Referates	Eingeleitet 31.1.79 Blatt 16-17

AOP 590/80 Bd. 1, [illegible]

BStU
000016

Maßnahmen	Termin	verantw.	Kontrolle/Ergebnis
5. Einleitung von Überprüfungsmaßnahmen beim Reisebüro in Rostock, ob Reisen in das sozialistische Ausland gebucht wurden.	1. 2. 79	Hptm. Schmidt	Leiter des Referates
6. Absprache mit der Abteilung 26 über Möglichkeiten der Einleitung eines Auftrages A in Rostock in der Wohnung der Eltern. Nach Befürwortung Einleitung der Maßnahme.	1. 2. 7	Hptm. Schmidt	Leit r des Referates [illegible]
7. Einleitung von Speicherüberprüfungen zu den bekanntgewordenen Personen und ihren Verbindungen in den Speichern der Abt. M, PZF, ZA, HA VI/ Speicherführung.	1. 2. 79	Hptm. Schmidt [illegible]	Leiter des Referates [illegible]
8. Einleitung von Kontrollmaßnahmen durch die Abt. M ~~zu den Anriften~~ ~~252 Rostock 22, Henrik~~ Ibsen-Str. 24/3 25 ~~Rostock~~, Koßfelder~~straße 12~~	1. 2. 79	Hptm. Schmidt [illegible]	Leiter des Referates

AOP 590/80 Bd. I, [redacted]

BStU
000017

9.	Beschaffung von Kaderunterlagen der bearbeiteten Personen.	1. 2. 79	Hptm. Schmidt	Leiter des Referates Überprüft Blatt 22-50
10.	Anforderung der vorhandenen Archivunterlagen vom Bruder der bearbeiteten Person und Auswertung derselben.	5. 2. 79	Hptm. Schmidt	Leiter des Referates Archivunterlagen angefordert und ausgewertet 2.2.79
11.	Überprüfung aller vorhandenen und bekanntwerdenden Personen auf Möglichkeiten der Nutzung als Quelle. Bei Voraussetzungen und Eignung Werbung als IM.	25. 2. 79	Hptm. Schmidt	Leiter des Referates IM-Vorlauf „Nixe" IM „Schmidt" IM „Egon" } eingeleitet und eingestellt
12.	Koordinierungsabsprachen mit der HA VI/1 und KD Rostock zur weiteren Bearbeitung des OV.	nach Notwendigkeit	Hptm. Schmidt	Leiter des Referates persönlich u. über HA Leiter durchgeführt.
13.	Erarbeitung eines Sachstandsberichtes über bisher erreichte Ergebnisse und Festlegung weiterer Maßnahmen.	1. 3. 79	Hptm. Schmidt	Leiter des Referates

Leiter der Abteilung

Baaske
Major

Schmidt
Hauptmann

Nr. 36: Protokoll einer Absprache zu einem Operativen Vorgang vom 6. Februar 1979

Bezirkskoordinierungsgruppe Rostock, 6. Februar 1979

Protokoll
über die durchgeführte Absprache am 5. und 6. 2. 1979 zum OV „Faß“, Abteilung VI, bei der BKG

[...] Die Zielstellung der Absprachen bestand darin, eine Entscheidung über einzuleitende operative Maßnahmen in Weimar – nach einem Treffen mit WB/BRD-Bürgern am 3./4.2.79 in der Hauptstadt der DDR – / Weimar ist der derzeitige Aufenthaltsort der Verdächtigen / OV „Faß“ zu treffen, um ein ungesetzliches Verlassen von dort aus zu verhindern.

Folgende Maßnahmen wurden festgelegt:

1. Durch die Abt. VI ist sofort in Abstimmung mit der Abt. 26 und der Abt. VIII – insbesondere während der Abwesenheit der Verdächtigen in Rostock / Aufenthalt in Weimar – zu prüfen, inwieweit B-Maßnahmen der Abt. 26 und eine konspirative Wohnungsdurchsuchung durch die Abt. VIII realisiert werden können. Notwendige Aufklärungen sind sofort durchzuführen.
   Wenn Möglichkeiten zur Realisierung bestehen, sind entsprechende Maßnahmepläne durch die Abt. VI zu erarbeiten und durch die Leitung der BV bestätigen zu lassen.
   Über das Ergebnis ist die BKG zu informieren.
   Termin: 10. 2. 1979

2. Ausgehend vom Ergebnis der durch die Abt. VI eingeleiteten Überprüfung in der Abt. XII und Aufklärung durch die Abt. VIII, BV Berlin [...] sind über die BKG und Stellv. Operativ entsprechende Sofortmaßnahmen mit dem Ziel des ungesetzlichen Verlassens zu verhindern, durchzuführen. (Diensteinheit informieren, Erfassung der Personen klären, Abstimmung mit der HA VI, M- und PZF-Maßnahmen, Möglichkeiten des Einsatzes der Abt. VIII, Abt. 26 Stufe „A“ und „B“, prüfen und Entscheidung herbeiführen).

3. Durch Gen. Hptm. Köhn, BMG, wurden über die BKG der BV Erfurt am 5. 2. 1979 die Durchführung folgender Maßnahmen zur Verhinderung des ungesetzlichen Verlassens veranlaßt:

- Sofortige Aufklärung des Aufenthaltsortes der Verdächtigen und der dort wohnenden Personen (Schwiegereltern / Schwester).
- Einleitung von A-Maßnahmen der Abt. 26 (Eltern / Schwester), BV Erfurt und Sicherung des Informationsflusses.
- Einleitung M- und PZF-Maßnahmen
- Einleitung des Einsatzes von zuverlässigen inoffiziellen Quellen in Weimar
- Einsatz der Kräfte – Transitbeobachtung –
- Einsatz der Kräfte der Abt. VIII der BV Erfurt

4. Zur konkreten Festlegung weiterer erforderlicher Maßnahmen zum OV „Faß“ wurde eine Dienstreise am 6. 2. 79 (Gen. Hptm. Schmidt, Abt. VI) durch Abt. VI zur BV Erfurt, BKG, veranlaßt.

Pohle
Hauptmann

Leiter der BKG
Engel
Hauptmann

Nr. 37:
Beschluß vom 15. März 1979 zur Einleitung von „B-Maßnahmen“

Abteilung VI/4 Rostock, 15. 3. 1979

Einleitung von eigenen B.-Maßnahmen zum OV „Faß“
Für den Zeitraum vom 16. 3., 16.00 Uhr bis 18. 3. 1979, 20.00 Uhr sind in eigener Zuständigkeit durch operative Mitarbeiter der Abteilung VI Beobachtungsmaßnahmen durchzuführen:

Zielstellung
- Feststellung von weiteren Kontakten und Verbindungen hinsichtlich einer Ausschleusung.
- Feststellung von Aktivitäten, daß „Faß“ mit Familie und PKW das Stadtgebiet Rostock in Richtung Autobahn oder Wismar verläßt.
- Feststellung von Verbindungen zwischen den Objekten des OV „Faß“ und OV „Kaufmann“

Materielle Sicherstellung
- Bereitstellung von 2 PKW
- 1 Lada, weiß, pol Kennz. AA 39-11
- 1 Wartburg-Tourist
- 2 Ferngläser bzw. Nachtsichtgläser
- 2 Taschenlampen (mit Farbglas)
- Bereitstellung von event. 2 UKW-Sprechgeräten

Kräfteplanung und Einsatz
- Bereitstellung von 4 B-Gruppen, je 4 Genossen: [...]

B.-Stützpunkt
- Vorgesehen ist die Wohnung der [...].
- Vom Stützpunkt besteht Einsicht zum abgestellten PKW von „Faß“ sowie Hauseingang selbst.
- Vom Stützpunkt aus erfolgt die Verständigung zum Führ-Fahrzeug mit Lichtsignal bzw. akustisch oder op. Verständigung.

Folgemaßnahmen zur Beobachtung
- Wenn das Objekt „Faß“ mit Familie aus dem Haus geht und PKW [...] benutzt, hat der Gruppenleiter die Beobachtung mit PKW (Lada) aufzunehmen.
- Der 2. PKW der Einsatzkräfte (Wartburg) folgt dem Objekt.
- Beim Verlassen der Stadtgrenze von Rostock in Richtung Autobahn oder Wismar (F 105) hat die Besatzung des PKW-Wartburg auf dem kürzesten Wege (telef. 2542) die Abteilung VIII/Leitzentrum unter dem Kennwort „Faß“ mit Uhrzeit zu verständigen.
- Wenn das Objekt „Faß“ nach Rostock [...] fährt, sind die B-Maßnahmen durch den PKW-Lada des Gruppenleiters weiterzuführen.
  Das zweite Beobachtungsfahrzeug (Wartburg-Tourist) ist in der Kleinen Mönchenstr. abzustellen.
  Der PKW-Lada des Gruppenleiters ist an der Rückseite des Hochhauses [...] zu parken.
- Die Übergabe der Beobachtungsgruppen (14.00 Uhr) hat an der großen Kaufhalle/Gaststätte Evershagen, zu erfolgen.

- Vom Gruppenleiter sind kurze Lagefilme zu fertigen und zu übergeben. [...]
- Vom OV –führenden Mitarbeiter (Gen. Schmidt) sind Paßbilder/Hochzeitsbilder sowie sonstige Personenbeschreibungen bereitzustellen/Paßbilder-Warnemünde [...]

Stellv. f. op-Aufgaben	Dürr
Lübke	Major
Major	

Nr. 38:
Beobachtungsbericht vom 19. März 1979

Abt. VI/4 Rostock, 19.3.79

Bericht über durchgeführte Beobachtung mit Kräften der Abteilung VI

In der Zeit vom 16.3.79 16.00 Uhr bis 18.3.7922.30 Uhr.
Die Beobachtung wurde mit 4 Gruppen a 4 Genossen durchgeführt.

16.3.79 16.^{00} „Faß" und „Tonne" halten sich in der Wohnung auf. PKW steht [...] abgeparkt.

17.^{50} „Faß" und „Tonne" halten sich im Wohnzimmer auf. „Tonne" stellt Stehlampe im Wohnzimmer von rechter Seite zur linken Seite.

18.^{30} „Faß" und „Tonne" optisch in der Wohnung ausgemacht.

16.3.79 20.^{00} Übergabe der Sprechverbindung an OLZ und Rückmeldung das Beobachtung abgebrochen wird.

17.3.79 08.^{00} Beobachtung am Objekt aufgenommen. „Faß" und „Tonne" und 1 Kind in der Wohnung optisch festgestellt.

08.^{10} Sprechverbindung zu Richard 601, 602, 603 und Richard 600 überprüft. o.B.

09.^{15} Verständigung mit „Olga 43" und Richard 600 überprüft. o.B. Im Objekt keine Bewegung.

12.^{55} „Faß" und „Tonne" in Wohnung optisch ausgemacht.

14.^{00} Übergabe an B-Gruppe II. o.B.

17.3.79 14.^{30} Überprüfung der Funkverbindung zu „Richard 601" . Richard 602 und 603 durchgeführt. o.B.

15.^{20} Funkverbindung überprüft. o.B.

17.^{10} PKW-BRD, pol. Kennzeichen EN-EW 486 2 Personen fahren in Richtung Henryk-Ibsen-Str. und parkt PKW 15 m vor dem Haus von „Faß" ab. 1 männliche, 1 weibliche Person aus dem PKW begeben sich in die Henryk Ibsen-Str. 24. [...]

Reiseziel: [...]
Aufenthalt: vom 17.3.79-23.3.1979
Einreise über Güst Selmsdorf 17.3.79 15.^{00}

17.^{15} Es konnte nicht ermittelt werden, in welche Wohnung BRD-Bürger gingen.

18.^{30} „Faß" und „Tonne" werden in Wohnung festgestellt. Wohnzimmer, Kinderzimmer und Küche erleuchtet.

19.^{00} Beobachtung beendet, „Faß" und „Tonne" verließen Wohnung nicht. B-Gruppe bei Leitstelle abgemeldet.

18.3.79 08.^{10} B-Gruppe bei „Olga 43" und „Richard 600" angemeldet. Überprüfung der Funkgeräte durch Sprechprobe zu den Stützpunkten.

09.^{00} Objekte konnten in Wohnung nicht festgestellt werden, PKW [...] war vor dem Haus abgeparkt.

09.^{50} „Faß" verläßt Wohnhaus und begibt sich zum PKW und reinigt diesen vom Schnee.

10.^{00} „Faß" und 2 weibliche Personen mit 1 Kind verlassen die Wohnung und besteigen PKW. Objekt „Faß" führt über Berthold Brecht Straße, Stadtautobahn in Richtung Rostock. Im Kreisverkehr Schutower Ring biegt „Faß" auf Umgehungsstraße zum Zoo ab. Im Kreuzungsbereich Zoo steigen beide weiblichen Personen und Kind aus. „Faß" fährt mit PKW [...] in Richtung Stadtzentrum. Hier wurde „Faß" verloren.

$10.^{20}$ Nach Kontrolle Haus Koßfelder Str. 12 wurde PKW vom „Faß" festgestellt.

$11.^{30}$ „Faß" kommt mit Vater [...] aus dem Haus Koßfelder Str. 12. Beide begeben sich zum PKW von „Faß" und befestigen auf dem Dach des PKW einen Korbstuhl.

$11.^{35}$ „Faß" fährt alleine über Koßfelder, Träger, Große Mönchenstraße, Vogelsang, Langestr., Wismarsche Straße, Klement Gottwald-Straße, K-M-Straße, Strempelstraße, Dürerplatz, Kopernikusstr., Trokenberger Weg zur Kreuzung am Tierpark. Hier steigen die 2 weiblichen Personen und 1 Kind wieder in den PKW von „Faß" zu.

$12.^{00}$ Ankunft von „Faß" mit Insassen in der Henryk-Ibsen Str. 24.

$12.^{15}$ „Faß" nimmt Korbstuhl vom Dach des PKW und begibt sich mit Insassen in seine Wohnung.
1. weibliche Person
ca. 25-30 Jahre, schlanke Gestalt
moderne Brille (Nickelrahmen)
Bekleidung: schwarzer langer Kapuzenmantel vermutlich Frau v. „Faß"
2. weibliche Person
ca. 55-60 Jahre alt, untersetzt
Bekleidung: schwarzer Pelzmantel
3. Kind:
weiblich, ca. 5-7 Jahre
Brille mit dunklen Gläsern

$14.^{00}$ Überprüfung der Sprechstellen durch abfragen über Sprechfunk.

$15.^{15}$ Objekt „Faß" und „Tonne" wurden optisch in der Wohnung ausgemacht. Stehlampe im Wohnzimmer steht auf der rechten Seite.

$17.^{10}$ Stehlampe steht diesmal auf der linken Seite im Wohnzimmer.

$18.^{45}$ Objekt befindet sich noch in der Wohnung

$19.^{45}$ Objekt und „Tonne" verlassen Haus und begeben sich zum PKW. Gleichzeitig verlassen 4 weitere Personen das Haus und besteigen BRD-PKW [...] beide PKW fahren gleichzeitig ab.

$19.^{50}$ Objekt „Faß" fährt hinter Kaufhalle Henryk Ibsen Straße – Sachgasse – und verbleibt ca. 10 min dort stehen. Danach fährt „Faß" zur Koßfelder Straße. BRD-PKW fährt in die Südstadt [...]

$22.^{45}$ „Faß" verbleibt bis $22.^{45}$ Uhr in der Koßfelder Str. 12, Danach Rückfahrt zur Wohnung in Evershagen, Henryk Ibsen Str. 24.

$22.^{50}$ Rückmeldung und Beendigung der Beobachtung zu „Faß".

Nr. 39:
Bericht vom 29. Juni 1979 über eine „Kombination" zur Beschaffung von Wohnungsschlüsseln

BV – Rostock Rostock, den 29.06.1979
Abteilung VI

Bericht über die Realisierung der Kombination laut Konzeption vom 26. Juni 1979

07.00 Uhr	Einweisung der beteiligten Genossen [...]
07.15 Uhr	Anruf des Gen. Major Lübke beim Leiter der Abt. VIII, ob die vorgesehenen Genossen seiner Abteilung im Einsatz sind.
07.35 Uhr	Rückruf des Leiters der Abt. VIII an Gen. Major Lübke. Es wurde mitgeteilt, daß sich die Genossen am WBK befinden. Gen. Major Lübke gibt den Hinweis, daß lt. Absprache die Untersuchung im WKK stattfindet. Genosse Lübke teilt weiter mit, daß sich der Genosse Lau am WKK befindet um den Stellplatz des PKW von „Faß" festzustellen. Sollten sich die Wohnungsschlüssel von „Faß" nicht bei ihm befinden, sind die Autoschlüssel zu nehmen und zu versuchen, den Schlüsselabdruck vom PKW durchzuführen. Gen. Lau wird sich die ganze Zeit auf dem Vorplatz des „Hotel am Bahnhof" aufhalten um den Genossen zum PKW zu führen.
07.40 Uhr	Die eingesetzten der Abt. VI begeben sich zum WKK.
07.55 Uhr	Der Dienst-PKW von „Faß" Wartburg 311 pol. Kennzeichen AJ 66 – 95 wird parkend auf dem Parkplatz des Wohnungsbaukombinates in der Thomas-Mann-Str. durch den Genossen Lau festgestellt. Zum gleichen Zeitpunkt stehen drei Genossen der Abteilung VIII vor dem WKK.
08.00 Uhr bis 09.15 Uhr	Die Untersuchung verläuft nach Plan.
09.20 Uhr	Die Abteilung VIII teilt mit, daß „Faß" nur Schlüssel seiner Arbeitsstelle, Dienst- und Privat KfZ bei sich trägt. (Abdrücke wurden angefertigt) Der Auftrag des Genossen Lau war den Genossen der Abt. VIII nicht bekannt. Demzufolge wurde der PKW [...] nicht nach den Wohnungsschlüsseln durchsucht. Genosse Lau konnte optisch keine Schlüssel im KfZ feststellen.
09.30 Uhr	Maßnahme beendet.

Christen
Oberleutnant

Nr. 40: „Vorschlag zur Realisierung" eines Operativen Vorgangs vom 21. September 1979

Abteilung VI | Rostock, 21. 9. 1979

bestätigt:

Leiter der Bezirksverwaltung
Mittag
Oberst

VORSCHLAG zur Realisierung des OV „Faß", Reg.-Nr. I/114/19, angelegt am 31. 1. 1979

Im OV „Faß" wird seit dem 31. 1. 1979 die Familie

FOELLBACH, Berthold [...]
und
FOELLBACH, geb. Fleisch, Marion [...]

gemäß §§ 100, 105, 213 StGB operativ bearbeitet.

Im Rahmen der Vorgangsbearbeitung wurde bekannt, daß die Familie am 27. 1. 1979 durch Schleuser der KMHB Mierendorf über die Transitstrecke Horst/Staaken mittels PKW ausgeschleust werden sollte.

Da die festgenommenen Schleuser, [...], verspätet am Treffort eintrafen, konnte die Schleusung nicht realisiert werden.

Im Rahmen der Vorgangsbearbeitung konnten wesentliche operative Fakten herausgearbeitet werden, die darauf hinweisen, daß die Familie nach wie vor Aktivitäten in jeglicher Form unternimmt, um die DDR auf ungesetzlichem Wege über eine KMHB zu verlassen. Es bestehen nachweisbare Verbindungen zu dem geschleusten Bruder bzw. Cousin. Diese unterhalten Kontakte zu der KMHB Mierendorf.

Aufgrund der umfangreichen operativen Bearbeitung muß eingeschätzt werden, daß der vorliegende erarbeitete Sachverhalt nach Abstimmung mit der BKG und Abteilung IX hinreichende Verdachtsgründe beinhaltet, die die Einleitung eines Prüfungsverfahrens zum jetzigen Zeitpunkt gemäß § 95 StPO rechtfertigen.

1. Die Realisierung des Prüfungsverfahrens ist für den Zeitraum vom 22.9.1979 06.00 Uhr bis 22.9.1979 20.00 Uhr vorgesehen.

Bis zur Einleitung des Prüfungsverfahrens erfolgt die weitere zielstrebige Bearbeitung der verdächtigen Personen mit dem Ziel der Gewährleistung einer wirksamen operativen Kontrolle im Wohn- und Freizeitbereich.

1.1. Maßnahmen zur Durchführung des Überprüfungsverfahrens gegen die verdächtigen Personen

Zuführung der verdächtigen männlichen Person, *Foellbach*, Berthold durch die Abteilung VIII der BV Rostock im Zusammenwirken mit der Abteilung VI über den Haupteingang.

Zeitpunkt und Ort der Zuführung zwischen 06.00 und 08.00 Uhr aus der Wohnung.

[...]

1.2. Die Ehefrau wird vorerst unmittelbar nach der Zuführung des Ehemannes mit den Kindern unter Hausarrest gestellt.

Die Kontrolle wird durch eine Genossin und einen Genossen der Abteilung VI in der Wohnung gewährleistet. [...]

1.3. Mit dem Genossen W[...], Referat Jugendhilfe und Heinerziehung, wird die Unterbringung der Geschwister *Foellbach* , 2 und 5 Jahre, in den Vormittagsstunden des 22. 9. 1979 geklärt. [...]
1.4. Nach Klärung der Unterbringung der Kinder erfolgt die Zuführung der Ehefrau durch die Abteilung VIII im Zusammenwirken mit der Abteilung VI. [...]
1.5. Die Überführung der Kinder in das Kinderheim erfolgt durch Mitarbeiter der Abteilung VI, eine Genossin und ein Genosse.

Den Kindern wird ausreichend Bekleidung entsprechend der Jahreszeit mitgegeben.

Desweiteren alle Unterlagen über ihren Gesundheitszustand (SV-Ausweis usw.).

Die Kinder werden in die BV Rostock, Besucherzimmer geführt.

Zur Ausstellung einer Gesundheitsbescheinigung werden sie dem Arzt vorgestellt. Das unter Kontrolle halten der Kinder wird durch eine Genossin und einen Genossen der Abteilung durchgeführt. [...]

2. Durchsuchung der Wohnung der verdächtigen Personen durch Genossen der Abteilung VIII der BV Rostock.

Dieses erfolgt erst auf Veranlassung des Leiters der Abteilung VI nach entsprechender Konsultation mit der Abteilung IX und nachdem ein EV eingeleitet wurde. [...]

3. Folgemaßnahmen
Wird von der Einleitung eines EV gemäß § 96, Abs. 1 StPO gegen die Verdächtigen abgesehen so ist eine schriftliche Erklärung über die Abstandnahme von weiteren Handlungen, die gegen die Gesetze der DDR gerichtet sind, abzuverlangen. (Vorbeugegespräch und Prüfung auf Kontaktierung und Werbung)

Eine weitere operative Kontrolle ist danach zu gewährleisten.

3.1. Wird ein EV gemäß § 96, Abs. 1 StPO eingeleitet, so sind folgende Diensteinheiten fernschriftlich zu informieren, welche Verbindungen der verdächtigen Personen in eigener Zuständigkeit operativ bearbeiten. [...]
4. In der Phase der Realisierung des OV „Faß" wird ein ununterbrochener Informationsfluß zwischen den Abteilungen VI,IX und BKG Rostock gewährleistet. [...]
Leiter der Abteilung

Baaske
Major

Quelle: MfS-Akte von Marion und Berthold Foellbach, BStU, ASt. Rostock, AOp 590/80.

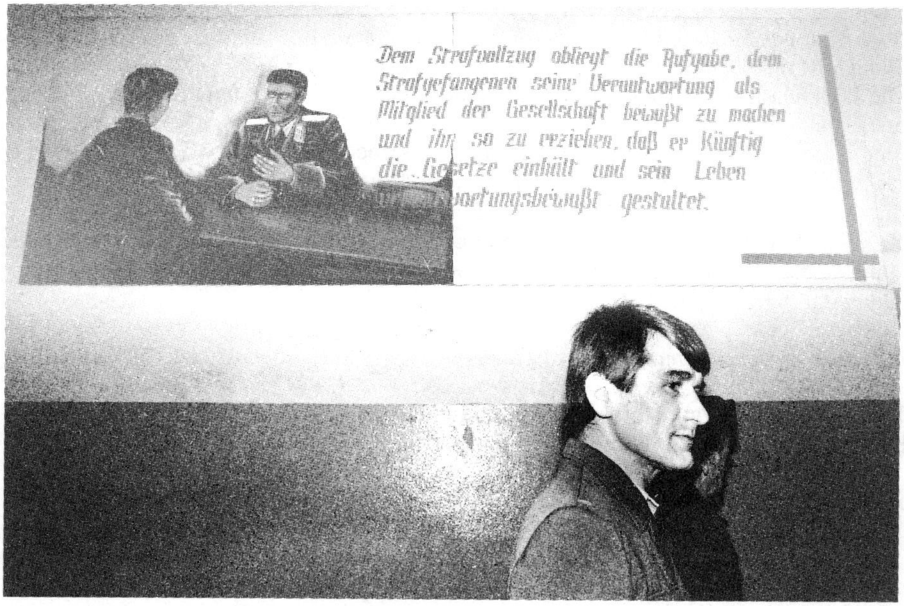

Oben: Strafvollzugsanstalt Ückermünde, Dezember 1989. Der Text der Wandtafel zitiert Paragraph 2 des Strafvollzugsgesetzes der DDR.

Unten: MfS-Untersuchungshaftanstalt Magdeburg

Schauprozeß gegen westdeutsche und West-Berliner Fluchthelfer vor dem Stadtbezirksgericht Berlin-Mitte 1973. Im allgemeinen war die Öffentlichkeit in den 70er und 80er Jahren bei politischen Verfahren ausgeschlossen.

MfS-UHA Berlin-Hohenschönhausen,
Oben: Vernehmerzimmer
Unten: Gummi-Dunkelzelle für Isolationsarrest

MfS-UHA Berlin-Hohenschönhausen
Oben: Zellenanlage im Keller des Dienstgebäudes, das „U-Boot“, seit den 60er Jahren nur noch vereinzelt für Isolierungsarrest genutzt.
Unten: Gang im Zellentrakt des im Jahr 1960 errichteten Gefängnisneubaus

MfS-UHA Berlin-Hohenschönhausen, Zelle im Neubau. Die Ausstattung stammt aus den 80er Jahren. Das Fenster wurde aus Glasbausteinen hergestellt, um Kontakt- und Orientierungsmöglichkeiten des Häftlings zu verringern.

Zu Verhör und Untersuchungshaft

Vernehmungen durch die Staatssicherheit aus Sicht der Betroffenen I

Nr. 41:
Auszug aus einem Gespräch mit Gunter Lindner

R. Ihre erste Verhaftung – wie genau ging das vor sich?

L. [...] In der Nähe der Bushaltestelle kamen zwei Herren auf mich zu, die sprachen mich an: „Herr Lindner?“ (einer sagte: „Herr Gunter?“) „Ja, das bin ich.“ „Haben Sie Ihren Ausweis hier?“ „Nein.“ „Na, macht nichts.“ Und schon stand ein Auto neben mir. Ein weißer Moskwitsch, in den mußte ich einsteigen. [...] Man fuhr dann den Verhafteten – das ist immer so gewesen bei der Stasi, psychologisch gar nicht übel – in die Villa und ließ ihn schön lange warten. Das war immer gut, da machte der Beschuldigte sich viele Gedanken, die Rübe fing an zu kochen, man konnte ihn dann schön austricksen. Dort in dieser einzeln stehenden Villa [...] gab es drei Vernehmer. Die drei Vernehmer redeten auf Sie ein. Und man merkte genau – drei Naturelle: der erste kumpelhaft bis plebejisch, der zweite kalt, korrekt, und der dritte wirkte auch kalt und korrekt, etwas gebildet. Beim Plebejischen warst du ein Arschloch, eine Pfeife, eine Tanzmaus – das hatte er selber oft gesagt – das wurde einem oft an den Kopf geworfen. Wenn du das abblocktest, wurde es auf die korrekte Art probiert. Nach einer gewissen Zeit – je nachdem, wie lange man log und wann man weich wurde – nahm man die zurück, die nicht auf den Beschuldigten paßten. Bei mir blieb der Kühl-Korrekte, denn mit „Du“ war bei mir nichts zu holen. Der Genosse, der das alles leitete, der Teamleiter, ein Major, fragte die drei Kumpels ab und zu mal ab, wie's lief, wie's klappte. Und wo's nicht hinhaute, den Vernehmer nahm er raus aus dem Vernehmungsraum.

Dann konnte ich bei der ersten Vernehmung noch diese unglaubliche Arroganz gegenüber den MfS-Leuten vom Kreis mitbekommen, ich war ja bei der Bezirksverwaltung des MfS. Der Mann vom Kreis, der mich zuführte, wurde wie ein Köter aus dem Zimmer gescheucht. Diese Bemerkung der Vernehmer in Bezug auf die Kripo oder die Volkspolizei lauteten etwa so: „Diesen Quatsch, diesen Dreck können sie einem Blöden von der Kripo erzählen, nicht uns.“ Absolute Verachtung gegenüber diesen Leuten. Oder: „So blöd kann ja bloß einer von der Volkspolizei sein, Ihnen diesen Quatsch zu glauben.“ Kurz und gut. Das waren erst mal die technischen Sachen, die das MfS klärte. Dann versuchten sie von Anfang an, Ihnen klarzumachen: Sie sind absolut allein. Ihnen hilft niemand mehr. Es ist aus. Wir haben alles: Telefone, Papier, Kugelschreiber. Wir können alles notieren. Sie haben gar nichts mehr. Sie haben nur noch ihr Hirn. Und wenn Sie sehr gut sind, und das schätzen wir zunächst mal so ein, können Sie sich einiges merken. Aber Sie werden sich in Widersprüche verhaspeln. Und wir machen Sie fertig. Sie sind erledigt. Ja, Sie können sich nicht einmal aufhängen, dafür sorgen wir. – So ähnlich wurden Sie dort in Kondition gebracht. Und Sie wußten auch, daß Sie aus der MfS-Maschinerie nicht mehr rauskamen, daß Sie da verurteilt werden würden. Da kamen Sie in U-Haft und würden vor Gericht gestellt. Das war ganz normal. Es war ja auch nicht so, daß die Leute nichts gehabt hätten. Sie hatten natürlich wichtige Hinweise, Anhaltspunkte. Der Beschuldigte wußte ja, daß er gegen das Gesetz verstoßen hatte. Sie versuchen nun nur noch mit massivem Druck, so viel wie möglich aus ihm herauszuholen.

R. Wurde dabei psychischer Druck ausgeübt?

L. Psychischer Druck wurde ausgeübt. Ich habe zunächst 17 Stunden gelogen. Das halte ich für eine ganz gute Leistung. Anschließend spät in der Nacht, als ich schon ziemlich erschöpft war, sagte der Vernehmer wörtlich: „Also, wenn Sie sich einbilden, wir machen hier einen olympischen Wettkampf, da sind Sie im guten Mittelfeld. Aber es gibt ja Leute, die den Affenzirkus nicht so lange mitmachen, zum Beispiel Ihre Mutter, die ist ja herzkrank. Was meinen Sie denn, wie lange die uns so dummdreist anlügt, wie Sie das machen, oder wann fällt die vom Stuhl?" Überlegen Sie mal, was die mir da sagten. Und dann: „Möchten Sie einen Kaffee? Möchten Sie ein Stück Schokolade?" Das war mir zuviel. [...] In der 17. Stunde hab ich dann kapituliert und ausgepackt.

R. Hat da insbesondere die Drohung mit Ihrer Mutter Wirkung gezeigt?

L. Ja, natürlich, das war der Fangschuß. Ich war ja ziemlich körperlich erschöpft, auch geistig, ich war sehr, sehr müde. Und die haben auch schon immer gehöhnt: „Ja, Sie sind müde, aber wir können uns ja abwechseln." Und dann hab ich gesehen, du bist da in 'ner Situation, da ist es bloß noch ein Spiel. Ob du 17 Stunden lügst oder 20 ½ – das ist Heckmeck. Du kannst nicht mehr. Unterschreib' den Mist. – Dann wurde ich wieder in die Zelle geschafft, und am nächsten Tag wurde das im Grunde nur noch mal vertieft. Da hatten die ein bestimmtes Niveau erreicht, sie wußten was und hatten Material. Jetzt waren sie wieder am Bohren – das spürte man. Und allgemein üblich war es beim MfS – das hab ich beim zweiten Mal oder im Austausch mit anderen Häftlingen festgestellt -, Sie blieben zunächst mal drei Wochen allein in der Zelle. Dann kamen Sie mit anderen Leuten zusammen und bekamen nach und nach Erleichterungen. Teilweise hatten Sie schon Erleichterungen bekommen, als Sie allein waren: Bücher und Schreiberlaubnis. Und wenn Sie dann mit anderen zusammenkamen – das war natürlich eine ungeheure Erleichterung.

Zu den Vernehmern sei noch bemerkt: Sie hatten dann nur *einen* Vernehmer. In der U-Haft herrschte Totenstille. Wenn Sie aus der Zelle gingen, hatten Sie bloß eine Nummer: die Zellennummer und von links 1, nach rechts zählen wir 2. Sie wurden sehr korrekt behandelt. Nicht etwa, daß Sie auf der Treppe aufs Maul fielen. Das durfte nicht passieren. Sie wurden auch nicht gestoßen. Im ganzen Haus wurde die Ampelregelung eingeführt. Es wurde sofort auf Rot geschaltet. Und Sie kamen immer nur zu *einem* Vernehmer. Psychologisch ist erklärbar, daß Sie zu dem ein bestimmtes Verhältnis faßten. Das war der einzige Mensch, mit dem Sie sprechen konnten. Der erste Gedanke: Das war Ihr Duellant, Ihr Gegner. Mit dem Kopf, rhetorisch duellierten Sie sich mit ihm. Er mußte ja auch was bringen, er mußte argumentieren. *Sie* argumentierten ja. [...] Zu dem hatte man ein „Vertrauensverhältnis". Der hatte natürlich keine Unbegrenztheit, aber sehr viel Zeit. Der konnte auch mal einen ganzen Tag bis zur Verdünnung mit Ihnen darüber reden, wie Kekse mit Schokoladenüberzug hergestellt werden. Der stieß aber immer wieder, wenn er neues Material hatte, brutal rein. Der bedrohte Sie, der drohte mit der Schwester: „Haben Sie auch dort Bücher hingeschafft?" oder „Haben Sie auch dort Bücher ausgeliehen?" Und die Zwischenzeiten ließ er Sie in der Zelle in Ruhe oder sprach über Nichtigkeiten. Um Sie psychologisch einzuschätzen: wie Sie schalteten, wie Sie argumentierten, ob Sie auf ihn eingingen, ob Sie noch Widerstand leisteten oder ob Sie schon etwas offen sprachen. Die Protokolle, die der Mann machte – das ist der erste Fall, über den ich jetzt rede –, die waren absolut korrekt. [...] Bei meinem zweiten Fall wurden kräftige Verfälschungen vorgenommen. Solche Dinge hat *dieser* Oberleutnant nicht gemacht.

R. Woran lag das, daß beim ersten Mal nichts verfälscht wurde, wohl aber beim zweiten Mal?

L. Beim ersten Mal lag alles klar: Der Mann hat ein Buch verliehen, und da haben wir jetzt die Auswahl, den Paragraphen „Hetze gegen Verbündete" anzuwenden oder den Paragraphen 220. Der Mann ist strafrechtlich oder paragraphenmäßig kein Problem, den wissen wir einzuordnen. – Vielleicht war es auch persönlicher Stil, Ich muß sogar dem ersten Vernehmer, dem Oberleutnant, zugute halten, daß es vielleicht sein persönlicher Stil war. Der zweite Vernehmer, der Hauptmann, hat bis zuletzt sehr viele Protokolle gefälscht. Der hat die Aussagen nicht nur *ver*fälscht, der hat sie regelrecht *ge*fälscht. [...]

R Hat Ihnen der Vernehmer etwas gesagt wie: Sie werden angeklagt wegen dieses oder jenes Paragraphen? Sie gehen soundsolange ins Gefängnis?

L. Nein, hat er nicht. Er hat mich nur gefragt, wie lange ich rechne, eingesperrt zu werden. Da hab ich prompt – wahrscheinlich auch als Überreaktion, weil man da pessimistisch ist, keine schlimmen Überraschungen haben will und die Lage übertreibt – geantwortet: „Vier Jahre." Aber er hat nicht gesagt, daß es milder werden würde oder ein anderer Paragraph angewendet werden würde. Im Gegenteil. Nach dem Prozeß hat er noch lauthals verkündet – vielleicht hatte er seinen schlechten Tag, manchmal war er auch ein Schauspieler: „Bei mir würden Sie viel mehr kriegen. Es ist eine Affenschande, daß Sie nur ein Jahr gekriegt haben." [...]

R. Ihre zweite Verhaftung – wie ist es dazu gekommen?

L Die Ursachen dafür sind folgende: Als ich das erste Mal aus dem Gefängnis kam, wollte ich unbedingt in den Westen. Das heißt, ich mußte die entsprechende Haltung wahren und auch demonstrativ handeln. Der erste Schritt mußte also sein: im Betrieb der Betriebsleitung gegenüber erklären, wo ich hin will. [...] Weiterhin war wichtig, unter den Kollegen Informationen zu verbreiten. [...] Dann gab es ja immer noch ein paar befreundete Kollegen, die auch weg wollten. Da war zum Beispiel einer, Maurer von Beruf. Dem hab ich in vielen Gesprächen genau erklärt, wie das ging mit Freikauf, mit Ausreiseantrag. Den hab ich regelrecht gedrillt und ausgebildet, wie er das zu machen hatte, um billigst in den Knast zu kommen. Der Mann war zwar dann kein politischer Fall, aber es war ein politischer Paragraph. Das ging so weit, daß ich ihm erklärt habe: „Wenn du dich in den Zug setzt, nach Hof über Plauen, sitzen bleibst und um die Weiterreise in die Bundesrepublik Deutschland bittest, kriegst du mutmaßlich 10 Monate Knast, bleibst 5 Monate davon beim MfS, da hast du deine Ruhe, kannst tagsüber schlafen, und im Vollzug lachen sie bloß, wenn du da noch 4 Monate rumhupfst, da brauchst du deine Decken nicht mal umzuräumen." Das ging soweit, daß ich dem gesagt habe: „Ich spende dir die Fahrkarte. Kauf auf jeden Fall eine Fahrkarte. Nichts Kriminelles dabei, nichts Komisches! Kauf eine Fahrkarte nach Plauen; und wenn du die Fahrkarte kaufst, fahr ja nicht mit deinem Privat-Pkw da hin, denn das ist bereits die Tat. Die ziehen den Pkw ein. Geh hin zu Fuß, da können sie dann die Schuhe einziehen, wenn sie wollen." Das hat er alles so gemacht, und er ist auch eingesperrt worden [...]. Und dem hatte ich erlaubt: „Du kannst ruhig bei den Vernehmungen sagen, daß du das alles von mir hast, und ich würde Ähnliches in Erwägung ziehen."

Und so wurde ich verhaftet wegen Vorbereitung zu einer versuchten Flucht. Das war der eigentliche Haftgrund. Ich wurde also am 5. April in die Abteilung Inneres bestellt. Dort hab ich drei Minuten gesessen. Die Dame da sagte kein einziges Wort. Dann ging die Tür auf, und es kam ein mir irgendwie bekannter – vom MfS Chemnitz war er – Mann in Zivil herein, Handschellen in der Hand: „Hähä, hähä", lacht er, wie im Kasperletheater, „kennen Sie das, Lindner, kennen Sie das ?" Ich sag: „Ja, kenne ich." „Na, dann wissen Sie ja auch, wie's weitergeht." [...] [Dann] haben sie mich ins Volkspolizei-Kreisamt nach Hainichen geschafft, dort hatten sie sich wieder ihr Zimmerchen reservieren lassen von der K [Abteilung Kriminalpolizei]. Und dort hat mich dann der Hauptmann begrüßt – ich glaube, Koch hieß er, er schrieb alle Protokolle handschriftlich und war in der ganzen U-Haft bekannt, ein außerordentlich barscher und brutaler Bursche: „Na, Lindner, hammer Se widder?" feixt er los. Und ich sag: „Naja, es ist ein bissel ungelegen jetzt, das ist Mist, ich wollte ja eigentlich erst später kommen." Sofort wurde ein anderer Ton angeschlagen, ganz kalt und korrekt. [...]

Er hat aber immer wieder versucht [...], Protokolle zu verfälschen. Er hat Ihnen nach einem ganz harten Vernehmungstag abends auf den letzten Drücker kurz vor 17 Uhr (da war immer Schluß der Vernehmung) ein drei- oder vierseitiges Protokoll gegeben, wo Ihre Aussagen verstümmelt waren.

Quelle: Gespräch mit Gunter Lindner am 4. April 1996.

Vernehmungen durch die Staatssicherheit aus Sicht der Betroffenen II

Nr.42:
Auszug aus einem Gespräch mit Hans-Werner Kintzel

K. Früh um halb drei telefonierte die Stasi in Gera nach Dresden und weckten den General von der Bezirksverwaltung [...]. Der erteilte den Befehl: „Sofort zugreifen!" Man hatte damals am Treffpunkt [mit den Fluchthelfern] stundenlang auf uns gewartet, weil ein falscher Termin genannt worden war. Nachdem sie uns dort nicht erwischt hatten, verhaftete man uns am Sonntag früh um halb zehn in Bühlau in unserem Haus. Wegen uns drei Leuten waren sie mit vier Autos und zwölf Personen angerückt.

R. Sie saßen dann hier in Dresden in der Bautzener Straße in Untersuchungshaft. Wie würden Sie die Verhältnisse in der U-Haft im Vergleich zur Strafhaft beschreiben?

K. Das Üble daran war die totale Isolierung. Die Wachmannschaften kannten in der Regel nur zwei Worte: „Kommen Sie" und „Gehen Sie". Man saß in Einzelhaft und hörte tatsächlich fast die Haare wachsen. Wenn man 16 Stunden auf der Pritsche saß und vor allem in den ersten Wochen keine Literatur hatte, niemanden, mit dem man kommunizieren konnte [...]. Es trat die paradoxe Situation ein, daß man sich auf die Vernehmung freute, weil man da mit jemandem sprechen konnte. In der Untersuchungshaftanstalt herrschte ja totale Stille. Wenn man zum Vernehmer geführt wurde, leuchteten überall im Haus rote Lampen auf, dann wurde nie ein anderer Gefangener gleichzeitig durch die Gänge geführt. War man beim Untersuchungsführer im Zimmer, gingen wieder die grünen Lampen an.

Außerdem durfte ich zwar von meiner Frau zweimal im Monat Post empfangen, aber selbst nicht schreiben. Ein Austausch kam also nicht zustande. Meine Frau schrieb ein halbes Jahr ins Blaue hinein. Den Rechtsanwalt bekam ich erst zum Schluß der Ermittlungen zu sehen. Wobei natürlich klar war, daß der Mann eine Karikatur seines Berufes darstellte, denn er konnte ja nichts machen. Unsere Gespräche wurden mit Sicherheit abgehört, er war in keiner Weise eine Hilfe für mich.

Die Verhöre als solche waren für uns relativ gut zu ertragen, weil der Tatbestand ja klar war. Wir konnten nichts mehr abstreiten. Es gab keine wochenlangen Versuche, irgendetwas zu leugnen. Es gab nur von uns aus das Bestreben, keine anderen Tatbestände offenbar werden zu lassen. Es gab ja genügend Dinge, die in der DDR strafbar waren: z.B. illegale Auslandsfahrten oder das Weiterverleihen bestimmter Bücher. Ich wurde gefragt, ob ich Bücher weiterverliehen hätte. Selbstverständlich hatte ich das. Da nannte ich pro forma ein Buch von Kishon, das ich jemandem gegeben hatte. Damit konnten sie nichts anfangen. Sonst gab ich nichts zu. So gab es natürlich ständig Versuche, einen weiterzubelasten: mit Devisen usw. Es ging für uns darum, diese Versuche abzublocken, aber das Grundsätzliche nicht. Der Major der Abteilung begrüßte mich gleich, als ich eingeliefert wurde: „Wissen Sie, wir beide haben eines gemeinsam. Wir möchten am Sonntag eigentlich nur das machen, was wirklich notwendig ist. Und deshalb sage ich Ihnen: Ihre beiden Schleuser sind verhaftet worden. Sie haben gestanden. Der Versuch, das abzustreiten, würde Ihnen nichts mehr bringen. Ich sage Ihnen das, denn Sie können uns Zeit und sich Mühe ersparen." Er belegte das noch mit Details, so daß ich überzeugt war, es konnte keine Fangfrage sein.

R. Wie würden Sie die medizinische Behandlung in der U-Haft einschätzen?

K. Als ausreichend. Wobei ich wahrscheinlich den Vorteil hatte, daß ich Arzt war und die Frau des betreffenden Arztes, der mich behandelte, als Studentin bei mir Vorlesungen gehört hatte. [...] Als der Arzt [...] therapeutisch nicht weiterkam, holte er seinen Vorgesetzten. Das war der für die Bezirksverwaltung Dresden zuständige Stasi-Arzt, dem hatte ich ein halbes Jahr zuvor, als er noch Assistent bei uns an der Medizinischen Akademie in der Klinik für Innere Krankheiten war, sehr widerwillig eine Wohnung geben müssen. Beide Ärzte verhielten sich korrekt und hilfsbereit. Selbst der Zahnarzt sagte: „Wir haben hier einen Fluorlack gegen Karies, der ist natürlich nicht für Sie bestimmt, sondern für uns, aber ich gebe Ihnen etwas davon.“ Solche Dinge quittiert man ja sehr dankbar.

Das Schlimme war wirklich die Isolierung, noch dazu ohne etwas zu lesen. Nachdem die Ermittlungen weitgehend abgeschlossen waren, bekam man jede Woche ein Buch hereingeworfen. Hatte man Pech, bekam man „Grimms Märchen“ mit nur 160 Seiten. Hatte man Glück, bekam man Dostojewski oder Balzac mit 700 Seiten. Da hatte man für 3 ½ Tage Beschäftigung.

Die sogenannte Freistunde betrug nur 20 Minuten. Man kam in eine Art Hundezwinger oder Tigerkäfig. Oben lief jemand mit einer MPi entlang. Mit dem Nachbarn konnte man nicht sprechen. Der Raum war vielleicht doppelt so groß wie eine Zelle. Man konnte ein bißchen mehr vor- oder rückwärts laufen oder im Kreis. Sonne bekam man dort auch nicht ab, weil der Raum überdacht war.

Quelle: Gespräch mit Hans-Werner Kintzel am 29. April 1996.

Vernehmungen durch die Staatssicherheit aus Sicht der Betroffenen III

Nr. 43:
Auszug aus einem Gespräch mit Gunhild Gerth

R. Sie waren zunächst zehn Wochen in Einzelhaft. Welche Rolle hat die Einzelhaft psychologisch für Sie gespielt?

G. Wenn man Tag und Nacht alleine sitzt und nur durch den Spion beobachtet wird – in Rostock dazu nur von Männern -, dann ist man psychisch nicht mehr ganz normal.

R. Hatten Sie den Eindruck, daß diese psychisch anomale Situation ausgenutzt wurde?

G. Ja, das war System. Das hat mir mein Vernehmer auch gesagt: „Wir werden Sie soweit bringen, daß Sie sich freuen, mit mir ein Gespräch zu haben." Das Reden ist ganz einfach, wenn ein Mensch wochenlang alleine sitzt. Dann redet er. Das war Taktik. Und es war in Rostock härter als in Hohenschönhausen. In jeder Bezirksstadt gab es ja andere Bedingungen in den Untersuchungshaftanstalten. Rostock war knallhart, das war entsetzlich. Es war schwer, sich dann im Griff zu haben und sich ständig zu suggerieren: „Da sitzt mein Feind. Der will mir schaden." Denn der Vernehmer war zunächst liebenswürdig, und mitunter gab es auch mal eine Tasse Kaffee. Man vertrug aber schon gar keinen Kaffee mehr, also war man um so mehr aufgeheizt und kam noch eher ins Gespräch. Die Frauen, die mit mir zusammen gesessen haben und die in der DDR großgeworden sind, waren sehr ängstlich und hätten alles erzählt, wenn ich nicht gesagt hätte: „Du sagst nichts! Laß den kommen! Laß den fragen!" „Die wissen doch alles." Diese Übermacht: wenn ich nicht gleich von mir aus alles erzähle! Dieses Artigseinwollen eines Kindes! Das war entsetzlich. Ich sagte: „Laß ihn doch erst mal fragen. Dann merkst du doch, was er weiß." Ich glaube, ich hatte auch da wieder durch meine schwere Kindheit mehr Zivilcourage und ließ den Vernehmer kommen. Ich widersprach ihm auch ständig. Ich schrie, wenn er mich anschrie: „Schreien Sie ruhig weiter! Ist ja hochinteressant!" Ich benahm mich anders als ein normaler DDR-Bürger, das weiß ich hundertprozentig.

R. Würden Sie das als bewußte Gegenstrategie gegen die Verhörtaktik bezeichnen?

G. Ja, auf jeden Fall. Das kam bei mir aus dem Bauch. Ich hatte ja keinen Rechtsanwalt, denn wir hatten in der U-Haft keinen Rechtsbeistand. Ich war anfangs ziemlich fertig. Man versuchte mich bewußt fertigzumachen, um meinen Mann damit zu erpressen. Denn als mein Schwiegervater uns das erste Mal sehen durfte – er hatte die Genehmigung vom Staatsanwalt – sagte mein Stasi-Vernehmer zu ihm: „Sie können Ihren Sohn sehen, aber Ihre Schwiegertochter ist in einer so schlechten Verfassung, die kann ich Ihnen nicht vorführen." Das war aber Absicht, damit mein Schwiegervater zu seinem Sohn sagen sollte: „Du mußt zusehen, daß ihr hier wieder herauskommt. Deiner Frau geht es ganz schlecht, die dürfen wir gar nicht sehen." So sollte das laufen. Man sollte im allgemeinen zugeben, bereuen, mit dem Ziel, schnell aus der U-Haft herauszukommen. Bei mir war das anders. Sie machten mich so fertig, daß ich dachte: „Jetzt kannst du gar nichts mehr verlieren." Daraufhin lernte ich meinen Selbsterhaltungstrieb kennen. Gott sei Dank war die Stasi nicht robust und stark. Sie hätten alles mögliche mit mir machen können – ich leistete Widerstand. Nur noch Widerstand. Ich nahm die Hände nicht immer auf den Rücken, ich versuchte mit kleinen Tricks, mein Ich nicht ganz drücken zu lassen. Ich machte keine Meldung, wenn ich zur Vernehmung ging. Ich nahm einen Mittelweg und sagte: „Ach so, Moment mal, jetzt wollten Sie ja diese Meldung hören. Wie war das denn noch mal ..." Also nicht so eine Form von Widerstand, daß der Vernehmer Grund gehabt hätte, mich unten in den Keller zu legen. Das wurde mir immer angedroht: „Wir können Sie auch auf Eis legen. Wir können ganz anders." Ich sagte: „Nein, nein, ich halte schon die Hausordnung ein. Die habe ich ja gelesen, und das weiß ich ja alles genau. Aber wie war es denn noch mal: Wer hier jetzt für Sie der Untersuchungshäftling Gerth ist, der meldet sich jetzt?" „Nein", sagte er. Dann sagte er den richtigen Satz. Ich sagte: „Ja, genau. Soll ich den Satz noch mal sagen, Sie haben es doch jetzt schon gesagt.“ So ungefähr war das. Ich verhielt mich so, daß sie mich nicht unbedingt bestrafen konnten, aber ich stellte mich eben immer ein bißchen blöd und tat wie Hausfrau.

R. Und der Vernehmer ließ sich darauf ein?

G. Ja. Er war sehr eitel. Zum Teil gefiel ihm das regelrecht. Erstens, weil er die Frau vom Oberarzt in der Mache hatte, und zweitens hatte er eine Eitelkeit, die für ihn eigentlich dumm, für mich dagegen günstig war. [...] Die Vernehmungen liefen häufig so ab, daß er die Beine über seine Stuhllehne gelegt hatte, sich einen Bierflaschen-Kronkorken als Monokel ins Auge steckte und dann die delikatesten Dinge mit mir besprach. Auch über Sexualität und Gott und die Welt. Er fand es interessant, sich mit mir zu unterhalten. Dadurch lernte ich ihn kennen und wußte über seine Schwächen genau Bescheid. Er merkte gar nicht, daß ich ihm eigentlich Bla-Bla erzählte. Es war Futter für seine Eitelkeit.

R. Hatten Sie zu Anfang beim Verhör mehrere Vernehmer oder war es von Anfang an dieser eine?

G. Die drei Wochen in Hohenschönhausen hatten wir den ersten Vernehmer, und dann hatte ich eine Gruppe von drei Vernehmern. Aber vorwiegend diesen einen Leutnant. Mit dem Hauptmann kam ich überhaupt nicht aus. Das war ein rattenhafter Typ. Ich ging nur immer in die Luft, weil er mich so reizte. Dann gab es noch einen mittleren, bei dem ich nicht weiß, welchen Dienstgrad er hatte. Er war ganz gefährlich. Er war ein liebenswürdiger Typ, ein bißchen bürgerlich, und man mußte sich dauernd in Erinnerung rufen: „Das ist mein Feind, das ist mein Feind.“ Er konnte alles aus einem herauslocken. Er wußte ja, wie es war, wenn man den ganzen Tag herumlag: Man hatte nichts zu tun, und mein Sohn ging in der Nachbarschaft zur Schule. Ich hätte gerne zumindest ein bißchen gestrickt oder gestopft, damit mein Muttertrieb ein kleines Ventil gehabt hätte. [...]

R. Hat man versucht, die Tatsache, daß sie „nur“ Hausfrau waren, beim Verhör gegen Sie einzusetzen?

G. Ja. Aus Berlin kam einmal ein Vernehmer, der sich Tschekist nannte. Das muß einer von ganz oben bei der Stasi gewesen sein. Er hatte den Auftrag, meinen Mann zu fragen, ob er bereue und gewillt sei, in der DDR zu bleiben. Man bot ihm auch wieder eine Dozentur an. Der Vernehmer sprach dann auch mit mir. Das Gespräch lief Gott sei Dank sehr gut für mich. Ich war an dem Tag gerade so aggressiv und so schlagfertig, daß ich ihm die richtigen Antworten gab. Er wußte, daß von mir nicht zu erwarten war, daß ich jemals in der DDR blieb. Er sagte: „Merkwürdig, Sie sind nur Hausfrau, Sie haben gar nicht gearbeitet. Ich habe noch nie eine selbstbewußte Hausfrau erlebt.“ [...] Das Gespräch verlief sehr gut. Das Argument Hausfrau wurde immer vorgebracht, um mich kleinzukriegen. Es funktionierte aber nicht. Damit hatte ich keine Probleme.

R. Sie sagten, es sei bei Ihrem Mann versucht worden, ihn gegen Sie auszuspielen. Versuchte man dieselbe Taktik auch bei Ihnen? Wollte man sie gegen Ihren Ehemann ausspielen?

G. Dadurch, daß ich nicht berufstätig war, konnte man von meinem Privatleben weniger erfahren. Bei meinem Mann gab es die Möglichkeit, in der Klinik herumzufragen, was er für ein Leben geführt habe. Zum Beispiel, ob er eine Geliebte hatte. Ein Arzt habe ja den ganzen Tag mit Frauen zu tun; es seien genügend Krankenschwestern da, die einen Arzt anhimmelten, MTAs, die mitunter sogar diesen Beruf erlernt hätten, um später einmal einen Arzt heiraten zu können. Danach erkundigte man sich genau. Das war aber generelle Praxis. Auch andere Frauen erzählten mir, daß versucht wurde, die Ehen auseinanderzubringen. Man fragte meinen Mann auch, ob er vielleicht ohne mich in der DDR bleiben würde. Da sie über meinen Mann in der Klinik nichts erfuhren, gaben sie irgendwann auf. Ich hörte von viel, viel schlimmeren Intrigen gegen junge Ärztinnen und Frauen, wo sie regelrecht Männer ansetzten, die mit den Frauen in der Untersuchungshaft durch den „Bello" sprachen. „Bello" bedeutet: durch die Toiletten telefonieren. Die Männer schickten also Liebesgeflüster durch den „Bello" an die Frauen, die ja immer alleine waren, in der Hoffnung, daß noch Ehen auseinandergehen würden. Oder man erzählte den Frauen, es hätte Geliebte gegeben, und ihr Mann sei fremdgegangen. Man kramte alles aus, was nur irgendwie ging, und erfand allerhand dazu.

R. Versuchte man auch, Ihnen Aussagen vorzulegen, die Ihr Mann angeblich schon gemacht habe, um Sie zu Geständnissen zu bewegen?

G. Nein, das lief immer umgekehrt. Zuerst wurde *ich* gefragt, weil ich nicht so stur sein konnte wie mein Mann und mich immer durchlavieren wollte. Mein Mann sagte ja gar nichts. Er gab anfangs nicht einmal zu, daß er aus der DDR flüchten wollte. Ich dagegen sagte mir gleich in den ersten Stunden: „Unsere Wohnung ist halbleer. Der Fluchthelfer weiß, daß wir weg wollten. Es hat überhaupt keinen Zweck, mich lange drangsalieren zu lassen. Irgendwann muß ich zugeben, daß wir Vorbereitungen zur Flucht getroffen haben und uns mit diesem Fluchthelfer deswegen auch treffen wollten. [...] Das war von Anfang an klar. Deshalb wurde es eine Art System. Zuerst wurde immer erst *ich* verhört und dann mein Mann.

R. Sie schrieben, man habe Sie bewußt ohne Orientierung gelassen. Das heißt, Sie wußten nicht, welcher Tag oder welche Tages- bzw. Nachtzeit es war.

G. Bei der Tages- und Nachtzeit fiel mir die Orientierung weniger schwer. Aber am Anfang war man ja ohne Zeitung, so daß man mit dem Datum schon durcheinanderkommen konnte. [...] Ich war, als ich von Hohenschönhausen nach Rostock transportiert wurde, nach drei Wochen nervlich fix und fertig. Ich konnte nicht mehr schlafen. Ich hatte Herzbeschwerden, Magenbeschwerden, alles Mögliche. Ich mußte in der Zelle ständig in einer bestimmten Richtung sitzen, mit dem Gesicht zum Spion, und das stinkende Klo ertragen – ich konnte nichts essen. Ich durfte in der Zelle in keiner Ecke stehen. Man machte mich richtig fertig. Und dann diese Beleuchtung nachts! Ich meldete mich wegen meiner Beschwerden zum Arzt; ein Sanitäter war auch zugegen. Ich dachte nun, ich könne meine Beschwerden äußern. Da sagte der Arzt zu mir nur: „Fühlen Sie sich schuldig?" Das hieß, er wollte wissen, ob ich weiter nach dem Westen wollte oder ob ich – falls ich bereute – wieder DDR-Bürger werden wollte. Das fand ich sehr politisch, und es stand einem Arzt nicht zu, mich zu fragen, ob ich mich schuldig fühlte. Von dem Tag an war er fürchterlich zynisch. Ich bekam überlagerte Salben; Medikamente dagegen, die mir im Südstadt-Krankenhaus verschrieben wurden, bekam ich nicht. Ich hatte nämlich eine Kieferhöhlenentzündung und kam aus dem Gefängnis heraus zum Facharzt. Er verzögerte auch: Immer wenn ich schon gesund war, bekam ich etwas. Zum Schluß hatte ich eine Auseinandersetzung mit dem Sanitäter, der meinen Mann auch kannte und mich besonders quälen wollte. Ich sagte zu ihm noch: „Mich kriegen sie nicht klein." Daraufhin er: „Und der Sozialismus siegt auch ohne Sie!" Ich sagte: „Das hoffe ich ja. Von mir aus kann er ja siegen, aber nicht mit mir." Er legte mich in ein Krankenzimmer und schrieb mich krank. Ich hatte Bettruhe und wurde auch nicht in diese Box [den Freiganghof] geführt, wo ich den Himmel sehen konnte. Damit war ich ein paar Wochen total isoliert und ohne Zeitung. Das war kurz bevor ich auf Transport ging. Der Arzt ließ mich kommen und fragte: „Was hat sie denn für ein Bett?" Der Sanitäter antwortete: „Ein normales Feldbett, denn wie man sich bettet, so liegt man." Ich sagte: „Ja, wenn es auch hart ist, aber wenigstens ehrlich." Das war unser letztes Gespräch. Daran merkte man, daß die beiden mich noch einmal quälen wollten. Zu dem Zeitpunkt hätte ich mich umbringen können. Nur liegen zu müssen, ist eine Qual. Sobald ich aufstand, hieß es: „Sie haben Bettruhe, Sie müssen liegen." Es herrschte ständig Durchzug. Ich hatte sogar das Datum vergessen. Es war Herbst, und ich wußte nicht, ob an dem Tag nun mein Sohn Geburtstag hatte oder nicht. Außerdem hatte ich Angst, es könnte alles noch einmal von vorn losgehen. Ich kam ins Grübeln. Mein Schwiegervater wußte, daß wir weggehen wollten. Meine

Tante wußte es. Ich überlegte, ob die Stasi vielleicht erfahren haben könnte, daß die beiden das wußten. Ich dachte schon, wenn nachts geschlossen wurde und man wußte, jetzt war wieder ein Untersuchungshäftling eingeliefert worden, es könnte meine Tante oder mein Schwiegervater sein – wegen Mitwisserschaft verhaftet. Ich war nahe am Durchdrehen. Ich stellte mir vor, es wäre keiner mehr da für die Kinder. Was würde dann werden? [...]

R. Hatten Sie den Eindruck, daß Informationen über Ihre Kinder bewußt vorenthalten wurden?

G. Am Anfang – ja, da wollte man mich mit den Vorenthaltungen erpressen. Es hieß, ich sollte auspacken und erzählen, was wir alles verbrochen hätten. Dann könne ich auch erfahren, wohin meine Kinder gekommen seien. Sie seien sicher in irgendeinem Waisenhaus, oder was man eben mit Kindern von Eltern macht, die Verrat begehen. Und was mich überhaupt meine Kinder interessieren würden. Ich würde mich ja auch nicht für die Kinder interessieren, die mein Mann nun nicht mehr operieren könne.

R. Das heißt, Sie haben des öfteren Informationen über Ihre Kinder gefordert.

G. Ja. Wir wurden ja aus dem Auto heraus verhaftet. Nach Berlin in Richtung Rostock. Dann trennten sie uns – ohne Abschied – und setzten auch die Kinder gleich in ein anderes Auto. Wir konnten den Kindern gar nicht sagen, was mit uns passiert war. Sie kamen dann in Rummelsburg in ein Kindergefängnis! Unser Großer, der 14jährige, wußte Bescheid, daß wir weg wollten. Wir sagten ihm immer: „Du mußt dann deine Schwester informieren." Wir wollten unserer 10jährigen Tochter nicht sagen, was wir vorhatten, wenn wir noch gar nicht auf der Flucht waren. Das hätte sie zu sehr belastet. Ich sagte zum Sohn: „Du mußt dich um sie kümmern, wenn etwas passiert." Die beiden wurden aber auch gleich getrennt. Unsere Tochter bekam einen langen Kittel angezogen und kam in einen Raum, wo innen die Türen keine Klinken hatten und Gitter vor den Fenstern waren. Sie sagte: „Im Gefängnis waren auch Zweijährige." Wenn sie mal auf Toilette wollte, mußte sie lange klopfen. Dann wurde ein Nachttopf in die Zelle geworfen. Um sie kümmerte sich niemand. Im Gefängnis waren vorwiegend streunende, asoziale Kinder. Sie fragten: „Woher kommst du denn? Wieso bist du denn hier drin?" Als meine Tochter erzählte, was passiert war, sagten sie zu ihr: „Das waren bestimmt Räuber, die deine Eltern geraubt haben. Deswegen bist du jetzt alleine und mußt erst mal in diesem Lager sein." Nach ein paar Tagen transportierte die Stasi die beiden Kinder nach Rostock, in ein Kinderheim. Dort waren sie das erste Vierteljahr. Ich glaube, erst nach zwei Monaten hatte unser Sohn Gelegenheit, unserer Tochter zu sagen, daß wir im Gefängnis saßen. Es hatte sich niemand darum gekümmert. Wir hatten nicht die Möglichkeit gehabt, uns von ihnen zu verabschieden. Das war für mich grauenhaft, das war eigentlich das Schlimmste. Ich lief in Hohenschönhausen wie eine Löwin umher, weil ich nicht wußte, was mit den Kindern war. Und immer diese zynischen Angebote: „Ja, packen Sie doch aus, was Sie alles vorhatten. Dann erzählen wir Ihnen auch, wo Ihre Kinder sind." Und ich hatte eigentlich nichts zu sagen, außer daß wir weg wollten. Als wir nach Rostock kamen und ich erfuhr, daß sie dort im staatlichen Kinderheim waren, dachte ich: „So, jetzt bin ich nur noch für mich verantwortlich. Jetzt sind die Kinder zumindest erst mal raus." Sie hatten es dort nicht schlecht. Die Heimleiterin sagte gleich zu ihnen: „Ich kenne eure Eltern und eure Verhältnisse." Sie setzte sich sehr für sie ein, so daß sie nicht mit den vorwiegend asozialen Kindern in Konflikt kamen. Sie behütete sie ein bißchen. [...]

R. Wenn Sie die U-Haft beim MfS und die Haftbedingungen später in der Strafhaftanstalt vergleichen – Sie schrieben, beim MfS sei das Regime alles in allem strenger, steriler und mehr auf Psychoterror ausgerichtet gewesen.

G. Ich kann auch vergleichen mit der U-Haft bei den „Blauen", d.h. beim Ministerium des Inneren, weil ich dort noch ein paar Tage verbrachte, bevor ich auf Transport ging. Ich dachte, ich käme in einen Film. Es war, wie man es eben aus Krimis kennt, wo Haftan-

stalten eine Rolle spielen. Es ging lebhaft zu, in den Gängen liefen Untersuchungshäftlinge umher, und es war Betrieb. Bei uns [bei den politischen Untersuchungshäftlingen des MfS] herrschte absolute Stille; wenn einer geführt wurde, war rotes Licht auf den Gängen, und es war nur einer unterwegs. Bei uns in Rostock konnte auch nicht geklopft werden. Man hatte keine Informationen von anderen Häftlingen. Man wußte nicht, wer noch im Haus war. Ich wußte auch nicht, wo mein Mann war. Das sagte mir drei Tage vor unserer Gerichtsverhandlung der Rechtsanwalt. Es war die Aufgabe des Rechtsanwaltes zu sagen, daß es meinem Mann einigermaßen gut ging und daß unsere Aussagen fast übereinstimmten.
Bei den Blauen ging es drunter und drüber. Da war etwas los! Wir lagen auf dem Fußboden oder sonstwie. In einer Zelle standen zwei Betten, und wir waren sechs Frauen. Da erfuhr ich zum ersten Mal in meinem Leben, daß man wegen „Assi" sitzen kann. „Was ist Assi?" fragte ich. Oder was war AE [Arbeitserziehung]? Die Frauen wollten wissen, wie ich heiße. Da sagte ich: „Ich sage euch aber nur meinen Vornamen." Als ich in die Zelle kam, sagte ich gleich: „Ich bin aber keine Kriminelle." Die anderen fünf waren alle Kriminelle. Sie sagten: „Na, nun komm erst mal." Sie waren sehr neugierig, weil ich zu exotisch aussah. Ich hatte meine Privatsachen an und einen sehr schicken Pelzanzug mit Nerzkragen – es mußte erst einmal befühlt werden, ob das echt war. Ich kam mit den Frauen gut aus. Ich erzählte ihnen Filme und Bücher, sie weinten dann wie die Kinder. Es *waren* Kinder. Von ihnen wäre in der Bundesrepublik niemand verhaftet worden. Sie taten mir sehr leid. Es waren stabile, vitale junge Mädchen, die [mit] AE dreimal vorbestraft waren und nun für vier Jahre wieder in Haft gingen. Tätowiert am ganzen Körper, aber eigentlich noch richtige Kinder, denen man Geschichten erzählen konnte, daß ihnen die Tränen kamen.

Quelle: Gespräch mit Gunhild Gerth am 10. Juni 1996.

„Zuführung“, Verhör und Festnahme

Nr. 44: Eröffnungsbericht einer Operativen Personenkontrolle vom 28. Dezember 1976

KD Magdeburg
Referat III

Magdeburg, den 28.12.76
Br/Bs

Bestätigt:
Stellvertreter Operativ
Müller
Oberst

Eröffnungsbericht

1. Politisch-operative und strafrechtliche Einschätzung des operativen Ausgangsmaterials

Sachverhalt:
Am 21.5.1975 wurde uns durch den GMS „Pudlowski“ bekannt, daß der Präparator

Bischoff, Wolfgang [...]

wegen schlechter Arbeitsmoral und undiszipliniertem Verhalten im Arbeitskollektiv Ende April 1976 zur Verantwortung gezogen wurde.

Ihm wurde gem. § 31 GBA [Gesetzbuch der Arbeit] per 19.5.76 gekündigt.
Im Prozeß des Disziplinarverfahrens gab der B., Wolfgang zur Kenntnis, daß er für sich, seine Ehefrau [...] und für seine 2-jährige Tochter einen Antrag auf Übersiedlung nach der BRD und Aberkennung der Staatsbürgerschaft der DDR gestellt hat. Er begründet sein Vorhaben u.a. damit, daß die in der DDR praktizierte Politik nicht seinen Vorstellungen entspricht, seine Einstellung zur DDR noch nicht einmal als loyal zu bezeichnen sei und das bereits seit Jahren. Auch habe man ihn nicht gefragt, ob er Bürger der DDR werden wolle, worauf er seinerseits auch keinen Wert legt.

Er führte weiterhin an, daß er zwar auch für den Sozialismus sei, aber für einen „Demokratischen Sozialismus“ und die BRD sei für ihn der Staat, wo er leben könne.

Gegen seine fristlose Kündigung erhob er beim Kreisgericht Mitte Einspruch.
Während der Zeit bis zur Entscheidung des Kreisgerichtes wurde er am 28.5.76 vom Amt für Arbeit beim Rat der Stadt vorgeladen. Im Gespräch brachte er zum Ausdruck, daß er auf eine baldige Genehmigung seines gestellten Ausreiseantrages hoffe und z. Zt. nicht gewillt ist, eine andere Tätigkeit aufzunehmen. Er könne vorerst von seinen Ersparnissen leben und außerdem würde seine Ehefrau arbeiten. Er geht, nachdem er das Arbeitsrechtsverhältnis mit den Musealen Einrichtungen der Stadt selbst gekündigt hat, keiner geregelten Arbeit nach.

Der Antrag des B. auf Übersiedlung nach der BRD wurde durch die staatlichen Organe abgelehnt, da bei dem B. und seiner Familie auf Grund bestehender Gesetze und Weisungen keine Rechtfertigung für den Antrag vorlag.

Der B. reagierte darauf mit laufenden Eingaben an die staatlichen Organe der DDR. So richtete er u.a. eine Eingabe am 27.4.76 an die Abt. Inneres, Rat der Stadt Magdeburg.

Am 28.9.76 und 1.11.76 schrieb er an den Genossen Erich Honecker direkt.
In seinen Eingaben bringt er seine antisozialistische Einstellung zum Ausdruck und diskriminiert in seinen Äußerungen die DDR. Er geht in seinen Handlungen soweit, daß er in einer Eingabe vom 1.11.76, gerichtet an den Genossen Erich Honecker, androht, daß er sich nicht

scheue „seine Angelegenheit und deren Behandlung durch die Behörden dieses Staates außerhalb der DDR publik zu machen."

Zur Durchsetzung seiner Zielstellung nutzt er seine Verbindungen und Kontakte zu einer Person [Name von der Behörde der Bundesbeauftragten geschwärzt] aus.

B. unterrichtet den [Name von der Behörde der Bundesbeauftragten geschwärzt] über alle seine Maßnahmen zur Erlangung der Ausreise aus der DDR und übersendet entsprechende Kopien seiner Eingaben und Anträge zur Weitergabe an das MIB und für Presseveröffentlichungen in Publikationsorganen der BRD.

Politisch-operative Bedeutung des Materials:

[...] Trotz Entwicklungsmöglichkeiten und einer selbständigen Tätigkeit im Museum wird eingeschätzt, daß B. nur seine persönlichen Interessen in den Vordergrund stellte. Er es geschickt verstand sein Kollektiv über seine Absichten zu täuschen und sich in der Folge immer mehr vom Kollektiv löste, sich nur seinem besonderen Hobby, der Forschung auf dem Gebiet der Herpetologie widmete und im Zusammenhang nur auf eine Übersiedlung in die BRD bedacht war.

B. ist ehrgeizig und von sich eingenommen. Kritik empfindet er als persönliche Beleidigung, wird in seinem Auftreten aggressiv und läßt keine andere Meinung oder Ratschläge gelten.

B. wird als intelligent eingeschätzt. Er ist bei Auseinandersetzungen, die nicht in seinem Interesse geführt werden seiner Meinung nach, schnell erregt.

Bei Gesprächen in der Abt. Inneres z.B. am 13.8.76, 10.9.76, 28.9.76, 30.11.76 und 15.12.76 seinen Antrag betreffend, zeigte er sich jeglichen Argumentationen der staatlichen Organe gegenüber verschlossen. Seinen Redefluß zur Durchsetzung seines Antrages auf Übersiedlung beginnt er sehr heftig und wirkt dabei, als sei er nur auf seine Angelegenheit programmiert.

Seine staatsfeindliche Einstellung kommt darin zum Ausdruck, daß er bei der Abt. Inneres aus Zeitungsmaterialien und Sendungen des Westfernsehens „zitiert" und sich dabei weder unterbrechen noch abbringen läßt. Zu seinen Gunsten führt er dabei auch ausschnittsweise Argumente aus der Schlußakte von Helsinki an. Die DDR als Staat erkennt er nicht an, weil die DDR ihre eigenen Gesetze mißachtet und die Ideologie wie eine Religion handhabt. Er hat nie einen Hehl daraus gemacht, daß er sich mit der Politik der DDR nicht einverstanden erklären kann. Vorstehendes führt er mit als Begründung seines Antrages in einer Eingabe vom 27.4.76 an die Abt. Inneres an.

Analysiert man die Einstellung und Verhaltensweise des *Bischoff*, Wolfgang speziell vom Zeitpunkt seiner Antragstellung auf Übersiedlung in die BRD kann die Schlußfolgerung gezogen werden, daß es sich bei dem B. um eine Person mit einer negativen Grundeinstellung handelt, der auch vor feindlichen Aktivitäten nicht zurückschreckt.

So hat er sich z.B. 1973 während einer Aussprache mit ihm geweigert, seine ihm als nicht statthaft bekannte Mitgliedschaft in einer BRD-Gesellschaft aufzugeben. Er sandte Fachmaterial über Herpetologie an dem ihm durch gemeinsame Interessen bekannten [Name von der Behörde der Bundesbeauftragten geschwärzt]. Es erschien am 11.12.76 im „Generalanzeiger" Bonn ein Artikel unter der Überschrift „DDR-Schicksal von vielen: die Familie Bischoff."

[...]

Weitere Aktivitäten gingen von B., Wolfgang am 20.12.76 aus.

An diesem Tage suchte er die BRD-Vertretung in der Hauptstadt der DDR auf. Dieser Besuch steht im Zusammenhang mit dem Übersiedlungsantrag des B.

Auf Grund der bisherigen politischen Aktivitäten und feindlichen Haltung gegenüber dem gesellschaftlichen Verhältnissen der DDR sind weitere staatsfeindliche Handlungen nicht auszuschließen.

Strafrechtliche Einschätzung des operativen Materials

Die Handlungen des Verdächtigten *Bischoff*, Wolfgang sind objektiv und subjektiv geeignet, gem. § 106 StGB die sozialistische Staats- und Gesellschaftsordnung der DDR zu schädigen und die Tätigkeit staatlicher oder gesellschaftlicher Organe und Einrichtungen zu diskriminieren.

In dem den [Name von der Behörde des Bundesbeauftragten geschwärzt] übermittelten Informationen mit dem Ziel der Veröffentlichung in BRD-Publikationsorganen und den Hinweisen des B. über Arbeitsweisen staatlicher Organe der DDR im Zusammenhang mit dem Übersiedlungsantrag des B., handelt es sich ausschließlich um Materialien, die die gesellschaftlichen Verhältnisse der DDR angreifen und im Ausland diskriminieren. Die staatsfeindliche Einstellung des B. spiegelt sich darin wider, daß er BRD-Publikationsorgane und Einrichtungen, die eine gegen die DDR gerichtete Tätigkeit ausüben, um Unterstützung bittet.

Mit seiner Zielstellung und Propagierung seines „Fall Bischoff" ist auch der Vorsatz und die staatsfeindliche Absicht des B. objektiv gegeben und durch die Handlungsweise der § 106 StGB, Abs. 1, Ziffer 1 und 3 erfüllt.

Im weiteren ist der Sachverhalt gem. § 249 StGB zu prüfen, da der B. seit seiner Kündigung des Arbeitsrechtsverhältnisses mit den Musealen Einrichtungen der Stadt Magdeburg mit Wirkung vom 3.7.76 keiner geregelten Tätigkeit aufzunehmen und somit im Verdacht der Verletzung des Tatbestandes gem. § 249 steht.

Maßnahmen zur zielgerichteten Bearbeitung des op. Materials

Die im Rahmen der OPK erarbeiteten operativen Ergebnisse zum vorliegenden Sachverhalt lassen die Schlußfolgerungen für weitere feindliche Handlungen entsprechend den vorliegenden Verdachtsmomenten gem. §§ 106, 249 StGB durch den Verdächtigen zu. Daraus ergibt sich das Erfordernis der Eröffnung eines Vorganges Operativ gem. §§ 106, 249 StGB mit der Zielsetzung des schnellstmöglichen Nachweises des dringenden Tatverdachtes.

Die operativen Kräfte, Mittel und Methoden sind deshalb konzentriert auf dies Zielsetzung auszurichten.

Bredl
Hauptmann
Leiter der Kreisdienststelle

Stoye
Oberstleutnant

Nr. 45: Operativplan zu einer Operativen Personenkontrolle vom 28. Dezember 1976

Kreisdienststelle Magdeburg
Referat III

Magdeburg, den 28.12.76
Br/Bs

Bestätigt:
Leiter der Kreisdienststelle
Stoye
Oberstleutnant

Operativplan

Zur operativen Bearbeitung der in der OPK im Verdacht gem. §§ 106 und 249 StGB erfaßten Person

Bischoff, Wolfgang [...]

mit der Zielstellung der Beweisführung einer staatsfeindlichen Tätigkeit gem. § 106 und verletzter Tatbestände gem. § 249 StGB im Rahmen eines OV.

In der ersten Etappe der operativen Bearbeitung sind die subjektiven Voraussetzungen für die feindliche Handlungsweise der Täterpersönlichkeit und seine Motive im Zusammenhang mit dem gestellten Übersiedlungsantrag herauszuarbeiten.

Nach der Entscheidungsfindung, die OPK zum OV zu erheben, ist die Zielstellung die Beweisführung für die staatsfeindliche Tätigkeit gem. §§ 106 und 249 StGB der Person zu erbringen.

Im Zusammenhang mit der Vorgangsbearbeitung sind begünstigende Umstände für eine Feindtätigkeit zu erarbeiten und geeignete Maßnahmen zur Einschränkung bzw. Beseitigung festzulegen. Besonderes Augenmerk ist auf die Aufdeckung feindlicher Stützpunktpolitik zu legen.

Nach der am 12.1.77 durchgeführten Befragung des B. werden weitere Maßnahmen in Absprache mit der Abt. IX entsprechend der sich ergebenden Situation festgelegt.

Maßnahmen:	*Ziel:*
Analysierung des operativen Materials der OPK Bi., Wolfgang Termin: sofort Verantw.: Hptm. Bredl	zur Vorlage in der Abt. IX zur strafrechtlichen Einschätzung
Erarbeitung des Eröffnungsberichtes und Operativplanes Termin: 28.12.76 Verantw.: Hptm. Bredl	Eröffnung des OV „Eidechse"
3. Konsultation mit der Abt. IX Termin: 27. 12. 76 Verantw.: Hptm. Bredl	Entscheidungsfindung für Erhebung zum OV
Absprache mit Abt. IX und Feinabstimmung Termin: 5. 1. 77 12. 1. 77 Verantw.: Hptm. Bredl Major Borski	Zuführung zur Klärung eines Sachverhaltes in der Abt. IX

Schreiben an die ZAIG wegen Übersendung der Original-Zeitung des „General-Anzeiger“ Bonn v. 11./12.12.76 Termin: 27. 12. 76 Verantw.: Hptm. Bredl	Schaffung von Beweismaterial
Rücksprache mit HA II wegen Übersendung der Dokumentierung über die Anlaufstellen des Bi. Am 20.12.76 in Berlin (westliche Agenturen in der Hauptstadt) Termin: 30. 12. 76 4. 1. 77 Verantw.: Hptm. Bredl	Schaffung von Beweismaterial
Ermittlungen über vermutliche Relegierung des B. von der EOS in den Jahren 1961/62 Termin: 6. 1. 77 Verantw.: Hptm. Bredl [...]	subjektive Beweisführung
Abstimmung mit der Abt. VIII über einzuleitende Maßnahmen. Termin: 6. 1. 77 Verantw.: Hptm. Bredl	Zuführung des B. zur Abt. IX und dessen Ehefrau
Feststellung von Personen, die bei Einleitung eines EV gem. § 106 zeugenschaftlich vernommen werden können. Termin: sofort Verantw.: Hptm. Bredl	Beweisführung für eine staatsfeindliche Tätigkeit
Absprache mit der Abt. M und Festlegung, daß bis auf Widerruf die sofortige Information an uns erfolgt, wenn aus der PK Telefonate oder andere Aktivitäten des B. geplant und avisiert werden. Termin: 7. 1. 77 Verantw.: Hptm. Bredl	Verhinderung von feindlichen Aktivitäten und Feststellung von Reaktionen und Verhaltensweisen.
Absprache mit der Abt. 26 wegen Einleitung B-Maßnahme. Termin: 5. 1. 77 Verantwortlich: Major Borski [...]	zur Kontrolle über weitere Aktivitäten des B. bzw. dessen Ehefrau.
Abstimmung mit Abt. XX und Feststellung, welche Telefonanschlüsse im Wohngebiet F[...]-Str. genutzt werden können. Termin: 6. 1. 77 Verantw.: Hptm. Bredl	Einleitung B-Maßnahme.
Feststellung und Überprüfung der Hausbewohner F[...]-Str. und angrenzender Häuser Termin: 6. 1. 77 und laufend Verantw.: Hptm. Bredl [...]	Einleitung B-Maßnahme der Abt. 26

Einsatz und entsprechende Beauftragung des IMS „Jörg Göranson" und des GMS „Paula". Termin: 28.12. 76 und laufend Verantw.: Hptm. Bredl	Kontrolle und Feststellung der Reaktionen und Verhaltensweisen der B. im Arbeitsbereich.
Suche und Auswahl weiterer geeigneter IM, die mittels operativer Kombination direkt und unmittelbar in die Vorgangsbearbeitung einbezogen werden können. Termin: laufend Verantw.: Hptm. Bredl	Rechtzeitiges Erkennen feindlicher Aktivitäten und deren Verhinderung.

Referatsleiter III
Müller
Hauptmann

Bredl
Hauptmann

Nr. 46a:
Vermerk über eine Absprache zur „Einweisung eines Kleinkindes“ vom 7. Januar 1977

KD Magdeburg
Referat III

Magdeburg, d. 7. 1. 77

Aktenvermerk

Absprache zur Einweisung eines Kleinkindes unter 3 Jahren vorübergehend ab 12.1.77 – ? im Dauerheim

Mit der Genn. S[...], stellv. Ltr. der Vereinigten Krippen, wurde am 7.1.77 abgesprochen, daß am 12.1.77 im Dauerheim [...] ein Kleinkind unter 3 Jahren vorübergehend bis auf unbestimmte Zeit eingewiesen werden kann.

Bei der Einweisung des Kindes sollen sich die Einweisenden bei der Kolln. W[...], stellv. Ltr. des Dauerheimes, melden und auf die Absprache zwischen Genn. S[...] und Kolln. W[...] beziehen.

[Unterschrift unleserlich]
Ltn.

Nr. 46b:
Rapport über eine Absprache zur geplanten „Zuführung“ vom 6. Januar 1977

KD Magdeburg
Referat III

Mgd., d. 6. 1. 77

Rapport

Am 6.1.77 erfolgte mit Hptm. Müller u. Unterzeichneter eine Absprache mit dem Gen. Meier – Abt. VIII – in Vorbereitung der am 12.1.77 geplanten Zuführung des Bi., Wolfgang und Ehefrau in die Abt. IX.

Erforderliche Angaben zur Person – Arbeitszeit und die ihm bekannten Gewohnheiten, sowie der in Abstimmung mit der Abt. IX festgelegte Zeitpunkt der Zuführung wurde übermittelt.

Unsererseits wird veranlaßt, daß zum Zeitpunkt die Unterbringung des Kleinkindes gewährleistet ist.

Durch den GMS „Paula“ wird am 12.1.77 abgesichert, daß im Arbeitsbereich der B., Ursula deren Abwesenheit legalisiert wird.

Mit Gen. Meier – Abt. VIII – erfolgt bei Erfordernis kurzfristige Verständigung.

Bredl
Hptm.

Nr. 47:
Rapport vom 13. Januar 1977 über die „Zuführung"

KD Magdeburg Magdeburg, den 13. 1. 77
Referat III

Rapport

Die am 12.1.1977 geplante Zuführung der erfaßten Personen aus dem OV „Eidechse" [...] erfolgte entsprechend den Absprachen mit der Abt. IX und VIII.

Am 12.1.1977 ab 6,45 Uhr befanden sich am Zuführungsort 4 Gen. der Abt. IX und die Gen. Hptm. Bredl und Hptm. Müller unserer DE. Der Einsatz der Abt. VIII erfolgte wie festgelegt, Verstärkung wurde während des Einsatzes angefordert.

An der Zuführung der Bi. nahm die Genn. Bredl auf Grund des Erfordernisses teil. [handschriftlich eingefügt: *welches?]*

Die Befragungen, bzw. Vernehmungen der Personen
[Name von der Behörde der Bundesbeauftragten geschwärzt]
Bischoff, Ursula
Bischoff, Wolfgang
wurde im Objekt der BdVP – K 2 – durchgeführt.

Die Personen B., [Name von der Behörde der Bundesbeauftragten geschwärzt], B., Wolfgang und das Kind wurden ärztlich untersucht. Das Kind, welches sich bei der Zuführung in der Obhut des B., Wolfgang befand, wurde auf Grund einer leichten Bronchitis in der Ki.-Klinik Südwest in die med. Betreuung gegeben.

Am 12.1.77 gegen 20, Uhr wurde durch die Gen. der Abt. VIII im Beisein des Staatsanwaltes Gen. Weintritt – Abt. I a des Bezirksgerichtes eine Hausdurchsuchung bei der Bi., [...] durchgeführt. Umfangreiches Material für die Beweisführung gem. § 106 konnte sichergestellt werden. [...]

Gegen den B., Wolfgang wurde ein EV mit Haftbefehl gem. § 106 – Abs. 1, Zi. 1 u.3, Abs. 2 und Abs. 3 eingeleitet.

Der B. wurde am 13.1.77 gegen 10.30 Uhr in die Abt. XIV überführt.

Den zugeführten Personen wurden ausreichend Verpflegung und notwendige Medikamente verabreicht.

Die weiter durchzuführenden op. Maßnahmen werden nach dem Operativplan und in Abstimmung mit der Abt. IX eingeleitet und durchgeführt.

Als 1. Maßnahme sind die DPA entsprechend den bestehenden Weisungen von den Personen Bi., [Name von der Behörde der Bundesbeauftragten geschwärzt] und Bi., Ursula durch den Grenzoffizier einzuziehen.

Die Personen Bi., [Name von der Behörde der Bundesbeauftragten geschwärzt] und Bi., Ursula wurden vor ihrer Rückkehr nach Hause durch den Staatsanwalt und den Gen. der Abt. IX schriftlich vergattert.

Bredl
Hptm.

Nr. 48: Handschriftlicher Vermerk über die Einweisung eines Kindes vom 17. Januar 1977

KD Magdeburg
Referat III

Magdeburg, d. 17.1.77

Aktenvermerk

Am 12.1.77 – gegen 13.^{00} Uhr wurde das Kind

Bischoff, [Name von der Behörde der Bundesbeauftragten geschwärzt]

dem Bischoff, Wolfgang nach seiner Zuführung abgenommen.

Da das Kind stark erkältet schien, wurde unser Med. Dienst konsultiert und eine Untersuchung durch Dr. [Name von der Behörde der Bundesbeauftragten geschwärzt] erfolgte.

Dr. [Name von der Behörde der Bundesbeauftragten geschwärzt] stellte eine Bronchitis fest und ordnete eine Einweisung in die Kinderklinik Südwest an.

Mit dem Chefarzt Dr. [Name von der Behörde der Bundesbeauftragten geschwärzt] wurde eine entsprechende Absprache in der Kinderklinik Südwest geführt.

Die Unterbringung erfolgte zuerst auf der Stat. II Stationsärztin Frau Dr. [Name von der Behörde der Bundesbeauftragten geschwärzt].

Als ermittelt wurde, daß die Kindergrippe Feuerbachstr., wo sich das Kind am 12.1.77 bis zur Abholung durch den Vater befand, unter Mumps-Quarantäne steht, wurde Frau Dr. [Name von der Behörde der Bundesbeauftragten geschwärzt] in Kenntnis gesetzt und das Kind auf die Stat. I Stationsarzt Dr. [Name von der Behörde der Bundesbeauftragten geschwärzt] verlegt.

Die Bischoff, Ursula hat Kenntnis, wo sich ihr Kind befindet und wo es abgeholt werden kann.

Bredl
Hptm.

Nr. 49:
Untersuchungsplan des MfS vom Januar 1977

Ministerium für Staatsicherheit
Untersuchungsabteilung Magdeburg

Der Bundesbeauftragte für die Unterlagen des Staatssicherheitsdienstes der ehemaligen Deutschen Demokratischen Republik Außenstelle Magdeburg
Kopie 19. Aug. 1992
Mgd. Arch Nr. 1889/78 Bd. 1 Bl.

Ministerium für Staatssicherheit

Blatt 1

Untersuchungsabteilung Magdeburg

U-Plan

zum U-Vorg. Nr. VII 4/77

Häftlings-Nr. 403

Name BISCHOFF Vorname Wolfgang

geb. am ~~24.07.45~~ in ~~Magdeburg~~

Beruf ~~Präparator~~ zul. tätig ~~Präparator~~

Arbeitsstelle ~~seit Juli 76 ohne Beschäftigung – [illegible]~~

wohnhaft Magdeburg

~~Fritz-Heckert-Str.~~ 10

Festnahme am 12. 1. 77 um 11.30 Uhr

Umstände der Festnahme op. Ergebnisse OV „Eidechse“ der KD Mbg.

EV gem. §§ 106 (1) Ziff. 1 u. 3 (2) StGB

HB gem. §§ 106 (1) Ziff 1 u. 3 (2) StGB

Bearbeitungsfrist 22. 2. 77

Fristverlängerungen 6. 4. 77

---

operativ zuständige Abteilungen KD Magdeburg

Kopie

MA Genn. Hptm. Bredel

Telefon 911/218

Koordinierungsvereinbarungen und Maßnahmen

[illegible] Form [illegible]

1. Entstehung des Vorganges

Durch die KD Magdeburg wurden seit November 1976 auf Grund mehrfacher Antragstellungen zur Übersiedlung nach der BRD und Eingaben an das MdI, den Staatsrat sowie dem Generalsekretär des ZK der SED des Besch. [Beschuldigten] BISCHOFF, Wolfgang und dessen Ehefrau Ursula sowie der in die Antragstellungen einbezogene BRD-Bürger [Name von der Behörde der Bundesbeauftragten geschwärzt] in einer OPK operativ bearbeitet.

Aufgrund des in der Ausgabe des Bonner „General-Anzeigers" vom 11./12. Dez. 1976 und der von der Nachrichtenagentur Reuters in der „Frankfurter Rundschau" vom 13.12.76 verbreiteten Pressemeldungen über die Familie BISCHOFF wurden im engen Zusammenwirken mit der Abt. II Ref. 4 die Bearbeitung der Personen im OV „Eidechse' gem. § 106 StGB aufgenommen.

Nach Abstimmung mit der HA IX und dem Leiter der BV wurde am 12.1.77 der OV durch die Vernehmung des Beschuldigten und gleichlaufend durch die zeugenschaftliche Vernehmung der Ehefrau und der Mutter des Besch. liquidiert und ein EV gem. § 106 (1) Ziff. 1 u 3 (2) StGB m. H. [mit Haft] eingeleitet.

In der Erstvernehmung wurde erarbeitet, daß der Besch. am 12.4.76 erstmalig einen Antrag auf Übersiedlung in die BRD für sich u. seine Familie gestellt hat und nach dessen am 13.8.76 erfolgten Ablehnung 6 Eingaben bei den o.a. Organen einreichte.

Von sämtlichen Anträgen bzw. Eingaben versandte er z. Teil direkt, teils mit fingierten Absender und Empfänger Durchschriften an [Name von der Behörde der Bundesbeauftragten geschwärzt] in die BRD, mit dem Auftrag, diese nach erfolgter Ablehnung seines Antrags in der BRD veröffentlichen zu lassen.

Mit der Veröffentlichung seines „Falles" in der BRD verfolgte der Besch. das Ziel, den Nachweis zu erbringen, daß die zuständigen dienstlichen Organe der DDR völkerrechtliche Vereinbarungen und Bestimmungen nicht einhalten würden.

Nachdem dem Besch. am 30.11.76 die endgültige Ablehnung seines Antrages [mitgeteilt worden war] forderte er am 30.11.76 telefonisch [Name von der Behörde der Bundesbeauftragten geschwärzt] auf, entsprechend der bereits hierzu getroffenen Festlegungen unter Verwendung der ihm übersandten Schriftstücke seinen „Fall" in der BRD-Presse publik zu machen. Sein Ziel bestand darin, auf diese Weise die zuständigen Organe der DDR zur Genehmigung seines Antrages zu zwingen.

Am 1.12.76 verfaßte der Besch. einen an den Generalsekretär des ZK der SED addressierten [sic] sogen. „offenen Brief", in dem er die politischen u. gesellschaftlichen Verhältnisse in der DDR sowie die Tätigkeit staatlicher Organe und führende Repräsentanten der DDR diskriminierte und die Veröffentlichung dieses Briefes in westlichen Publikationsorganen androhte.

Dieser Brief wurde von ihm an den Generalsekretär des ZK der SED, das ND und an [Name von der Behörde der Bundesbeauftragten geschwärzt] versandt. Den [Name von der Behörde der Bundesbeauftragten geschwärzt] forderte er auf, diesen Brief nach Ablauf der Frist von 3 Wochen in der BRD-Presse zu publizieren, um anhand seines „Schicksals" die angebliche „Mißachtung" des Völkerrechts in der DDR aufzuzeigen und Personen und Einrichtungen der BRD zu Aktivitäten gegen die DDR zu veranlassen.

2. Einschätzung des vorhandenen anderen Beweismaterials

1. Bei der Hausdurchsuchung wurde umfangreicher Schriftverkehr des Besch. mit [Name von der Behörde der Bundesbeauftragten geschwärzt] vorgefunden und beschlagnahmt, aus dem eindeutig und in einer Vielzahl von Briefen die Aktivitäten des Bischoff sowie des [Name von der Behörde der Bundesbeauftragten geschwärzt]

- Einbeziehung des MIB durch [Name von der Behörde der Bundesbeauftragten geschwärzt]
- Aktivitäten des Bischoff u. [Name von der Behörde der Bundesbeauftragten geschwärzt] zur Publizierung in der BRD-Presse
- Vorliegen einer von [Name von der Behörde der Bundesbeauftragten geschwärzt] übersandten Kopie des im Bonner „General-Anzeiger“ erschienenen Artikels über Bischoff

2. Ebenfalls bei der Hausdurchsuchung beschlagnahmter Hefter, der sämtliche Anträge, Eingaben und Schriftverkehr zur Übersiedlung nach der BRD einschließlich des „Offenen Briefes“ beinhaltet.
3. Ein von Bischoff auf verlangen des [Name von der Behörde der Bundesbeauftragten geschwärzt] verfaßter Lebenslauf – Datiert vom 16.11.76, in dem Bischoff seine feindliche Einstellung zur DDR darlegt. – Dieser Lebenslauf wurde von [Name von der Behörde der Bundesbeauftragten geschwärzt] an das MIB mit allen anderen Anträgen und Eingaben jeweils als Kopie übergeben. – Wesentliche Fakten dessen sind auch in dem im Bonner „General-Anzeiger“ sowie der „Frankfurter Rundschau“ erschienenen Artikel enthalten.

Die aufgeführten Beweismittel sind offiziell und beweisen die feindliche Einstellung des Besch. sowie die von [Name von der Behörde der Bundesbeauftragten geschwärzt] diesbezüglich unternommenen Aktivitäten.

3. Einschätzung des Beschuldigten – vernehmungstaktische Grundlinie

Der Besch. Bischoff entstammt einer Arbeiterfamilie. Seine Erziehung erfolgte fast ausschließlich durch seine Mutter, die seit 1933 – 1945 begeistertes NSDAP-Mitglied war, in politischer Hinsicht in negativer Weise.

Die daraus resultierende ablehnende Einstellung zu den polit. u. gesellschaftl. Verhältnissen in der DDR verfestigte sich bei dem Besch. während seines Besuches der Grund- und erweiterten Oberschule durch die Grenzsicherungsmaßnahmen vom 13.8.61 zunehmend und war von Haß geprägt.

Durch negatives Auftreten an der EOS wurde er 1962 von der Schule verwiesen, was seine feindliche Position noch verstärkte.

Aus dieser Einstellung heraus lehnt er die Verhältnisse in der DDR in ihrer Gesamtheit ab, bezeichnet sich als absoluter Anhänger der SPD und deren Politik. Den „demokratischen Sozialismus“ bezeichnet er für erstrebenswert, da nur dieser „Freiheit“ für den Menschen bringen würde. Die von der SED geführte Politik ist nach seiner Ansicht absolute Diktatur und vergleicht diese mit der Religion des Mittelalters.

Seine politische Einstellung ist als absolut feindlich und verhärtet einzuschätzen.

Seine beruflichen Entwicklungsmöglichkeiten auf dem Gebiet der Herpetologie – er hat sich durch Selbststudium zu einem international-bekannten Experten entwickelt – sieht er nur in der BRD und äußerte mehrfach, daß er nicht gewillt ist, sein Vorhaben, in die BRD zu gelangen, aufzugeben!

In charakterlicher Hinsicht ist Bischoff ruhig und aufgeschlossen. Bisher zeigte er sich zugänglich und aussagebereit. In nervlicher Hinsicht hinterließ er bisher einen „angeschlagenen“ Eindruck, was in den weiteren Vernehmungen beachtet werden muß.

Auf eine ruhige und sachliche Vernehmungsführung reagierte er positiv. Zu seiner Ehefrau und seiner 2-jährigen Tochter hat er enge Bindungen und er ist in dieser Hinsicht ansprechbar.

Quelle: MfS-Akte von Wolfgang Bischoff, BStU, ASt. Magdeburg, AOV 1777/77 und 1889/78.

Verhörplanung der Staatssicherheit

Nr. 50: Untersuchungsplan des MfS vom Juli 1987

BStU
000013

Blatt 1
11

Ministerium für Staatssicherheit
Untersuchungsabteilung Dresden

U-Plan

zum U-Vorg. Nr.

Häftlings-Nr. 215

Name DONATH
Vorname Steffen, Werner

geb. am ~~28.04.1965~~
in ~~Meißen~~

Beruf ~~Tischler~~
zul. tätig ~~Tischler~~

Arbeitsstelle ~~VEB Farben- und Lackfabrik Coswig~~

wohnhaft ~~8272 Coswig~~ [redacted]

Festnahme am 25.07.1987 um 21.00 Uhr

Umstände der Festnahme Festnahme auf frischer Tat durch Sicherheitsorgane der WVR

EV gem. §§ 213 (2), (4) ; 21 (3) StGB

HB gem. §§ analog

Bearbeitungsfrist 02.10.1987 / Verbindlich 28.8.87

Fristverlängerungen

operativ zuständige Abteilungen KD Meißen

MA

Telefon

Koordinierungsvereinbarungen und Maßnahmen

Form 530 887 1176 20.0

1. Entstehung des Vorganges
Der Beschuldigte reiste am 23.07.1987 mit einem internationalen Reisezug über die GÜst Bad Schandau nach Budapest. Dort entschloß er sich, von der Reise nicht wieder in die DDR zurückzukehren und die Staatsgrenze der UVR [Ungarischen Volksrepublik] zur SFRJ [Sozialistische Föderative Republik Jugoslawien] ungesetzlich zu überwinden und nachfolgend in der BRD ständigen Wohnsitz zu nehmen.

Beim Versuch der Annäherung an diese Staatsgrenze wurde er am 25.07.1987 gegen 21.00 Uhr durch Angehörige der Grenzsicherungskräfte der UVR festgenommen.

Gegen den Beschuldigten wurde am 07.08.1987 ein EV gemäß §§ 213 Abs. 2 und Abs. 4 StGB.; 21 Abs. 3 StGB eingeleitet.

2. Einschätzung des vorhandenen anderen Beweismaterials
Als Beweismittel liegen vor:
- Untersuchungsergebnisse der Sicherheitsorgane der UVR
- Aussagen des Beschuldigten vom 07.08.1987
- eine Zange
- 2 Karten der UVR + 1 Landkarte von Osteuropa
- Bargeld: 840,- Kcs
2.875,- Forint
1.252,- Mark der DDR
- 1 Kompaß
- 1 Reiseanlage für den visafreien Reiseverkehr
- 1 Devisentauschbescheinigung der UVR vom 24.7.87
- 1 Durchfahrkarte der DR vom 23.7.87 (Dresden – Keszthely)
- 1 Kaufbescheinigung der Staatsbank der DDR, Kreisfiliale Meißen vom 13.7.87

3. Einschätzung des Beschuldigten – vernehmungstaktische Grundlinie
[...] In den bisherigen Vernehmungen trat er ruhig und sachlich auf. Er tätigte bisher wahrheitsgemäße Aussagen zu der von ihm begangenen Straftat.

Der Beschuldigte verfügt über eine negative Einstellung zu den gesellschaftlichen Verhältnissen in der DDR.

Durch Abhören von westlichen Rundfunkstationen, sowie durch lesen von Zeitungen und Zeitschriften aus der BRD bildete sich in der Folgezeit bei ihm die illosorische (sic!) Auffassung heraus, daß er sein Leben in der BRD nach seinen Wünschen und Vorstellungen einrichten, bzw. gestalten kann.

vernehmungstaktische Grundlinie

In den weiteren Beschuldigtenvernehmungen ist darauf zu achten, daß die bestehende Aussagebereitschaft aufrecht erhalten wird und der Beschuldigte zu weiteren wahrheitsgemäßen Aussagen aufgefordert wird. In diesen Sinne ist mit ihm ruhig und sachlich weiterzuarbeiten.

4. Zielsetzung für die Bearbeitung des Vorganges
(Hauptschwerpunkte und grundsätzliche Version.)
Aufklären der objektiven und subjektiven Tatbestandsmerkmale des Einleitungstatbestandes §§ 213 (2), (4); 21 (3) StGB

Begehungsweise
- versuchte rechtswidrige Nichtrückkehr in die DDR aus der UVR
- Alleintäter
- Aufklärung der Entschlußfassung:
    + Zeitpunkt und Umstände der Entschlußfassung
    + Inspirierung durch Abhören westlicher Rundfunksender (RIAS)

- Aufklärung der Vorbereitungshandlungen:
  + welche Festlegungen wurden getroffen hinsichtlich der Wahl des Ortes und des Landes des unges. GÜ
  + aus welchen Grund der Ort und das Land
    (Festlegung im Herbst 1987 in der CSSR, gehört von RIAS)
    (Festlegung UVR, spontaner Entschluß an Ort und Stelle)
  + Kauf von Hilfsmitteln zur Grenzüberwindung
    (Verwendung der Zahlungsmittel)
    zu diesem Zweck ist gesonderte BV zu Zahlungsmitteln zu machen, zwecks Einziehung durch Zoll
- Tatablauf:
  + Reise in die UVR und deren Aufenthalt
  + Reise zur Staatsgrenze bis Festnahme

in der Zusammenfassung der Beschuldigtenvernehmung sind alle Beweismittel aus HD und Effekten mit einzuarbeiten

Aufklärung der Täterpersönlichkeit
- soziale Verhältnisse
  + Vater verstorben
  + Geschwister
- schulische und berufliche Entwicklung
  + Abschluß der POS
  + Lehre und Abschluß
- gesellschaftliche Entwicklung
  + Mitgliedschaft in Parteien und gesell. Organisationen
  - Herausbildung der negativen Einstellung zur DDR
  - Verfolgen westlicher Rundfunksendungen
  - Entschluß zur Wohnsitznahme in der BRD
- finanzielle Verhältnisse
  - Sparguthaben
  - Schulden oder Zahlungsverpflichtungen
- Umgangs- und Bekanntenkreis
  - dabei auf Verbindungen zu Antragstellern achten
- Verbindungen in das NSW

Quelle: MfS-Akte von Steffen Donath, BStU, ASt. Dresden, 3068/87.

Festnahme und Verhör

Nr. 51: Handschriftliche Information vom 11. Dezember 1980 über eine Festnahme in der ČSSR

Hauptabteilung Untersuchung Prag, 11.12.1980

Nur für den Dienstgebrauch!

Information der Sicherheitsorgane der CSSR über die Festnahme der DDR-Bürgerin BABIO

Wegen des Verdachts des versuchten ungesetzlichen Grenzübertritts nach der BRD wurde am 30.11.1980 bei der Ortschaft Milire, Krs. Tachov
die DDR-Bürgerin

BABIO, Sybille
[...]

durch eine Grenzstreife der CSSR festgenommen.

Die Besch. reiste am 27.11.1980 mit dem Zug über die Güst Bad Schandau/Decin nach Prag, nahm dort im Hotel „OLYMPIA" Unterkunft für 3 Tage und kaufte sich eine Landkarte der CSSR anhand derer sie den geplanten Grenzdurchbruch festlegte. Am 29.11.1980 fuhr sie über Tachov Richtung Staatsgrenze zur BRD, wobei sie unterwegs die Orientierung verlor und sich deswegen nach Prag zurück begab.

Als sie am 30.11.1980 erneut versuchte an gleicher Stelle sich der Grenze zu nähern erfolgte ihre Festnahme.

[Unterschrift]

Nr. 52: Verfügung über die Einleitung eines Ermittlungsverfahrens vom 11. Dezember 1980

[Be]zirksverwaltung
[fü]r Staatssicherheit
[U]ntersuchungsabteilung

Leipzig, den 11. 12. 80

Verfügung

BStU
000033

[G]emäß § 98 der Strafprozeßordnung wird gegen den/die

Name: B a b i o

Vorname: Sybille

geboren am 1. 5. 1953 in Gadebusch

Beruf: Außenhandelskaufmann zuletzt techn. Sachbearbeiterin

Wohnanschrift: 7010 Leipzig, Friedrich-Ludwig-Jahn-Allee 36

[A]us den unten angeführten Gründen die Einleitung/~~Erweiterung~~ eines/~~des~~*) Ermittlungsverfahrens [a]ngeordnet.

KOPIE BStU

[G]ründe:

Die BABIO ist dringend verdächtig, einen ungesetzlichen Grenzübertritt durch rechtswidrige Nichtrückkehr in die DDR versucht zu haben, indem sie am 29. und 30. 11. 1980 im Raum Tachov die Staatsgrenze der CSSR nach der BRD durchbrechen wollte.

Strafbar gem.: § 213 (2) (4) StGB

Deutsche Demokratische Republik – Ministerium für Staatssicherheit – 24

Leiter des Untersuchungsorgans

*) [Ni]chtzutreffendes streichen

Nr. 53:
„Erstmeldung“ des MfS vom 12. Dezember 1980

Telegramm

Absender: BV für Staatssicherheit Leipzig, Abteilung IX
Empfänger: MfS Berlin, Hauptabteilung IX/8
Leipzig, den 12.12.80

Erstmeldung

[...]

1.02 BABIO

1.03 Sybille, Gabriele [...]

2.1. Einleitung MfS, Abteilung IX der BV Leipzig am 11.12.1980, Übernahme CSSR am 11.12.1980

2.2. § 213 (2) (4) StGB

2.3. Festnahme auf frischer Tat durch Sicherheitsorgane der CSSR – PDE AG Messe der BV Leipzig

2.4. mH 12.12.1980 § 213 (2) (4) StGB
§ 122 (1) 1 (2) 1 StPO

2.5. 30.11.1980 im Raum Tachov/CSSR

3. Die Beschuldigte erlernte nach Abschluß der 10. Klasse der POS den Beruf eines Außenhandelskaufmanns, welchen sie bis 1979 im Leipziger Messeamt ausübte. Durch diese Arbeit hatte sie Kontakte zu Bürgers kapitalistischer Staaten. Aufgrund dessen und durch den Empfang von BRD-Massenmedien gelangte die BABIO zu der illusionären Vorstellung, in der BRD ein „freieres“ Leben führen zu können, ohne darüber konkrete Vorstellungen zu haben. Verbindungen in die BRD sollen derzeit nicht bestehen. Seit ca. einem Jahr befaßte sich die Beschuldigte mit dem Gedanken, die DDR auf ungesetzliche Weise zu verlassen, da sie keine legale Möglichkeit sah, wozu sie eine rechtswidrige Nichtrückkehr in die DDR plante, um von der CSSR nach der BRD zu gelangen, in dem Glauben, daß diese Grenze weniger gesichert sei, als die Staatsgrenze DDR/BRD.
Durch Verfolgen von Fernsehen, Rundfunk und Presse wurde die BABIO mit den in letzter Zeit auftretenden negativen Ereignissen in der VR Polen konfrontiert und nahm an, daß bei Fortschreiten dieser Ereignisse die Regierung der DDR ein Ausreiseverbot für DDR-Bürger erlassen könnte. Dadurch glaubte sich die Beschuldigte ihrer einzigen Möglichkeit, in die BRD zu gelangen, beraubt und entschloß sich kurzfristig, ihren Resturlaub zur Realisierung eines ungesetzlichen Grenzübertritts auszunutzen.
Anfang November 1980 beantragte sie ab 20.11.1980 ihren Resturlaub in ihrem Betrieb. In Tatvorbereitung tauschte sie für 10 Reisetage in der Kreisfiliale der Staatsbank der DDR [...] CSR-Kronen ein und kaufte sich im Leipziger Hauptbahnhof eine Fahrkarte für die Strecke Leipzig–Prag.
Unter Mitnahme einer Reisetasche sowie des eingetauschten Geldes fuhr die BABIO am 27.11.1980, gegen 08.00 Uhr, mit dem Zug über die GÜST Bad Schandau/Decin nach Prag, wo sie gegen 13.00 Uhr eintraf. In Prag kaufte sie sich eine CSSR-Autokarte und studierte anhand dieser das unmittelbare Grenzgebiet der CSSR-Staatsgrenze zur BRD, um ein geeignetes Durchbruchsgebiet festlegen zu können. Anhand der erwähnten Karte legte sie als Ausgangspunkte für ihren ungesetzlichen Grenzübertritt die Orte Cheb, Tachov und Domazlice fest.
Am 28.11.80 studierte die Beschuldigte nochmals die CSSR-Autokarte und konkretisierte als möglichen Durchbruchspunkt den Ort Lucina bei Tachov.
Bevor sie am 29.11.1980, gegen 09.00 Uhr, von Prag in Richtung Tachov mit dem Zug abfuhr, sandte sie noch einen bereits am Vortage geschriebenen Brief an ihre

Eltern, in welchem sie Mitteilung über ihr Vorhaben machte.
Von Tachov lief sie in Richtung Lucina, fand diesen Ort jedoch nicht und orientierte sich anhand eines Flusses, von dem sie anhand des Kartenstudiums annahm, daß dieser in Richtung Staatsgrenze CSSR/BRD verläuft.
Am 30.11.1980 erfolgte ihre Festnahme bei der Ortschaft Milive durch CSSR-Grenzorgane.

4. – Aufklärung der Motive der Straftat und eventuelle Unterstützungshandlungen durch andere Personen
   – Prüfung der Version bereits vorher erfolgter Handlungen nach § 213 StGB

Nr. 54: Untersuchungsplan des MfS vom 22. Dezember 1980

Leipzig, den 22.12.80

Uk. 2.1.81

UNTERSUCHUNGSPLAN

Babio, Sybille geb.am: 1.5.1953 Frist: 30.1.80

Zuständige op. DE: AG Messe (abgelegt OPK)

30

BStU 000052

Zielstellung für Bearbeitung des Ermittlungsverfahrens:

1. Nachweis des ungesetzlichen Grenzübertritts an der Staatsgrenze CSSR/BRD gemäß § 213(2)(4) StGB
2. Prüfung des schweren Falls nach § 213(3) Ziffer 3u.4 StGB
3. Auswertung im Zusammenhang mit umfangreichen Kontakten der Beschuldigten die zum ungesetzlichen Grenzübertritt gesucht wurden.
4. Prüfung, ob die Beschuldigte kriminelle Handlungen begangen oder darin verwickelt ist.
5. Auswertungsvernehmung zu Aufenthalt in der VR Polen: dortige Verbindungen, charakterisieren der Personen und Grund des Aufenthaltes in der VR Polen.

KOPIE BStU

Rückseite Planung -Person-

…komplexe (Vorh. Mat., Versionen, Schwerpunktfragen)	Maßnahmen	Termine gepl.	eingel.	erf.
<u>Ungesetzlicher Grenzübertritt</u>				
-gedankliche Beschäftigung und auslösende Motive Arbeit im Messeamt/Ausländer ständiger bewußter PID-Konsument -Entschlußfassung zum Vorhaben wann und welche Umstände äußere Anlässe Ausweirkungen der PID getarnte persönl. Probleme -Realisierung des ungestzl. Grenzübertr. warum November 8o wieso CSSR/ Raum Cheb warum Staatsgrenze CSSR/BRD	Beschuldigtenvernehmung Auswertung OPK AG Messe	11.12.80 30.12.80		11./12.12.80
<u>Version</u> -Hilfe durch ausländische Bürger da umfangreicher von der Beschuldigten angestrebter und gesuchter Kontakt	Überprüfung bekannter Kontakte Beschuldigtenvernehmung zur Erarbeitung neuer/alter Verbindungen		BStU 000054	37

VD - L 99b O B 051 379 2.0

KOPIE BStU

Untersuchungskomplexe (vorh. Mat., Versionen, Schwerpunktfragen)	Maßnahmen	Termine gepl.	eingel.	erf.
- Version: - Scheinheirat oder Ausschleusung durch [redacted]	Beschuldigtenvernehmung	22. 12. 80		22.12.80
Material: OPK der AG Messe				
-wer ist [redacted] Umgangskr./Verbindungen -Umstände des Kennenlernens (durch die B. beeinflußt) -Gespräche über Heirat -Ernsthaftigkeit der Absichten der B. -ableiten vom Verhältnis([redacted]	F 1o Bestätigung Aufenthalt zur Leipziger Messe	29. 12. 80		✓
-Gespräche über Schleusung -Aktivitäten dazu der Babio und [redacted] -wo Schleusung, durch wen, Mittelsmänner -finanzielle Seite	Überprüfung ob im Zusammenhang mit Schleusungen angefallen	nach Erlass F 10		
-Art und Weise der Schleusung -Treffen dazu in Leipzig und soz. Ausland -private Schl. oder kMHB welche!! -letzter Stand der Entwicklung	Art und Weise der Schleusung prüfen um auf kMHB zu kommen in BV am 22. 12. 80			
- Version: - gleiche Prüfung auch zum [redacted] -Scheinheirat oder Schleusung Hinweise dazu in OPK enthalten				

/D - L 99b O B 051 379 2.0

KOPIE BStU

BStU 000055

32

Untersuchungskomplexe (vorh. Mat., Versionen, Schwerpunktfragen)	Maßnahmen	Termine gepl.	Termine eingel.	Termine erf.
Weitere Schwerpunktfragen um der Beschuldigten umfangreiche Vorbereitungs-Handlungen zum ungesetzlichen Grenzübertritt nachzuweisen:				
(1.) warum englische und ital. Sprache erlernt -Kontakt zu Ausländer betreffs Scheinheirat u. Schleusung aufn. -was dazu konkret unternommen -Ort, Zeit, Umstände----Ergebnis -detailliertes Handeln	Beschuldigtenvernehmung	23.12.80		23.12.80
OPK: -an italienische Zeitschrift geschrieben ihre Adresse wurde veröffentlicht	Zeitungsausschnitt aus OPK als BM ?			
(2.) warum dorthin geschrieben -wie entwickelte sich der Postverkehr -was wurde geschrieben zur Hilfe beim illegalen Verlassen der DDR -Zeiträume, Inhalte der Post -zugesagte und erfolgte Hilfe				BStU 000056
OPK: -Post wurde teilweise über Deckadresse der Mutter an die Babio geschickt	ZV zur Prüfung der Angaben			33
(3.) warum anonyme Verschickung andere Deckadressen				

KOPIE BStU

VD - L 99b O B 051 379 2.0

Untersuchungskomplexe (vorh. Mat., Versionen, Schwerpunktfragen)	Maßnahmen	Termine gepl.	eingel.	erf.
(4.) Wie wurden Sprachkenntnisse noch genutzt?	Beschuldigetnvernehmung	23.12.80		23.12.80
OPK:				
-umfangreiche Verbindungen zu italienischen männlichen Personen				
-wer ist wer Prüfung				
-wie Kontakt zur B. gefunden				
-Aktivitäten der Beschuldigten zur Scheinheirat bzw Schleusung aus der DDR	Prüfung ob bei Schl. angefallen			
-wie unterstützten die Personen die B.	Einreiseüberprüfung der Personen			
-Form, Umfang, Art und Weise	-[illegible] F10			
-finanzielle Fragen				
-Treffs im soz. Ausland, Zustandekommen Ort Inhalte	Bestätigungen über Auslandsreisen	30.12.80		23.12.80
(5.) Weitere Vorbereitungshandlungen				
-persönliche Sachen verschenkt und verschickt				
-prüfen ob Auslagerungen oder Personen aus NSW Materialien oder Gegnstände schon mitgegeben (bisher keine Hinweise)				

KOPIE BStU

BStU 000057 84

VD - L 99b O B 051 379 2.0

Untersuchungskomplexe (vorh. Mat., Versionen, Schwerpunktfragen)	Maßnahmen	Termine gepl.	Termine eingel.	Termine erf.
AUSWERTUNG (1.) die B. weilten zum Urlaub in Polen -wo, Ort, Zeit, bei wem -charakterisieren der Personen -wie zur Adresse gelangt, durch wen (2.) wie kam es zum Kennenlernen eines ital. Staatsbürgers der d. B. beim ungestzl. GÜ helfen sollte · was wollte er in der VR Polen · Umgang, Verbindungen · politische Aktivitäten (3.) was konkret in Polen gemacht (Babio… während des Aufenthaltes	Beschuldigtenvernehmung Mitteilung an AG Leiter Protokoll schreiben	5.1.1981		6.1.81
(4) Brief aus HD vom 23.12.80 „Wer ist wer" → [redacted] - Kontakte zu [redacted] „Material" für ihn Version: kriminell erkannte „Geschäfte" - Briefmarken -	Beschuldigtenvernehmung 1 Std FHD	~~30.12.80~~ 12.1.81		

VD - L 99b O B 051 379 2.0

KOPIE BStU

BStU 000053

35

BStU
000001

Bezirksverwaltung für
Staatssicherheit Gera
Abteilung XIV

Bilddokumentation

über die Einlieferung, Führung im Zellenhaus und zur Untersuchungsabteilung, Freihofdurchführung, Unterbringung und Aufnahme (Erkennungsdienst) von inhaftierten Personen

KOPIE BStU

Angefertigt:

Schicht S C H O L Z

Gera, August 198o

41 Blatt
57 Aufnahmen

Auf den folgenden Seiten werden Auszüge aus einer Dokumentation des MfS (Bezirksverwaltung Gera, Abteilung XIV, Signaturnummer 0034) wiedergegeben. Die Bilder sind durch den **Originaltext** erläutert.

Einlieferung einer inhaftierten Person. Ausladen aus dem GTW

Inhaftierte Person wird hinter das Gitter der Zelle geschlossen.

Entkleiden der inhaftierten Person unter Aufsicht eines Mitarbeiters in der Aufnahmezelle

Bei jeder Bewegung einer inhaftierten Person in der UHA ist die Leuchtskala einzuschalten.
(inhaftierte Person befindet sich im Bereich Erdgeschoß – Altbau)

BStU
000008

E i n l i e f e r u n g

Bei einer Neueinlieferung wird die inhaftierte Person durch zwei Mitarbeiter in die Aufnahmezelle geführt. Hier werden ihr nach einer Leibesvisitation (Absuchen nach Schuß- und Stichwaffen) die Handfesseln abgenommen, und sie wird in den speziell abgeteilten Raum der Aufnahmezelle gesperrt. Hier hat sie sich zu entkleiden, die Bekleidung und mitgeführten Gegenstände werden in Gegenwart der inhaftierten Person sorgfältig durchsucht, um Gegenstände und Mittel (Schriftstücke), die für die Untersuchung als Beweismittel von Bedeutung sein können, welche die Sicherheit der UHA gefährden, Fluchtversuchen, tätlichen Angriffen oder Suicidversuchen oder -absichten Vorschub leisten können, aufzufinden und sicherzustellen.

Danach ist die inhaftierte Person von ihren Sachen zu isolieren, um zu verhindern, daß Beweismittel beseitigt werden. Außer der Bekleidung und den persönlichen Gegenständen werden noch die natürlichen Körperhöhlen und die Körperoberfläche durchsucht. Die Körperdurchsuchung hat von Personen gleichen Geschlechts zu erfolgen und wird grundsätzlich von zwei Mitarbeitern durchgeführt.

KOPIE BStU

Von der inhaftierten Person ist eine schriftliche Erklärung zu fertigen, ob sie eigene oder Anstaltskleidung tragen möchte. Aus hygienischen (Ungeziefer) oder Sicherheitsgründen (Ausbruchverdacht) kann ihr das jedoch verwehrt werden.

Im Anschluß erfolgt eine gründliche Körperreinigung der inhaftierten Person durch Duschen. Das Duschen ist ebenso wie die Durchsuchung, grundsätzlich von zwei Mitarbeitern durchzuführen bzw. zu beaufsichtigen. Nach dem Duschen ist auf eine saubere ordentliche Einkleidung der inhaftierten Person laut Anstaltsordnung zu achten.

Die inhaftierte Person wird in eine andere Aufnahmezelle geführt. Hier erfolgt das Feststellen der Personalien, Ausfüllen des Aufnahmebogens. Im Anschluß daran wird die inhaftierte Person über das Zellenhaus in den Verwahrraum geführt.

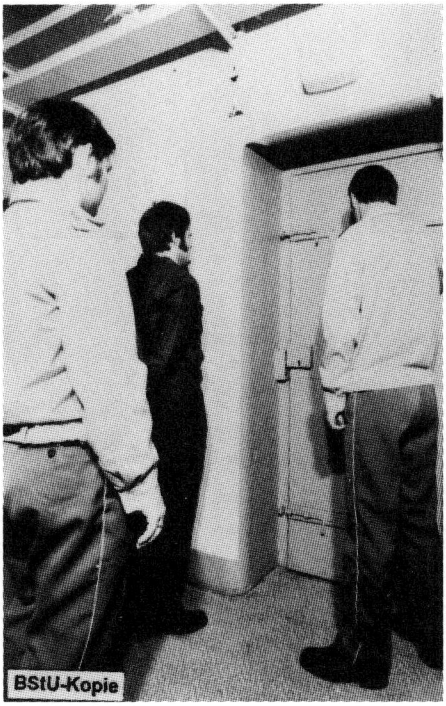

Einschließen der
inhaftierten Person

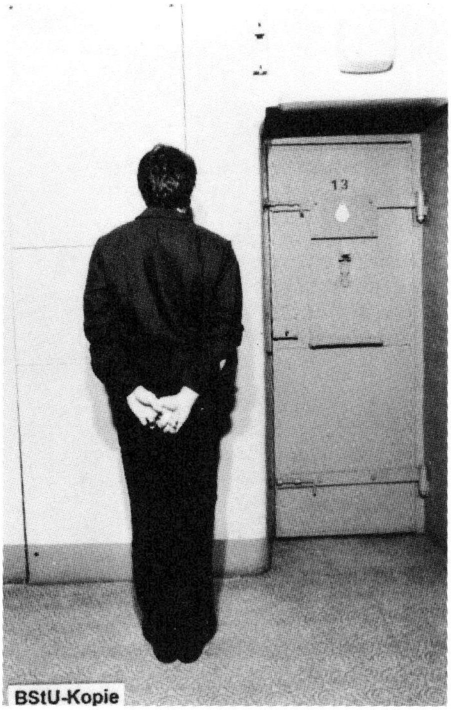

Richtiges Stehen der
inhaftierten Person
vor dem Einschließen

BStU
000014

Zuführung zum Zellenhaus

Nach dem Duschen und Einkleiden wird die inhaftierte Person sofort von zwei Mitarbeitern durch das Zellenhaus in einen Verwahrraum geführt.

Dabei ist zu beachten, daß die inhaftierte Person so wenig wie möglich von den örtlichen Gegebenheiten wahrnimmt. Das heißt, daß die inhaftierte Person vor jeder Tür den Blick zur Wand zu wenden hat. Weiterhin sind die nötigen Schlüssel - Treppenhausschlüssel, Verwahrraumschlüssel, Durchgangsschlüssel - sicher am Mann zu tragen. Im Treppenhaus ist zu beachten, daß die inhaftierte Person keine Wahrnehmungen durch die Fenster machen kann.

KOPIE BStU

Die zwei Mitarbeiter sollten jederzeit gefaßt auf einen Angriff der inhaftierten Person sein, das heißt, sie dürfen auf keinen Fall unmittelbar hinter der inhaftierten Person folgen, sondern in einem Abstand von ca. 2 Stufen. Das Signalkabel sollte bei Gefahr jederzeit für einen Mitarbeiter zu betätigen sein.

Auf der Station wird die inhaftierte Person sofort in den entsprechenden Verwahrraum geführt. Hier erfolgen dann die nötigen Anweisungen über Belegungsplatz, Bettenbau usw. Ebenfalls erhält die inhaftierte Person im Verwahrraum die Hausordnung der UHA zur Kenntnis.

Während des Aufschließens des Verwahrraumes hat sich der Mitarbeiter durch das Schauglas zu vergewissern, daß sich die inhaftierte Person im hinteren Teil des Verwahrraumes befindet, erst dann wird die Verwahrraumtür geöffnet.

Die inhaftierte Person hat beim Öffnen der Verwahrraumtür aufzustehen und Grundstellung einzunehmen.

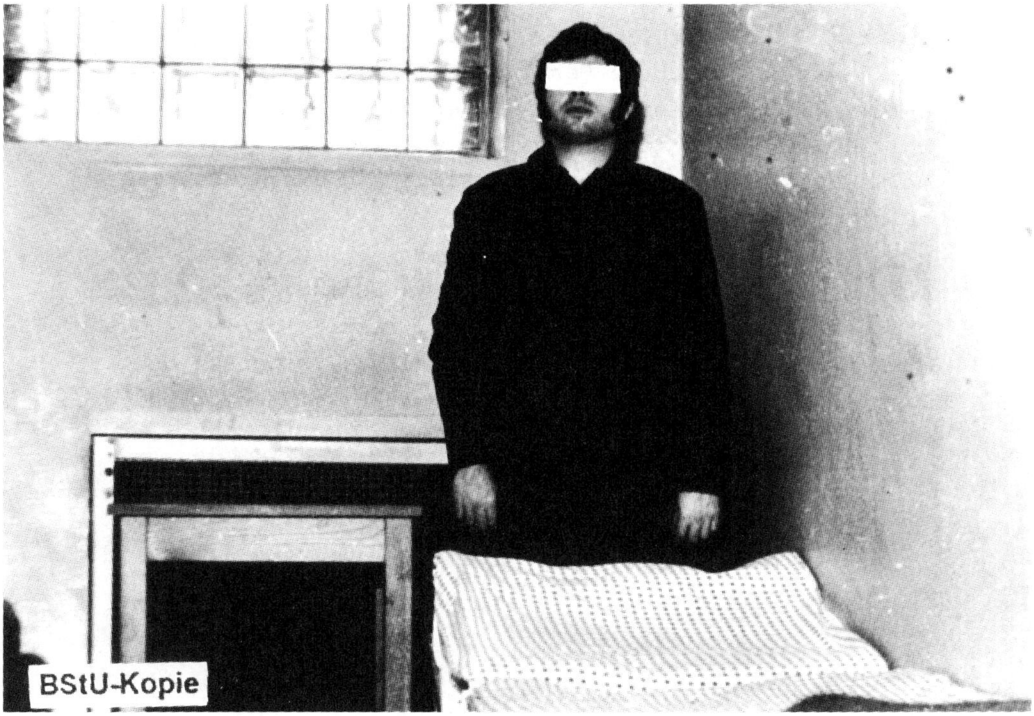

BStU
000017

Der Verwahrraum

Die Verwahrräume sind nach den festgelegten Ausstattungsnormen eingerichtet. Für die Ordnung in den Verwahrräumen ist die inhaftierte Person verantwortlich. Die Einrichtungsgegenstände sind stets pfleglich zu behandeln, zu den in den Tagesablaufplänen der UH festgelegten Zeiten zu reinigen und in einem ordentlichen Zustand zu halten.

Dazu ist gleichzeitig erforderlich, zu gewährleisten, daß die Einrichtungsgegenstände durch die inhaftierte Person nicht willkürlich verändert oder zweckfremd genutzt werden. Betten dürfen nur während der Ruhezeiten und ausschließlich in der festgelegten Bekleidung benutzt werden. Nach der Ruhezeit sind die Betten einheitlich in der angewiesenen Form zu ordnen.

Vor dem Öffnen des Verwahrraumes hat sich der Mitarbeiter durch das Schauglas zu vergewissern, daß sich die inhaftierte Person im hinteren Teil des Verwahrraumes befindet. Die inhaftierte Person hat beim Öffnen des Verwahrraumes aufzustehen und ihren Standort in der Nähe des Verwahrraumfensters einzunehmen, ihr Gesicht der Tür zuzuwenden und die Hände locker an die Seite der Oberschenkel zu legen. Befindet sich die inhaftierte Person im vorderen Teil des Verwahrraumes, so hat dieser sich nach hinten zu begeben, erst dann wird die Verwahrraumtür geöffnet. Erfolgt dieses nicht, so besteht die Möglichkeit eines Angriffs auf den Mitarbeiter. Es ist beim Öffnen des Verwahrraumes darauf zu achten, daß ein zweiter Mitarbeiter zur Sicherung dabei ist, um jeglichen Angriffen der inhaftierten Personen entgegenzuwirken und einen Ausbruchversuch zu verhindern.

Bei der Nachtruhe ist darauf zu achten:

- daß sich die inhaftierte Person mit der Schlafdecke so zudeckt, daß eine ordnungsgemäße Kontrolle durch die Mitarbeiter erfolgen kann;

- verdeckt sich die inhaftierte Person über längere Zeit das Gesicht, daß eine ordnungsgemäße Kontrolle nicht erfolgen kann, besteht der Verdacht eines Suicidversuches;

- daß durch das Verdecken des Gesichtes ein Suicidversuch vorgetäuscht werden kann, mit dem Ziel eines Ausbruchs aus dem Verwahrraum.

Vertrauliche Verschlußsache
MfS 052 Nr.: 84/12
.... Ausfertigungen
.1.. Ausfertigung ~~... Blatt~~ /13

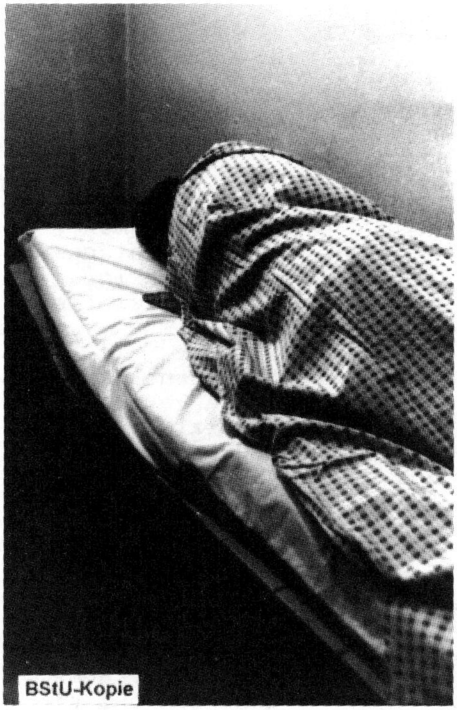

Nachtruhe

Während der Ruhezeiten ist das Gesicht nicht mit der Schlafdecke zu bedecken

Durch das Verdecken des gesamten Körpers ist es dem Mitarbeiter nicht möglich, die inhaftierte Person zu kontrollieren (hier könnten Selbstmordabsichten vorliegen)

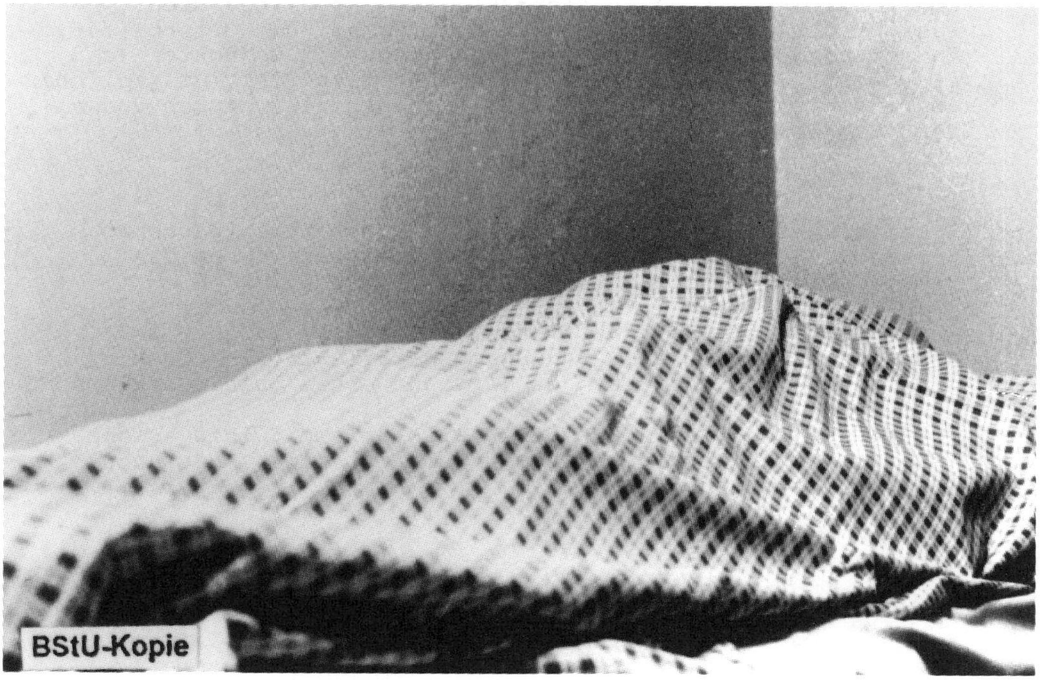

Während des Öffnens der Tür hat die inhaftierte Person mit dem Gesicht zur Wand zu stehen

Falsch

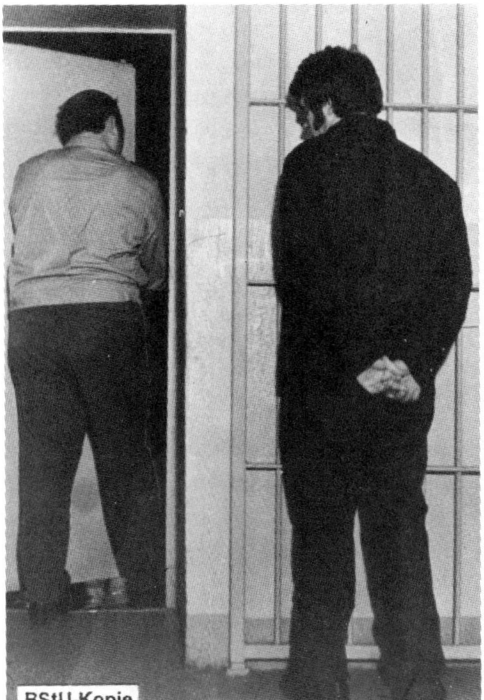

BStU
000023

Aufgaben des Vorführungsoffiziers bei der Zuführung von inhaftierten Personen zum Untersuchungsführer

1. Bestellen der inhaftierten Person
2. Öffnen des Verwahrraumes und Herausschließen der inhaftierten Person
3. Zuführung der inhaftierten Person zum Untersuchungsführer

zu 1. Das Bestellen der inhaftierten Person erfolgt in der Regel am Vortag durch Abgabe des Vernehmerzettels beim OvD der Abteilung IX.

Ausnahmen bilden: Neueinlieferungen
operative Maßnahmen

zu 2. Das Herausschließen der inhaftierten Person zur Vernehmung erfolgt nur unter der Aufsicht eines zweiten Mitarbeiters.
Die inhaftierte Person wird unter der Nennung der Verwahrraum- und Belegungsnummer aufgefordert, den Verwahrraum zu verlassen. Bei der inhaftierten Person ist auf eine vollständige Anzugsordnung und ein ordentliches Aussehen zu achten.

zu 3. Vor dem Verlassen der Station und dem Betreten des Vernehmergebäudes sind die entsprechenden Etagen an der Leuchtanzeige anzudrücken.
Beim Zuführen der inhaftierten Person ist auf einen ausreichenden Sicherheitsabstand zwischen inhaftierter Person und dem Vorführenden zu achten.
Nach der Zuführung der inhaftierten Person zum Untersuchungsführer ist das Schild - Vernehmung - anzubringen.

KOPIE BStU

Einschließen der inhaftierten Person in der Freihofzelle

BStU
000027

Freihof

(Der Aufenthalt von inhaftierten Personen im Freien)

Die Durchführung der Freistunde ist ein Schwerpunkt in der Arbeit des Wach- und Sicherungsdienstes. Hierbei sind die besten Möglichkeiten für einen Ausbruchversuch oder eine Geiselnahme gegeben, da zu diesem Zeitpunkt mehrere inhaftierte Personen sich außerhalb des Verwahrraumes befinden.

Das Schicken der inhaftierten Personen vom Zellenhaus zum Freihof muß mindestens durch 5 Mitarbeiter abgesichert werden. Dies erfolgt erst nach Aufleuchten der Leuchtskala im Zellenhaus, um eine Begegnung mit anderen Personen unterwegs zu verhindern. Während des Weges zum Freihof muß eine ständige Kontrolle über die inhaftierten Personen gewährleistet sein, um die Möglichkeit auszuschließen, Kassiber, Zigaretten sowie andere Gegenstände abzulegen oder zu verstecken.

Das Einschließen in die Freihofzellen erfolgt ebenfalls durch mindestens 2 Mitarbeiter. Die Freistunde wird unter Aufsicht eines Mitarbeiters, der sich auf der Freihofbrücke befindet, durchgeführt. Diese Aufsicht ist notwendig, um eine ordnungsgemäße Durchführung des Aufenthalts von inhaftierten Personen im Freien zu gewährleisten und eine Verbindungsaufnahme der inhaftierten Personen untereinander zu verhindern.

Die Zeitdauer einer Freistunde beträgt 30 Minuten, für jugendliche inhaftierte Personen 60 Minuten.
Aus witterungsbedingten Gründen können diese Zeiten verkürzt werden.

Es ist den inhaftierten Personen untersagt, auf dem Freihof laut zu sprechen, zu singen oder pfeifen sowie zu rauchen. Die inhaftierten Personen sollen sich auf dem Freihof bewegen, möglichst gymnastische Übungen durchführen. Bei Nichteinhaltung der Verhaltensnormen durch die inhaftierten Personen kann die Freistunde aus Sicherheitsgründen abgebrochen sowie disziplinarische Maßnahmen eingeleitet werden.
In der Zeit, in der die inhaftierten Personen sich auf dem Freihof befinden, wird durch einen Mitarbeiter eine gründliche Verwahrraumkontrolle durchgeführt.

Nach jedem Durchgang sind die Freihofzellen durch einen Mitarbeiter zu kontrollieren. Die inhaftierten Personen sind vor und nach dem Freihof intensiv zu kontrollieren.

Kontrolle der inhaftierten Personen von der Brücke aus durch einen Mitarbeiter während des Freihofes

In der Freihofzelle

Zu politischen Strafprozessen

Politische Strafprozesse aus Sicht der Betroffenen I

Nr.55:
Auszug aus einem Gespräch mit Uwe Jürgensen

R. Zu Ihrem Prozeß. Wie haben sich die Gesellschaftlichen Vertreter – also zwei von Ihren ehemaligen Kollegen – verhalten?

J. So, wie ich es besser auch nicht hätte machen können. Sie haben das Gericht gefragt, ob es erlaube, daß sie mich zuerst fachlich und dann gesellschaftlich beurteilten. Die Richter stimmten zu. Daraufhin begannen sie mit einer fachlichen Lobeshymne und endeten mit einer kürzeren gesellschaftlichen Erniedrigung. Die beiden wurden ja dazu verpflichtet. Es waren zwei echt sympathische junge Leute. Der eine kam aus Leipzig und war Chefarzt der Röntgenabteilung, der andere war Chirurg, der Chef meiner Frau. Es waren Ärzte, keine Parteifunktionäre. Diese beiden waren anwesend und sonst noch 15 Leute mit Stasi-Uniform und einige Zivilisten, die auch bei der Stasi waren. Insgesamt vielleicht 25 Personen. Draußen hing ein großes Schild: „Unter Ausschluß der Öffentlichkeit“ Ich war an den beiden Kollegen im Flur mit Handschellen vorbeigeführt worden. Als sie mich so sahen, waren sie geschockt. Meine Frau war nicht in Handschellen. Sie kam hinterher. Ins Gerichtsgebäude wurden wir durch Hintereingänge gebracht. Einer, der seinen Prozeß schon hinter sich hatte, kam uns entgegen. In diesem Moment wurde ich mit Wucht auf die Seite gedrückt, mußte mich mit dem Gesicht zur Wand stellen, man stellte sich so vor mich, daß ich den Mann nicht sehen konnte.

R. Traten die MfS-Leute im Gericht irgendwie in Erscheinung?

J. Überhaupt nicht. Kein Wort. Schlimm war die Richterin G., eine ganz Scharfe, der ich wünsche, sie möge einmal genauso verurteilt werden. Die zog dann gegen uns vom Leder – was sie gar nicht hätte tun müssen –, was wir für Menschen seien. Die Staatsanwältin war jung, unscheinbar, sie mußte ihre Rolle spielen. Meine Frau war früher am gleichen Gericht Schöffin gewesen und sollte an einem Prozeß mitwirken, in dem es um Kinder im Kofferraum ging. [...] Meine Frau lehnte ab, das Urteil mitzufällen. Damit platzte das Verfahren zunächst und wurde erst vier Wochen später wieder aufgenommen, weil ein neuer Schöffe gefunden werden mußte.

R. Ihre Frau weigerte sich, an der Verhandlung als Schöffe teilzunehmen?

J. Als Schöffe tätig zu sein! Weil die Kinder den Eltern abgesprochen werden sollten, und das wollte meine Frau nicht mitmachen. Sie begründete es entsprechend, und ihr entstanden dadurch keine Nachteile. Sie war OP-Schwester, wurde gebraucht, und Karriere hatte sie nicht. Aber mutig war es trotzdem von ihr. [...]

R. Die Folge war, daß für die Richterin ein politischer Prozeß platzte?

J. Der Prozeß wurde um drei oder vier Wochen verschoben, bis alles wieder neu festgelegt war. Frau G. hielt uns das bei unserem Prozeß auch vor. Was wir denn für undankbare Menschen seien – wir hätten doch eine hervorragende Ausbildung bekommen und eine schöne Karriere gemacht [...]. Sie beschimpfte uns so, wie es eigentlich die Staatsanwältin hätte machen müssen. Am Ende bekam ich als Angeklagter das Wort. Ich sagte: „Ich möchte noch einmal ganz deutlich zum Ausdruck bringen, daß wir keine Landesverräter sind oder als Agenten tätig waren. Über Republikflucht haben wir nachgedacht und gesprochen, aber wir haben die Angebote abgelehnt. Und ich möchte nochmals bemerken, daß ich, während ich hinter den Glassteinen der Staatssicherheit gesessen habe, die Fanfaren zum 13. August gehört habe und das große Grauen bekommen habe. Jeder, der seinen Garten und sein Grundstück schützt, schützt es nach außen, damit kein Feind eindringt. Da wir auf der Leipziger Straße wohnen, wissen wir, wie Sie den Stacheldraht abgewickelt haben: nämlich nach innen. Und Sie wollen den Leuten einreden, Sie wollen das Volk vor dem Feind schützen?! [...]" Da brach die Richterin ab und sagte: „Noch ein Wort, dann bekommen sie eine zusätzliche Strafe wegen Verleumdung unserer Politik." [...]

Von unserem Rechtsanwalt erfuhren wir sechs Wochen nach unserer Verhaftung das erste Mal, daß er [die Verteidigung] angenommen hatte, und konnten mit ihm sprechen. Angenommen hatte er, nicht weil wir einen Antrag gestellt hatten, sondern weil mein Schwager in Westberlin durch meinen anderen Schwager, der im Osten wohnt, nach drei Tagen erfahren hatte, daß wir in Haft waren. Das war Mitte September, etwa acht Wochen vor der Hauptverhandlung. Am 10./11. November wurden wir verurteilt. Mitte September durften wir das erste Mal mit Rechtsanwalt S., einem Mitarbeiter von Rechtsanwalt Vogel, sprechen. [...]

R. Was sagte der Rechtsanwalt beim ersten Gespräch?

J. „Ich kann Ihnen noch gar nichts sagen. Wir sind von Ihrem Schwager über die Bundesregierung engagiert worden. Ich habe der Staatssicherheit für jeden von Ihnen 50 Mark gegeben, die hat ihr Schwager geschickt." Das Westgeld war 1:1 getauscht worden, damit wir ein kleines Taschengeld hatten und uns z.B. Zigaretten in der Haft kaufen konnten. Daß auch ich einen Antrag gestellt hatte, Rechtsanwalt Vogel solle uns verteidigen, wurde nicht erwähnt. Weiter sagte Herr S.: „Ich kümmere mich jetzt um Ihre Tochter. Machen Sie sich keine Sorgen. Haftstrafen werden Sie wohl bekommen, daran kann ich nichts ändern. Wenn Sie dann im Gefängnis sind, besuche ich Sie auch. Einmal im Vierteljahr bestimmt." Er war nicht ein einziges Mal da.

Quelle: Gespräch mit Uwe Jürgensen am 13. Juni 1996.

Politische Strafprozesse aus Sicht der Betroffenen II

Nr. 56:
Auszug aus einem Gespräch mit Arnold Wiersbinski

R. Zu ihrer Verhandlung. Sie schrieben, Sie seien durch den Richter eingeschüchtert worden. Wie tat er das? Was genau lief da ab?

W. Der Richter trat mehr als Ankläger auf. Ich kannte zwar keine ordentlichen Gerichtsprozesse – weder in der DDR noch anderswo -, aber ich hatte mir immer vorgestellt, ein Richter sei neutral oder müsse sich zumindest den Anschein von Neutralität geben. Darum bemühte sich dieser Herr Z. überhaupt nicht. Er brandmarkte mich in seinem Reden von vornherein als Verbrecher. Die genauen Worte kann ich nicht mehr sagen. Es ging aber in die Richtung, ich würde die christliche, pazifistische Motivation nur vortäuschen, es gäbe ja Tausende und Millionen von Christen, die ihren Auftrag im Sinne des Sozialismus usw. tun würden. Deshalb sei es überhaupt kein Argument, seine feindliche Einstellung hinter christlichen Überzeugungen zu verstecken. Er redete quasi permanent im Anklageton auf mich ein, während der Staatsanwalt sich dabei eher zurückhielt.

Außerdem passierte folgendes: Meine Frau und mein Bruder waren zur Verhandlung erschienen und gingen auch mit in den Gerichtssaal. Gleichzeitig erschien ein sogenanntes „Arbeitskollektiv" aus meinem Betrieb. Das war aber kein Arbeitskollektiv – es war offiziell nur so angekündigt worden -, sondern die gesammelte Parteileitung des Betriebes. Sieben oder acht Direktoren, Hauptabteilungsleiter, Sicherheitsbeauftragte und dergleichen – SED-Bonzen also -, die die Verhandlung verfolgen wollten. Dann verkündete der Richter, daß die Öffentlichkeit von der Verhandlung ausgeschlossen werde. Das war in politischen Prozessen üblich. „Öffentlichkeit" waren aber in dem Fall nur mein Bruder und meine Frau, während die Betriebs-Delegation natürlich im Raum bleiben durfte. [...]

R. War erkennbar, welche Funktion die Delegation hatte?

W. Welche Funktion sie wirklich hatte, was man sich von ihr versprach, ist schwer zu sagen. Sicherlich wollte man im Betrieb eine Art Abschreckungseffekt erzeugen. Mit einem Verhalten, wie ich es an den Tag legte, hatte man ja in keiner Weise gerechnet. Das kam wie ein Blitz aus heiterem Himmel. Ich hatte vorher nach außen keinerlei Anzeichen erkennen lassen.

Ich denke eher, die Initiative kam von Seiten meiner Betriebsleitung, nicht so sehr vom Gericht oder der Stasi. Man wollte einfach dabeisein und sich diesen Verbrecher, diesen Unhold ansehen, wie er klein und winselnd vor dem Gericht stand.

R. Nochmals zurück zu dem Richter. Ging er von vornherein so auf Sie los oder reagierte er in dieser Weise, wenn Sie selber Einlassungen gemacht haben?

W. Beides. Er benahm sich von vornherein so, aber auch, wenn ich etwas darzustellen bzw. zu erklären versuchte. Den genauen Ablauf weiß ich allerdings nicht mehr im Detail, es ist ja ziemlich lange her. Man hat es eben leider nicht aufgeschrieben. Ich empfand sein Verhalten jedenfalls als unheimlich parteiisch. Ich war längst vorverurteilt, das Urteil stand mit Sicherheit schon fest, es gab also überhaupt nichts zu verhandeln. Ich versuchte zwar, den politischen und moralischen Gesamtzusammenhang meines Handelns zu erklären: diese Unmöglichkeit einer Konfrontation zwischen Ost und West und daß ich als einzelner quasi die Verantwortung habe, mich zu entscheiden, auch wenn das nicht staatlich genehm ist. Auf diese Argumentation zog ich mich zurück, und das empfand der Richter wohl als besonders verwerflich. Ein normaler Republikflüchtling, der sagte, er wolle Reisefreiheit, Meinungsfreiheit und bessere Entwicklungschancen haben, kam ihm sicherlich besser zupaß als jemand, der in Richtung Verantwortlichkeit des Einzelnen argumentierte, auch angesichts einer quasi aussichtslosen Situation. Jemanden als Egoisten zu outen, der sich der schwierigen Aufbauarbeit im Osten entziehen will – damit hätte er sicher weniger

Probleme gehabt. [...]

R. Welche Rolle spielte Ihr Anwalt im Prozeß – wenn überhaupt?

W. Eine sehr marginale. Er brachte zur Verteidigung eigentlich gar nichts weiter vor. Er versuchte, meine Motivation ein bißchen positiv darzustellen im Gegensatz zum Richter und plädierte für eine um drei Monate kürzere Haft. Aber das war schon alles.

R. Wie fiel das Urteil dann aus? Entsprechend dem Antrag des Staatsanwalts?

W. Ja, klar: 21 Monate. Die Urteilsverkündung fand erst am nächsten Tag statt. Ich empfand es im übrigen als sehr merkwürdig, daß man mich nach der Verhandlung in Handschellen hinauskomplimentierte, während das „Arbeitskollektiv" im Saal sitzen blieb und mit dem Gericht noch diskutierte.

R. Gab es die Diskussion wirklich oder vermuten Sie das nur?

W. Ich rechne ganz stark damit, denn alle blieben im Saal. Ich weiß es nicht hundertprozentig, aber ich meine sogar, man habe mir gesagt, daß man noch eine Aussprache führen wolle. [...] ich war nicht dabei und kann überhaupt nichts dazu sagen, aber mich hat das schon ziemlich stark beunruhigt, weil ich natürlich fürchtete, diese Leute würden mich am liebsten lebenslänglich hinter Gittern sehen. Sicher erschien ihnen die beantragte Strafe viel zu gering. Ich traute ihnen zu, daß sie versuchen würden, den Richter zu beeinflussen, über das Strafmaß des Staatsanwalts noch hinauszugehen.

R. Hatten Sie bei dem Richter auch den Eindruck, daß er gerne über den Antrag des Staatsanwalts hinausgegangen wäre?

W. Ja. Aber ich denke, da gab es gewisse Spielregeln. Es wurde einfach vorher schon abgesprochen.

Quelle: Gespräch mit Arnold Wiersbinski am 15. Mai 1996.

Zur Routine politischer Prozesse in den siebziger Jahren

Nr. 57:
Vermerk des Kreisgerichts Dresden-Ost vom 21. 10. 1974

Abschrift

Kreisgericht Dresden-Ost

Dresden, den 21.10.1974

An den
Direktor des Bezirksgerichtes
Dresden

Betr.: Strafsache [...]
gegen Karin L[...] wegen Unterlassung der Anzeige und Beihilfe zur Vorbereitung eines ungesetzlichen Grenzübertritts.

Werter Genosse [...],
Am 18.10.1974 wurde ich in der o.a. Strafsache von Genn. K[...] über folgendes unterrichtet:

Am 14.10.1974, 8.30 Uhr, wurde im Saal 272 die Hauptverhandlung gegen die Angeklagte Karin L[...] begonnen. Im Saal waren ca. 25 Personen unterschiedlichen Alters anwesend. Der Staatsanwalt hat in diesem Strafverfahren beantragt, die Öffentlichkeit auszuschließen. Diesem Antrag ist die Strafkammer nach Beratung nachgekommen und hat einen entsprechenden Beschluß erlassen. Die Anwesenden sind aufgefordert worden, den Saal zu verlassen. Das ist ohne Widerspruch, jedoch in langsamer Gangart erfolgt. Anwesende hatten Blumen in der Hand, d.h. eine, bzw. kleine Sträußchen. Dieser Personenkreis hat sich vor dem Saal weiterhin aufgehalten, ohne die Verhandlung zu stören.

Als die Angeklagte aus dem Saal geführt wurde, sind die Anwesenden mit ihren Blumen auf die Saaltür zugegangen.

Zur Urteilsverkündung, die im Saal 350 um 15.00 Uhr erfolgte, war dieser Personenkreis in der geschilderten Weise wieder anwesend. Dieser Personenkreis stand dicht gedrängt unmittelbar vor der Saaltür, so daß eine Zurückdrängung erfolgen mußte. Auch nach der Urteilsverkündung hat es keine Zwischenfälle gegeben.

Das ganze Verhalten dieses Personenkreises ist als „stummer Protest“ zu werten.

Dieses Vorbringen wird zur Kenntnisnahme und zur Meldung der Genn. K[...] vom 18.10.1974 mitgeteilt.

gez. [...]
Kreisgerichtsdirektor

Nr. 58: Meldung des Kreisgerichts Dresden-Ost über einen Vorfall am 14. 10. 1974

Abschrift

Kreisgericht Dresden
Stadtbezirk Ost

Betr.: Meldung über Vorfall am Montag, dem 14.10.1974

Am Montag, dem 14.10.1974 wurde die Strafsache [...] gegen Karin L[...] wegen Unterlassung der Anzeige und Beihilfe zum ungesetzlichen Grenzübertritt im schweren Fall verhandelt.

Das Gericht war besetzt durch:

Richter K[...]
als Vorsitzende

Brigitte W[...]
Wolfgang B[...]
als Schöffen.

Als Staatsanwalt wirkte am verfahren mit, StA C[...], als Protokollführer Kollegin P[...], als Verteidiger der Angeklagten Dr. G[...].

Verhandlungsdauer: 8.30 bis 10.15 Uhr

Das Gericht zog sich nach Beendigung der Verhandlung zur Beratung in das Zimmer der Vorsitzenden zurück. Wenige Minuten danach erschien Genossin StA S[...] und brachte ihr Erstaunen über die bereits abgeschlossene Verhandlung zum Ausdruck. Sie legte der Vorsitzenden, die am Schreibtisch saß, einen Zettel vor mit dem Inhalt, daß laut Weisung des GStA 2 Jahre FE [Freiheitsentzug] zu beantragen sind. Auf Hinweis der Vorsitzenden, daß 1 Jahr und 6 Monate beantragt worden seien und das Gericht sich bereits in der Beratung befinde, sagte Genossin S[...], daß sie die Entscheidung der Vorsitzenden überlasse.

Das Verhalten der Genossin S[...] war so, daß die Schöffen nicht merkten, worum es bei diesem Gespräch ging. Genossin S[...] verließ den Raum und die Schöffen wurden erst durch die Vorsitzende vom Inhalt des Gespräches in Kenntnis gesetzt.

Wenige Minuten danach erschienen die Genossen StA R[...] und C[...]. Auf die Frage der Vorsitzenden, ob sie auch noch wegen dieser Strafsache kämen, sagte StA R[...]: „Du mußt uns Arbeit ersparen, sonst müssen wir gegen unseren eigenen Antrag in Protest gehen".

Genosse C[...] bemerkte, daß die Weisung praktisch zwei Minuten zu spät gekommen wäre. Zur Vorsitzenden sagte er: „Du könntest uns einen Haufen Arbeit ersparen". Die Vorsitzende fragte StA R[...]: „Du bist wohl jetzt Gruppenleiter?" Darauf antwortete dieser: „Nein, aber ich muß ja den Protest schreiben".

Die Vorsitzende brachte hierzu zum Ausdruck: „Angenommen, wir würden zwei Jahre FE aussprechen, ist nicht gesagt, daß das BG bei einer Berufung, die sicher eingelegt wird, mitgeht".

Darauf erwiderte Genosse R[...]: „Du brauchst Dir keine Sorgen zu machen, in solchen Sachen zieht das BG [Bezirksgericht] mit, das ist abgesprochen. Wenn das so hoch angebunden ist bis zum General, da kommen wir schon durch, denn dann hängen auch noch mehr drin wegen Menschenhandel". StA C[...] sagte noch: „Du tust der sowieso nicht weh, ob Du ihr 1,6 Jahre gibst oder 2 Jahre FE. Denke dran, die Republik braucht Devisen".

Die Vorsitzende bemerkte: „Was Ihr uns hier erzählt, braucht uns nicht zu interessieren, denn wir sind Eurem General nicht unterstellt“.

Die beiden Staatsanwälte verließen das Zimmer.

Sowohl die Vorsitzende, vor allem aber die beiden Schöffen waren über die Art des Auftretens der beiden Staatsanwälte sehr empört. Die Schöffen forderten als gleichberechtigte Richter von der Vorsitzenden Aufklärung, da sie sich durch das lässige Auftreten der StA überflüssig fühlten und bei ihnen der Eindruck entstand, daß zwischen Staatsanwalt und Vorsitzendem das Strafmaß ausgehandelt wird.

Nach Abschluß der Diskussion führte das Gericht ordnungsgemäß seine Beratung zur Strafsache durch.

Zu dem Vorkommnis wurde übereinstimmend festgestellt, daß die Vorsitzende sich mit Genossen M[...], stellv. Direktor des BG, in Verbindung setzt, was mündlich am gleichen Tage erfolgte.

Diese Stellungnahme wurde gemeinsam erarbeitet.
gez. K[...] gez. W[...] gez. B[...]

Verteiler:
2 x BG
1 x Direktor KG [Kreisgericht]
1 x Richter K[...]

Quelle: BA-Berlin, DP 1, SE, 2100/1d.

Das Verfahren gegen Helmut Arff aus der Sicht des Betroffenen

Dokument 59:
Auszug aus einem Gespräch mit Helmut Arff

R. Der Sabotagevorwurf gegen Sie wurde im Zusammenhang mit der Bitterfeld-Explosion erhoben. Wie wurde die Beziehung zwischen Seeberger und Ihnen konstruiert?

A. Ich habe Seeberger nicht vertreten, er hat sich selbst im Osten vertreten. Aber ich übte für ihn in einem Fall eine Tätigkeit beim VEB Chemische Werke Lauta aus, indem ich eine Reklamation einer von mir vertretenen Firma, deren Lieferung über Seeberger ging, abwickelte. Er hatte bei der Firma V[...] gekauft und direkt an den AHB [Außenhandelsbetrieb] verkauft, weil Seeberger eben dort gut im Geschäft war. Lange vor mir. Ich hatte von 1965 bis zu meiner Inhaftierung Geschäftsbeziehungen zu den AHBs, Seeberger hatte das weit früher. Das läßt sich aus den Akten genau ablesen. Ich nahm für ihn eine technische Überprüfung vor. Das war der einzige Berührungspunkt zwischen mir und der Firma Seeberger.

R. Und wie wurde die Beziehung konstruiert zwischen dieser Explosion und Seeberger?

A. Seeberger lieferte einmal in den Jahren vor der Explosion Autoklaven an Bitterfeld, die er selbst nicht hergestellt hatte. Er vertrieb viel Handelsware. Er selbst war Hersteller [...] von Exzenterschneckenpumpen. Darüber hinaus versuchte er alles, was sich anbot und wo Engpässe waren, zu liefern, um Geschäfte zu machen. Unter anderem auch Autoklaven für den EKB Bitterfeld. Nach der Autoklavenexplosion bekamen die dortigen Leute und das MfS in Bitterfeld den Auftrag, alle Lieferanten – speziell die aus dem Westen – herauszusuchen, die im Umfeld Armaturen – zum Autoklaven gehören Armaturen, Pumpen und technische Ausrüstung – geliefert hatten, und sie aufzulisten. So kam Seeberger in die ganze Sache hinein. Ich hatte keinerlei Beziehung zu Bitterfeld.

Hinzu kam, daß Seeberger gute Beziehungen zu einem gewissen T. hatte. T. war der Leiter des Bitterfelder Büros. Die Bedarfsträger – große chemische Kombinate, wie Bitterfeld, Leuna, Buna – hatten Außenbüros in [...] Ostberlin. In einem dieser Büros saß T. Er zeigte Seeberger an: Seeberger habe mit irgendwelchen Mitteln und Methoden operiert. Dieser Anzeigebrief des T., der heute tot ist, findet sich in den Akten. Ob er das machte, als er kalte Füße bekam, weiß ich nicht. [...]

R. Wie ging Ihre Verhaftung vor sich?

A. Ich war zu einer Besprechung bei der Mafa in Halle geladen – das ist die Maschinenfabrik in Halle. Außer mir waren eingeladen: der Vertreter des AHB Technokommerz M. und Herr I. von der Firma Hallberg in Ludwigshafen [...] Wir übernachteten im Leunaer Gästehaus, begaben uns morgens zur Besprechung und fuhren nach der Besprechung [...] zum Hauptbahnhof. Dort setzten wir M. ab [...]. Als wir an meinen Wagen – einen blauen Mercedes – kamen, umringten uns fünf Leute: „Keine Bewegung, sonst machen wir von der Schußwaffe Gebrauch. Ministerium für Staatssicherheit.“ Fünf Zivilisten. Ich sagte: „Es kann sich nur um einen Irrtum handeln.“ Man nahm mir die Autoschlüssel und die Papiere ab und zwang mich mit vorgehaltener Waffe in einen BMW. I. führte man weg. Dann ging es sofort in sausender Fahrt über die Autobahn nach Ostberlin, nach Hohenschönhausen. [...] Ich wurde in eine Zelle geworfen, ohne daß etwas gesagt wurde. Ich dachte, es handele sich um einen Irrtum. Wenn ich gewußt hätte, was auf mich zukam, hätte ich bei der Verhaftung auf dem öffentlichen Platz in Leipzig – die Leute blieben ja stehen – Krach geschlagen. Das war aber weder mir noch I. bewußt gewesen. I. wurde anderthalb Tage später über die Grenze abgeschoben. Er berichtete von meiner Verhaftung, wußte aber nicht, wo ich verblieben war.

R. Hat man Ihnen etwas gesagt über die Gründe für die Verhaftung?

A. Nichts. Überhaupt nichts. „Sie sind vorläufig festgenommen. Der Beschluß ist hier.“

Ich sagte: „Will ich sehen." „Hat Sie nicht zu interessieren."

R. Wie lief das erste Verhör ab?

A. Es war ein Oberleutnant aus der Umgebung von Halle, der sagte: „Sie sind Angehöriger des BND." Ich sagte: „Ich bin doch nicht vom BND." „Hier steht es." Er wedelte mit einem Blatt Papier. „Sie haben Sabotagehandlungen verübt." „Habe ich überhaupt nicht." Man hielt mir etwa sechs Wochen lang vor, ich wäre Angehöriger des Bundesnachrichtendienstes, und versuchte mich kleinzukriegen. Das war, wie ich es heute einschätzen muß, eine psychische Art, um einen mit allen Möglichkeiten – Beschimpfungen usw. – kaputtzukriegen.

R. Waren es mehrere Beamte?

A. Ja. Es war ein Oberst – dem Namen nach müßte es der Oberst Siebert gewesen sein – [...], der Oberleutnant aus Halle und ein Major. [...] Später hatte ich einen Oberleutnant Egon Klein. Der Name stand auf seinem Mathematikbuch. Wissen Sie, manche haben die Angewohnheit, ihren Namen aufzuschreiben, und er gab mir ein Mathematikbuch, als ich ihm sagte: „Es stimmt nicht, was Sie mir erzählen." Das war sein eigenes Buch, und als ich es drehte, konnte ich es sehen. Er griff dann blitzartig zu und nahm es mir weg. Als ich einmal ein Protokoll, das stets *er* schrieb, durchgestrichen hatte, weil ich sagte: „Das stimmt alles nicht. Dann kann ich auch mein Todesurteil unterschreiben", schlug er mich mit einer Akte – es gibt schwedische Akten, die haben Stahlecken. Der Schmerz war schlimm. Die Narbe ist heute noch da. Sie sehen ja, das Auge ist wieder entzündet. Darauf hab ich versucht, mit einer Papierschere, die auf dem Tisch lag, auf ihn einzustechen. [...] Ich sprang auf und stürzte mich auf ihn, aber er hatte eine Tretklingel. Da kamen zwei baumlange Kerle ins Zimmer, und dann weiß ich nichts mehr. Einen Tag später wachte ich in der Zelle wieder auf. Das waren die Mittel und Methoden. Es wurde dann in den Vernehmungen etwas besser.

Ich wurde grundsätzlich mit „Du" angeredet, ich dagegen mußte den Vernehmer bzw. Oberleutnant mit „Herr Vernehmer" oder „Herr Oberleutnant" anreden. Manchmal gab es zur Vernehmung Feuer, manchmal Beschimpfungen, manchmal aber auch eine Tasse Kaffee. Das war verschieden.

R. Dieser Schlag mit dem Aktendeckel – meinen Sie, der war spontan?

A. Ja. Der Vernehmer flippte aus, weil ich mit dem Stift das Protokoll so durchstrich, daß das Papier zerriß. [...] Ich wurde dann acht Tage nicht mehr geholt und saß in meinem Loch. Ich wurde auch zunächst nicht mehr zu diesem Vernehmer geführt, sondern zum Major. Der beschimpfte mich: was ich mir denn einbilde, das wäre ja ungeheuerlich, und sie hätten noch andere Mittel und Methoden. Und er fing wieder mit der BND-Leier an. Dann gesellte sich Major Siebert dazu [...]. Man machte mich praktisch den ganzen Vormittag über fertig. Am nächsten Tag kam der Klein wieder, dann gingen die Vernehmungen und die Protokolle weiter. Das war überhaupt der Inhalt der ganzen zwei Jahre [in der Untersuchungshaft].

Wenn es zu hart wurde, kam immer einer, glättete und bot mir eine Tasse Kaffee an. Ich konnte mich hinsetzen, und er schrieb. Man fragte, ob ich Radio hören wolle. Das waren ein-zwei Stunden. Mir wurde belegtes Brot gereicht. Am nächsten Tag ging es bei Klein weiter und es gab Beschimpfungen der übelsten Art [...], alles immer durchmischt mit Drohungen. Zuletzt in Halle wurden sie so stark, daß man mir drohte, man würde mich, wenn ich nicht einsichtig sei und ein Geständnis ablegte, wie sie es wünschten, nach Meusdorf unter Verrückte bringen. [...]

Der einzige Vernünftige war ein Feldwebel von der Sanitätsabteilung. Dem tat ich wohl leid (ich habe eine alte Verletzung) – er war auch ein Berliner. Er holte mich in seine Sanitätsbude, wo Instrumente waren, und sagte: „Ja, leg dich mal unter den Lichtbügel. Das mußt du haben, damit der Arm schön in Ordnung ist." War alles Quatsch. Er wollte mir nur helfen. Dann konnte ich auf die Fahrbereitschaft sehen und war eine Stunde für mich allein. Das war der einzige Mensch. Er hat auch erlebt, wie

ich beim Zahnarzt zusammengebrochen bin. Ihm hat das wohl leid getan.
Außerdem gab es noch einen älteren Unterleutnant, der manchmal Nachtwache hatte. Er machte die Zelle auf und unterhielt sich mit mir. Er hatte sehr viele Orden, und da fragte ich ihn einmal: „Warum sind Sie denn Unterleutnant?“ Er sagte, er sei mit 17 Jahren in die Internationale Brigade nach Spanien gegangen, habe da gekämpft, sei in Gefangenschaft gekommen, habe nichts gelernt, könne nichts; das sei die einzige Möglichkeit nach 1945 gewesen, wieder einen Rock anzuziehen. [...] Aber er war ein Mensch. Er sagte: „Kann ich etwas für Sie tun?“ Ich sagte: „Ja, das sind hier kahle Holzpritschen. Wenn sie etwas Weicheres besorgen könnten ...“ Er hat Matratzen besorgt. [...]

R. War die Einzelhaft eine besondere Belastung?

A. Nein. Es war für mich insofern erträglicher, als ich gar nicht mehr aufgestanden bin. Ich lag auf meiner Pritsche. Ich fragte auch nicht, ob ich Liegeerlaubnis bekommen könnte. Man versuchte mich ein paar Mal hochzuscheuchen. Ich konnte damals nicht mehr. Ich konnte nicht mehr auf dem Schemel sitzen, ich konnte die Knie nicht mehr durchdrücken, und ich lag eben da. Ich war im Jahre 1971 in Halle nicht mehr in der Lage, meine Zelle sauberzumachen. Ich kippte den Eimer Wasser um, so tolpatschig war ich. [...]

R. Sie saßen insgesamt zwei Jahre in Untersuchungshaft?

A. Ja. Vom 17. Mai 1969 bis zum 27. Mai 1971. [...]

R. Konnten Sie in der Untersuchungshaft bemerken, daß in Ihrem Fall vom Westen Druck gemacht wurde?

A. Nein. Das habe ich nie bemerkt. Die Abschirmung war so perfekt, daß ich nicht wußte, was außen vor sich ging. Die einzige Andeutung machte mir ein Posten auf der Brücke in Halle. Ich hatte sofort Berufung gegen das Urteil eingelegt. Das muß im „Neuen Deutschland“ gestanden haben, denn der Posten – ein jüngerer Feldwebel – sprach mich unvermittelt an und sagte: „Das Urteil ist aufgehoben. Freut mich für Sie.“ Dann wendete er sich um und ging weiter. [...]

R. Was lief im einzelnen ab an den Verhandlungstagen?

A. An den Verhandlungstagen wurden sämtliche Gutachten erläutert und Fragen gestellt. Die Gutachter K. und S. vom Ministerium für Außenhandel (sie wurden zu Gutachtern gemacht, obwohl sie – vom DSRK Grunau zum Beispiel – keine Ahnung hatten) erstellten diese Gutachten, die alle parteiisch waren. Da sagte Vogel sofort: „Es kann ja wohl nicht angehen, daß Gutachter aus den Betrieben hier antreten. Das müssen neutrale sachverständige Gutachter sein.“ So ist das vor Gericht. Ich erstelle ja seit Jahren Gutachten für das Gericht. Wenn ich da in Parteienkollisionen gerate, gebe ich es ab. Ich kann also nicht für meine Sachen Gutachten erstellen.

R. Wie verhielten sich Richter und Staatsanwalt während des Prozesses?

A. [Die Staatsanwälte] N. und St. waren ausgemachte Fanatiker im sozialistischen Sinne. Sie schrien mich an, ich solle doch gestehen. Zwei Tage vor der Verhandlung wurde ich pausenlos von einem Major bearbeitet, um ein Geständnis zu erzwingen. Natürlich habe ich alle Vernehmungsprotokolle widerrufen. Das war ein Anlaß, mich zu drangsalieren, wo man nur konnte. Dann verfaßte ich die Berufungsschrift mit einem Stift, den ich mir in die Welleinlage einer Pappkiste versteckt hatte, mit einer aus einem Kugelschreiber herausgezogenen Mine. Ein Blatt Papier hatte man mir gegeben. Die Berufungsschrift wurde mir von den Vernehmern weggenommen. Allerdings hatte ich eine Kopie im Stiefel, die ich Vogel persönlich gab. Daraufhin durchsuchte man Vogel sofort, und es war die Rede von einem Kassiber. Man holte mich nachts von der Pritsche und durchwühlte alles. Vogel sagte später, er habe viel Ärger gehabt. Aber er nahm die Schrift an. Er fragte: „Wo ist die Berufungsschrift?“ „Die haben mir die beiden vernehmenden Beamten – Oberleutnant und Major – aus dem Hemd abgenommen.“ Es war so, daß ich mich auf den Standpunkt gestellt hatte, ich sei dem Gericht überstellt und hätte mit ihnen als Untersuchungsorgane gar nichts mehr zu tun. Die Berufungsschrift wollte ich dem Gericht oder dem Vertreter des Gerichts übergeben. Da lachte man mich aus, fragte, ob ich verrückt sei, zog mich über den Tisch, zerriß mir das Hemd und nahm die Schrift heraus. Vogel war darüber sehr empört. Ich sagte: „Moment", und zog die Kopie heraus. Die muß Vogel noch bei seinen Akten haben.

R. Wie verlief die Berufungsverhandlung vor dem Obersten Gericht ab bzw. was war das Ergebnis?

A. Mit dem Obersten Gericht hat Vogel sich beschäftigt. Vogel erzählte mir einmal, daß die Verhandlung vor dem Obersten Gericht sehr haarig gewesen sei. Er wurde in jeder Hinsicht von diesem Major attackiert, der der Hauptvernehmer Seebergers war. Es hätte nicht viel gefehlt, und man hätte Vogel auch festgenommen. Ich wurde nicht hinzugezogen. Die Verhandlung wurde vom Obersten Gericht zwischen Vogel, dem MfS und den Organen in der Reinhardtstraße in Ostberlin geführt. Ich habe nur Kenntnis davon, daß das Urteil – wie der Posten auf der Brücke sagte – aufgehoben wurde. [...]

R. Wie ging es dann vor sich, bis man Sie nach Berlin [in die Abschiebehaft] brachte? Was ist in der Zwischenzeit passiert?

A. [...] Meines Erachtens war eine gewisse Rechtsunsicherheit eingetreten. Keiner traute sich mehr, richtig Handel zu treiben: Mehr oder weniger haben bei jedem Außenhandelsunternehmen einige Werbegeschenke den Besitzer gewechselt, und das war ja schon Korruptionsgrund. „Die Korruption", sagte mir die Staatssicherheit, „fängt beim Anbieten einer Zigarette an." Der verwaschene Begriff der Sabotage läßt ja alles zu. [...]

Wenn ich die Berufungsschrift, die ich früher nicht kannte, heute lese, hat Vogel völlig recht: Der Vorsatz für Sabotage fehlt. Es ist nie bewiesen worden, daß einer da war. Es *war* keine Sabotage. Es war ein Handel, und kein Kapitalist sägt den Ast ab, auf dem er sitzt. Er will ja weitere Geschäfte machen. Wir haben wirklich nichts sabotiert.

Quelle: Gespräch mit Helmut Arff am 24. August 1996.

Das Verfahren gegen Helmut Arff

Nr. 60: Denunziationsschreiben an das MfS vom 13. Juni 1968

Karl T[...] Berlin, den 13.6.1968

An das
Ministerium für Staatssicherheit [...]

Werte Genossen!

Die Entwicklung der Geschäfte des VEB Elektrochemisches Kombinat Bitterfeld mit der Firma Seeberger KG [...] und die von dieser Firma geübten Geschäftspraktiken veranlassen mich, als Leiter der Außenstelle Berlin des Elektrochemischen Kombinates Bitterfeld folgendes darzulegen:

Anfang der 60-er Jahre forderten die Techniker des EKB, Seeberger-Pumpen zu kaufen. Diese Pumpen wurden als technisch einwandfrei und sehr gut funktionierend bezeichnet. [...] Seeberger lieferte prompt und die Techniker des EKB hatten, soweit mir bekannt ist, keine Beanstandungen. Seeberger suchte von Anfang seiner Geschäftsbeziehungen an persönliche Kontakte zu mir und anderen Mitarbeitern des EKB. Das geschah in Form von Trinkgelagen und kleinen Geschenken, wie das von allen kapitalistischen Firmen gehandhabt wird. [...]

Ich selbst habe von Seeberger und seinem Prokuristen F[...] Geschenke angenommen, mir jedoch dabei keine tiefgehenden Gedanken gemacht, was Seeberger damit bezwecken will, und betrachtete dieses als kapitalistische Gepflogenheit.

Später nahm mit den Geschäften auch die Bewirtung und die Repräsentation zu, daß es mir bange wurde. Ich sah darin Korruption, aus der es einmal keinen Ausweg gibt. Ich machte Seeberger mehrmals darauf aufmerksam, daß dies keine seriösen Geschäftsgepflogenheiten sind und ich keine Geschäfte durchführe, wenn dem Saufen, Repräsentieren und Geschäftemachen nicht Einhalt geboten wird.

Es nützte jedoch nichts, alles wurde von Seeberger weiter so getrieben und ich habe mich meinerseits nicht konsequent durchgesetzt. Ich bereue zutiefst, daß ich mich mit der Firma Seeberger auf solche Verbindungen eingelassen habe.

In Auswertung des Latinsky-Prozesses drängen sich mir Vergleiche auf, daß auch die Firma Seeberger ihre Geschäftsbeziehungen ähnlich wie Latinsky nutzen könnte, dem VEB EKB Schwierigkeiten zu bereiten. [...]

Da ich die sich entwickelnden Dinge nicht beherrschen kann, allein nicht damit fertig werde, weil ich mich korrumpieren ließ, ich es jedoch mit meinem Gewissen nicht weiter vereinbaren kann, als verantwortlicher Leiter der Außenstelle Berlin diese undurchsichtige Entwicklung zuzulassen, wende ich mich an das Ministerium für Staatssicherheit mit der Bitte um Hilfe und Überprüfung dieser Angelegenheit.

Ich stehe jederzeit zu einer Aussprache zur Verfügung. [...]

Mit sozialistischem Gruß
[Unterschrift]

Nr. 61: Verfügung zur Einleitung eines Ermittlungsverfahrens vom 16. April 1969

MINISTERRAT
DER DEUTSCHEN DEMOKRATISCHEN REPUBLIK
Ministerium für Staatssicherheit

BStU
000003

1
2

Berlin, den 16. 4. 1969

Verfügung

Gemäß § 98 der Strafprozeßordnung wird gegen den/die

Name A r f f

Vorname Helmut

geboren am ~~10. 9. 1935~~ in ~~Berlin~~

Beruf ~~Ingenieur~~ zuletzt ~~Oberingenieur und Inhaber des Ingenieurbüros Arff, W.-Berli~~

Wohnanschrift ~~Berlin 27, Kettelerpfad 1~~

aus den unten angeführten Gründen die Einleitung/~~Erweiterung~~ eines/~~des~~*) Ermittlungsverfahrens angeordnet.

Gründe:

A. ist dringend verdächtig, in seiner Stellung als Provisionsvertreter und Pumpensachverständiger des AHB Technocommerz, die er durch die Bestechung G~~elzenleichte~~s erlangte, entgegen seinen Rechtspflichten vorsätzlich fortgesetzt, mit G~~elzenleichte~~ gemeinschaftlich und arbeitsteilig handelnd, seit 1966 volkswirtschaftlich bedeutsame Vertragsabschlüsse und Lieferungen für die chemische Industrie der DDR, vorwiegend für die Leuna-Werke, Chemische Werke Buna, Farbenfabrik Wolfen und Chemiewerk Lauta, bis zu einem Jahr verzögert, mit konstruktiven Mängeln und ungeeigneten Materialeinsätzen versehene und dadurch zu Havarien führende Pumpen und Industrieanlagenteile geliefert, zu den Ursachen dieser Havarien unter Verschweigung des wahren Sachverhaltes falsche Gutachten abgegeben und mit diesen Handlungen die termingerechte Inbetriebnahme wichtiger Produktionsanlagen verhindert und erhebliche volkswirtschaftliche Schäden verursacht zu haben.

Strafbar gemäß: §§ 164, 165, 166 und 248 StGB

DEUTSCHE DEMOKRATISCHE REPUBLIK
Ministerium für Staatssicherheit
9

Heinitz
Leiter des Untersuchungsorgans

*) Nichtzutreffendes streichen

0823 1267 30.0 Form 97

Nr. 62:
Antrag auf Verlängerung der Bearbeitungsfrist vom 9. Juli 1969

Ministerrat der
Deutschen Demokratischen Republik
Ministerium für Staatssicherheit
– Untersuchungsabteilung –

Berlin, den 9. 7. 1969

Generalstaatsanwalt der DDR
Abteilung I A
Berlin

Verlängerung der Bearbeitungsfristen für die am 16. 4. 1969 eingeleiteten Ermittlungsverfahren gegen die Beschuldigten SEEBERGER, Friedrich, F[...], Dieter, ARFF, Helmut und G[...], Herbert

Die bisher durchgeführten Untersuchungen in den Ermittlungsverfahren gegen SEEBERGER und andere haben ergeben, daß sich die leitenden Vertreter der westdeutschen Pumpenfirma Seeberger KG [...], der Provisionsvertreter und Inhaber eines Westberliner Ingenieurbüros, Arff, und der damalige Gruppenleiter und spätere stellvertretende Direktor des für den Import von Pumpen und anderen Aggregaten zuständigen Kontors im Außenhandelsbetrieb Technocommerz, G[...], im Jahre 1966 mit der Zielstellung zusammengeschlossen haben, im arbeitsteiligen Zusammenwirken durch die Anwendung verschiedenartiger Mittel und Methoden das Außenhandelsmonopol der Deutschen Demokratischen Republik zu untergraben.

Im Zeitraum von 1966 bis zur Einleitung der Ermittlungsverfahren haben SEEBERGER, F[...] und ARFF durch umfangreiche Korrumpierung G[...]s erreicht, daß sich dieser vorbehaltlos deren Zielen des forcierten Eindringens westdeutscher Industrieerzeugnisse in die Volkswirtschaft der Deutschen Demokratischen Republik und damit der Schaffung und Verstärkung eines ökonomischen Abhängigkeitsverhältnisses auf diesem Gebiet unterordnete, entgegen der handelpolitischen Konzeption der Deutschen Demokratischen Republik die Lieferung von Pumpen und Aggregaten der Seeberger KG und der durch ARFF vertretenen westlichen Firmen ständig gesteigert wurden und den Vertretern der Seeberger KG und ARFF wichtige interne Tatsachen des Außenhandelsbetriebes Technocommerz über handelpolitische Ziele der DDR zur Reduzierung der Importe an Maschinen aus Westdeutschland, vorliegende technisch-ökonomisch vorteilhaftere Konkurrenzangebote und über Bedarfsperspektiven auf den genannten Gebieten preisgegeben wurden.

Damit wurden die Voraussetzungen geschaffen, umfangreiche Störmaßnahmen gegen die Volkswirtschaft der Deutschen Demokratischen Republik zu organisieren und durchzuführen.

Zum Zwecke der allseitigen Aufdeckung dieser Verbrechen machen sich noch weitere detaillierte Untersuchungen notwendig. [...]

Ein weiterer Schwerpunkt der noch durchzuführenden Untersuchungen besteht in der allseitigen Klärung der Hintergründe und Motive der Straftaten der Beschuldigten, wozu sich ebenfalls weitere Zeugen- und Beschuldigtenvernehmungen und andere Überprüfungsmaßnahmen erforderlich machen, um exakt differenzieren zu können, ob es sich bei den Handlungen der Beschuldigten um Staatsverbrechen oder Straftaten gegen sozialistisches Eigentum und die Volkswirtschaft handelt.

Aus den angeführten Gründen wird gebeten, die am 16.7.1969 ablaufende Bearbeitungsfrist der Ermittlungsverfahren gegen SEEBERGER, F[...], ARFF und G[...] um 3 Monate zu verlängern.

Leiter der Untersuchungsabteilung
Heinitz
Oberst

Nr. 63:
Verfügung vom 10. April 1970 über die Erweiterung des Ermittlungsverfahrens

MINISTERRAT
DER DEUTSCHEN DEMOKRATISCHEN REPUBLIK
Ministerium für Staatssicherheit

BStU
000005

2
3

Berlin, den 10. 4. 1970

Verfügung

Gemäß § 98 der Strafprozeßordnung wird gegen den/die

Name Arff

Vorname Helmut

geboren am [redacted] in [redacted]

Beruf [redacted] zuletzt [redacted]

Wohnanschrift [redacted]

aus den unten angeführten Gründen die ~~Einleitung~~/Erweiterung ~~eines~~/des*) Ermittlungsverfahrens angeordnet.

Gründe: ARFF ist dringend verdächtig, seit 1966 mit dem Ziel der Schädigung der sozialistischen Gesellschaftsordnung der Deutschen Demokratischen Republik es unternommen zu haben, die planmäßige Entwicklung strukturbestimmender Zweige der Volkswirtschaft zu desorganisieren. Im arbeitsteiligen Zusammenwirken mit Mitarbeitern der durch ihn im Handel mit der DDR vertretenen Firmen sowie dem Mitbeschuldigten [redacted] hat ARFF unter Mißbrauch seiner Stellung als Pumpensachverständiger und Provisionsvertreter durch Täuschung und Irreführung wirtschaftsleitender Organe der DDR in wiederholten Fällen die Lieferung volkswirtschaftliche Schäden und Störungen verursachende Erzeugnisse erzwungen und in der Folgezeit durchgesetzt, daß die ihm bekannten Störquellen über längere Zeit wirksam bleiben und die Geltendmachung berechtigter Reklamationserhebungen verhindert wurde.
Durch diese Handlungen wurden die termingerechte Inbetriebnahme und die Funktionstüchtigkeit wichtiger Produktionsanlagen verhindert und erhebliche volkswirtschaftliche Schäden verursacht.

Strafbar gemäß § 104 StGB

DEUTSCHE DEMOKRATISCHE REPUBLIK
Ministerium für Staatssicherheit

Heinitz
Leiter des Untersuchungsorgans

*) Nichtzutreffendes streichen

Nr. 64:
Bericht der Staatsanwaltschaft vom 5. Januar 1971 an die SED-Bezirksleitung

Bezirksleitung der SED
– Abteilung S –
40 H a l l e

5.1.1971

Verfahren gegen den westdeutschen Bürger Friedrich *Seeberger* und den westberliner Bürger Helmut *Arff*

Werter Genosse B[...]!

Ich überreiche beiliegend die Anklage zu dem obengenannten Verfahren. Die Ermittlungen wurden zentral vom Ministerium für Staatssicherheit in Berlin geführt.

Beide haben seit Jahren umfangreiche Sabotage in der Wirtschaft der Deutschen Demokratischen Republik betrieben.

Vor allem der Angeklagte Seeberger hat als westdeutscher Unternehmer im Zusammenwirken mit anderen westdeutschen Konzernvertretern versucht, eine Monopolstellung auf dem Pumpensektor in der Industrie der Deutschen Demokratischen Republik zu erlangen. Dabei sind auch Bereiche strukturbestimmender Industriezweige des Bezirkes Halle erfaßt worden, speziell in der chemischen Industrie, aber auch im Maschinen- und Chemieanlagenbau.

Die Methode des Vorgehens deckt sich in ihrer Art mit der im Prozeß gegen die Saboteure Latinsky und Hüttenrauch vor dem Obersten Gericht der DDR vor mehreren Jahren festgestellten Art. Der Schaden ist beträchtlich. Vor allem ist die planmäßige Wirtschaftsführung durchkreuzt worden, was zu großen materiellen Verlusten führte.

Der Prozeß gegen Seeberger und Arff findet vor dem Bezirksgericht in Halle unter Ausschluß der Öffentlichkeit statt. Er beginnt am 18. Januar 1971, das Urteil wird voraussichtlich am 10. Februar 1971 gesprochen. Die Anklage wird vertreten durch mich und den Abteilungsleiter IA, Gen. N[...]. Den Vorsitz führt der Stellvertreter des Direktors des Bezirksgerichtes, Gen. S[...], als Hilfsrichter fungiert Gen. G[...].

Am Prozeß nehmen Beobachter der betroffenen Industrie- und Fachministerien aus Berlin teil sowie einige durch die zentralen Organe in Abstimmung mit dem Ministerium für Staatssicherheit ausgewählte Besucher. Bei Bestätigung der Anklage sind etwa folgende Strafen vorgesehen:

Für Seeberger 14 Jahre Freiheitsentzug
für Arff 9 Jahre Freiheitsentzug

Ich bitte, das Sekretariat von diesem Prozeß in Kenntnis zu setzen und überreiche dazu zur Einsicht die Durchschrift einer Anklage.

Mit sozialistischen Gruß
[Unterschrift]

Nr. 65:
Auszug aus der Handakte der Staatsanwaltschaft

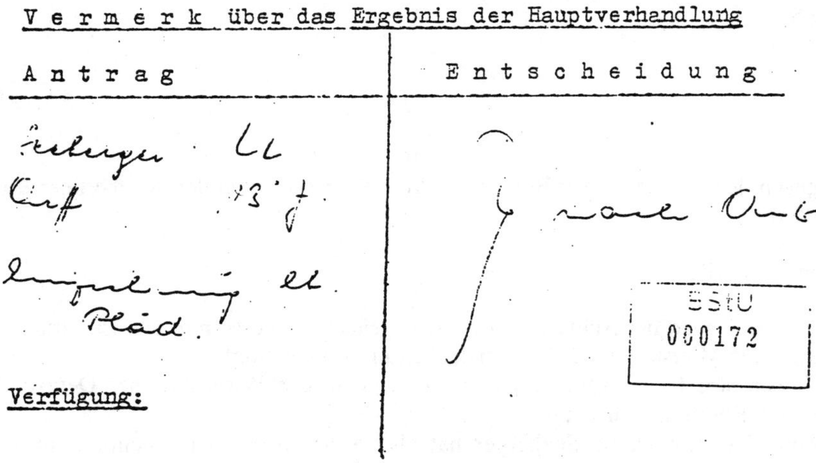
V e r m e r k über das Ergebnis der Hauptverhandlung

A n t r a g	E n t s c h e i d u n g

Verfügung:

BStU
000172

Quelle: MfS-Akte von Helmut Arff, Kopie beim Verfasser.

Die Folgen der Verfahrens Helmut Arff innerhalb des Justizapparats

Nr. 66:
Vorschlag des Obersten Gerichts vom 9. März 1971 zur „Behandlung" der Berufung

Oberstes Gericht
Der Deutschen Demokratischen Republik

DER VIZEPRÄSIDENT

104 Berlin, den 9. März 1971
SCHARNHORSTSTRASSE 37
TELEFON 22 06

Zentralkomitee der
Sozialistischen Einheitspartei
Deutschlands
Abt. Staats- und Rechtsfragen

Genossen Dr. Klaus Sorgenicht
102 Berlin

Nach nochmaliger eingehender Beratung schlagen wir für die weitere Behandlung der Strafsache Seeberger u. Arff folgende Varianten vor:

1. Unter Abkürzung der Ladungsfrist gemäß § 204 Abs. 2 in Verbindung mit § 304 StPO Verhandlung am Freitag, dem 12. 3. 1971

Das Urteil könnte lauten:
Das Urteil des Bezirksgerichts Halle vom 2.3.71 wird hinsichtlich beider Angeklagten im Strafausspruch aufgehoben und die Sache in diesem Umfang zur erneuten Entscheidung an das Bezirksgericht Halle zurückverwiesen.

In den Gründen würde zum Ausdruck gebracht werden, daß der Sachverhalt richtig festgestellt worden ist und diese Feststellungen rechtskräftig sind. Die Notwendigkeit der Herabsetzung der Strafhöhe ergab sich daraus, daß das Bezirksgericht Umfang und Gefährlichkeit zwar richtig eingeschätzt habe, aber die Schlußfolgerungen dazu in der Strafzumessung überspitzt habe.

Nachteil:
Die Abkürzung der Ladungsfrist könnte in der Westpresse benutzt werden, um daraus eine Einschränkung der Rechte der Verteidigung zu machen, weil bei dem großen Umfang der Sache eine wirksame Vorbereitung auf die Rechtsmittelverhandlung nicht möglich gewesen sei.

Möglicherweise könnte auch der Einwand erhoben werden, daß auch die Richter des Obersten Gerichts gar nicht in der Lage gewesen waren, bei der Kürze der Zeit die Sache sorgfältig und ordnungsgemäß zu prüfen.

2. Verhandlung unter abgekürzter Ladungsfrist wie Ziffer 1 mit Selbstentscheidung der Strafherabsetzung durch das Oberste Gericht (Seeberger 15 Jahre, Arff 10 Jahre Freiheitsentzug).
Nachteil: wie vor

Vorteil:
Das Oberste Gericht hat entschieden, daß der Sachverhalt richtig festgestellt worden ist, daß die Angeklagten nicht als Messevertreter verurteilt worden sind, sondern weil sie aus feindlichen Motiven die Handelsbeziehungen zwischen der Deutschen Demokratischen Republik und Westdeutschland benutzt haben, um der DDR erhebliche wirtschaftliche Schäden zuzu-

fügen, sowie daß sie sich dadurch in krassen Gegensatz zu den korrekten westdeutschen Kaufleuten gesetzt haben.

3. Verhandlung mit normaler Ladungsfrist (ohne Abkürzung) frühestens am Dienstag, dem 16. 3. 1971, möglich.
Dieser Termin kann jedoch nicht vorgeschlagen werden, weil während der Leipziger Messe damit gerechnet werden müsste, daß Messeaussteller aus Westdeutschland dann an diesem Termin teilnehmen wollten. Das bedeutet praktisch, daß dieser Termin erst nach der Leipziger Messe durchgeführt werden könnte.

Nachteil:
Der weiteren Hetze von Westdeutschland kann lediglich entgegengesetzt werden, daß das Oberste Gericht dabei ist, die Entscheidung des Bezirksgerichts zu überprüfen.

Meines Erachtens kommen nur die Varianten 1 und 2 in Betracht. Ich persönlich würde der Variante 2 den Vorzug geben, weil das Oberste Gericht als höchstes Organ der Rechtsprechung selbst die Gefährlichkeit und Auswirkungen der Feindschaft der Monopole und ihrer Helfershelfer darstellen kann.

Mit sozialistischem Gruß
Ziegler

Nr. 67:
SED-Hausmitteilung vom 10. März 1971

SED
HAUSMITTEILUNG

An	von Abteilung	Diktatzeichen	Datum	Erledigungsvermerk
Genossen Erich Honecker	Staats- und Rechtsfragen	Sb/Hp	10.3.71	
Betr. Strafsache Seeberger und Arff			Telefon Nr.	

Werter Genosse Honecker!

Entsprechend den Festlegungen des Politbüros zur Strafsache Seeberger und Arff übergeben wir Dir die Vorschläge des Vizepräsidenten des Obersten Gerichts, Genossen Ziegler, und den Entwurf für eine Presseveröffentlichung.
Zu den Vorschlägen des Genossen Ziegler halten wir es für zweckmäßig, die erste Variante durchzuführen.
Nach Mitteilung des Genossen Borchert von der Generalstaatsanwaltschaft sind die Rechtsanwälte mit einer Verkürzung der Ladungsfrist einverstanden. Damit kann von einer Einschränkung der Rechte der Verteidigung nicht gesprochen werden.
Mit der Festlegung der Verhandlung auf Freitag, den 12. 3. 1971 kann sichtbar gemacht werden, daß das Oberste Gericht die Sache ordentlich und sorgfältig bearbeitet hat.
Durch das Gericht muß gesichert werden, daß die Mitteilung noch vor Redaktionsschluß der Presse übergeben wird, damit eine Veröffentlichung am Freitag, etwa ab 16,oo Uhr gewährleistet ist.
Die Mitteilung in Presse und Rundfunk soll folgenden Inhalt haben:

> "Der Ib Strafsenat des Obersten Gerichts der DDR hat das Urteil des Bezirksgerichts Halle in der Strafsache gegen den westdeutschen Friedrich S e e b e r g e r und den westberliner Helmut A r f f wegen schwerer Sabotage am 12. März 1971 überprüft.
>
> Das Urteil des Bezirksgerichts Halle vom 2. 3. 1971 wurde

- 2 -

hinsichtlich beider Angeklagten im Strafausspruch aufgehoben und die Sache in diesem Umfang zur erneuten Entscheidung an das Bezirksgericht Halle zurückverwiesen.

Das Oberste Gericht hat bestätigt, daß das Bezirksgericht den Sachverhalt richtig festgestellt hat. Die tatsächlichen Feststellungen sind damit rechtskräftig.

Die Notwendigkeit zum Strafmaß Stellung zu nehmen und die Strafhöhe herabzusetzen ergibt sich daraus, daß das Bezirksgericht Zielsetzung, Umfang und Gefährlichkeit objektiv zwar richtig charakterisiert, aber die Tatbeiträge der Angeklagten im Einzelnen nicht richtig gewertet hat.
Das Bezirksgericht Halle wird dementsprechend erneut in dieser Sache verhandeln."

Ich bitte um Deine Zustimmung.

Sorgenicht

Nr. 68:
Handschriftliche Notiz der ZK-Abteilung Staats- und Rechtsfragen

Gen. Streit u. Ziegler, Borchert

1 Warum erfolgte keine Information der Abteilung
2 Warum keine Öffentlichkeit
3 kein Signal als Schwierigkeiten auftraten
4 Zeitpunkt nicht beachtet (Messe)
5 Urteilsfindung u. Sachverhalt
(Warum überhöhte Anträge)
6 Welche konkreten Verbrechen liegen vor
7 Welche Fehler enthalten die Verträge
8 Wie kann eine Wiedergutmachung erfolgen
(Schadensersatz)

Vorbereitung des Verfahrens in Halle

[...]

Nr. 69: Handschriftlicher Vermerk der ZK-Abteilung Staats- und Rechtsfragen über eine Unterredung mit Walter Ziegler (Oberstes Gericht) sowie Josef Streit und Karl-Heinrich Borchert (Generalstaatsanwaltschaft)

1. S.: – ihm wurde gesagt, es sei alles abgestimmt
   Z.: – Kurz vor dem Prozeß wurde ihm das mitgeteilt
   B.: – seit Juni ist die Akte bekannt
   – nicht opportun, es erfolgen noch Absprachen
   – angenommen, es sei bekannt
2. Z.: – wollte die Sache abblasen, weil sachgemäße Durchführung nicht gewährleistet
   – wurde gebraucht f. d. M[inister]R[at]
   – nahm an, daß Abt. inf[ormiert] ist
   B.: – falsche Meinung, daß die Führung inf[ormiert] gewesen sei
   – über die Messe wurde nicht nachgedacht
   Z.: – Heger hat nicht mit Ziegler gesprochen
3. B.: – Schwächung d. Republik wegen Wiederholung Fall Hüttenrauch, Latinsky
4. – Einschätzung aufgrund ob[jektiver] pol[itischer] Lage ist nicht allseitig geprüft worden
5. B.: – Verbrechen ist größer als Hüttenr[auch] + Latinsky

Regreß oft vertraglich nicht festgelegt
abweichend von den harten Gepflogenheiten zwischen d. Kapitalisten

Quelle: SAPMO-BA, DY 30 I IV, 2/13, 206.

Das Verfahren gegen Horst Schlegel aus der Sicht des Betroffenen

Nr. 70:
Auszug aus einem Gespräch mit Horst Schlegel

R. Das erste Verhör, nachdem Sie in die Untersuchungshaftanstalt gebracht worden waren – wie lief das ab? Wie lange hat es gedauert?

S. Man verhörte mich ja erst mit der Absicht, mich in ihren Stasi-Laden einzubeziehen. Das wurde ganz konkret gesagt [...]. Man war auf die Idee gekommen, mir eine Tasse Kaffee hinzustellen, und der Vernehmer sagte: „In einem Jahr sitzen wir hier sowieso zusammen und trinken Cognac." Das war die Grundeinstellung der Leute. Sie dachten, ich wäre der Kopf einer Organisation, die in Berlin einen Tunnel baute, und daß sie – wenn sie mich umdrehten – alles, was in dieser Richtung lief, aufspulen könnten. Aber ich wußte ja nichts. [...]

R. Im ersten Verhör hat man gegen Sie den Spionagevorwurf erhoben. Wie lief das ab?

S. Nein. Man hat mir einmal ganz klar gesagt: Da die Stasi nun, um eine Verbindung zum CIA usw. herauszufinden, ständig beobachtete, was ich machte, erlebte sie auch meine Konstruktionssachen alle mit. [...] Da sagten sie sich: „Da wäre doch sicher auch etwas möglich. Wo gearbeitet wird, werden Fehler gemacht." Und dann hieß es: „Wir werden mit Ihren Fehlern gegen Sie so lange Sabotage volles Rohr fahren, bis Sie uns in der Tunnelsache weiterhelfen." Das ist wörtlich zitiert [...]. Sie versuchten also ständig, mir Sabotage nachzuweisen: Ich hätte das und das absichtlich falsch gemacht.

R. Man hoffte, Sie in dieser Tunnelgeschichte irgendwann umdrehen zu können. Haben sich mehrere Vernehmer abgewechselt während der Verhöre?

S. Ich hatte reihum immer fünf Leute. Oftmals saßen sie sogar zu dritt da, meistens aber einer allein. Der mich am meisten verhört hat, ist ein gewisser Winter, der in der Akte immer wieder mit Unterschrift auftaucht. Also vier, die sich abgewechselt haben, und oft hat mich natürlich dieser bewußte Hauptmann verhört. Er war auch derjenige, der mit der Faust auf mich losging. Aber eigentlich, um mir einen Schutz zu geben, damit ich endlich doch erkennen sollte, daß ich auspacken müsse. Aber das Umgekehrte war der Fall. Er fragte mich sogar, als ich nach Bautzen abgeschoben wurde: „Was haben wir verkehrt gemacht, daß Sie das hier überlebt haben?" Dann sagte er auch: „Wir haben gehofft, daß Sie sich an der Zellenwand den Schädel einrennen." Sie hatten sich so in diese Sache verbohrt und kamen nicht weiter. Deshalb verstiegen sie sich zur Aussage: „Sie sind ein ganz schlauer Fuchs, aber wir werden schon noch dahinterkommen, wie die Zusammenhänge sind." Sie dachten tatsächlich, sie hätten den richtigen Mann. Ich sagte meinem Vernehmer, als einmal eine Flaute war und er nicht mehr wußte, was er machen sollte: „Nun stellen Sie sich einmal vor, ich hätte nichts mit der Sache zu tun." „Das brauchen wir uns nicht vorzustellen. Wir *wissen*, daß Sie derjenige sind, der hier der Angelpunkt der ganzen Sache ist." „Dann stellen Sie sich das mal rein *theoretisch* vor." Er wartete etwas und sagte: „Dann wäre es ja schlimm für Sie. Aber das kommt nicht in Frage." Auf das „Sehr-schlimm-für-Sie" mußte ich mich einstellen.

R. Gab es einen Wechsel in der Verhörtaktik? War man einmal freundlich und drohte ihnen ein anderes Mal Prügel an?

S. Ja. Am Anfang war man freundlich, weil man mich ja eigentlich umdrehen wollte. Umdrehen hat ja bloß einen Sinn im Hinblick auf Spionage. Bei Sabotage hat das überhaupt keinen Sinn. Die Stasi sagte mir an einer Stelle unverhohlen: „Sabotage ist unter unserer Gürtellinie, das interessiert uns nicht. Aber es ist die Möglichkeit, Sie in Haft zu halten." [...]

R. Ist Ihnen Gewalt nur angedroht worden oder bekamen Sie wirklich Schläge?

S. Mir wurde mit der Faust in die Rippen geschlagen, aber nur, damit ich spürte, es gab auch Gewalt, die eskalieren konnte. Bis zu dem Punkt, wo mir der Vernehmer das erste Mal mit der Faust in die Rippen schlug, sagte ich mir noch: „Vielleicht ist es im Hinblick auf die Spionage so, daß ich irgendwo mal an einem Tisch saß, wo Leute waren, die beobachtet wurden und die tatsächlich irgend etwas gegen den Staat gemacht hatten. Vielleicht sagte ich nichts und wurde gerade deshalb verdächtigt, weil ja unter dem Tisch etwas hätte geschoben werden können." Ich war bis dahin der Meinung, wenn die Stasi mir richtig sagen würde, was eigentlich los war, dann würde ich ihnen helfen. Denn das, was sie dachten, hatte ich ja nicht gemacht: Tunnelbau. Ich war also noch auf deren Seite. Aber nachdem ich den ersten Schlag in die Rippen bekommen hatte, waren meine Illusionen alle weg. Das konnten nicht die Leute sein, die einen gesunden Staat verkörperten. Wenn sie vielleicht 14 Tage so weiter gemacht hätten, wäre ich mit den Nerven zusammengebrochen. Ich hatte auch Beschwerden. Einmal fiel ich um, da wurde mir Penicillin gespritzt. Ich bin dem Mann sehr dankbar, der erkannt hatte, daß hier eine Penicillinspritze half. [...] Aber ich wäre wahrscheinlich zugrunde gegangen, wenn der Vernehmer mich nicht geschlagen hätte. Als er zuletzt fragte: „Was haben wir verkehrt gemacht?" hätte ich ihm eigentlich sagen müssen: „Sie hätten mich nicht schlagen dürfen." Das hat mich desillusioniert. [...]

R. Nach welcher Zeit der Vernehmungen war das ungefähr?

S. Nach etwa ein bis anderthalb Jahren.

R. Waren Sie die ganze Zeit in Einzelhaft?

S. Ich war ungefähr anderthalb Jahre in Einzelhaft. Sie dachten immer, sie könnten mich in Einzelhaft weichklopfen, und mußten feststellen, daß ich immer mobiler wurde. Wenn man zum Beispiel Geisteswissenschaftler ist, ist man darauf angewiesen, daß man Bücher hat, sonst verödet man. [...] Aber bei mir sah das ganz anders aus. Als Konstrukteur liegt man oft nachts im Bett und grübelt über irgendwelche Maschinenelemente nach, die man braucht. Man hat vor seinem geistigen Auge schon eine ganze Maschine. Man muß das dann nur noch auf der Zeichenmaschine zusammenfügen. Es ergibt sich zwar manchmal, daß das gar nicht paßt, aber in der Regel kommt die Idee nicht an der Zeichenmaschine. Sie kommt nachts, und da müßte man eigentlich aus dem Bett steigen und das aufzeichnen. Dieses Nachdenken hat mir eigentlich das Überleben in der Haft gesichert. Ich konnte viele Dinge durchdenken, die im Laufe der Jahre zu mir ins Haus getragen worden waren und die ich nicht gelöst hatte.

R. Kann man sagen, daß das Ihre Möglichkeit war, sich zu wehren, sich zurückzuziehen?

S. Sich zurückzuziehen. Gewehrt habe ich mich damit nicht. Ich konnte mich nur eben in eine andere Welt versetzen und konnte das andere draußenlassen. [...]

R. Wie hat sich der Gutachter im Prozeß benommen? Wie ist er aufgetreten? Hatten Sie den Eindruck, er trug etwas Einstudiertes vor?

S. Ich habe ja die Staatssicherheitsprotokolle, wo steht, daß mit ihm der Prozeß durchexerziert worden war. Er konnte nicht frei auftreten.

R. Ich würde gerne etwas zu Ihrer Haftzeit in Bautzen II fragen. Sie haben geschrieben, sie hätten dort gearbeitet. Was waren das für Arbeiten?

S. Zuerst wußte ich gar nicht, wo ich war. Ich wurde mit einer „Grünen Minna" weggebracht, war allein und wußte nicht, wohin das Auto von Karl-Marx-Stadt aus fuhr. Acht Tage später hörte ich von einem Kalfaktor (einem Menschen, der durch den Spion guckt und auch nur Gefangener ist), daß ich in Bautzen II war. Nach vier oder fünf Tagen gab man mir ein Tablett in die Zelle, da mußte ich Schrauben mit Unterlegscheiben anfädeln. Eine Arbeit, die auch Professor Frucht lange Zeit ausüben mußte. Geisttötend. Dann wurde ich ausgeschlossen und stand plötzlich in einem Arbeitskommando. Ich marschierte ab durch etliche Türen und befand mich in einem Raum, wo Steuerschütze für das Elektrogerätewerk Oppach montiert wurden. Dort sagte mir einer der Mitgefangenen: „Kisten zusammenstecken." Da war eine Pappe, die gab die Hülle ab, und zwei Pappen wurden ineinandergesteckt, damit Fächer entstanden. Er hat mir das mindestens zehnmal erklärt, ich war nicht mehr in der Lage, das zu verkraften. Ich wußte nicht mehr, wie ich das machen sollte. Er hat mir das immer wieder gezeigt [...]. Als er festgestellt hatte, daß ich vielleicht nicht mehr alle Tassen im Schrank haben könnte, sagte er: „Wie lange bist du denn bei der Staatssicherheit gewesen?“ Ich hatte ja keine Ahnung, wie lange das normalerweise war, und sagte: „2 ¾ Jahre.“ Er war ganz verwundert, fragte mehrmals nach, drehte sich dann um und sagte: „Hört mal alle her. Der ist fast drei Jahre bei der Staatssicherheit gewesen.“ Alle standen da und sahen mich an. Dann kam der Brigadier – der, der dort das Sagen hatte – zu mir: „Also hör mal, wenn das so ist, mußt du dich erst mal stabilisieren. Mein Platz ist jetzt dein Platz. Du setzt dich hin und brauchst gar nichts zu machen. Nur daß du erst mal wieder Mensch wirst.“ [...].

Quelle: Gespräch mit Horst Schlegel am 12. August 1996.

Das Verfahren gegen Horst Schlegel

Nr. 71:
Schreiben der Abteilung II der Bezirksverwaltung Karl-Marx-Stadt des MfS vom 22. August 1961

Bezirksverwaltung Karl-Marx-Stadt KM-Stadt, den 22.8.61
– Abteilung II -

An die Abteilung III
im H a u s e

Betr.: SCHLEGEL, Horst [...]

Bei dem im betreff Genannten handelt es sich um einen selbständigen Ingenieur, welcher im Spionageverdacht steht.

Zur Zeit ist noch nicht konkret bekannt, von welchem VEB er Aufträge zur Projektierung erhält.

Wir bitten Sie, das Konto des SCHLEGEL in den Ihnen unterstehenden Objekten (GE-Bank, Volksbank, Bauernbank) dahingehend zu überprüfen,

a) wer überweist Gelder in welcher Höhe?
b) Zu welchen Zeiten wurden welche Beiträge abgehoben?
c) Wie hoch ist sein Konto-Stand?
d) Evtl. prüfen, ob 2 Konten bestehen.

Um baldige Erledigung wird gebeten.

- Leiter der Abteilung II -
(Fiedler)
Hauptmann

Nr. 72:
Verfügung der Staatsanwaltschaft Karl-Marx-Stadt vom 31. Januar 1972

Der Staatsanwalt des Bezirkes
Karl-Marx-Stadt

Verfügung vom 31.1.1972

1. Am 28. und 29.1.1972 machte sich Genn. N [...] mit dem Entwurf der Anklageschrift in der Strafsache gegen
   Horst Schlegel
   vertraut.

2. Zum Entwurf der Anklageschrift und zu Problemen der Hauptverhandlung fand am 29.1.1972 eine Aussprache mit der Genn. N [...] statt. An der Aussprache nahmen weiter teil:

   Gen. B[...], amtierender Abteilungsleiter IA und
   Gen. R[...].
   Zeitweise war auch der Bezirksstaatsanwalt zugegen.

3. Zum Entwurf der Anklageschrift äußerte sich Genn. N [...] wie folgt:
   - Sie ist in sich insgesamt geschlossen und logisch;
   - die Herausbildung der staatsfeindlichen Grundhaltung ist umfassend und gut als Prozeß dargestellt;
   - bei der Behandlung der persönlichen Entwicklung und der Herausbildung der staatsfeindlichen Grundhaltung wurden gut die einzelnen Straftaten eingebaut;
   - es überzeugt auch im Entwurf, daß bei der Behandlung der einzelnen Sabotageobjekte nochmals auf die subjektive Seite eingegangen wurde;
   - gut wurde die Bedeutung der einzelnen Objekte und die konkrete Pflichtenlage herausgearbeitet;
   - im Entwurf überzeugt besonders die Vollzähligkeit der Beweismittel. Dadurch wird mit der Anklageschrift zugleich die Verhandlungskonzeption geliefert;
   - bei Entwurf der Anklageschrift handelt es sich um eine echte Faktenanklage. Auf Nebensächliches wird bewußt verzichtet;
   - überarbeitet werden sollte der erste Teil des Tenors, und zwar soweit es die Herausbildung der staatsfeindlichen Grundhaltung betrifft (S. 1-2). Dieser Teil sollte in wenigen Zeilen zusammengefaßt werden;
   - gekürzt werden sollten die Bemerkungen zu den einzelnen Sabotageobjekten im ersten Teil der Anklage (S. 31-34);
   - der Widerruf sollte am Schluß der Anklage global behandelt werden; [...]

4. Von der Genn. N [...] und Gen. B[...] wurde die Auffassung vertreten, daß die Anklageschrift nicht weiter gestrafft werden sollte (Sicherung aller Beweismittel) und unter Beachtung der gegebenen Hinweise so beim Bezirksgericht eingereicht werden könnte.

5. Im Ergebnis der Aussprache wurde festgestellt:
5.1. Anklageschrift ist auf der Grundlage des Entwurfes einzureichen
5.2. Zwei Durchschriften der Anklage sind der Genn. Nolepa mit Strafvorschlag zu übersenden

5.3. Die prozeßvorbereitenden Maßnahmen sind besonders gründlich durchzuführen. Dazu sind Einzelmaßnahmen mit dem U-Organ festzulegen. [...]

5.5. Der Verteidiger des Beschuldigten erhält noch in der ersten Februarwoche die Möglichkeit, Einblick in die Strafsache in den Räumen der Staatsanwaltschaft zu nehmen.

I.A.:
R[...]
Staatsanwalt

Nr. 73:
Verfügung der Staatsanwaltschaft Karl-Marx-Stadt vom 2. Februar 1972

Der Staatsanwalt des Bezirkes
Karl-Marx-Stadt

Verfügung vom 2. Februar 1972

1. Maßnahmen in Vorbereitung auf die Hauptverhandlung gegen den Beschuldigten Schlegel

1.1 Zeugenaussagen wesentliches Ergebnis
Für über 40 Zeugen müssen als Hilfsmittel für das Gericht Fragespiegel erarbeitet werden.
Sie müßten enthalten:

Zielgerichte Fragen einschließlich der technischen Fragen	Was muß im wesentlichen als Antwort erscheinen?	Wo steht das?

Verantwortlich: U-Organ, Staatsanwalt.

1.2 Es ist notwendig, alle Zeugen gründlich vorzubereiten.
Damit müßte bereits jetzt begonnen werden. Das erfordert, die Zeugen an ihren Arbeits- oder Wohnorten aufzusuchen. Geht von Karl-Marx-Stadt bis Thale.
Verantwortlich: U-Organ.

1.3 In Vorbereitung auf den Prozeß müssen die Sachverständigen nochmals aufgesucht werden.
[...] Mit den 3 Hauptsachverständigen muß gemeinsam mit dem Gericht noch der Prozeß durchexerziert werden.
Verantwortlich: U-Organ, Staatsanwalt, Gericht.

1.4 Taktische Erwägungen zwingen dazu, die Zeugen zu den einzelnen Komplexen auftreten zu lassen.
Das erfordert einen exakten Ablaufplan mit Zeiteintragungen, wann welche Zeugen zu erscheinen haben.
Verantwortlich: U-Organ, Staatsanwalt, Gericht.

1.5. Einige Zeugen müssen gemeinsam mit dem Staatsanwalt aufgesucht werden. Das muß im einzelnen festgelegt werden.
Notwendig ist das z.B. bei
Zeugen K[...], schwerkrank (Herzinfarkt), wenn er nicht auftreten kann – Attest -.
Zeugen R[...], er arbeitet nicht mehr im Betrieb, hat also keine unmittelbaren Verbindungen mehr zur Sache (Auswirkungen), er wackelt, zumal ihm auch Fehler in der Sache unterliefen.
Zeuge B[...], lehnt jede Verurteilung eines Menschen ab.
Zwickauer Funktionäre, zum Teil verworrene Ansichten.
Verantwortlich: U-Organ, Staatsanwalt.

1.6 Intensive Auseinandersetzung mit Widerruf erfordert weitere Vorbereitungsarbeiten.
Dazu gehören u.a.:
- In welchen Aussagen geht der Beschuldigte über Zeugenaussagen hinaus? [...]
- Wo und was hat er vor unterschiedlichem Personenkreis (Vernehmer) zugegeben?
- Wann und was hat er wiederholt zugegeben?
- Wann, wo und welche handschriftlichen Veränderungen hat er in Vernehmungen vorgenommen, in denen er Straftaten zugab?

Diese Angaben spielen weder im Schlußbericht, noch in der Anklageschrift eine Rolle. Sie müssen zusammengetragen werden. Muß in die Beweisaufnahme einfließen.
Verantwortlich: Staatsanwalt, U-Organ. [...]

1.8 Für die Sabotagekomplexe sind die Schadenersatzanträge beizuziehen. Dabei ist nochmals der exakte Schaden abzustimmen. Muß möglichst schnell geschehen und bei der Eröffnung der HV [Hauptverhandlung] vorliegen.
Verantwortlich: U-Organ.

1.9 Es ist damit zu rechnen, daß der Beschuldigte in der HV einläßt, daß er in den Protokollen unterschiedlich unterschrieb, um auch damit zu dokumentieren, wo er die Wahrheit und Unwahrheit sagte.
Mir muß Material aufbereitet werden, womit ich ein solches Argument zerschlagen kann.
Zum Beispiel: Unterschriften vor der Inhaftierung (aus Anlagen ersichtlich) stimmen mit seinen Unterschriften bis zum Februar 1971 überein.
oder
Unterschrift bis Februar 1971 zu Schönheide stimmt womit überein?
Wo vergaß er, sich an seine unterschiedlichen Unterschriften zu halten?
Verantwortlich: U-Organ.

1.10 In Vorbereitung auf die Hauptverhandlung bleibt zu erwarten, daß Beweisanträge kommen können.
Daraus können sich für uns bestimmte Ermittlungshandlungen ergeben. Wir müssen insofern beweglich sein.
Verantwortlich: Staatsanwalt, U-Organ.

1.11 Einflußnahme auf Schöffenauswahl einschließlich Ersatz
Verantwortlich: Gericht, Staatsanwalt, U-Organ.

1.12 Zum gegenwärtigen Stand des Verfahrens ist mit dem Verteidiger ein Gespräch zu führen. Mit diesem Zeitpunkt erhält er die Möglichkeit, bereits beim Staatsanwalt in Akten Einsicht zu nehmen.
Verantwortlich: Staatsanwalt. [...]

1.14 Bereits jetzt zielstrebig Auswertungsmaßnahmen vorbereiten. Dazu müßte man einen Bericht über Ursachen und begünstigende Bedingungen der Straftaten erarbeiten und mit Gutachtern abstimmen.
Darin sollte u.a. behandelt werden:
- Probleme der Vertragsgestaltung
  X Festlegung der Parameter,
  X Haftung,
  X Abrechnungsgrundlage.

Verantwortlich: Staatsanwalt, Gericht. [...]

Diese Maßnahmen wurden am heutigen Tage mit den Genossen des U-Organs beraten. Sie stimmten ihnen voll zu. [...]

Durch den Leiter des U-Organs wird gesichert, daß die vorgeschlagenen Maßnahmen zügig realisiert werden. [...]

I.A.:
R[...]
Staatsanwalt

Nr. 74:
Vermerk der Staatssicherheit vom 29. Februar 1972 zur politischen Überprüfung der Schöffen

Bezirksverwaltung für
Staatssicherheit Karl-Marx-Stadt
Abteilung IX
Karl-Marx-Stadt, den 29.2.1972
IX/3/461/72 – Bö/Ba

Bezirksdienststelle für
Staatssicherheit Karl-Marx-Stadt
Kreisdienststelle Zwickau
Zwickau

Ermittlungsverfahren gegen SCHLEGEL, Horst

In einem politisch bedeutsamen Prozeß vor dem Bezirksgericht Karl-Marx-Stadt sollen Nachgenannte als Schöffe eingesetzt werden.

Aus diesem Grunde bitten wir Sie, im Wohngebiet und Betrieb beide konspirativ zu ermitteln und eine Überprüfung mit Form 10 (Suchzettel) durchzuführen.
Folgendes interessiert besonders:

– politische Zuverlässigkeit
– fachliches Können.

Es handelt sich um:

1. G[...], Horst [...]
2. R[...], Gerhard [...]
   [handschriftlich: *fachl. gut; gesellschaftl. inaktiv*]

Da es sich um eine termingebundene Haftsache handelt, bitten wir Sie um schnellste Erledigung.

Leiter der Abteilung IX
Pierschel
Major

Nr. 75: „Vorstellungen“ der Staatsanwaltschaft „hinsichtlich des Strafmaßes“ vom 29. Februar 1972

29.02.1972

Der Generalstaatsanwalt der
Deutschen Demokratischen Republik
– Abteilung 21 –
104 Berlin
Scharnhorststr. 37

[...]

Strafsache gegen SCHLEGEL, Horst [...]

Werte Genossin N [...]!

Nach Abschluß des Ermittlungsverfahrens in der Sache SCHLEGEL übersende ich zwei Anklageschriften zur weiteren Veranlassung.

Die Anklage wurde am 25. 02. 1972 beim Bezirksgericht Karl-Marx-Stadt erhoben. Mit Verhandlungsbeginn ist etwa Anfang April 1972 zu rechnen.

Meine Vorstellungen hinsichtlich des Strafmaßes liegen bei 9–12 Jahren Freiheitsstrafe.

Ergänzend möchte ich noch hinzufügen, daß SCHLEGEL nach wie vor seine uneinsichtige Haltung besitzt und auch gegenüber den ihn vor Anklageerhebung vernehmenden Staatsanwälten frech und arrogant aufgetreten ist.

Mit sozialistischem Gruß
I.A.
B[...]
Staatsanwalt

Nr. 76:
Information der Staatssicherheit zum Prozeß vom 15. März 1972

Bezirksverwaltung für
Staatssicherheit Karl-Marx-Stadt
Abteilung IX

Karl-Marx-Stadt, 15.03.1972

Information

Für den Beginn der Durchführung der Hauptverhandlung am Bezirksgericht Karl-Marx-Stadt gegen den Beschuldigten Horst SCHLEGEL wegen Verbrechen nach § 104 StGB ist der 04. April 1972 vorgesehen.

Der Prozeß wird geführt von Genossen Oberrichter F[...], als Ersatzrichter ist die Kreisgerichtsdirektorin aus Rochlitz, Genossin Inge K[...], eingesetzt.

Als Schöffen werden die Genossen B[...] und G[...] und als Ersatzschöffen der Genosse M[...] oder der parteilose Kollege R[...] am Prozeß mitwirken. Die Schöffen B[...] und M[...] wirkten bereits an Sabotageverbrechen mit. G[...] und R[...] werden ebenfalls als zuverlässig eingeschätzt.

Die Anklage wird durch die Genossen Staatsanwälte R[...] und F[...] vertreten.

SCHLEGEL wählte sich die Verteidiger Rechtsanwalt B[...] und Rechtsanwalt Dr. John. Dr. John ist Agentur der Abteilung II. Da dieser bereits umfassend über das Verhalten SCHLEGELs in Absprachen informierte, wurde der Abteilung II ein Informationsbedarf vorgegeben, der im wesentlichen das beabsichtigte Verhalten des SCHLEGEL während der Hauptverhandlung sowie zu erwartende Beweisanträge seitens der Verteidigung beinhaltet.

In einer am 10.03.1972 mit dem Genossen Oberstleutnant Höckel, HA IX/3, der Genossin Nolepa von [der] Generalstaatsanwaltschaft Berlin und dem Genossen Staatsanwalt R[...] geführten Absprache wurde an Hand des Schlußberichtes und der Anklageschrift die Anklageerhebung nach § 104 StGB absolut bejaht, die Untersuchungstätigkeit und Beweisführung wurde als ausgezeichnet eingeschätzt. Strafrechtliche oder strafprozessuale Probleme stehen nicht an.

Auf Grund der beabsichtigten Verhaltensweise des SCHLEGEL, seine Schuld zu leugnen, alles Belastende abzustreiten und vorhandene begünstigende Bedingungen zum Gegenstand der Hauptverhandlung zu machen, wurde auf eine notwendige straffe Verhandlungsführung orientiert. Dazu werden von uns Fragespiegel für alle Zeugen für das Gericht erarbeitet, alle Zeugen werden nochmals auf ihre gerichtliche Vernehmung vorbereitet. Die Sachverständigen erhalten Gelegenheit, eine Woche vor Prozeßbeginn entsprechende Vorbereitungen zu treffen und Absprachen mit dem Staatsanwalt und dem Gericht zu führen.

Nach bisherigen Feststellungen steht in Frage, ob der Genosse Oberrichter F[...] den SCHLEGEL in jeder Phase der Verhandlung beherrscht. Es muß damit gerechnet werden, daß er dem SCHLEGEL zu viel Spielraum für Diskussionen und Argumente, die nicht Gegenstand der Anklage sind, läßt. Zur Verhinderung dessen veranlaßt die Genossin Nolepa, daß seitens des Obersten Gerichtes der DDR entsprechender Einfluß auf Genossen Oberrichter F[...] genommen wird.

Je eine Anklageschrift liegen beim Generalstaatsanwalt und beim Obersten Gericht der DDR. Seitens dieser Organe wird der Anklageerhebung gegen SCHLEGEL nach §

104 StGB zugestimmt, so daß die zu erwartende Berufungsverhandlung beim Obersten Gericht damit vorbereitet ist. Genosse Dr. K[...] vom Obersten Gericht kommt am 24.03.1972 nach Karl-Marx-Stadt.

Zur Absicherung der Informierung westdeutscher Personen oder Dienststellen über den Prozeß SCHLEGEL wird Postkontrolle über Verwandte und enge Freunde des SCHLEGEL eingeleitet.

Leiter der Abteilung IX
Pierschel
Major

Nr. 77:
„Informationsbedarf" der Staatssicherheit vom 15. März 1972

[handschriftlich: *Am 15.3.72 an Abt. II, Hptm. Müller*]

Informationsbedarf

In Vorbereitung und Durchführung der Hauptverhandlung gegen SCHLEGEL sind folgende Informationen bedeutsam:

1. Wie steht SCHLEGEL zu den einzelnen in der Anklageschrift genannten bewiesenen Tatsachen?
   (Persönlichkeitsbild, subjektive Seite der Sabotage, einzelne Sabotageobjekte, Preisverstoß, Betrug, Steuervergehen)
2. Mit welchen Mitteln und Methoden will SCHLEGEL einzelne Anklagepunkte angreifen?
3. Wie will er sich welchen Zeugen gegenüber verhalten? Welche Angriffe sind auf die einzelnen Zeugen zu erwarten?
4. Welche Beweisanträge sind zur Hauptverhandlung zu erwarten?
5. Wie wird SCHLEGEL das Untersuchungsorgan oder die Staatsanwaltschaft angreifen?
6. Inwieweit ist SCHLEGEL bemüht, Informationen an außenstehende Personen zu übermitteln?
   Welche außergewöhnlichen Forderungen stellt er an seine Verteidiger?
   Sucht SCHLEGEL Verbindungen in die BRD oder das kapitalistische Ausland?
7. Welche Rolle sollen die beiden Verteidiger des SCHLEGEL in Vorbereitung und Durchführung der Hauptverhandlung einnehmen?

Nr. 78: Prämierung von Staatsanwalt und Gutachtern durch die Staatssicherheit vom 2. Mai 1972

Bezirksverwaltung für Staatssicherheit Karl-Marx-Stadt
Abteilung IX

Karl-Marx-Stadt, 2.05.1972

Leiter der Bezirksverwaltung
Genosse Generalmajor Gehlert

Prämierung von Genossen anläßlich des Abschlusses der gerichtlichen Hauptverhandlung gegen den Saboteur SCHLEGEL

Ich schlage vor, die Genossen

Staatsanwalt R[...], Klaus
mit 500,- Mark und
einem kostenlosen Aufenthalt im
Ferienheim „Waldhaus“ Schneckengrün

Gutachter Dr. A[...], Peter
mit 300,- Mark

Gutachter M[...], Werner
mit 300,- Mark

Gutachter K[...], Herbert
mit 300,- Mark
zu prämieren.

Begründung:

Mit Urteil des Bezirksgerichtes Karl-Marx-Stadt vom 12.05.1972 wird der ehemals selbständige Konstrukteur Horst SCHLEGEL wegen Sabotageverbrechen gegen die Volkswirtschaft der DDR, Betrug, Preisverstoß und Steuervergehen zu einer Freiheitsstrafe von 10 Jahren verurteilt.

Die genannten Staatsanwälte und Gutachter haben in Vorbereitung und Durchführung der Hauptverhandlung gegen SCHLEGEL eine hervorragende Arbeit geleistet. Durch ihre Unterstützung und Mitarbeit konnte eine lückenlose Beweiskette zum Nachweis der Sabotagetätigkeit des SCHLEGEL erarbeitet werden.

Dazu waren sowohl vor der Hauptverhandlung als auch während des Prozesses große Anstrengungen und ständige Einsatzbereitschaft der Genossen notwendig und vorhanden.

Ihre Arbeit als Prozeßbeteiligte in der Hauptverhandlung gegen SCHLEGEL erbrachte den überzeugenden Beweis der Feindtätigkeit des Angeklagten.

Leiter der Abteilung IX
Pierschel
Major

Quelle: MfS-Akte von Horst Schlegel, Kopie beim Verfasser.

Das Verfahren gegen Rolf Schälicke

Nr. 79:
Operativplan der Staatssicherheit vom 21. Oktober 1977

Kreisdienststelle Dresden Stadt Dresden, den 21.10.1977
Arbeitsgebiet XX/3

Operativplan

zum OpV „Philosoph“

In der bisherigen Bearbeitung konnte der verdächtigen Person *Schälicke* eine staatsfeindliche Tätigkeit gem. § 106 StGB bewiesen werden.

Durch Absprachen mit der HA XX und der Abt. XX der BV Dresden wurde festgelegt, die Bearbeitungen der Personen weiterzuführen, und Hinweise und Beweise zu erarbeiten, womit dokumentiert werden kann, daß die Personen gem. § 100 StGB aktiv tätig sind.

Um die Bearbeitung der Personen zielgerichtet und effektiv zu gestalten und Beweismittel zu schaffen, macht sich eine operative Bearbeitung nach nachfolgenden Schwerpunkten erforderlich

- weitere Aufklärung von Verbindungen des Sch. und deren Charakter
- Erarbeitung von Hinweisen daß der Sch. oder die anderen erfaßten Personen Verbindungen zu staatsfeindlichen Organisationen oder staatsfeindlich tätigen Einzelpersonen unterhalten
- Aufklärung der Verbindungen des Sch. innerhalb der SU, wo der Verdacht besteht, daß diese als Dissidenten bekannt sind bzw. aktiv sind.
  Dazu macht sich eine enge Koordinierung mit der HA XX und den sowjetischen Freunden erforderlich.
- Aufklärung aller Verbindungen des Sch. nach dem KA [kapitalistischen Ausland], BRD und Westberlin um über diese zu staatsfeindlich tätigen Personen oder Organisationen zu gelangen.

Um die zielgerichtete Aufklärung der angeführten Schwerpunkte zu erreichen und um weitere Verdachtsmomente gem. § 100 StGB zu dokumentieren machen sich nachfolgende Detailmaßnahmen mit Terminstellung erforderlich.

1. Erneute Befragung mit dem Bruder des Sch. [Name von der Behörde der Bundesbeauftragten geschwärzt].
   Zielstellung dieses Gespräches soll sein, Aufklärung aller bekannten Verbindungen nach dem KA, BRD u. Westberlin. Einschätzung aller bekannten Verbindungen des Sch. nach der SU.
   Einschätzung der Person und der Verbindungen der neuen Ehefrau des Sch.
   Erarbeitung eines konkreten Bildes über die Persönlichkeitsentwicklung des Sch. [...]
3. Es macht sich erforderlich, mit der HA I eine Absprache zu führen, da der Sch. zur Zeit einen Reservistenlehrgang in Leipzig absolviert.
   Zielstellung dabei soll sein, Möglichkeiten zu schaffen, den Sch. noch während seines Dienstes unter inoffizielle Kontrolle zu bringen und damit gleichzeitig Voraussetzungen zu schaffen, einen IM an den Sch. heran zu bringen, welcher in der Perspektive an den Sch. weiter inoffiziell arbeiten kann. [...]
4. Um den Sch. effektiver unter operative Kontrolle zu bringen und inoffizielle Aktivitäten abzufangen bzw. bekannt zumachen, werden Vorbereitungshandlungen getroffen um bis

zum Ende des Reservistendienstes des Sch. die Technik in die Wohnung zu installieren. [...]

5. Der IMV „Stier“ wird zielgerichtet eingesetzt und instruiert, um zu verhindern, daß der Sch. während seiner Dolmetscheraufgaben nicht in der Lage ist, Material der Vertragspartner unbefugten Personen zu übermitteln.
   Außerdem wird der IMV beauftragt, während seiner SU Reisen mit dem Sch. alle bekanntwerdenden Verbindungen zu dokumentieren und entsprechend der Möglichkeiten aufzuklären.
   Im Institut selbst wird der IMV zur Absicherung und zur Erarbeitung von Fakten eingesetzt, welche beweisen, daß der Sch. bestrebt ist, andere Personen auf seine politische Plattform zu ziehen. [...]
6. Um den Inhaftierten [Name von der Behörde der Bundesbeauftragten geschwärzt] zielgerichtet zu befragen, wird ein Fragespiegel für die Abt. IX Leipzig erarbeitet.

Reuter, Oltn.

Nr. 80:
Strafrechtliche Einschätzung des Operativen Vorgangs vom 19. März 1984

Bezirksverwaltung
für Staatssicherheit
Abteilung IX

Dresden, den 19. 03. 1984

Bestätigt:
Leiter der Bezirksverwaltung
Böhm
Generalmajor

Strafrechtliche Einschätzung des OV „Vermittler", Reg.-Nr. XII 266/83 der AKG/Kontrollgruppe der BVfS Dresden

Im o.g. OV wird

SCHÄLIKE, Rolf [...]

wegen des Verdachts strafbarer Handlungen der landesverräterischen Agententätigkeit und staatsfeindlichen Hetze gemäß §§ 100 und 106 StGB operativ bearbeitet. Im OV sind eine Vielzahl inoffizieller Hinweise, insbesondere auf die feindlich negative Einstellung des Verdächtigen zur sozialistischen Gesellschaftsordnung in der DDR und daraus resultierenden Angriffe auf die verfassungsmäßigen Grundlagen der DDR enthalten.

Der Verdächtige richtete mit Datum vom 09.03.1984 ein maschinenschriftliches und von ihm unterzeichnetes Ersuchen auf Aberkennung der Staatsbürgerschaft der DDR und ständige Ausreise aus der DDR an den Rat des Stadtbezirkes Dresden-Mitte, Abteilung Innere Angelegenheiten. Darin formulierte er wörtlich: „auf Grund jahrzehntelanger persönlicher, beruflicher und politischer Entwürdigung" zum Entschluß dieser Antragstellung gelangt zu sein.

1. Strafrechtliche Würdigung
Dieses beim vorgenannten Staatsorgan eingegangene Schreiben erfüllt objektiv den Straftatbestand der öffentlichen Herabsetzung gemäß § 220 Abs. 1 StGB, indem SCHÄLIKE die staatliche Ordnung herabwürdigt und unterstellt, jahrzehntelang persönlich, beruflich und politisch entwürdigt worden zu sein. Das Schreiben wird dem Untersuchungsorgan offiziell durch den Rat des Stadtbezirkes Dresden-Mitte übergeben.

2. Vorschlag
Es wird vorgeschlagen, auf dieser Rechtsgrundlage am 20.03.1984 gegen SCHÄLIKE ein Ermittlungsverfahren mit Haft einzuleiten.

Im Zusammenhang mit der Durchsuchung und Beschlagnahme in seinen Wohnräumen ist in der weiteren Bearbeitung des EV vorgesehen, die im OV enthaltenen inoffiziellen Hinweise auf staatsfeindliche Aktivitäten des Verdächtigen zu erarbeiten und hierbei insbesondere die in den Beschuldigtenvernehmungen [Namen von der Behörde der Bundesbeauftragten geschwärzt] getätigten Aussagen zu beachten, um das EV gegen SCHÄLIKE nach § 106 StGB zu erweitern [...] und das EV entsprechend abzuschließen.

Leiter der Abteilung
Settnik
Oberst

Referatsleiter 3
Mühlbauer
Hauptmann

Nr. 81:
Verfügung zur Einleitung eines Ermittlungsverfahrens vom 20. März 1984

BStU
000012

Bezirksverwaltung
für Staatssicherheit

Untersuchungsabteilung

Dresden, den 20. 03. 1984

Verfügung

Gemäß § 98 der Strafprozeßordnung wird gegen den/~~die~~

Name SCHÄLIKE

Vorname ~~Rolf~~

geboren am ~~13. 09. 1938~~ in ~~Moskau~~

Beruf ~~Diplom-Physiker~~ zuletzt ~~freischaffender Sprachmittler~~

Wohnanschrift ~~8010 Dresden,~~ [redacted]

aus den unten angeführten Gründen die Einleitung/~~Erweiterung~~ eines/~~des~~*) Ermittlungsverfahrens angeordnet.

Gründe:

SCHÄLIKE ist verdächtig, als Alleintäter und in Mittäterschaft handelnd, die staatliche Ordnung der DDR herabgewürdigt zu haben, indem er in einem am 09.03.1984 verfaßten und beim Rat des Stadtbezirkes Dresden-Mitte, Abteilung Innere Angelegenheiten, eingegangenen Schreiben den Staatsorganen unterstellte, "jahrzehntelang persönlich, beruflich und politisch entwürdigt" worden zu sein, sowie seit Ende 1983 gemeinschaftlich mit dem Beschuldigten [redacted] handelnd, ein zur Verbreitung bestimmtes und anderen Personen bereits zugänglich gemachtes Schreiben herstellte, in welchem sie wahrheitswidrig behaupteten, daß [redacted] in der DDR fortgesetzt "Repressalien" ausgesetzt gewesen wäre.

– strafbar gemäß §§ 220 Abs. 1; 22 Abs. 2 Ziff. 2 StGB

Deutsche Demokratische Republik – Siegel – Ministerium für Staatssicherheit 18

Leiter des Untersuchungsorgans

*) Nichtzutreffendes streichen

Kopie BStU
AR 8

Form 502 a

Nr. 82:
Einleitung von Ermittlungsverfahren am 21. März 1984

Ausnahme
BV Dresden, Leiter
Stellv. d. Ministers, Gen. Generalleutnant Mittig
Leiter d. HA XX, Gen. Generalmajor Kienberg
Leiter d. HA IX, Gen. Generalmajor Fister
Dresden, 21.3.84

Einleitung von Ermittlungsverfahren gemäß § 220 StGB gegen die Verdächtigen in den OV „Vermittler" [...] und „Feind" [...]

Entsprechend der Weisung des Genossen Ministers, gegenüber Übersiedlungsersuchenden, deren Anträge genehmigt sind und die andere Personen negativ-feindlich beeinflussen, konsequent vorzugehen, erfolgte auf meine Weisung die Festnahme der Verdächtigen der obengenannten OV
SCHÄLIKE, Rolf (OV „Vermittler") [...] und
[Name von der Behörde der Bundesbeauftragten geschwärzt] (OV „Feind") [...]
Am 20.3.1984 sowie die Einleitung von Ermittlungsverfahren nach § 220 StGB gegen beide Verdächtige.

Dem liegt folgender Sachverhalt zugrunde:
Am 9.3.1984 stellte der SCHÄLIKE mit Ehefrau und zwei Töchtern den Antrag auf Entlassung aus der Staatsbürgerschaft und auf Übersiedlung in die BRD „auf Grund jahrzehntelanger persönlicher, beruflicher und politischer Entwürdigung". Im Zusammenhang mit der Antragstellung setzte sich Sch. am 17.3.1984 telefonisch mit Wolf BIERMANN, zu dem enge Verbindungen existieren, in Verbindung und fragte diesen, ob er dessen Anschrift als Zieladresse für die Übersiedlung angeben könnte.

B. antwortete darauf, „wenn Du ‚die' ärgern willst, kannst Du es machen, wenn Du raus willst, dann gebe jemanden anderes an".

Gleichzeitig wurde operativ erarbeitet, daß Sch. an der Herstellung und Verbreitung eines verleumderischen Artikels über angebliche Repressalien gegen [Name von der Behörde der Bundesbeauftragten geschwärzt] durch staatliche Organe beteiligt ist. [...] Dieser Artikel sollte in ca. 300 Exemplaren gedruckt und unmittelbar vor der Übersiedlung des G. an geeignete Personen verteilt werden mit dem Ziel, diese ebenfalls zur Übersiedlung zu beeinflussen.

Auf der Grundlage der verstärkten Aktivitäten im Zusammenhang mit der Antragstellung zur Ausreise aus der DDR erfolgte durch meine Abteilung IX die strafrechtliche Wertung der OV „Vermittler" und „Feind". Sowohl bei SCHÄLIKE als auch bei [Name von der Behörde der Bundesbeauftragten geschwärzt] wurde eingeschätzt, daß der Verdacht von Straftaten der öffentlichen Herabwürdigung gemäß § 220 Abs. 2 StGB gegeben ist. In den bisherigen Untersuchungen wurde der bisher dargelegte Sachverhalt zweifelsfrei erarbeitet. Bei der Wohnungsdurchsuchung wurden bei Sch. umfangreiche „Dissidentenliteratur", ein Verzeichnis über Ausleihe dieser Literatur an namentlich aufgeführte Personen und andere Beweismittel sichergestellt.

Unter diesen Büchern befinden sich z. Beispiel:

SOLSCHENIZYN	„Der Archipel Gulag" und „Die Eiche und das Kalb",
SACHAROW	„Furcht und Hoffnung",
HAVEMANN	„Morgen" und „Dialektik ohne Dogma",
MEDWEDJEW	„Der Fall Lyssenko",

BAHRO „Die Alternative“,
SACHAROW „Wie ich mir die Zukunft vorstelle“,
FUCHS „Gedächtnisprotokolle“ und „Vernehmungsprotokolle“
Serie „Kontinent“ (unabhängiges Forum russischer und osteuropäischer Autoren),
HAVEMANN „Ein deutscher Kommunist“,
Cruz-Smith „Gorki-Park“. [...]

Zur strafbaren Handlung des SCHÄLIKE liegen außerdem Aussagen der in der Abt. IX in Untersuchungshaft befindlichen DDR-Bürger [Name von der Behörde der Bundesbeauftragten geschwärzt] [...] und dessen Ehefrau vor. G. wurde von Sch. beraten, wie er sein Übersiedlungsersuchen durchsetzen kann, indem er öffentlichkeitswirksame negative Handlungen begehen und der Arbeit fernbleiben soll. Sch. setzte den G. von seinen feindlichen Zielstellungen weitgehend in Kenntnis und forderte ihn auf, ebenfalls in dieser Richtung tätig zu werden. Er lieh ihm regelmäßig „Dissidentenliteratur“ zum Studium aus. Diese Bücher gab G. auch an vier namentlich bekannte Personen zum Lesen weiter. Sch. forderte ihn weiterhin auf, Unterschriften für den „Berliner Appell“ (EPPELMANN) zu sammeln, was durch G. auch realisiert wurde. Darüber hinaus bestätigt der Beschuldigte G. ebenfalls, von Sch. entsprechende „Dissidentenliteratur“ sowie Ratschläge für feindliche Verhaltensweisen erhalten zu haben.

Der Sch. wird im OV „Vermittler“ wegen des Verdachts der Begehung von Straftaten gemäß §§ 100 und 106 StGB operativ bearbeitet. Der Sch. entstammt einem fortschrittlichen Elternhaus und wurde in der Sowjetunion geboren.

1946 übersiedelte er mit seinen Eltern, die inzwischen verstorben sind, in die heutige DDR. Er studierte von 1956 bis 1961 an der Universität Leningrad und schloß das Studium als Diplom-Physiker ab. Danach arbeitete er im ZfK [Zentrum für Kernforschung] Rossendorf, wo er 1968 nach erfolgtem Parteiausschluß wegen parteischädigendem Verhalten fristlos entlassen wurde. Diesem Ausschluß lag zugrunde, daß Sch. in der Öffentlichkeit feindlich-negativ auftrat und die Auffassungen von HAVEMANN, BIERMANN und anderen verbreitete.

Nach kurzzeitiger Tätigkeit als Montageingenieur bzw. als Ingenieur für Anlagenimporte begann Sch. ab 1970 als freiberuflicher Sprachmittler zu arbeiten.

Bei Sch. handelt es sich um einen Feind der DDR, der trotz des kommunistischen Elternhauses jeden Klasseninstinkt verloren hat und aktive politische Untergrundtätigkeit ausübte. Dies zeigte sich unter anderem darin, daß

- Sch. Einfluß auf andere Personen zur Antragstellung auf Übersiedlung nahm bzw. andererseits solche Personen aufforderte, in der DDR zu verbleiben, um hier Aktivitäten gegen Partei und Regierung u entwickeln und beriet sie zu ihrem konkreten Vorgehen;
- er die Bildung fester Diskussionsrunden von negativ-feindlichen Personen organisierte und inspirierte;
- Sch. an geeignete Personen „Dissidentenliteratur“ und andere gegen die sozialistische Gesellschaft gerichtete Gegenstände und Materialien auslieh und diese Personen feindlich beeinflußte;
- Sch. durch eigene Handlungen und unter Nutzung dritter Personen wiederholt in raffinierter Form die Staatsorgane testete, wie weit man gehen kann, ohne strafprozessuale Maßnahmen hervorzurufen.

In der OV-Bearbeitung wurde bekannt, daß der Sch. bestrebt war, eine festgefügte Gruppierung negativ-feindlicher Personen zu entwickeln. Zu diesem Zweck fanden des öfteren Zusammenkünfte von Personen, die dem Vorfeld politischer Untergrundtätigkeit zugeordnet werden müssen, in der Wohnung des Sch. statt. [...]

Sch. unterhält weiterhin umfangreiche Verbindungen zu in der UdSSR lebenden Personen, die ähnliche ideologische Auffassungen wie Sch. haben bzw. von ihm als angebliche Dissidenten eingeschätzt werden. Sch. bezieht im engsten Vertrautenkreis eine antisowjetische Haltung. Seine dienstlichen Aufenthalte in der UdSSR nutzte er, um sich in den Besitz von westlichen Presseerzeugnissen zu bringen. [...]

Über die Rolle SCHÄLIKEs und seine Verbindungen in die UdSSR wurde am 18.1.1984 der Leiter der Abteilung IX, Genosse Generalmajor Damm, von mir in Kenntnis gesetzt und gebeten, das Komitee für Staatssicherheit der UdSSR davon zu informieren. [...]

Die Zielstellung der weiteren Bearbeitung der Ermittlungsverfahren, insbesondere gegen den Beschuldigten SCHÄLIKE, besteht im umfassenden Nachweis der staatsfeindlichen Hetze gemäß § 106 StGB sowie der weiteren Aufklärung und Zurückdrängung der Aktivitäten der PiD im Verbindungskreis der Beschuldigten.

Böhm
Generalmajor

Nr. 83:
Untersuchungsplan des MfS

[...]

1. Entstehung des Vorganges

SCHÄLIKE wurde seit Mitte der 60er Jahre in verschiedenen operativen Diensteinheiten in mehreren OV bearbeitet. Durch viele inoffizielle Hinweise gelang es herauszuarbeiten, daß sich SCHÄLIKE trotz einer kommunistischen Erziehung im Elternhaus und seinem Studium von 1956 bis 1961 in der Sowjetunion zu einem Feind der DDR entwickelte, der zunächst – 1964/1965 – als Mitglied der SED revisionistisches Gedankengut in die Partei trug und parteizersetzerisch wirkte, sich später mehr und mehr in den politischen Untergrund begab, enge Verbindung zu Bahro, Havemann, Biermann u.a. unterhielt und unterhält und zuletzt aktiv feindlich tätig war, indem er z.B. Antragstellern Hinweise und Ratschläge erteilte. Im Zusammenhang mit der Einleitung eines Ermittlungsverfahrens durch die Abteilung IX der BVfS Leipzig gegen den ehemaligen M-L Dozenten [Name von der Behörde der Bundesbeauftragten geschwärzt] waren auch Möglichkeiten vorhanden, gegen SCHÄLIKE mit strafrechtlichen Mitteln vorzugehen. Das soll auf Grund zentraler Festlegungen nicht erfolgt sein. Da sich die politisch zersetzerische Tätigkeit des SCHÄLIKE weiter verstärkte, andererseits entsprechend einer Einschätzung der HA I gegen ihn wegen der Tätigkeit seines Bruders im Vereinten Stab des Warschauer Vertrages als verantwortlicher der NVA für Technik Ausschließung für eine Ausreise aus der DDR vorliegen und sich SCHÄLIKE nicht isolieren ließ, somit die Gefahr bestand, daß er sich zu einem Dissidenten entwickelt, wurde ein offizieller Anlaß zur Einleitung eines EV mit Haft geprüft. Insbesondere mit der Inhaftierung des [Name von der Behörde der Bundesbeauftragten geschwärzt] und seiner Aussagen vom 09.03.1984 waren erste offizielle Beweismittel für die feindliche Tätigkeit des SCHÄLIKE gegeben, die durch weitere Beweisführungsmaßnahmen – Befragungen [Name von der Behörde der Bundesbeauftragten geschwärzt] – verdichtet werden und dann über die Einleitung eines EV entschieden werden sollte. In dieser Phase stellte SCHÄLIKE am 09.03.1984 Ersuchen auf ständige Ausreise aus der DDR in die BRD und begründete das mit „jahrzehntelangen persönlichen, beruflichen und politischen Entwürdigungen“. Da das objektiv den Charakter einer Straftat nach § 220 Abs. 2 StGB erfüllt, indem SCHÄLIKE eine Schrift hergestellt hat, die geeignet ist, die staatliche Ordnung verächtlich zu machen, wurde entschieden auf dieser Rechtsgrundlage am 20.03.1984 EV einzuleiten. [handschriftlich darunter: *Siehe dazu auch „Ausnahme“ des Ltrs. der BV vom 21.3.84*]

3. Einschätzung des Beschuldigten – vernehmungstaktische Grundlinie

Bei SCHÄLIKE handelt es sich um eine hochintelligente, vielseitig gebildete und vor allem politisch überaus interessierte Person. Er ist 45 Jahre alt und von seinen Eltern im kommunistischen Sinne erzogen worden. Er wurde in der Sowjetunion als Kind einer deutschen Emigrantenfamilie geboren, lebte dort mit zwei Geschwistern bis 1946 und besuchte bis 1949 in der damaligen sowjetischen Besatzungszone eine sowjetische Grundschule in Berlin. Anschließend besuchte er deutsch-russische Schulen, legte an der ABF [Arbeiter- und Bauernfakultät] 1956 das Abitur ab, studierte dann ein Semester an der Hochschule für Energetik in Moskau und dann auf seinen Wunsch an der Leningrader Universität, Physikalische Fakultät, wo er 1961 das Diplom als Physiker ablegte. Im gleichen Jahr nahm er im Zentralinstitut für Kernforschung Rossendorf in der Abteilung Reaktorphysik eine Tätigkeit als wissenschaftlicher Assistent auf. Dort wurde SCHÄLIKE zum genannten Zeitpunkt zunächst aus der SED ausgeschlossen und ihm später fristlos gekündigt. [...]

SCHÄLIKE zog sowohl aus den parteierzieherischen, den Disziplinarmaßnahmen als auch aus seinem Ausschluß aus der SED keine Schlußfolgerungen, sondern setze seine revisionistischen Bestrebungen weiter fort.

Entsprechende Feststellungen wurden am 13.04.1978 durch den 1. Strafsenat des BG Leipzig gemäß §§ 106 i.V. mit 108 StGB abgeschlossenen EV gegen [Name von der Behörde der Bundesbeauftragten geschwärzt] getroffen. [...]

Gleiche Einschätzungen werden in einem Vermerk vom 11.02.1978 über ein vom Stellvertreter des Ministers des MfS, Generalleutnant Wolf, mit SCHÄLIKE geführten Gespräch am 10.02.1978 getroffen. Um dieses Gespräch hätte SCHÄLIKE gebeten, da Genosse Generalleutnant WOLF mit den Eltern des SCHÄLIKE persönlich bekannt war. SCHÄLIKE wollte mit diesem Gespräch eigene Konflikte im Zusammenhang mit der Inhaftierung von [Name von der Behörde der Bundesbeauftragten geschwärzt] lösen. [...]

SCHÄLIKE machte bei diesem Gespräch einen einerseits arroganten, überheblichen und überspannten, andererseits einen sehr naiven, gehemmten, politisch und menschlich unreifen Eindruck. Er wurde eindringlich auf seine politisch falschen Einschätzungen und daraus resultierenden Forderungen und politisch negativen Verhaltensweisen hingewiesen sowie zu einer Änderung seiner Haltung aufgefordert. [...]

Der gesamte Entwicklungsweg des SCHÄLIKE ist von Arroganz gegenüber den staatlichen Organen, einer deutlichen Selbstüberschätzung und Überheblichkeit gekennzeichnet. Aus den Unterlagen ist ersichtlich, daß er laufend versuchte, durch Eingaben wegen Kleinigkeiten die staatlichen Organe von ihren eigentlichen Aufgaben abzuhalten und ständig fordernd aufzutreten.

Mit der Inhaftierung verstärkte der Beschuldigte sein Verhalten. Offensichtlich auf der Grundlage der in seinem Besitz befindlichen Schrift „Vernehmungsprotokolle“ von FUCHS stellte er Analogien her, verweigerte vom ersten Tag an die Unterschrift unter die Vernehmungsprotokolle, nahm diese nicht zur Kenntnis, stellte den Beweisantrag, den Stellvertreter des Ministers als Zeugen bei der gerichtlichen Hauptverhandlung zu vernehmen und brachte im Verwahrraum zum Ausdruck, bei der Hauptverhandlung den Antrag zu stellen, auch Erich Honecker als Zeugen hören zu wollen. In den Vernehmungen trat SCHÄLIKE anmaßend, frech und fordernd auf. Er forderte von der ersten Stunde an, seine Ehefrau sprechen zu wollen und machte davon sein weiteres Verhalten abhängig. Er brachte zum Ausdruck, daß er mindestens 10 Monate in Untersuchungshaft bleiben möchte, um seine Schuld gegenüber [Name von der Behörde der Bundesbeauftragten geschwärzt] zu tilgen, der ebenso lange in U-Haft gewesen wäre. Der Beschuldigte versucht die Untersuchungsführer zu provozieren, indem er sie dazu herausfordern will, ihn als Feind der DDR zu bezeichnen. Ihm geht es vor allem darum, die gegen ihn vorliegenden Beweise kennenzulernen. SCHÄLIKE ist sich durchaus dessen bewußt, daß weder der § 220 Abs. 2 StGB noch der § 219 Abs. 2 Ziff. 1 StGB die Hauptbelastungen gegen ihn darstellen, weiß aber nicht, auf welche Art und Weise das Untersuchungsorgan gegen ihn die staatsfeindliche Hetze beweisen wird. Er ist offenbar der irrigen Annahme, daß die Belastungen sich in erster Linie auf Aussagen des [Name von der Behörde der Bundesbeauftragten geschwärzt] gründen.

Da abzusehen ist, daß SCHÄLIKE vom ersten Tag an provozieren wird, nichts unterschreibt, sich laufend beschwert, aber das nicht schriftlich machen wird, wurde entschieden, alle Vernehmungen durch zwei Untersuchungsführer durchzuführen, generell Schallplattenaufzeichnungen zu fertigen und die Protokolle wörtlich anzufassen. Als der Beschuldigte bekundete, Beschwerde gegen den Haftbefehl einlegen zu wollen und die Beschwerde vom BG Dresden als nicht formgerecht nicht bearbeitet worden war, nahm Hptm. MÜHLBAUER sofort mit StA Genossen FÖRSTER und mit dem stellv. Abteilungsleiter, Genossen Major HÖLZEL mit dem Ziel Rücksprache, eine formgerechte Beschwerde aufzunehmen, SCHÄLIKE dem KG vorzuführen, die Beschwerde zu bearbeiten und abzuweisen. Das wurde mit dem Hinweis abgelehnt, daß wir den Forderungen von SCHÄLIKE nicht nachgeben und er die Möglichkeit der Beschwerde hatte.

In der weiteren Bearbeitung des Ermittlungsverfahrens kommt es darauf an, zu den Komplexen

1. öffentliche Herabwürdigung im Antrag auf Ausreise in die BRD am 09.03.1984 mit der Äußerung „jahrzehntelang in der DDR beruflich, persönlich und politisch entwürdigt" worden zu sein,
2. gemeinschaftlich mit [Name von der Behörde der Bundesbeauftragten geschwärzt] begangene öffentliche Herabwürdigung und tateinheitlicher ungesetzlicher Verbindungsaufnahme sowie
3. der staatsfeindlichen Hetze

exakt Beweis zu führen und SCHÄLIKE dann mit dem kompletten Beweisen zu konfrontieren. Ausgehend vom jetzigen Verhalten des Beschuldigten ist nicht zu erwarten, daß er seine Auffassungen ändert und umfassend und objektiv zur Wahrheitsfindung beitragen wird. Deshalb muß die Bearbeitung des EV so gestaltet sein, ohne Aussage des Beschuldigten das Verfahren zur Anklage zu bringen und seine Verurteilung zu erreichen.

Nr. 84:
Verfügung zur Erweiterung des Ermittlungsverfahrens vom 27. April 1984

BStU
000016

Bezirksverwaltung
für Staatssicherheit

Untersuchungsabteilung

Dresden, den 27.04.1984

Verfügung

Gemäß § 98 der Strafprozeßordnung wird gegen den/die

Name SCHÄLIKE

Vorname Rolf

geboren am 13.09.1938 in Moskau

Beruf Dipl.-Physiker zuletzt freischaffender Sprachmittler

Wohnanschrift 8010 Dresden, [redacted]

aus den unten angeführten Gründen die Einleitung/Erweiterung eines/des*) Ermittlungsverfahrens angeordnet.

Gründe:

SCHÄLICKE ist verdächtig, die verfassungsmäßigen Grundlagen der Deutschen Demokratischen Republik und anderer sozialistischer Staaten seit 1979 angegriffen zu haben, indem er systematisch und zielgerichtet die gesellschaftlichen Verhältnisse in der DDR und anderer sozialistischer Staaten gegenüber einer Vielzahl von Personen diskriminierte, um Personen zu einer gegen die sozialistische Gesellschaftsordnung gerichteten Einstellung zu beeinflussen.
Mit der gleichen Zielstellung verbreitete der Beschuldigte seit dieser Zeit Schriften zur Diskriminierung der gesellschaftlichen Verhältnisse in der DDR und anderer sozialistischer Staaten.

– strafbar gemäß §§ 106 Abs. 1 Ziff. 1 u. 2 i.V.m. 108 StGB

Deutsche Demokratische Republik – Siegel – Ministerium für Staatssicherheit

Leiter des Untersuchungsorgans

*) Nichtzutreffendes streichen

Form 502 a

Kopie BStU
AR 8

Nr. 85:
Schreiben der Bezirksverwaltung Dresden an die HA IX des MfS vom 24. Januar 1985

Bezirksverwaltung
für Staatssicherheit
Leiter

Dresden, 24. Januar 1985

Ministerium für Staatssicherheit
Hauptabteilung IX
Leiter
Genossen Generalmajor Fister
Berlin

In Ergänzung des mit Ihnen geführten Telefonates in der Angelegenheit des Beschuldigten SCHÄLIKE möchte ich Sie über einige, zwischenzeitlich bekanntgewordene Fakten informieren:

1. Die Ehefrau des Schälike erhielt in den letzten Tagen Telefonanrufe aus der BRD bzw. Westberlin sowie von negativen Personen aus der DDR, so u.a. von [Name von der Behörde der Bundesbeauftragten geschwärzt] und Jürgen FUCHS. Letztgenannter teilte der Schälike mit, daß in einer Zeitung der Italienischen Kommunistischen Partei nunmehr auch „Rolfs Fall" behandelt wurde und die Italiener Beistand leisten. Er hoffe, daß dieser Artikel auch im Zentralkomitee der SED gelesen wird.
   Außerdem wurde die Schälike von BÖLL, BASTIAN und KELLY aus der BRD angerufen.
2. Als Anlage übersende ich Ihnen einen Aktenvermerk vom 22.1.1985 über das Verhalten Schälikes während des Sprechers am 22.1.1985.
   Obwohl es nicht stimmt, daß Schälike in den Hungerstreik trat, hat seine Ehefrau nach dem Sprecher in Telefonaten ihr bekannte Personen davon informiert.
3. Zwischenzeitlich wurde das Protokoll über die Gerichtsverhandlung von Schälike gelesen und Ihrer Hauptabteilung zur Übergabe an das Oberste Gericht übersandt.

Ausgehend von den dargestellten Fakten bitte ich Sie, entsprechend Ihren Möglichkeiten, um Einflußnahme, damit alsbald die Berufungsverhandlung durchgeführt und Schälike aus der Abteilung XIV meiner Bezirksverwaltung in den Strafvollzug verlegt werden kann.

Böhm
Generalmajor

Nr. 86:
Beschluß des Obersten Gerichts zur Einstellung des Verfahrens vom 8. Februar 1985

Oberstes Gericht
der Deutschen Demokratischen Republik
– 1. Strafsenat – Berlin, den 8. 2. 1985

Beschluß

In der Strafsache

gegen den freischaffenden Sprachmittler
Rolf Schälike [...]
wird
1. das Strafverfahren gemäß § 248 Abs. 1
Ziff. 4 StPO endgültig
eingestellt
2. der Haftbefehl vom 21. März 1984
aufgehoben.

Gründe:

Das Bezirksgericht Dresden hat den Angeklagten wegen planmäßiger staatsfeindlicher Hetze, öffentlicher Herabwürdigung und Beihilfe zur öffentlichen Herabwürdigung – Verbrechen/Vergehen gemäß §§ 106 Abs. 1 Ziff. 2, Abs. 2, 108, 220 Abs. 1 StGB – zu sieben Jahren Freiheitsstrafe verurteilt.

Dagegen hat der Angeklagte selbst und durch seinen Verteidiger Berufung eingelegt.

Nachdem der Generalstaatsanwalt der Deutschen Demokratischen Republik am heutigen Tage die Anklage zurückgenommen hat, ist das Verfahren gemäß §§ 248 Abs. 1 Ziff. 4, 299 Abs. 3 StPO endgültig einzustellen und der Haftbefehl vom 21. März 1984 gemäß § 132 Abs. 1 StPO aufzuheben.

[Unterschriften]

Nr. 87: Vermerk der Staatssicherheit vom 9. Februar 1985 über „Abschlußmaßnahmen im Verfahren“

Bezirksverwaltung für
Staatssicherheit Dresden
Abteilung IX

Dresden, den 09.02.1985

Aktenvermerk zu Abschlußmaßnahmen im Verfahren gegen SCHÄLIKE

Am 07.02.1985 wurde dem Leiter der Abteilung IX durch den Stellvertreter des Leiters der HA IX, Genossen Oberst HERZOG, mitgeteilt, daß zu SCHÄLIKE eine zentrale Entscheidung zu seiner Entlassung aus der Staatsbürgerschaft der DDR getroffen wurde. In diesem Zusammenhang avisierte er für den 08.02.1985 Genossen Oberstleutnant BRÖMME, Mitarbeiter der Arbeitsgruppe des Genossen Oberste ENKE[1], der mit allen Vollmachten ausgestattet sei und beauftragt ist, diese Maßnahmen durchzuführen.

Oberstleutnant BRÖMME erschien am 08.02.1985, führte die erforderlichen Unterlagen zur Aberkennung der Staatsbürgerschaft, Identitätsbescheinigung und Entlassung aus der Haftanstalt bei sich. Er regelte weitere Fragen in einem Gespräch mit SCHÄLIKE und übernahm diesen am 08.02.1985 gegen 12.00 Uhr aus der UHA der BV Dresden und transportierte ihn an die Grenzübergangsstelle Wartha. Durch die HA IX und HA VI waren entsprechende Maßnahmen festgelegt, damit SCHÄLIKE am 08.02.1985 gegen 15.00 Uhr über die Güst die DDR verläßt.

Genossen Oberstleutnant BRÖMME wurde durch die Abteilung IX entsprechende Unterstützung zur Durchführung seiner Aufgabe gegeben.

Leiter der Abteilung
i.V. Hölzel
Major

Quelle: MfS-Akte von Rolf Schälike. BStU, ZA, HA IX/9, 45 sowie ASt Dresden, AU 574/85.

1 Oberst Enke war Leiter des „Selbständigen Referates Sonderaufgaben des Ministers“ (SR S), der für den Häftlingsfreikauf zuständigen Einheit innerhalb der HA IX der Staatssicherheit, Anm. d. Verfassers.

Das Verfahren gegen Wolfgang Mayer

Nr. 88:
Erstinformation der Staatssicherheit vom 11. September 1988

Hauptabteilung IX/9 Berlin, 11.09.1988
6 Exemplare/ 4. Ausf.

Verteiler
1. Ex. Genosse Minister
2. Ex. Gen. Generaloberst Mittig
3. Ex. Gen. Generalleutnant Neiber
4. Ex. Leiter HA IX
5. Ex. Leiter ZAIG
6. Ex. Leiter ZKG

Erstinformation
Vom 09.09.1988 in der Zeit von ca. 11.30 Uhr bis 10.09.1988, 02.45 Uhr hielten sich insgesamt 13 übersiedlungsersuchende DDR-Bürger mit ihren 5 minderjährigen Kindern [...] in der Botschaft des Königsreiches Dänemark in Berlin-Mitte, Unter den Linden, auf und forderten in erpresserischer Weise die Zusage der Behörden der DDR zur Genehmigung ihrer Übersiedlungsersuchen.

Auf Ersuchen der dänischen Botschaft gegenüber dem MfAA wurden Maßnahmen zum freiwilligen Verlassen des Botschaftsgebäudes durch die Besetzer eingeleitet, welchen sich die Übersiedlungsersuchenden hartnäckig widersetzten. Dem daraufhin vom dänischen Botschafter an das MfAA gerichteten Ersuchen, durch Sicherheitskräfte der DDR die Personen zum Verlassen der Botschaft zu erzwingen, wurde stattgegeben.

Die handelnden Sicherheitskräfte der DDR konnten die Besetzer ohne Gewaltanwendung zum Verlassen der Botschaft veranlassen.

Gegen die DDR-Bürger wurden Ermittlungsverfahren wegen Hausfriedensbruch gemäß § 134 (3) StGB eingeleitet und Haftbefehl erwirkt.
Die Minderjährigen wurden in ein Kinderheim [...] eingewiesen.

Die geführten Untersuchungen ergaben:
Die Beschuldigten sind vor allem auf der Grundlage gegenseitiger Konsultation über den Stand der Bearbeitung ihrer Übersiedlungsersuchen in Ilmenau seit längerer Zeit persönlich miteinander bekannt. Im Verlauf mehrerer Beratungen, bei denen der Beschuldigte MAYER als Initiator in Erscheinung trat und inspiriert durch Veröffentlichungen in westlichen Medien über erfolgte Botschaftsbesetzungen sowie infolge des angekündigten Besuchs des dänischen Ministerpräsidenten in der DDR legten sie am Wochenende 3./4.9.1988 endgültig fest, am Vormittag des 9.9.1988 die Botschaft des Königreiches Dänemark mit dem Ziel aufzusuchen, sie zu besetzen und von den staatlichen Organen der DDR eine sehr kurzfristige Genehmigung ihrer Übersiedlung in die BRD zu erpressen. Zusicherungen auf Straffreiheit wollten sie für ihre Aktivitäten unter keinen Umständen akzeptieren. [...]

Wie festgelegt begaben sich die Beschuldigten in der Folgezeit in kleineren Gruppen zum Gebäude der dänischen Botschaft, das sie nacheinander betraten.

Dort brachen sie ihr Anliegen vor und bekundeten, daß sie nicht gewillt sind, die Botschaft zu verlassen, obwohl sie unter Zusicherung auf Straffreiheit mehrfach dazu aufgefordert wurden. [...]

Darüber hinaus demonstrierten sie ihre Zielstellung mit der auf einem Bettlaken enthaltenen Losung:

„In Freiheit wollen wir uns wähnen, und zwar genau so wie die Dänen!
Ilmenaus ARW".

Dieses sichergestellte Transparent war von ihnen im Aufenthaltsraum angebracht worden.

Der Beschuldigte MAYER hatte diese Losung entworfen und das Laken sowie die erforderlichen Hilfsmittel für die in der Botschaft vorgenommene Beschriftung zusammen mit seiner Frau nach Berlin mitgeführt.

Während des Aufenthaltes in der Botschaft setzte sich MAYER telefonisch mit der Ständigen Vertretung der BRD in der DDR in Verbindung, um der gemeinsamen Zielstellung zur Druckausübung auf die staatlichen Organe der DDR Nachdruck zu verleihen. Der daraufhin erschienen Mitarbeiter [Name von der Behörde der Bundesbeauftragten geschwärzt.] registrierte die Personalien aller Übersiedlungsersuchenden und sicherte ihnen zur Unterstützung ihres Anliegens die Weiterleitung an BRD-Regierungsstellen zu.

Der Beschuldigte MAYER nannte den Mittätern darüber hinaus die Telefonanschlüsse von ARD und ZDF mit der Maßgabe, diese Medien im Falle der Räumung der Botschaft und der Möglichkeit sich einer Zuführung zu entziehen, vom Sachverhalt zu informieren.

Auch der am 10.9.1988 in den frühen Morgenstunden durch den Vertreter der Botschaft an die Besetzer gerichteten ultimativen Forderung zum Verlassen der Botschaft kamen die Besetzer nicht nach, so daß die Botschaft durch Sicherheitskräfte betreten und ohne Gewaltanwendung geräumt wurde.

Schwerpunkt der weiteren beschleunigt vorgesehenen Bearbeitung der Ermittlungsverfahren sind die Aufklärung der Hintergründe und Zusammenhänge der erfolgten Botschaftsbesetzung.

Es ist vorgesehen, gemeinsam mit der ZKG geeignete Maßnahmen zur vorbeugenden Verhinderung derartiger Provokationen zu veranlassen.

Ziegler
Oberstleutnant

Nr. 89: Vorschlag zum Abschluß der Ermittlungsverfahren vom 15. September 1988

Hauptabteilung IX/9 Berlin, 15. September 1988
7 Expl./ Ausf./hei

Vorschlag

zum Abschluß der Ermittlungsverfahren gegen die Besetzer der Botschaft des Königreiches Dänemark

Die Untersuchungen gegen die 13 aus Ilmenau stammenden Provokateure, welche vom 9.9.1988, 11.30 Uhr bis 10.9.1988, 02.45 Uhr durch hartnäckige Besetzung der Botschaft von den DDR-Organen die Zusicherung einer kurzfristigen Ausreise erpressen wollten, sind im wesentlichen abgeschlossen.

In ihrem Ergebnis wird der Beweis geführt, daß die Täter zielgerichtet handelnd den Staatsbesuch des Ministerpräsidenten des Königreiches Dänemark für die Durchsetzung eigennütziger Bestrebungen rücksichtslos zur Durchführung einer politischen Provokation mißbrauchten.

Unter Anwendung krimineller Mittel und Methoden organisierten die Beschuldigten eine Zusammenrottung in der Botschaft, um auf die Regierung des Königreiches Dänemark Druck auszuüben und die Interessen der DDR sowie die Beziehungen zwischen beiden Staaten zu beeinträchtigen. Zur Erhöhung der Wirksamkeit ihres erpresserischen Vorgehens führten die Beschuldigten ihre insgesamt fünf minderjährigen Kinder (4 bis 12 Jahre alt) mit. [...]

Diese schwerwiegende politische Provokation stellt Verbrechen gemäß § 134 (3) StGB (Hausfriedensbruch) in der Alternative einer Zusammenrottung in öffentlichen Gebäuden und § 214 (3) StGB (Beeinträchtigung staatlicher oder gesellschaftlicher Tätigkeit) als gemeinschaftliche Bekundung der Mißachtung der Gesetze dar und kann mit Freiheitsentzug bis zu fünf Jahren bestraft werden.

Alle Beschuldigten haben nachweislich beide Tatbestände verwirklicht und sind dafür strafrechtlich verantwortlich.

Sie sind nicht zurückgewinnbar.

Unter Berücksichtigung der Rolle der Initiatoren und Organisatoren der Provokation, der Persönlichkeit der Beschuldigten, ihres Verhaltens nach der Tat sowie der differenzierten Tatbeiträge wird in Übereinstimmung mit ZKG vorgeschlagen:

Gegen den Rädelsführer MAYER und die ebenfalls als Inspiratoren und Organisatoren fungierenden sechs männlichen Täter werden die Ermittlungsverfahren an den Staatsanwalt zur Anklageerhebung übergeben. Ihre unverzügliche Verurteilung zu empfindlichen Freiheitsstrafen wird angestrebt.

Die Hauptverhandlung gegen sie erfolgt vor erweiterter Öffentlichkeit vor dem Stadtbezirksgericht Berlin-Lichtenberg. Zu ihr werden die Stellvertreter der Vorsitzenden der Räte der Bezirke für Inneres als Teilnehmer eingeladen.

Die mitbeteiligten Frauen werden am 20.9.1988 aus der Untersuchungshaft an ihren Wohnort entlassen. Die Ermittlungsverfahren werden dem Staatsanwalt zur Anklageerhebung übergeben. Dabei wird eine gerichtliche Verurteilung auf Bewährung im Heimatbezirk angestrebt.

Im Zusammenhang mit der Haftentlassung und der Übernahme der Kinder werden Maßnahmen zur Absicherung einer direkten Rückführung eingeleitet.

Die zur Organisierung der Provokation als Tatmittel genutzten vier Personenkraftwagen werden gemäß § 56 StGB eingezogen.

Durch die BVfS Suhl werden Maßnahmen zur operativen Kontrolle und Absicherung eingeleitet.

Ziegler
Oberstleutnant

Verteiler:
1. Ex. Genosse Minister
2. Ex. Genosse Generaloberst Mittig
3. Ex. Genosse Generalleutnant Neiber
4. Ex. Leiter der HA IX
5. Ex. Leiter der ZAIG
6. Ex. Leiter der ZKG
7. Ex. Leiter der BVfS Suhl

Nr. 90:
Schreiben der HA IX des MfS vom 20. September 1988

Hauptabteilung IX Berlin, den 20. 9. 1988
Leiter

Die entsprechend den gesetzlichen Bestimmungen geführten Untersuchungen gegen die 13 aus Ilmenau stammenden Provokateure, welche in der Zeit vom 9. – 10.9.1988 die Botschaft des Königreiches Dänemark aus erpresserischen Gründen besetzt hielten, sind nunmehr abgeschlossen.

Die Untersuchungen ergaben:
Diese schwerwiegenden politischen Provokationen unter Anwendung krimineller Mittel und Methoden stellen Verbrechen gemäß § 134 (3) StGB (Hausfriedensbruch) in der Alternative einer Zusammenrottung in öffentlichen Gebäuden und § 214 (3) StGB (Beeinträchtigung staatlicher oder gesellschaftlicher Tätigkeit) als gemeinschaftliche Bekundung der Mißachtung der Gesetze dar und können mit Freiheitsentzug bis zu 5 Jahren bestraft werden.

Alle Beschuldigten haben nachweislich beide Tatbestände verwirklicht und sind dafür strafrechtlich verantwortlich.

Aus humanitären Gründen wurden am heutigen Tage die mitwirkenden 6 Frauen aus der Untersuchungshaft entlassen und das E-Verfahren wird ohne Haft fortgeführt.

Nach dem Gesetz besteht die Möglichkeit, gegen die Täter unbedingte Freiheitsstrafen unter Einschluß der Einziehung ihrer zur Straftat benutzten PKW oder eine Verurteilung auf Bewährung vorzunehmen.

Wir neigen dazu, gegen die 7 männlichen Rädelsführer eine unbedingte Freiheitsstrafe in Anwendung zu bringen und die Frauen auf Bewährung verurteilen zu lassen.

Eine mögliche Reaktion westlicher Medien ist dabei einzukalkulieren.

Ich bitte um Entscheidung.

Nr. 91: Information über Reaktionen in der Bundesrepublik vom 24. September 1988

Berlin, 24. Sept. 1988

Hinweise
über weitere Reaktionen zu den Vorgängen in der dänischen
Botschaft

Streng intern wurde bekannt, daß sich das BMB der BRD sehr intensiv um die Vorgänge in der dänischen Botschaft, insbesondere um den Fortgang der Ermittlungsverfahren gegen die Botschaftsbesetzer, bemüht.

Seitens des BMB wurde der RA [Rechtsanwalt Vogel] als Rechtsbeistand für diese Personen beauftragt mit dem Ziel, eine vorzeitige Haftentlassung und die Genehmigung der Übersiedlung zu erreichen.

Derartige Aktivitäten sollten vorerst allerdings sehr zurückhaltend geführt werden, da man auf weitere massive Aktivitäten Dänemarks spekuliert.

In Abhängigkeit von der Wirkung dieser Maßnahme sollen weitere Schritte konzipiert werden.

Bundesminister WILMS wies an, deshalb zunächst keine Anfragen zu dieser Problematik öffentlich zu beantworten, da das BMB nicht auskunftsberechtigt sei. Man könne lediglich sagen, das BMB bemühe sich um die DDR-Bürger. [...]

Nr. 92:
Vermerk zum Abschluß der Strafverfahren vom 29. September 1988

Hauptabteilung IX/9 Berlin, 26. September 1988
3 Expl./ 1. Ausf./Ma

Vermerk
zum Abschluß der Strafverfahren gegen die Besetzer der Botschaft des Königreiches Dänemark in der DDR

Gegen die angeklagten männlichen DDR-Bürger, welche am 9.9./10.9.1988 die Botschaft des Königreiches Dänemark besetzt hatten, wird am 29.9.1988 die Hauptverhandlung vor dem Stadtbezirksgericht Berlin-Lichtenberg durchgeführt. Es ist vorgesehen, daß vom Staatsanwalt Strafanträge gegen den angeklagten Rädelsführer MAYER in Höhe von 3 Jahren Freiheitsentzug und gegen die anderen sechs Angeklagten Strafanträge von 1 Jahr bis 2 Jahre gestellt werden. Die bei den Straftaten benutzten Personenkraftwagen werden eingezogen.

Die Urteilsverkündung ist für den 30.9.1988, gegen 14.00 Uhr, geplant.

Gegen die sechs mitbeteiligten weiblichen Personen wird am 4.10.1988 Anklage erhoben. Sie werden vom Kreisgericht Ilmenau verurteilt. Durch den Staatsanwalt werden in der Hauptverhandlung Verurteilungen auf Bewährung mit angedrohter Freiheitsstrafe von 1 Jahr bis 1 Jahr und 6 Monate Freiheitsentzug angestrebt.

Beide Hauptverhandlungen finden unter Teilnahme von Mitarbeitern des MfS öffentlich statt.

Maßnahmen zur vorbeugenden Verhinderung von Provokationen sind vorbereitet.

Verteiler: Wolf
1. Expl. Genosse Minister Oberst
2. Expl. Leiter HA IX
3. Expl. Leiter ZKG

Nr. 93: „Vorschlag zum differenzierten Abschluß der Strafverfahren“ vom 5. Oktober 1988

Hauptabteilung IX/9
3 Expl./
475/88

Berlin, 5. Oktober 1988
1. Ausf./Ma

[handschriftlich eingefügt:
- einverstanden
Mielke
6.10.88]

Vorschlag

zum differenzierten Abschluß der Strafverfahren gegen die Besetzer der Botschaft des Königreiches Dänemark in der DDR

Ausgehend von der aktuellen außenpolitischen Interessenlage und der Tatsache, daß das gerichtliche Verfahren gegen die sieben männlichen Provokateure vor dem Stadtbezirksgericht Berlin-Lichtenberg eröffnet ist und eine Rücknahme der Anklage – nur durch den Generalstaatsanwalt der DDR – zwar möglich, aber zur Vermeidung gegnerischer Angriffe gegen die Justizorgane nicht ratsam erscheint, wird in Abstimmung mit dem Generalstaatsanwalt der DDR vorgeschlagen:

– Das bereits eröffnete gerichtliche Verfahren gegen die sieben männlichen Provokateure wird mit einem Urteil abgeschlossen, wobei gegen alle Täter Strafen ohne Freiheitsentzug mit differenzierter Bewährungszeit und Strafandrohung entsprechend den unterschiedlichen Tatbeiträgen beantragt werden.
  Unmittelbar nach Abschluß der gerichtlichen Hauptverhandlung erfolgt noch am gleichen Tag ihre Haftentlassung und Rückführung nach Ilmenau.
  Eine Einziehung der Pkw ist aus Verhältnismäßigkeitsgründen bei Strafen ohne Freiheitsentzug nicht möglich.
  In Anbetracht der bereits erfolgten umfangreichen Aktivitäten westlicher Publikationsorgane und zu erwartender Versuche zur Teilnahme von Vertretern derselben an der Hauptverhandlung soll diese unter Ausschluß der Öffentlichkeit erfolgen und an einem Verhandlungstag durchgeführt werden.
  Es werden die erforderlichen Maßnahmen getroffen, um zu sichern, daß die Pflicht zur Einholung einer Genehmigung des Gerichtsvorsitzenden für publizistische Aktivitäten im Gerichtsgebäude nicht umgangen werden kann, seine ablehnenden Entscheidungen und der nach Eröffnung der Verhandlung ergehende Beschluß über den Ausschluß der Öffentlichkeit konsequent durchgesetzt werden und um Provokationen zu verhindern.
  Die Verhandlung könnte im Zeitraum vom 13. bis 18.10.1988 angesetzt werden.
– Die Ermittlungsverfahren gegen die tatbeteiligten sechs Frauen werden eingestellt.
  Im Interesse einer vorbeugenden Signalwirkung gegenüber der dänischen Seite könnte diese Maßnahme vor der Gerichtsverhandlung in Berlin erfolgen.
– Diese Entscheidung sowie der Hinweis auf den zu erwartenden Ausschluß der Öffentlichkeit könnten vom Rechtsanwaltsbüro Prof. Dr. VOGEL genutzt werden, um Aktivitäten westlicher Medien im gewissen Maße vorzubeugen.

Maßnahmen zur Verhinderung von Provokationen vor dem Gerichtsgebäude sowie der operativen Absicherung dieser Personen im Bereich der BVfS Suhl werden vorbereitet.

Wolf
Oberst

Verteiler:
1. Expl. Genosse Minister
2. Expl. Leiter HA IX
3. Expl. Leiter ZKG

Quelle: MfS-Akte von Wolfgang Mayer. BStU, ZA, AU 2771/89.

Zum Strafvollzug

Aufnahme in den Strafvollzug

Nr. 94:
Protokoll eines Aufnahmegesprächs vom 3. Januar 1984

Naumburg/Saale den 03.01.1984
StVE/JH

Protokoll über Aufnahmegespräch

1. Hinweise zur Person des Strafgefangenen

Niebergall	Peter	030351417432
Name	Vorname	PKZ

1.1. Wesentliche Persönlichkeitsmerkmale:
- Der Strafg. zeigte bisher keine Tateinsicht u. ist grundlegend gegen unsere soz. Gesellschaft eingestellt.
- Unter allen Umständen, will er sein Ziel erreichen, in die BRD zu gelangen.
- Er gibt sich redegewandt, teilweise überheblich, ist von sich eingenommen u. übertreibt seine fachlichen Fähigkeiten.
- Möchte sich nicht der Politik widmen, sondern in der kap. Welt als Fachmann bewähren. Lehnt u.a. die Wehrpflicht ab, die WE in die DDR u. möchte auch im SV nicht unnütz über Entwicklungsfragen belästigt werden.

1.2. Zu erwartendes Verhalten im Kollektiv und möglicher Einfluß auf andere Strafgefangene:
- Der Strafg. bezieht eine verfestigte, negative Linie gegenüber der DDR und bringt es auch nicht fertig zu schweigen.
- In Unterhaltungen mit Strafg. wird seine Einstellung sichtbar deutlich u. weisen darauf hin, daß er seine Pflichten nur rein formal erfüllen wird.
- Positive Aktivitäten lehnt er grundsätzlich, sondern wird nur seine erhaltene Strafe verwirklichen.

1.3. Erkennbare, vom Strafgefangenen ausgehende Gefahren u.a. besondere Hinweise:
- Er dürfte in ideologischer Hinsicht einen bes. Schwerpunkt bilden.
- Ansonsten trat er noch nicht als Unsicherheitsfaktor in Erscheinung.

1.4 Personen, die auf den Strafgefangenen einen positiven bzw. negativen Einfluß ausgeübt haben:
- Er sucht sich Kontaktpersonen seines Niveaus u. bringt negative Diskussionen im Umlauf.
- Zeigt ein geschicktes Verhalten, macht jedoch keinen Hehl daraus, daß er die Gesellschaft der DDR hassen gelernt habe.
- Seine Initiativen dürften sich in einer größeren Gemeinschaft wohl oder übel nur auf negative Verhaltensweisen beschränken, obwohl er sich diesbezüglich den unterschiedlichen Situationen u. Begebenheiten anzupassen versteht.

Quelle: Haftakte von Peter Niebergall, Senatsverwaltung für Justiz des Landes Berlin.

„Erziehung" im Strafvollzug

Dokument 95:
Auszug aus einem „Erziehungsprogramm"

Erziehungsprogramm

______________________ , den ______________
SVE

x Sg: Juranek Rainer 18.06.55
Name, Vorname, geb.

1. **Wesentliche Persönlichkeitsmerkmale**

1.1. Kurzgefaßte Darstellung der Persönlichkeitsentwicklung unter Beachtung derjenigen Persönlichkeitseigenschaften, die zur Straffälligkeit führten bzw. die Straffälligkeit begünstigten.

Positive und negative Charaktermerkmale, die für die Erziehungsarbeit von Bedeutung sind.

Vom Strafgefangenen ausgehende Gefahren.

Im Elternhaus keine zielgerichtete ideol. Erziehung
Hat sich sein Weltbild nach negativen Einflüssen westlicher Prägung geformt.
Ist eigennützig und stark egoistisch mit großem Geltungsstreben verbunden. Übersteigertes Selbstwertgefühl. Hält sich für außergewöhnlich künstlerisch begabt
Weil ihm nicht alle seine Vorstellungen gestattet u. ermöglicht werden, versucht er anderen (bes. Staatsorg.) Vorwürfe zu machen u. Widersprüche nachzuweisen wobei er sich zu Haßtiraden steigert.
Versucht seine intellektuellen Fähigkeiten
x— hochzuspielen.
Mit erneuter Straffälligkeit nach Entlassung zu rechnen

1.2. Ergänzungen des Erziehers, zur Vervollkommnung der Einschätzung
INTERESSEN Malerei, Bildhauerei und Literatur (bes. historische)

~~Religion~~ evangel.

Eigengeldregelung
- festgelegter Rücklagebetrag: 350,-
- monatlicher Ansammlungsbetrag: 20,-
- Ansammlung Forderung: /

Vorbereitung der Wiedereingliederung
Wohnung erforderlich
Arbeit bestätigt noch
Prüfg/349
ZE I. 9/81
SV/18
Diff.Grp. 2
will Übersiedlung beantrag.

Staatsbürgerliche Schulung, Zirkel kulturelle und sportliche Erziehung
Vortrag generell kleine Gruppe
PAG
Pres/Inf
Literat.
Fernseh Pflichtveranst.
Film Pflichtveranst.
Zirkel
Sport

SV 7 b (87/11) Ag 106/4127/75

FOTO

Quelle: Haftakte von Rainer Juranek, Senatsverwaltung für Justiz des Landes Berlin.

Häftlingsärzte im Strafvollzug I

Dokument 96: Auszug aus einem Gespräch mit Dietrich von Maltzahn

R. Sie sagten, während Ihrer Haftzeit sei Ihnen von Häftlingen Gewalt angedroht worden?

M. In Cottbus war es ganz schlimm. Das war ein typisches politisches Gefängnis – es gab einen großen Prozentsatz politischer Häftlinge -, wo man in der Metallverarbeitung bei „Sprela“ oder bei „Pentacon“[2] arbeitete. Mit primitiven Geräten mußte man in drei Schichten Zubehör bohren, entgraten, stanzen. Die Unterkünfte waren sehr schlecht. [...] Dort waren auf 16 m² zwölf Leute in viergeschossigen Betten untergebracht, hatten ein 60cm²-Waschbecken zum Waschen, und einmal in der Woche durfte man duschen. An dem Waschbecken mußten sich 12 Mann waschen, die nach der Arbeit in der Metallverarbeitung aussahen wie die Schweine. Die Toilette mußte auch von 12 Leuten genutzt werden. Die beiden Fenster waren mit Metallblenden versehen, damit man nicht hinaussehen, rufen oder Zeichen geben konnte. Im heißen Sommer 1976 kollabierten die Leute, weil in den Räumen über 50°C herrschten. Es war lebensgefährlich.
Um auf Ihre Frage zurückzukommen: In Cottbus waren viele kriminelle Häftlinge eingeschleust worden, die persönliche Vorteile hatten: mehr Essen, einen Fernsehabend oder eine Brigadierstellung. Kleine Vergünstigungen, die das Leben ausmachten und einen gegen die anderen abhoben. Wie im normalen Leben auch. Dieses Gefängnis war ein Staat im Staat, nur eben mit primitiven Menschen. Diese Menschen waren aber physisch sehr stark, und wenn sie zwei Drittel ihres Lebens hinter Mauern verbrachten – es waren ja alles Rückfalltäter, die nie länger als einen Monat in Freiheit waren und dann wieder wegen Scheckbetrug oder Gewaltverbrechen festgenommen wurden -, versuchten sie, sich körperlich fit zu halten, indem sie den ganzen Tag irgendwelche Dinge stemmten und unwahrscheinliches Bodytraining machten. Die Beine allerdings waren dünn wie Stöcke. Groteske Figuren! Ich war körperlich immer in guter Verfassung und habe in meinem Leben sehr viel Sport getrieben. Um denen zu beweisen, daß ich stark genug war, mich zu wehren, machte ich unmittelbar hintereinander 200 Liegestütze. Ohne Pause. Ich sagte: „Wer mich angreift oder wer auch nur zu verstehen gibt, daß er mich angreift, wird erleben, daß ich mich als erster äußere.“ Ich bekam keine Probleme. Das hatte gewirkt.
In Bautzen war es anders. Dort hatte ich eine sehr schwierige Funktion. Es war ja keine ärztliche Tätigkeit wie im zivilen Leben, sondern eine Arbeit, die ich Ihnen einmal in ihrem Ablauf schildern will, weil man sich das sonst nicht vorstellen kann: Ich wurde morgens um 2 Uhr geweckt und mußte zur sogenannten „Vorsortierung“. Es gab in Bautzen ca. 5000 Strafgefangene, die arbeiteten zum Teil im Stahlwerk Freital oder im Braunkohlentagebau Hoyerswerda, wohin sie mit Bussen gefahren wurden. So ein Kommando bestand aus 400 – 500 Leuten. Ab 3 Uhr rückten sie – jeweils um eine halbe Stunde versetzt – zur Arbeit aus. Ich mußte beispielsweise um 3 beim „Stahlwerk“ sein und hatte eine halbe Stunde Zeit für alle Leute, die sich krank fühlten, um zu entscheiden, ob sie wirklich krank waren oder nicht. Aber unter Bedingungen einer Duschtoilette. Ein Raum mit Dusche, Toilette und einem provisorischen kleinen Holztisch. Zehn Prozent fühlten sich immer krank. Bei 50 Leuten mußte ich innerhalb einer halben Stunde entscheiden, wer im Gebäude blieb und wer zur Arbeit ging. Die Leute verdienten 40 – 50 Mark im Monat, um damit einzukaufen, und wer wollte für so wenig Geld schon diese schwere Arbeit erledigen?! Keiner. Jeder hat versucht, sich zu drücken. Aber ich mußte mich ja um die wirklich Kranken kümmern. Deshalb war ich

2 In der Strafvollzugseinrichtung Cottbus stellten die Häftlinge für die Firma „Pentacon“ Gehäuse für Fotoapparate her.

bestrebt, soweit man das in der kurzen Zeit konnte, objektiv zu sein. Im Zweifelsfall ließ ich ihn in Bautzen bleiben. Ab 10 Uhr, wenn ich mit der Durchsicht fertig war, durfte ich mich mit den paar hundert Zurückgebliebenen weiterbeschäftigen. Ich ging also von Kommando zu Kommando und mußte gegebenenfalls sagen: „Es tut mir leid, Sie gehen zur Arbeit. Sie sind nicht krank, ich kann nichts Entsprechendes konstatieren." Da konnte es schon passieren, daß jemand einen Wutanfall bekam.

Ich erinnere mich an eine Geschichte, die ganz typisch war: Ich war bei diesem Freitaler Kommando, die die schwerste Arbeit erledigten, da gab es einen, der sagte: „Ich kann nicht, ich bin fertig." Ich antwortete: „Das sind hier ziemlich alle, und ich auch, aber das ist kein Grund. Sie müssen gehen." Ich machte mir eine Notiz, und es war unheimlich still um mich herum. 40 bis 50 Leute standen ja noch in der Schlange. Ich nahm meinen Kopf hoch, um herauszufinden, warum es so still war, und in dem Moment zischte seine Faust auf meinen Kopf zu. Ich zog den Kopf reflexartig nach hinten, und so schlug seine Faust durch den Schrank, der neben mir stand. Dabei brach er sich drei Mittelhandknochen. Geistesgegenwärtig hatte ich seine Hand aus der Holzplanke gezogen und gesagt: „Aber jetzt bleiben Sie drin, jetzt sind Sie krank." Eine Zehntelsekunde später hätte er – ein Bodybuilder-Typ – mir den Kiefer zerschmettert. Wir mußten ihn auf Station weiterbehandeln und operieren, was auch ganz gut geglückt ist. Er war nervlich total am Ende. Diesen Schweregrad hatte ich nicht ermessen können, aber es war kein objektives Kriterium, jemanden von der Arbeit zurückzuhalten. Wir unterhielten uns später lange darüber, er entschuldigte sich bei mir. [...]

R. Wie sind Sie zu der Tätigkeit als Häftlingsarzt gekommen?

M. Keine Ahnung. [...] Eines Tages ging die Tür auf, ich sollte meine Sachen packen. Mehr wurde mir nicht gesagt. Ich wurde weder gefragt, ob ich bereit sei, wieder in meinem Beruf zu arbeiten, noch irgend etwas anderes. Man verlegte mich einfach. Natürlich hoffte man sofort, man würde nach Chemnitz in diese Endstation kommen. Ich hatte mich allerdings beruhigt und mir gesagt, es sei einfach noch zu früh. Ich wurde in Bautzen ausgeladen, ohne zu wissen, wo ich hinkam. Dort saß ich lange auf der Aufnahmestation. Dann wurde ich in die Tätigkeit eingeführt. [...]

Es gab ein Röntgenlabor ... alles. Ich war breit ausgebildet, ich konnte chirurgisch arbeiten, es gab viel zu tun: Augenverletzungen, Fremdkörper usw. Dort war man ausgerüstet mit Spaltlampen, man konnte alles machen. OPs waren da, sterile und septische Operationssäle, Stationen ...

R. Das heißt, die Ausstattung im Haftkrankenhaus war für die Verhältnisse gut?

M. Ja. Und dann kamen nach Wochenplan noch sehr viele zivile Ärzte abends nach dem normalen Tagesdienst im sogenannten Z-Verhältnis: Internisten, Chirurgen, alle Fachrichtungen. Nicht jeden Tag natürlich, aber z. B. montags der Hautarzt und mittwochs der Augenarzt usw. Das waren Dinge, die ich nicht konnte oder die einfach von der Masse her eine Überforderung waren. Es gab aber auch offizielle Gefängnisärzte dort. Der Chefarzt des Krankenhauses war Chirurg – er hatte eine gute Ausbildung an der Uni Leipzig gemacht – im Rang eines Oberstleutnant. Der zweite war ein Allgemeinmediziner, ein Major. Die machten beide nicht viel. Sie wurden vorrangig mit organisatorischen Aufgaben bedacht.

R. Die eigentliche Arbeit haben im wesentlichen die Häftlingsärzte gemacht?

M. Ja, ich war der einzige. Für 5 000 Leute. Deshalb mußte ich ja 20 Stunden arbeiten. Wenn ich meinen Nachmittagsdienst beendet hatte, machte ich noch Stationsdienst: Visiten, Krankenberichte, Injektionen, Verbände ... Und dann hatte ich noch vier Stunden Bereitschaft, denn um 2 wurde ich wieder geweckt. Bei 5 000 Strafgefangenen gab es keine Nacht ohne Suizidversuch, es gab jede Menge perforierte Mägen, Blinddarmentzündungen, Koliken. Geschlafen habe ich vor allem am Wochenende. [...]

R. Wie war der Umgang mit den beiden festangestellten Medizinern? Kollegial?

M. Da fand nicht viel statt. Mit dem Chirurgen habe ich manchmal operiert, aber sonst gab

es wenig Kontakte. Sie sprachen uns ja auch nicht an. Wir haben uns nicht die Hand gegeben, und während der Arbeit sprach man auch nicht miteinander. [...]
In Bautzen gab es eine große Stasiabteilung, die sich natürlich auch um mich kümmerte und mich verhörte. Ich habe einmal die Arbeit verweigert, weil mir das Recht, einen Gesprächstermin mit meiner Frau zu bekommen, nicht eingeräumt worden war. Als man mich früh um 2 wecken wollte, sagte ich: „Ich bleibe liegen, ich stehe nicht auf. Warum – das wissen Sie.“ Die taten so, als hätten sie keine Ahnung, und holten den Offizier vom Dienst. Der hatte auch keine Ahnung. Sie hatten meine Ankündigung also nicht ernst genommen. Da wurde der Major aus dem Bett geholt und mußte die Vorsortierung vornehmen. Es ging natürlich drunter und drüber, denn das war wirklich eine sehr schwere Funktion, und dem tanzten sie auf der Nase herum. An dem Tag wurde ich zur Stasi zu einem scheißfreundlichen Typ geholt, der mich ganz normal fragte, warum ich mich so verhalte. Ich erklärte ihm, daß der Sprechtermin mit meiner Frau ungefähr sechs Wochen überfällig war, das einzige der wenigen Rechte, auf das ich Wert legte. Dieses Recht müßte mir eingeräumt werden, sonst würde ich nicht mehr funktionieren, wie sie sich das vorstellten. Das hätte ich angekündigt, insofern sei es in meinen Augen keine normale Arbeitsverweigerung, sondern eine motivierte. Dem stimmte er zu, und er tat sehr verständnisvoll. Auf die Frage, warum ich denn meine Frau nicht sehen könne, sagte er: „Es geht nicht.“ Ich hoffte ja, daß sie schon weg sei, aber ich wollte es genau wissen. Ich sagte: „Das reicht mir nicht. Wenn sie krank ist, dann müssen Sie mir das sagen. Dann können Sie mich ja hinfahren und ich kann sie besuchen. Jedenfalls steht diesem Recht doch wohl nichts im Wege.“ „Doch“, sagte er, „da, wo sie ist, können Sie sie nicht besuchen.“ Ich tat immer noch, als hätte ich keine Ahnung, und bohrte weiter. Er sagte: „Ich kann Ihnen nicht mehr sagen, wo sie ist. Naja, sie hat Ihr Ziel schon erreicht.“ „Ist sie denn schon im Westen?“ „Das habe ich nicht gesagt, das haben Sie gesagt.“ Dann machte er noch irgendwelche Handzeichen, so daß für mich eindeutig feststand, daß meine Frau zumindest schon auf dem Wege war und ich sie deshalb nicht sprechen konnte. Danach ging ich wieder zur Arbeit, und etwas später kam zufällig das Gespräch mit dem Oberstleutnant zustande. Das war der Abschluß.

R. Wie ging das medizinische Personal im Haftkrankenhaus Bautzen mit Ihnen um?

M. Sehr gut. Ich wurde völlig akzeptiert. Sie waren ja auch fachlich untergeordnet. Es wurden natürlich viele Häftlinge mit einbezogen, aber auch im Polizeidienst Stehende. Eine Schwester war besonders nett und einfühlsam zu den Kranken. Zum Teil waren die Leute sehr motiviert, haben nicht nur ihren Dienst versehen, sondern diese Tätigkeit gut ausgefüllt. Sie haben uns nicht nur in Ruhe gelassen, sondern uns auch zugearbeitet.

R. War Häftlingspfleger ein beliebter Job im Krankenhaus?

M. Denen ging es besser als allen. Ich hatte einen „Adjutanten“, der mir meinen Koffer trug (wir schleppten ja allerhand mit uns herum) -, der war auf mich angesetzt und ganz scharf darauf, mich abzuhören. Das war ein völlig unqualifizierter Mann. [...] Wenn die einen weißen Kittel anzogen – man kann sich gar nicht vorstellen, was in so einem Menschen vorging-, das wertete sie unter ihresgleichen auf. Nur darum ging es. Alles, was hinter diesen Mauern passierte, war darauf ausgerichtet, sich von der Masse abzuheben. Es ging nur um Vorteile.

Quelle: Gespräch mit Dietrich von Maltzahn am 28. Mai 1996.

Häftlingsärzte im Strafvollzug II

Dokument 97: Auszug aus einem Gespräch mit Hans Günter Rein

Re. Sie waren in Brandenburg inhaftiert. Dort saßen im wesentlichen kriminelle Häftlinge mit langen Strafen?

Re. Ja, sicher. Die Politischen wurden verteilt. Im wesentlichen waren sie in Bautzen, Cottbus und Brandenburg. Dort saßen alle Lebenslänglichen: Mörder usw. In Brandenburg gab es echt kriminelle Schwerverbrecher. Das Gefängnis war damals reichlich überbelegt. Wenn ich mich recht erinnere, waren dort knapp an die 4 000. Das Gefängnis ist wohl für 1 200 ausgelegt. Die Politischen wurden eben unter die ganze Mannschaft mit aufgeteilt.

Re. Wie organisierte sich das Verhältnis zu den Kriminellen?

Re. Wenn man dort nicht den antifaschistischen Widerstandskämpfer herauskehrte, kam man mit ihnen gut aus. Es war immer eine Frage dessen, wie man sich zu ihnen stellte. Man mußte sich dabei nichts vergeben. Man konnte die Leute akzeptieren. Man wußte, man war nur auf Zeit dort, das war der Vorteil von uns. Und man sagte sich, man müsse sich so einrichten, daß man einigermaßen zurechtkam, daß man Mensch blieb, aber auf der anderen Seite sagte: „Okay, der hat das und das gemacht. Das akzeptiere ich nicht." Aber ob ich ihn das spüren lasse oder nur innerlich denke und es mir dadurch leichter machte ... Ich wählte doch lieber den zweiten Weg. Ich mußte ja bestimmte Dinge nicht mitmachen. Dann war man relativ unbehelligt.

Dazu kommt noch, daß ich im Krankenhaus gearbeitet habe. Im Grunde genommen war die zahnärztliche Behandlungsstelle die Informationsdrehscheibe der gesamten Haftanstalt. Wir hatten die Möglichkeit, alle Leute zu bestellen. Wir hatten zwei Behandlungsstühle und konnten die Leute so bestellen, daß genau die, die miteinander Kontakt haben wollten, zum gleichen Zeitpunkt anwesend waren. Wir wußten auch, welche Meister hundertprozentig auf der Parteilinie lagen, bei denen konnte man das nicht machen; und wir wußten, welche Meister Dienst hatten.

Ich geriet also gar nicht in die Situation, wie sie teilweise durch den Arbeitsprozeß entstand. Dort wurden Atomschutzanzüge geklebt und Waggons ausgebessert. Teilweise mußte schwere Arbeit geleistet werden. Den Häftlingen ging es deshalb schon von der Arbeit her schlecht. Ich kann also wirklich nicht klagen. Wir kamen mit den Leuten gut aus. Sie wurden bestellt, auch wenn es Kriminelle waren, die irgendwelche Dinge untereinander verschieben wollten. Wir hatten alle den gemeinsamen Feind, so daß ich keinerlei Probleme hatte. Ich hatte mehr das Problem mit dem Arzt, der dort Chefarzt war [...]. Er hat Leute operiert, daß es schlimm war. Andererseits gab es im Krankenhaus viele Ärzte, die alle nach dem Westen wollten, quasi eine extra Truppe, die durchaus die Möglichkeit hatten, verschiedenen zu helfen. Die entsprechenden Leute wurden einfach für 14 Tage ins Krankenhaus gelegt, indem ihnen irgendwelche Krankheiten angedichtet wurden.

Re. Wie kamen Sie zu der Tätigkeit als Haftzahnarzt? Wurden Sie extra deswegen nach Brandenburg verlegt?

Re. Weiß ich nicht. Man wußte ja beim Transport überhaupt nicht, wo man hingebracht wurde. Man wurde eingeladen, mit der „Minna" zum Grotewohl-Expreß gebracht, dann ging es quer durch die Republik, und irgendwo wurde Nachtstation gemacht. Bei mir war das, glaube ich, in Görlitz. Dort wurden wir ausgeladen, dann wurden wir nach Berlin gebracht [...]. Von dort ging es weiter, und man landete in Brandenburg. Ich war dann krank, hatte Gelbsucht bzw. Hepatitis und lag erst einmal vier oder sechs Wochen im Krankenhaus. In dieser Zeit wurde mein Vorgänger, der dort eingesessen hatte, entlassen, und es wurde nachgeschaut, ob unter den Zugängen jemand Geeignetes wäre. Ich war gerade der einzige. Ich hatte dazu gar nichts gesagt. Man hatte ja auch keinen Einfluß darauf.

Ra. Wie waren die Arbeitsbedingungen?

Re. Nicht anders als in jeder Zahnarztpraxis. Sicher hatte man gewisse Probleme mit dem Material. Man konnte keinen Super-Zahnersatz herstellen. Es wurde das einfachste genommen, was es gab, aber man konnte alles machen. Es war teilweise ein bißchen wie Feldchirurgie, weil öfters Patienten kamen, die sich geprügelt hatten und das Jochbein oder den Unterkiefer gebrochen hatten. Wenn ich zurückdenke, was ich alles zusammenflicken mußte [...]. Draußen wäre man nie in die Versuchung gekommen, außer höchstens in der chirurgischen Abteilung an der Akademie. [...]

Ra. Konnten Sie in Brandenburg zahnärztliche Behandlung in ausreichendem Maße anbieten, wenn Sie vergleichen mit dem, was notwendig gewesen wäre?

Re. Ja, sofern diejenigen, die zum Zahnarzt wollten, das auch durften. Das wesentliche bei einer Zahnarzt-Behandlung ist ja die konservierende Behandlung: Löcher flicken oder Zähne ziehen. Das war ohne Einschränkung möglich. Einschränkung gab es, wie gesagt, nur beim Zahnersatz. Wenn ich mich recht erinnere, war Zahnersatz überhaupt gar nicht möglich. Brücken und Kronen sowieso nicht. Einzelkronen höchstens, was man so zusammengebastelt hatte unter den Bedingungen, die dort möglich waren. Wir hatten sogar ein zahnärztliches Labor in der Zelle, in der Honecker einmal gesessen hatte. Da wurde mehr oder weniger ganz einfacher Kunststoff- Zahnersatz hergestellt.

Quelle: Gespräch mit Hans Günter Rein am 28. August 1996.

Strafvollzug in Hoheneck für weibliche politische Häftlinge

Dokument 98:
Auszug aus einem Gespräch mit einer 1942 geborenen Lehrerin

R. Sie waren in Hoheneck inhaftiert. Was würden Sie sagen, wenn Sie die Zustände im MfS-Gefängnis und im Frauengefängnis Hoheneck vergleichen?

N. Hoheneck war ganz schlimm, aber von den äußeren Bedingungen her. Von den inneren Bedingungen her war Hoheneck menschlicher als das MfS. Beim MfS wurde jeder vereinzelt, und jeder konnte nur die Leute in seiner Zelle sehen. Wenn er Einzelhaft hatte, konnte er eben niemanden mehr sehen. In Hoheneck befand man sich immer in einer Gruppe, wie es bei Fallada bzw. in der Literatur steht. Die äußeren Bedingungen dagegen waren unsäglich – was den sanitären oder medizinischen Bereich betraf. Medizinische Betreuung gab es kaum. Für 40 Häftlinge oder mehr gab es nur zwei Toiletten. Duschen durften wir nur einmal in der Woche. [...]

R. Wie war das Verhältnis zu kriminellen Häftlingen?

N. Das war nicht so einfach, weil man ja mit denen auf engstem Raum zusammen lebte. Ich mit meiner hohen Strafe war mit Mörderinnen zusammen. Vor manchen dieser Frauen hatte ich schon etwas Angst. Man konnte unterscheiden, was das für Morde waren, die sie begangen hatten, aber man sprach nicht darüber. Im Grunde waren die kriminellen Mithäftlinge das Schlimmste. Sie waren zum Teil wirklich gemein, und das Zusammenleben gestaltete sich sehr schwierig.

R. Inwiefern war das das Schlimmste an der Haftzeit?

N. Diese Häftlinge sind eine andere Sorte Mensch. Das Wort „kriminell" sagt alles. Ich hatte kein Vorurteil gegen diese Leute, aber sie waren anders als ich und die anderen Politischen. Beim MfS wußten wir alle, daß wir ausschließlich wegen politischer Dinge einsaßen. Die Kriminellen waren unterschiedlich: von schrecklich bis sehr nett.
Beim MfS war der Standard der Haftbedingungen wesentlich besser. Das MfS hatte mehr Geld und konnte seine Zellen besser ausstatten. Zu meiner Zeit wurden gerade WCs eingebaut. Das Ministerium des Inneren, dem die anderen Strafanstalten unterstanden, hatte einfach kein Geld oder weniger. Dafür wurden die Häftlinge beim MfS isoliert und bewußt gequält. Psychisch gequält.

R. Gab es diesen systematischen Druck auf politische Häftlinge auch an den normalen Haftanstalten des Strafvollzugs?

N. Natürlich, in jeder Haftanstalt. Aber es gab einen Briefkasten, in den man seine Beschwerden einwerfen konnte. Und in Hoheneck wußte man: In diesem Fenster dort oben sitzt die Stasi. Die Stasi beherrschte auch die anderen Strafvollzugsanstalten. Meistens hatten die Angestellten Angst vor dem Offizier des MfS. Ich habe diesen Offizier nie gesehen, aber es wurden Häftlinge hinbestellt. Wir vermuteten, daß es dabei um Anwerbungen für Spitzeldienste ging. Genaues wußten wir natürlich nicht. [...]

R. Zu den Arbeitsbedingungen in Hoheneck. War die Norm sehr hoch?

N. Riesig. Wir mußten Bettwäsche nähen. Im Akkord. Ich glaube, wir mußten in der Schicht 360 Kopfkissen nähen. Das konnte man einfach nicht schaffen. Man konnte die Norm nur schaffen, wenn man schon öfter in Hoheneck war wie die Kriminellen. Ich bekam immer nur ganze fünf Mark, die für den Einkauf reichen mußten, das war die unterste Grenze. Ich hatte nichts, keine andere Geldquelle.

R. Konnten Sie Geld von außerhalb bekommen?

N. Nein. Das wurde unterschiedlich gehandhabt, aber ich bekam nichts. Mir ist auch nicht bekannt, daß Politische Geld bekamen. Man mußte sich Geld erarbeiten, und davon wurde noch abgezogen, was man für den Aufenthalt zu entrichten hatte.

R. Haben kriminelle Häftlinge irgendwie Druck ausgeübt, damit die Norm geschafft werden konnte, weil die Politischen ja vermutlich meistens die Langsameren waren?

N. So war es nicht ganz. Es gab auch Politische, die sehr flink arbeiteten und an der Nähmaschine geschickt waren. Aber Druck wurde von den Kriminellen – alles Vorarbeiter – schon ausgeübt. Nicht von allen, das hing von der jeweiligen Person ab.

R. Solche Funktionen innerhalb der Haftanstalt wie Vorarbeiter ...

N. ... hatten ausschließlich Kriminelle inne. Nie Politische. Oder es war jemand, der für die Stasi arbeitete.

R. Das heißt, man wußte ziemlich sicher, wenn ein Politischer eine Funktion bekam, was das für einer war?

N. Ja. Nur in der U-Haft [...] wurde ich einmal zum Essenausgabe eingeteilt. Das war herrlich. Man konnte durch die Gänge gehen und die Zellen sehen. Das hatte ich einer Bediensteten zu verdanken, die Politische einfach gut leiden konnte, weil das Menschen mit Manieren waren. Aber das war eine Ausnahme, ein Versehen sozusagen, und kam nie wieder vor.

R. Noch einmal zum Vergleich MfS-Untersuchungshaftanstalt – Haftanstalt des Innenministeriums. Was war die Hauptursache für diesen psychologischen Druck beim MfS: die ganze Atmosphäre oder der Schock der Verhaftung, der Schock der Einlieferung?

N. Die Atmosphäre zuallererst, dann die Verhaftung, und dann natürlich die Macht, die das MfS über uns hatte. Jeden Tag bekam man gesagt: „Wir haben Zeit, wir haben viel Zeit. Sie gehen wieder in Ihre Zelle, und wir warten ab, bis Sie kommen und uns erzählen, was wir hören wollen." Das funktionierte. Da zählte man jeden Tag. Das auszuhalten ist natürlich schwierig, wenn man zu Hause Kinder hat.

R. Was in der Haft psychologisch am meisten geholfen hat, waren wohl Haftkameradinnen?

N. Ja, Frauen, mit denen ich mich gut verstand. Beim MfS waren ja im allgemeinen zwei Frauen in der Zelle, und da hat man sich natürlich viel erzählt. Manchmal wurde an der Tür gelauscht. Einmal wurde ich ganz schnell verlegt, weil das MfS merkte, daß wir uns zu gut verstanden. In Hoheneck mußte man suchen, um jemanden zu finden, der freundlich war. Dort hatte ich dann auch zwei Frauen, mit denen ich mich gut verstand.

R. Separierungen wie beim MfS gab es dort aber nicht?

N. Nein, das war ja die Methode wie bei den Nazis: daß die Politischen mit den Kriminellen gemischt wurden. Uns wurde vom Hohenecker Personal von vornherein gesagt: „Grundsätzlich gibt es in der DDR keine politischen Häftlinge, sondern nur kriminelle, und die, die von MfS kommen, sind die allerschlimmsten Kriminellen." Ich erinnere mich nur an zwei oder drei Situationen, bei denen ich das Gefühl hatte, daß eine der Bewacherinnen etwas freundlicher war, denn im Prinzip gehörten wir ja gar nicht dorthin. In der Wertskala rangierten wir noch unterhalb der Mörderinnen. Das wurde uns offen gesagt.

R. Mußten Sie sich in medizinische Behandlung begeben?

N. Ja, ich mußte ins Haftkrankenhaus nach Meusdorf bei Leipzig. Das war ganz schlimm. Dort kam man sich wie der letzte Mensch vor. Zum Beispiel mußte ich mich im Beisein von Männern nackt ausziehen, wurde angebrüllt, wurde geröntgt. Die Ärztin kam mir vor wie aus dem KZ, wie man das in Filmen immer sah. Die Zahnärztin dagegen, die in Leipzig beim MfS arbeitete, war wie ein Engel. Wir meldeten uns alle zum Zahnarzt, weil das so eine liebe Frau war. Leider gab es nur wenige von dieser Art.

Quelle: Gespräch mit einer 1942 geborenen Lehrerin am 1. April 1996 (die Betroffene hat um Anonymisierung ihrer Angaben gebeten).

Zu Repressionen nach der Haftentlassung

Überwachung nach der Haftentlassung I

Dokument 99:
Operativplan vom 3. Juli 1986

Hauptabteilung XIX
Abteilung I/3

Berlin, 3. 7. 1986
le-wa

Operativplan

zur weiteren Bearbeitung des OV „Brücke"

Auf der Grundlage der bisher im OV „Brücke" erarbeiteten Ergebnisse und Erkenntnisse ist ausgehend von der erwiesenen feindlich-negativen Einstellung der bearbeiteten Personen sowie insbesondere unter Beachtung der nach der Übersiedlung inoffiziell herausgearbeiteten operativ bedeutsamen Hinweise die Bearbeitung des OV konzentriert fortzuführen.

Die einzuleitenden Maßnahmen sind auf die Zielstellung
- Aufklärung und Dokumentierung der subversiven Handlungen des Holtschke im Rahmen des Aufnahmeverfahrens in der BRD sowie daraus entstandener Kontakte und Verbindungen.
- Verfolgung des weiteren Entwicklungsweges des Holtschke, insbesondere unter dem Aspekt der Aufklärung der praktischen Umsetzung seiner Zielstellung, über die journalistische Tätigkeit den Einstieg in die Politik zu finden und gegen die DDR tätig zu werden.
- Politisch-operative Sicherung und Kontrolle des ehemaligen Freundes- und Verbindungskreises im Wohn-, Freizeit- und Arbeitsbereich, insbesondere zur Aufklärung von Rückverbindungen und ihrer operativen Kontrolle

auszurichten. Sie haben den strafrechtlichen Erfordernissen für einen Abschluß des Vorganges mit Haft zu entsprechen.
Es ist anzustreben, den OV „Brücke" zum Jahresende 1986 zu realisieren.

Maßnahmen
1. Einsatz des IMB „Falke"

Es wurde erreicht, daß der zur Bearbeitung des OV „Brücke" geworbene IMB „Falke" auch nach Einleitung des EV und der rechtskräftigen Verurteilung das Vertrauen der bearbeiteten Personen behielt und weiter ausbauen und festigen konnte. Auf dieser Basis konnten operativ wertvolle Informationen nach der Übersiedlung in die BRD erarbeitet werden, insbesondere bei der Durchführung persönlicher Treffen in der CSSR und während einer Fahrt im speziellen Transit auf der Autobahnraststätte Michendorf.

Durch die Aufrechterhaltung des Kontaktes zu einer weiteren namentlich bekannten Person aus dem Verbindungskreis des Holtschke in der BRD bestehen weitere Kontroll- und Überprüfungsmöglichkeiten.

Der IMB „Falke" ist in folgender Grundrichtung weiter einzusetzen und zu instruieren:
- Unter Nutzung der Reiseabsichten des RH nach Österreich ist ein Zusammentreffen in Ungarn anzustreben und die Teilnahme des Holtschke an diesem Treffen möglichst auszuschließen.

Zielstellung ist die umfassende Abschöpfung des RH zum bisherigen Verlauf des Aufenthaltes des Holtschke in der BRD, seinen Rückverbindungen in die DDR sowie zu seinen weiteren Plänen und Absichten.

- Es ist die Durchführung eines Treffens mit Holtschke in Ungarn im Herbst des Jahres zu unterstützen und zu realisieren.
  Neben der Erarbeitung weiterer Informationen bzw. der Verdichtung der bereits erarbeiteten Hinweise ist die Organisierung des Treffens zur Aufklärung bestehender aktiver Rückverbindungen des Holtschke zum ehemaligen Freundeskreis zu nutzen.
- In der weiteren Kontaktphase sind gegenüber Holtschke und RH unter Ausnutzung der gegenwärtigen großzügigen Genehmigungen Reiseabsichten des IMB „Falke“ in die BRD zu erkennen zu geben.
  Erforderlichenfalls sind sie zur Unterstützung bei der Schaffung eines Reisegrundes aufzufordern.
  Diese Maßnahme ist nach dem Treffen in Ungarn durchzuführen.
- Die Haltung zur Antragstellung auf Übersiedlung ist beim Zusammentreffen mit RH / Holtschke eindeutig klarzulegen. Es sind solche Fakten: wie die starken familiären Bindungen zur Mutter, den Schwiegereltern und weiteren Verwandten sowie die berufliche Laufbahn der Ehefrau als Dr. rer. oec anzuführen.
- Der IMB „Falke wird darüber hinaus beauftragt, alle Möglichkeiten zur Kontrolle und Abschöpfung des Freundes- und Verbindungskreises [...] zu nutzen und zielgerichtet die bestehenden Kontakte zu halten.
- Weiterhin ist an der bisherigen Verfahrensweise der regelmäßigen fernmündlichen Kontakte festzuhalten. [...]

2. Durch geeignete IM im ehemaligen Arbeitsbereich des Holtschke ist eine aussagefähige Analyse zu erarbeiten, welchen detaillierten Kenntnisstand der Verdächtige zum Fährprojekt Mukran hatte und welche Informationen ihm auf Grund seiner Tätigkeit zugänglich waren.

Der wahrscheinliche Wissensstand des Holtschke ist operativ aus der Sicht des Verrates an imperialistische Geheimdienste einzuschätzen.

Zielstellung ist die Eingrenzung des von Holtschke erfolgten Verrates geheimzuhaltender Informationen. [...]

3. Analyse und Kontrolle des Verbindungskreises, insbesondere der aktiven Rückverbindungen

3.1. Alle in der Bearbeitung des OV bekanntgewordenen Verbindungen des Holtschke sind mit der Zielstellung

- weitere zuverlässige IM zu erkennen und einzusetzen
- ein mögliches Interesse feindlicher Geheimdienste auf Grund ihrer Tätigkeit oder ihres Wohnortes einzuschätzen
- aktive Rückverbindungen festzustellen

  einer eingehenden aktuellen Überprüfung und Analyse zu unterziehen.
  Schwerpunktmäßig sind Personen aus dem engeren Freundeskreis des Verdächtigen aufzuklären und unter Nutzung politisch-operativer und technischer Möglichkeiten unter Kontrolle zu halten.
  Bei erfaßten Personen ist der Informationsaustausch mit den entsprechen Diensteinheiten zu gewährleisten.
  Eine analoge Analyse ist zu Personen aus dem Arbeitsbereich des Holtschke, zu denen er aussagefähige Angaben bei imperialistischen Geheimdiensten machen konnte, durchzuführen. [...]

3.2. Die aus dem Bereich des EVDR erfolgen Reisen in dringenden Familienangelegenheiten sowie dienstlichen Auslandsreisen nach nichtsozialistischen Staaten sind unter dem Gesichtspunkt eines subversiven Angriffs auf der Grundlage der Erkenntnisse durch Aussagen des Holtschke operativ zu analysieren.

Es sind Möglichkeiten zu erarbeiten und vorzuschlagen, zuverlässige IM aus dem Arbeitsbereich in das Blickfeld des Holtschke zu bringen.[...]

4. Weitere politisch-operative Maßnahmen
4.1. M-Kontrolle
Die Hauptverbindungen des Verdächtigen einschließlich der familiären Verbindungen seiner Ehefrau sind unter M-Kontrolle zu stellen.
Erforderlichenfalls sind mit zuständigen Diensteinheiten entsprechende Absprachen zu führen. [...]
4.2. Schriftenfahndung
Bei der Abt. M und der HA II sind die Handschriften des Verdächtigen sowie seiner Ehefrau in Schriftenfahndung zu legen. [...]
4.3. Fahndungsmaßnahmen
Bei der HA VI sind Fahndungsmaßnahmen im speziellen Transit einzuleiten und unter Einbeziehung der HA VIII Möglichkeiten zur Aufklärung und Dokumentierung evtl. Transitabweichungen – ohne durchgehende Beobachtung – abzusprechen und festzulegen. [...]
4.4. Die Telefonnummer des Verdächtigen ist bei der HA III zu prüfen und in Fahndung zu legen.
Zum Anschluß des IMB „Falke“ ist ab Aug. 1986 Auftrag A einzuleiten. [...]

5. Aufklärung im Operationsgebiet
Es sind Möglichkeiten zur konspirativen Aufklärung der Anschrift des Verdächtigen im Operationsgebiet Wiesbaden zu prüfen (HA VIII, HA II).

Zielstellung ist die Erarbeitung von Erkenntnissen, inwieweit es sich um Wohnobjekte besonderer Kategorien bzw. besonderer Absicherung handelt. [...]

6. Zusammenarbeit mit anderen Diensteinheiten
Die weitere Bearbeitung des OV „Brücke“ ist in enger Zusammenarbeit und Koordinierung mit der HA IX/1 und der ZKG durchzuführen.

Zur Absprache des weiteren Vorgehens und der strafrechtlichen Einschätzung der inoffiziell erarbeiteten Hinweise zu den Aussagen des Verdächtigen bei imperialistischen Geheimdiensten ist das Material aufzubereiten. [...]

Über die ZKG und die ZAIG sind rechtzeitig Aktivitäten des Verdächtigen in feindlichen Medien aufzuklären und zu analysieren. [...]

Überwachung nach der Haftentlassung II

Dokument 1:
„Übersichtsbogen“ einer Operativen Personenkontrolle vom 24. September 1987

MfS/BV/V Potsdam
Diensteinheit

KWh, **den** 24.09.87
KD Königs Wusterhausen

Mitarbeiter Grüneberg

Reg.-Nr. IV 1878/87

Übersichtsbogen zur operativen Personenkontrolle

„Hart“
Deckname

Lfd. Nr.	Name, Vorname	PKZ	Karteikarten erhalten Datum/Unterschrift
1	Haensler, Matthias	07 11 66 40 48 17	29.09.87

1. Gründe für das Einleiten
Es liegen operativ bedeutsame Anhaltspunkte vor, dass der H. nach seiner Haftentlassung im Zusammenhang mit der Amnestie 1987 eine Wiedereingliederung ablehnt und mit allen Mitteln versuchen will, seine Übersiedlung in die BRD zu erzwingen.

2. Zielstellung der OPK
Herausarbeitung von Zielen und Absichten des H. nach seiner Haftentlassung zur Durchsetzung seiner Übersiedlungsabsichten
Verhinderung des ungesetzlichen Verlassens der DDR durch H.
Rechtzeitiges Unterbinden von öffentlichkeitswirksamen, demonstrativen Auftreten des H.

3. Entscheidung über das Einleiten

Bestätigt 25.9.1987 [Unterschrift]
Datum **Unterschrift**

4. Eingesetzte IM/GMS
IMS Hanz
KP [Kontaktperson] Puchert

Quelle: MfS-Akte von Matthias Haensler, BStU, ASt. Potsdam, AOPK 883/88.

Dokument 101:
Einleitungsbericht zur Operativen Personenkontrolle vom 9. September 1987

Kreisdienststelle
Königs Wusterhausen Kgs.-Wusterh., den 23.09.87

Einleitungsbericht
zur OPK „Hart"

Es wird vorgeschlagen, zu dem
Name, Vorname: *Haensler*, Matthias [...]

eine operative Personenkontrolle unter dem Decknamen
„Hart"

einzuleiten, da operativ bedeutsame Anhaltspunkte vorliegen, dass der *Haensler* nach seiner Haftentlassung im Zusammenhang mit der Amnestie 1987 eine Wiedereingliederung ablehnt und mit allen Mitteln versuchen will, seine Übersiedlung in die BRD zu erzwingen.

Zum Sachverhalt:
Durch westliche Massenmedien beeinflußt kam *Haensler* im Januar 1987 zum Entschluß die DDR ungesetzlich zu verlassen. Zur Realisierung seines Vorhabens erschlich er sich eine Reisegenehmigung in die Ungar. VR.

In der UVR unterrichtete *Haensler* den sich ebenfalls in der UVR aufhaltenden [Name von der Behörde der Bundesbeauftragten geschwärzt] von seinem Vorhaben.

Mit dem [Name von der Behörde der Bundesbeauftragten geschwärzt] wollte *Haensler* nach gelungenem Grenzdurchbruch von der UVR nach Österreich in Wien zusammentreffen.

Beim Mißlingen seines Planes sollte [Name von der Behörde der Bundesbeauftragten geschwärzt] die Öffentlichkeit von der Festname des *Haensler* unterrichten, um einen entsprechenden Druck zur Freilassung von ihm auszuüben.

Am 09.05.1987 wollte *Haensler* den von ihm geplanten Grenzdurchbruch aus der UVR nach Österreich ausführen. Dabei wurde er festgenommen und den zuständigen Untersuchungsorganen der DDR übergeben. Im Ergebnis des gegen ihn geführten Untersuchungsverfahren und der sich anschließenden Gerichtsverhandlung wurde er vom Kreisgericht Königswusterhausen zu einer unbedingten Freiheitsstrafe von 1 Jahr verurteilt.

Entsprechend des Staatsratsbeschlusses vom 17.06.1987 wird *Haensler* am 08.12. 1987 vorzeitig entlassen.

In den mit ihm geführten Aussprachen und in Gesprächen mit Mithäftlingen lehnt er eine Wiedereingliederung in die Gesellschaft grundsätzlich ab und verlangt seine Ausreise in die BRD.

Er bringt zum Ausdruck, dass er nach seiner Haftentlassung keine Arbeit im Gebiet der DDR aufnehmen wird. Sein Ziel war es, in die BRD zu gelangen. Dieses Ziel will er nach der Haftentlassung mit allen Mitteln weiter verfolgen.

Zur Person:
[...] Im Betrieb war *Haensler* als guter Facharbeiter anerkannt und wurde im Kollektiv geachtet.

In gesellschaftlicher Hinsicht trat Haensler bisher im Wohngebiet weder positiv noch negativ in Erscheinung.

In charakterlicher Hinsicht wird er als ruhig und zurückhaltend eingeschätzt. Sein Auftreten gegenüber anderen Personen war stets höflich und zuvorkommend. [...]

Aus der Sachlage und dem Verhalten und Auftreten des Haensler im Strafvollzug ist zu erwarten, daß er mit Aktivitäten zur Durchsetzung seines Zieles, in die BRD bzw. nach Westberlin zu gelangen, in Erscheinung tritt, die demonstratives Auftreten und erneute Planung und Organisation eines ungesetzlichen Grenzübertrittes nicht ausschließen.

Aus diesen Günden ist die Anlage einer OPK und deren zielgerichtete Bearbeitung berechtigt.

Zielstellung der OPK

1. Herausarbeitung von Zielen und Absichten des *Haensler* nach seiner Haftentlassung zur Durchsetzung seiner Übersiedlungsabsichten;
2. Verhinderung des ungesetzlichen Verlassens der DDR durch *Haensler*;
3. Rechtzeitiges Unterbinden von öffentlichkeitswirksamen, demonstrativen Auftreten der unter OPK stehenden Person.

Ref.-Leiter
Stuhr
Major

Grüneberg
Hauptmann

Bestätigt:
Leiter der Kreisdienststelle
i.A. Stark
Oberstleutnant

Dokument 102:
Maßnahmeplan zur Operativen Personenkontrolle vom 24. September 1987

Kreisdienststelle
Königs Wusterhausen Kgs.-Wusterh., den 24.09.87

Maßnahmeplan
zur Operativen Personenkontrolle „*Hart*"
Entsprechend der im Einleitungsbericht zur OPK herausgearbeiteten Zielsetzung werden folgende Maßnahmen eingeleitet und zielstrebig abgearbeitet:

1. Einsatz des IMS „Hanz"
   Die Quelle, die in der Umgebung der OPK-Person wohnt, erhält den Auftrag, die Möglichkeiten der Kontaktaufnahme zu prüfen und zu forcieren. Dabei sind insbesondere die Kontakte der OPK-Person, die er unterhält bzw. neu aufbaut herauszuarbeiten. Gleichzeitig sind die Personen des Umgangskreises der OPK-Person auf Eignung und Ansprechbarkeit zur weiteren Nutzung einzuschätzen.
   Im Vorfeld der Entlassung hat der IMS den Auftrag, in seinem Arbeitsgebiet durch gezielte Gespräche zur Amnestie und speziell zur OPK-Person Verbindungen zu erfassen und weiter aufzuklären. Ziel muss es sein, brauchbare Kontakte herauszuarbeiten, die mit der Entlassung der OPK-Person genutzt werden können. [...]
2. KP [Name von der Behörde der Bundesbeauftragten geschwärzt]
   Im Zuge der Erstüberprüfungen zur OPK-Person wurde durch IM herausgearbeitet, dass die KP intensive Kontakte zu den Eltern der OPK-Person unterhält.
   Die Möglichkeiten der KP zur Aufklärung der Pläne und Absichten der OPK-Person sind durch Gespräche mit den Eltern vor der Entlassung des H. zu sondieren. [...]
3. KP [Name von der Behörde des Bundesbeauftragten geschwärzt]
   Der vom Rat der Gemeinde Z[...] benannte und eingesetzte Betreuer zur OPK-Person wird kontaktiert und in die Absicherung einbezogen. Die Aufgabenstellung erfolgt in einem Gespräch vor der Entlassung des H. aus dem Strafvollzug und wird zielgerichtet fortgesetzt. [...]
4. Einleitung der Zielfahndung bei der Abtl. M zur OPK-Person, um sofort alle postalischen Verbindungsaufnahmen feststellen und einschätzen zu können. [...]
6. Zusammenfassung der Ergebnisse der ersten Überprüfung und Einleitung op. Maßnahmen und Ableitung weiterer Aufgaben und Schlußfolgerungen vor der Entlassung der OPK-Person aus der Haft. [...]

Ref.-Leiter
Stuhr Grüneberg
Major Hauptmann

Dokument 103:
Vermerk über ein „Wiedereingliederungsgespräch“ am 17. Dezember 1987

Rat des Kreises
1600 Königs Wusterhausen
Abteilung Innere Angelegenheiten , den 17.12.1987

Aktenvermerk

über das Wiedereingliederungsgespräch mit dem amnestierten Bürger Matthias Haensler, am 08.12.1987

Das WE-Gespräch mit dem o.g. Bürger wurde durch Genn. v. P[...], Wiedereingliederung, und Gen. D[...], Genehmigungen, durchgeführt.

Herrn Haensler wurde gesagt, daß sich arbeits- und wohnungsmäßig keine Veränderungen ergeben haben. Seine Arbeitsstelle bleibt das Reifenwerk [...] und wohnungsmäßig wird er wieder in Z[...] untergebracht.

Er erklärte, daß er im SV ein Ersuchen auf Übersiedlung gestellt habe und der RA [Rechtsanwalt] Dr. Vogel ihn in seiner Angelegenheit unterstützt.

Er habe angeblich bei der Gerichtsverhandlung und bei den Voruntersuchungen seine Übersiedlungsabsicht eindeutig zum Ausdruck gebracht.

Er werde sein Ziel, in die BRD zu gelangen, nicht aufgeben.

Auf Grund dieser Haltung wurde dem Bürger Haensler folgendes mitgeteilt:

1. Bis zum Ablauf der Amnestie am 12.12.1987 ist eine Realisierung seines unabänderlichen Wunsches nicht möglich.
2. Die ihm erteilten Auflagen habe er einzuhalten, bis er nach dem 12.12.87 eine schriftliche Vorladung zu einem weiteren Gespräch zur Prüfung und endgültigen Klärung erhält.
3. Mit einer Genehmigung auf Entlassung aus der Staatsbürgerschaft kann er im 1. Halbjahr 1988 rechnen, wenn bis dahin keine der Übersiedlung entgegenstehenden Umstände eintreten
   (keine neuen Schulden
   keine erneuten Straftaten
   keine Verbindungsaufnahme zu westlichen Organen und Einrichtungen einschließlich diplomatischer Vertretungen und Einrichtungen der BRD).
4. Die gemachte Mitteilung bezieht sich ausschließlich auf seine Person. Eine Weiterverbreitung würde die Realisierung gefährden.

Herr. H. äußerte, daß er sich entsprechend verhalten wird. [...]

Dokument 104:
Abschlußbericht zur Operativen Personenkontrolle vom 12. April 1988

Kreisdienststelle
Königs Wusterhausen Kgs. Wusterh., 12.4.1988

Abschlußbericht
zur OPK „Hart", Reg.-Nr.: IV/1878/87

Die Einleitung der OPK „Hart" zu

Haensler, Matthias [...]

erfolgte am 24.9.87, da operativ bedeutsame Anhaltspunkte vorlagen, daß H. nach seiner Haftentlassung im Zusammenhang mit der Amnestie 1987 eine Wiedereingliederung ablehnte und mit allen Mitteln versuchen wollte, seine Übersiedlung nach WB zu erzwingen.

Im Ergebnis der Disziplinierungsgespräche der Abt. Inneres, Rat des Kreises Königs Wusterhausen, wurde erreicht, daß H. eine Tätigkeit aufnahm und sich auch ruhig und diszipliniert verhielt, da ihm eine Übersiedlung für das I. Halbjahr 1988 in Aussicht gestellt wurde.

Durch den IM „Willi" der durch den Rat der Gemeinde Zeesen als Betreuer für H. eingesetzt war, wurde dieser Prozeß noch entsprechend unterstützt.

Die Entlassung des H. aus der Staatsbürgerschaft der DDR und seine Übersiedlung nach WB erfolgte am 26.2.1988.

Durch die abgestimmten und realisierten Maßnahmen seit der Haftentlassung des H. konnte eine nachhaltige Disziplinierung erreicht und ein öffentlichkeitswirksames Auftreten in Verbindung mit einer erneuten Straftat verhindert werden.

Es wird vorgeschlagen, die OPK mit dem Ergebnis der Verhinderung einer Straftat durch die realisierten Disziplinierungsmaßnahmen abzuschließen.

Die weitere Kontrolle der Rückverbindungen wird vorbeugend realisiert und H. wird für die KD KK-erfaßt.

Bestätigt:
Leiter der Kreisdienststelle

Stark	Grüneberg
Oberstleutnant	Hauptmann

Quelle: MfS-Akte von Matthias Haensler, BStU, ASt. Potsdam, AOPK 883/88.

MfS-UHA Berlin-Hohenschönhausen, Posten-Kontrollweg oberhalb der Freiganghöfe

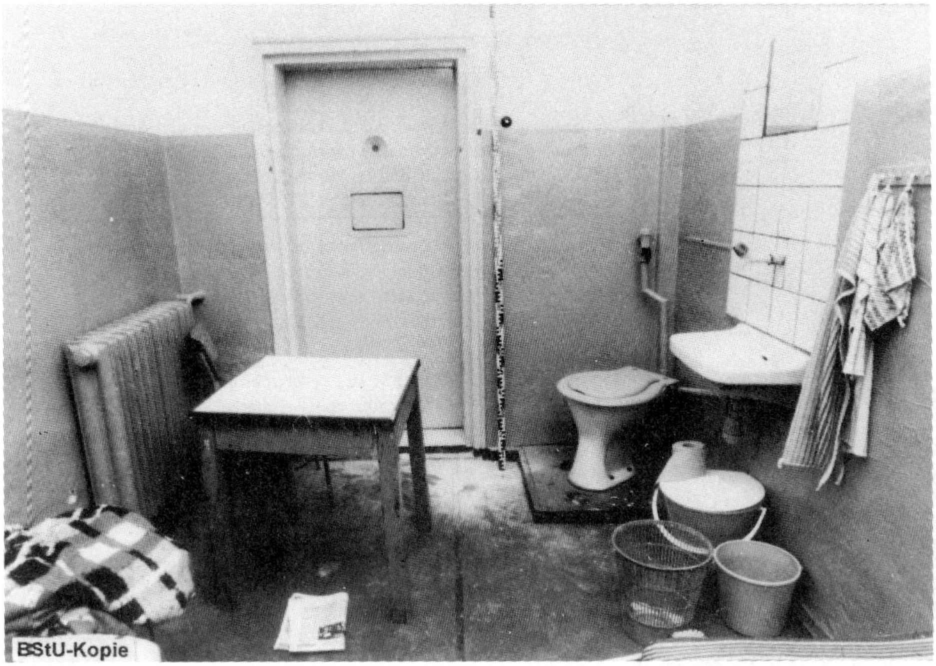

Oben: Zelle in der Untersuchungshaftanstalt Suhl, März 1988. Das Bild wurde aufgenommen, um Beschädigungen zu dokumentieren, die ein Gefangener aus Protest gegen seine Inhaftierung verursacht hatte.
Unten: Medizinischer Behandlungsraum in der Strafvollzugsanstalt Halle, dem „Roten Ochsen“

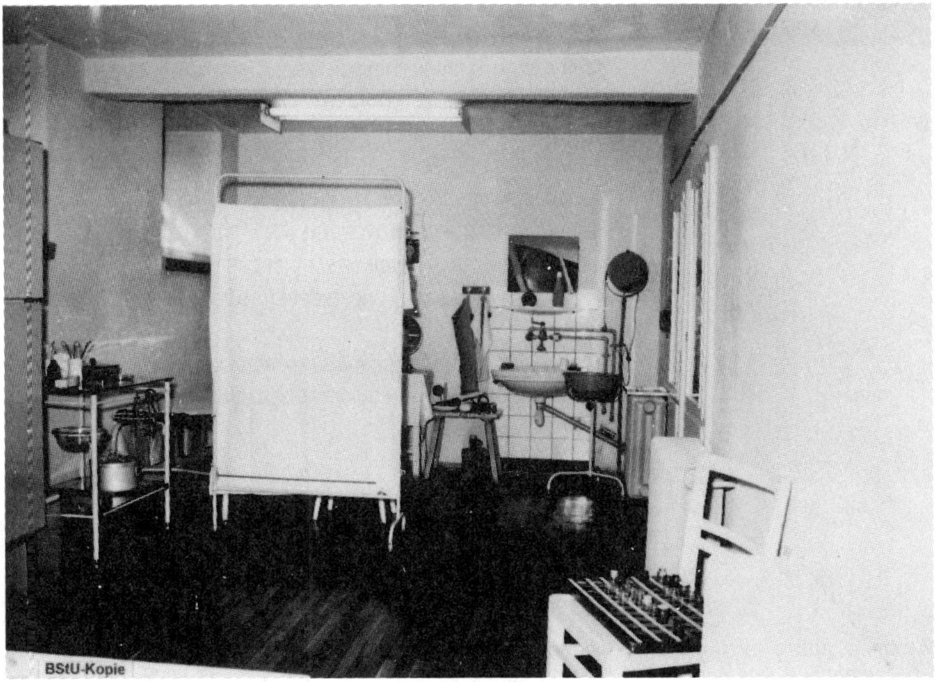

BStU
000011

Dokumentation über Formen der Aufklärungstätigkeit und über Mittel und Methoden Inhaftierter gegen die Sicherheit und Ordnung in der Untersuchungshaft und im Strafvollzug der Linie XIV des Ministerium für Staatssicherheit

Um die Klassengegner unserer Republik noch wirksamer bekämpfen zu können, wurde am 8. Februar 1950 das MfS geschaffen. Das war zugleich ein wichtiger Schritt bei der Herausbildung der zentralisierten Staatsmacht der Arbeiter und Bauern.

So, wie die Gründung der DDR das gesetzmäßige Ergebnis der 120jährigen Geschichte der deutschen Arbeiterbewegung ist, so ist die Gründung des MfS das gesetzmäßige Ergebnis des Kampfes der deutschen Arbeiterklasse um die Verwirklichung des Sozialismus und die Verteidigung der revolutionären Errungenschaften gegen alle konterrevolutionären Anschläge.

[...]

SUICIDVERSUCHE

DURCH SUICIDE VERSUCHEN INHAFTIERTE DIE AUFKLÄRUNG IHRER STRAFBAREN HANDLUNGEN IM RAHMEN DES UNTERSUCHUNGSVERFAHREN ZU VERHINDERN UND SICH DER BESTRAFUNG ZU ENTZIEHEN

IM ALLGEMEINEN ERKUNDEN DIESE INHAFTIERTEN SEHR GENAU DIE GÜNSTIGSTEN MÖGLICHKEITEN ZUR AUSFÜHRUNG IHRES VORHABENS. NEBEN DEN VERSUCHEN DES STRANGULIERENS UND DEN VERSUCHEN SICH MIT GLASSPLITTER ODER ANDEREN GEEIGNETEN GEGENSTÄNDEN ERNSTHAFTE VERLETZUNGEN ZUZUFÜGEN, WERDEN AUCH SOLCHE METHODEN, WIE DAS ABBINDEN EINZELNER GLIEDMAßEN ODER FENSTER- UND TREPPENSTÜRZE ANGEWANDT.

IM NACHSTEHENDEN WERDEN VERSCHIEDENE MITTEL UND METHODEN VON SUICIDVERSUCHEN DOKUMENTIERT.

Ausschnitte aus einer für MfS-Angehörige bestimmten Dokumentation der Hauptabteilung XIV, 1970. Die genaue Zahl der Suizide in den Untersuchungsgefängnissen des MfS ist bis heute unbekannt.

BStU-Kopie

Frauen-Haftanstalt Hoheneck bei Stollberg im Erzgebirge

11 Anhang

11.1 Biographische Notizen

Zusammengestellt von Günther Buch

Wie in den Bänden 1 bis 4 werden zu einigen wichtigen Personen, die in diesem Band genannt sind, kurze biographische Erläuterungen gegeben. Verzichtet wird auf die Aufnahme von Personen, zu denen die erforderlichen Informationen bereits aus dem Text hervorgehen, sowie mit wenigen Ausnahmen auf solche, die schon in einem der bisherigen Bände vorgestellt worden sind.

Für ergänzende Auskünfte sei verwiesen auf Helmut Müller-Enbergs, Jan Wielgohs, Dieter Hoffmann (Hgg.), Wer war wer in der DDR? Ein biographisches Lexikon, 2. Aufl., Berlin (Links) 2000; Sonderausgabe für die Bundeszentrale für politische Bildung, Bonn 2000

Karl-Heinz Borchert
Geb. 1930. Ab 1948 Studium der Rechtswissenschaft. Danach Kreis- und Jugendstaatsanwalt sowie Bezirksstaatsanwalt in Frankfurt/Oder. Oktober 1968 bis Dezember 1989 Stellv. bzw. 1. Stellv. Generalstaatsanwalt der DDR.

Horst Böhm
11.5.1937 bis 21.2.1990 (Geb. in Zwickau als Sohn eines Bäckers).
Volks- und Oberschule. 1954 SED-Eintritt. 1955 Abitur. Eintritt in das MfS. Absolvent eines Zwei-Jahreslehrganges der Juristischen Hochschule Potsdam-Eiche. 1961 stellv. Leiter der Kreisdienststelle Stollberg. 1962 Stellv. des Leiters der Kreisdienststelle Hohenstein des MfS. 1962–1967 Fernstudium des Marxismus-Leninismus an der Karl-Marx-Universität Leipzig. Dipl. Lehrer für Marxismus-Leninismus. 1966 stellv. Leiter der Arbeitsgruppe Anleitung und Kontrolle der Bezirksverwaltung Karl-Marx-Stadt des MfS. 1974 stellv. Leiter „Operativ" der Bezirksverwaltung Karl-Marx-Stadt des MfS. Seit 1981 Leiter der Bezirksverwaltung Dresden des MfS. Generalmajor. Mitglied der SED-Bezirksleitung Dresden. 1989 entlassen. Februar 1990 Selbstmord.

Rolf Fister

Geb. 1929 in Großdeuben, Kreis Leipzig, als Sohn eines Schlossers.

1944–1948 Ausbildung zum Chemigraphen, danach Berufsausübung. Betriebsassistent. 1952 Eintritt in das MfS, Landesverwaltung Sachsen. 1952–1953 Besuch der MfS-Schule in Potsdam-Eiche. Seit 1953 Tätigkeit in der Hauptabteilung IX des MfS Berlin (stellv. Abteilungsleiter, bzw. Abteilungsleiter in der Abt. IX des MfS). 1956–1960 Fernstudium an der Zentralschule der Volkspolizei in Amsdorf, bzw. Polizeischule in Aschersleben. 1962–1966 Fernstudium der Kriminalistik an der Humboldt-Universität Berlin. 1975 Diss. über „Republikflucht" und Promotion zum Dr. jur. (summa cum laude) an der Juristischen Hochschule in Potsdam-Eiche, 1965 stellv. Leiter, 1973 Leiter der Hauptabteilung IX des MfS. 1978 Generalmajor. Januar 1990 entlassen.

Erich Honecker

25.8.1912 – 29.5.1994 (geb. in Neunkirchen/Saar als Sohn eines Bergarbeiters). Dachdeckerlehre in Wiebelskirchen. 1922–26 Mitgl. der kommunistischen Kinderbewegung. Seit 1926 Mitglied, seit 1931 in leitenden Funktionen des Kommunistischen Jugendverbandes Deutschlands; 1930 Teilnahme an einem Jugendkursus der Lenin-Schule in Moskau. Seit 1929 Mitglied der KPD. Dez. 1935 verhaftet. 1937 zu 10 Jahren Zuchthaus verurteilt. 1945 aus dem Zuchthaus Brandenburg befreit. Mai 1945 Jugendsekretär des ZK der KPD. 1946 Mitbegründer und bis 1955 erster Vors. der FDJ. 1946–89 ununterbrochen Mitgl. des Parteivorstandes bzw. des ZK der SED. 1949–Nov. 89 Abg. der Volkskammer. 1950–58 Kandidat des Politbüros des ZK der SED. 1956 Sekr. der Sicherheitskommission des ZK der SED. 1956–57 zur Schulung in der SU. 1958–71 Sekr. für Sicherheit des ZK der SED. Juli 1958 – Okt. 89 Mitgl. des Politbüros. 1960–71 Sekr., 1971–89 Vors. des Nationalen Verteidigungsrates. Seit 1971 Erster Sekr., 1976–Okt. 89 Generalsekr. des ZK der SED, Nachf. von Walter Ulbricht. Seit 1971 Mitgl., 1976–Okt. 89 Vors. des Staatsrates der DDR. 18.10.1989 von allen Ämtern zurückgetreten. 8.12.1989 Ermittlungsverfahren des Generalstaatsanwalts der DDR wegen Amtsmißbrauchs u. Korruption. 3.12.1989 Ausschluß aus der SED. Juli 1992 bis Jan. 1993 U-Haft in Berlin, Anklage wegen der Todesschüsse an der Mauer; nach Einstellung des Verfahrens aus Gesundheitsgründen 13.1.1993 Übersiedlung nach Chile, dort gestorben.

Herbert Kern

Geb. 14.11.1925 als Sohn eines Textilarbeiters.

Motorenschlosser. 1943 Soldat. Sowjetische Kriegsgefangenschaft. Nach der Entlassung Mitarbeiter der Kreisverwaltung Guben. Volksrichterlehrgang. Staatsanwalt in Templin und Potsdam. 1952-1973 Mitarbeiter der Abteilung Staats- und Rechtsfragen im ZK der SED, zuletzt Sektorenleiter Justiz. Jurastudium. Diplomjurist. 1957 Promotion zum Dr. jur. an der Humboldt-Universität Berlin. 1974–1987 Staatssekretär im Ministerium der Justiz. Zeitweise Vizepräsident der Vereinigung der Juristen der DDR.

Dietmar Linke
Geb. 12.8.1944 in Breslau als Sohn eines Konzertmeisters.
1963 Abitur in Senftenberg. Danach bis 1968 Studium der evang. Theologie an der HU Berlin. Wehrdienstverweigerung. 1969-70 Vikariat in Luckenwalde. 1970–71 am Predigerseminar Wittenberg. Anschließend bis 1983 Pfarrer in Meinsdorf/Krs. Jüterbog bzw. in Neuenhagen. Mitbegründer der „Friedenswerkstatt" in Berlin und kirchlicher oppositioneller Gruppen. 1.9.1983 Festnahme als Teilnehmer einer Lichterkette vor der US-Botschaft. 22.12.1983 Ausbürgerung und Ausreise nach West-Berlin. Bis 1987 Berufsverbot als Pfarrer. Freier Mitarbeiter im Gesamtdeutschen Institut. Seit 1987 Pfarrer in Berlin-Wedding. Veröffentlichungen „Niemand kann zwei Herren dienen – Als Pfarrer in der DDR", 1988 u. a.

Erich Mielke
28.12.1907–21. 5. 2000 (geb. in Berlin als Sohn eines Stellmachers).
Gymnasium ohne Abschluß. Lehre als Speditionskaufmann. 1921 Kommunistischer Jugendverband. 1925 KPD. Verschiedene Funktionen im Parteiapparat. Expedient in einer Berliner Firma. 1928–31 Reporter der „Roten Fahne". 1931 Flucht in die Sowjetunion (nach der Ermordung von zwei Polizeihauptleuten auf dem Bülowplatz in Berlin). 1934/35 Besuch der Lenin-Schule in Moskau. 1936–39 Teilnehmer am span. Bürgerkrieg. Anschließend in Belgien und Frankreich. Juni 1945 Rückkehr nach Berlin. 1946–49 Vizepräsident der Zentralverwaltung für Inneres der SBZ. 1950–53 Staatssekretär des MfS, 1953–55 Stellv. Staatssekretär, 1955–57 Stellv. Minister für Staatssicherheit, Nov. 1957–Nov. 1989 Minister für Staatssicherheit. 1950–Dez. 89 Mitglied des ZK der SED. 1958–Nov. 89 Abgeordneter der Volkskammer. Generalleutnant, Generaloberst, 1980 Armeegeneral. Vors. des Sportvereins „Dynamo". Seit Juni 1971 Kandidat, Mai 1976–Nov. 89 Mitgl. des Politbüros. 3.12.1989 Ausschluß aus der SED. 7.12.1989 Ermittlungsverfahren wegen Amtsmißbrauchs, Korruption u. pers. Bereicherung. Seitdem U-Haft (mit Unterbrechung März bis Juli 1990). 26.10. 1993 Verurteilung wegen gemeinschaftlichen Mordes in zwei Fällen (Bülow-Platz-Morde) zu 6 Jahren Freiheitsstrafe; 1.8.1995 vorzeitige Haftentlassung auf Bewährung. Verfahren wegen Mitverantwortung an den Todesschüssen an der innerdeutschen Grenze seit 4.9.1994 wurde am 3.11.1994 wegen Verhandlungsunfähigkeit eingestellt. Gestorben in einem Altersheim in Berlin-Hohenschönhausen.

Ludwig A. Rehlinger
Geb. 23.9.1927 in Berlin als Sohn eines Wirtschaftsjuristen.
Gymnasium in Berlin. Kriegsdienst; englische Kriegsgefangenschaft. Ab 1947 Studium der Rechtswissenschaft und Volkswirtschaft, zunächst Humboldt-Universität, dann Freie Universität Berlin sowie Universität Innsbruck. 1955 Rechtsanwalt in Berlin. 1957 Eintritt in das Bundesministerium für gesamtdeutsche Fragen, Leiter der Ministerbüros von Ernst Lemmer und Rainer Barzel. 1969–1971 Präsident des Gesamtdeutschen Instituts – Bundesanstalt für gesamtdeutsche Aufgaben. 1972–1973 Leiter des Büros Barzel in der CDU/CSU-Fraktion. 1975–1982 Geschäftsführer der Fernleit-Betriebsgesellschaft mbH. 1982-1988 Staatssekretär im Bundes-

der Fernleit-Betriebsgesellschaft mbH. 1982-1988 Staatssekretär im Bundesministerium für innerdeutsche Beziehungen. Mai 1988-April 1989 Senator für Justiz und Bundesangelegenheiten in Berlin (West). Veröffentlichung: Freikauf, Die Geschäfte der DDR mit politisch Verfolgten 1963-1989, Frankfurt/M. 1991.

Klaus Sorgenicht
Geb. 24.8.1923 in Wuppertal als Sohn eines Musikers.
Nach Schulbesuch kaufmännische Lehre. Kriegsdienst (1944 Obergefreiter) u. sowjetische Gefangenschaft. Mitglied des Nationalkomitees Freies Deutschland, 1945 KPD. 1945–46 Bürgermeister bzw. OB von Güstrow. 1946–49 Landrat des Kreises Güstrow. 1949–51 Hauptabteilungsleiter des. Min. des Innern des Landes Mecklenburg. 1951–52 Hauptabteilungsleiter im MdI der DDR. 1952–54 Hauptabteilungsleiter in der Koordinierungs- und Kontrollstelle für die Arbeit der Verwaltungsorgane der DDR. 1954–89 Leiter der Abteilung Staats- und Rechtsfragen im ZK d. SED. 1955–59 Fernstudium an der Deutschen Akademie für Staats- und Rechtswissenschaften. Diplomstaatswissenschaftler. Nov. 1958–März 90 Abgeordneter der Volkskammer. Nov. 1963–Jan. 90 Mitgl. des Staatsrates. Seit 1967 stellv. Fraktionsvorsitzender der SED in der VK. 1968 Promotion zum Dr. rer. pol.

Josef Streit
9.6.1911–3.7.1987 (geb.in Friedrichswald/Nordböhmen als Sohn eines Glasarbeiters).
In der CSR aufgewachsen. Besuch der Volks- und Bürgerschule. Buchdrucker. Tätigkeit in seinem Beruf in Jablonec. 1925 Kommunistischer Jugendverband. Militärdienst in der tschechoslowakischen Armee. 1938–1945 Häftling in den KZ Mauthausen und Dachau. 1945 Kreisjugendleiter in Schönberg/Mecklenburg. 1946/1947 Volksrichterschule. Danach bis 1949 Richter am Arbeitsgericht Schönberg. 1949 Hauptreferent im Ministerium der Justiz. 1951–1953 Staatsanwalt bei der Generalstaatsanwaltschaft der DDR. 1953–1962 Mitarbeiter des ZK der SED, zeitweise Leiter des Sektors Justiz in der Abteilung Staats- und Rechtsfragen beim ZK der SED. Januar 1962 bis Juni 1986 Generalstaatsanwalt der DDR, Nachfolger von Ernst Melsheimer. Seit 1963 Mitglied des ZK der SED. 1965 Promotion zum Dr. jur. HU Berlin.

Walter Ulbricht
30.6.1893 bis 1.8.1973 (geb. in Leipzig als Sohn eines Schneiders).
Volksschule. Möbeltischler. 1912 SPD. 1915-18 Kriegsdienst. 1918 zweimal wegen revolutionärer Propaganda und Desertion verhaftet. Mitgl. des Spartakusbundes. 1919 KPD. 1920 Mitglied der Bezirksleitung Halle-Merseburg der KPD, danach Mitglied der Bezirksleitung der VKPD im Bezirk Westsachsen und Redakteur des „Roten Kuriers“ in Leipzig. 1921 Sekretär der Bezirksleitung Groß-Thüringen der KPD. Seit 1923 Mitglied und Sekretär des ZK. Mitgl. des Militärrates der KPD. 1924 für die Kommunistische Internationale in Österreich tätig. 1925 Mitarbeiter der Komintern in Moskau. 1926–29 MdL Sachsen. 1928–33 MdR. Seit 1929 Politi-

scher Leiter der Bezirksleitung Berlin-Brandenburg der KPD. 1930 wegen Hochverrats zu 2 Jahren Festungshaft verurteilt. Okt. 1933 Emigration (Prag, Paris, Moskau). Sekretär des Politbüros der KPD. 1943 Mitbegründer des „Nationalkomitees Freies Deutschland". 30. April 1945 Rückkehr nach Deutschland als Leiter der sog. Initiativgruppe des ZK der KPD für Berlin („Gruppe Ulbricht"). 1945–46 Mitglied und Sekretär des ZK der KPD. Seit 1946 ununterbrochen Mitgl. des Parteivorstands bzw. ZK sowie des Zentralsekretariats bzw. Politbüros des ZK der SED. 1946–50 stellv. Vors. der SED. Seit 1949 Abg. der Volkskammer. 1950–Juli 53 Generalsekretär, danach bis Mai 1971 Erster Sekretär des ZK der SED. 1949–60 Erster Stellv. Vorsitzender des Ministerrates. Febr. 1960-Juni 71 Vors. des Nationalen Verteidigungsrates. Sept. 1960-1973 Vors. des Staatsrates. Mai 1971 bis zu seinem Tod Ehrenvors.der SED.

Wolfgang Vogel
Geb. 30.10.1925 in Wilhelmsthal/Schlesien als Sohn eines Lehrers.
1932-43 Schulbesuch in Wilhelmsthal und Glatz. Kriegsdienst. 1944-45 im Fliegerregiment 92. Heimatvertriebener. 1945-51 LDPD. Bis 1952 Studium der Rechtswiss. in Jena und Leipzig. Hauptreferent im Ministerium der Justiz. Dez. 1953-Juni 91 Rechtsanwalt in Ost-Berlin. Seit Sept. 1985 Prof. an der Akademie für Staats- und Rechtswissenschaften. 1973-89 Beauftragter der Regierung der DDR in humanitären Angelegenheiten. März 1992 erstmalige Verhaftung, gegen Kaution entlassen. Juli 1993-Jan. 94 erneut in U-Haft. Anklage wegen des Vorwurfs der Erpressung Ausreisewilliger, der Steuerhinterziehung u. Meineids. Jan. 1994 gegen Kaution entlassen. 9.1.1996 vom LG Berlin zu einer Haftstrafe von 2 Jahren auf Bewährung u. zu einer Geldstrafe von 92 000 Mark verurteilt. V. vermittelte die Ausreise von rd. 250 000 DDR-Einwohnern, den Freikauf von 33 775 politischen Häftlingen und den Austausch von Agenten.

Heinz Volpert
21.2.1932-15. 2.1986 (geb. in Rastenberg/Kreis Sömmerda).
1947-1950 Ausbildung zum Facharbeiter für Landwirtschaft auf dem Lehrgut Buttelstedt. 1948 SED. 1.9.1950 Volkspolizist. 1951 Eintritt in das MfS, Landesverwaltung Thüringen. Kraftfahrer. Februar 1952 Mitarbeiter der Kreisdienststelle Rudolstadt, dann Mitarbeiter der Abteilung V der Bezirksverwaltung Gera des MfS. 1953 Oberleutnant. 1955 Hauptmann. Seit April 1954 im MfS Berlin tätig. 1956-1964 Abteilungsleiter in der Hauptabteilung V bzw. XX des MfS. 1964 stellv. Leiter der Hauptabteilung XX. Seit 1.9.1971 Offizier für Sonderaufgaben im Sekretariat des Ministers Erich Mielke, dort zuständig u.a. für Devisenbeschaffung, Häftlingsfreikauf. 26. 5.1970 Doppelpromotion mit Alexander Schalck-Golodkowski zum Dr. jur. an der Juristischen Hochschule in Potsdam-Eiche. 1972 Oberst.

Walter Ziegler

5.11.1912–20.2.1977 (geb. in Berlin als Sohn eines Sattlers).

1919–1932 Besuch der Volksschule, des Realgymnasiums und der Karl-Marx-Schule in Berlin/Neukölln. Mitglied des Republikanischen Pfadfinderbundes. 1931 KPD. 1932–1937 Studium der Nationalökonomie sowie Rechts- und Staatswissenschaften in Berlin. 1937–1939 Referendar (Naumburg, Zörbig, Halle). Mitglied des NS-Rechtswahrerbundes. Kriegsdienst. 1942 Oberleutnant in einer Pioniereinheit. 1945 amerikanische Kriegsgefangenschaft. 1945–1949 Amtsgerichtsdirektor in Bitterfeld. 1946 SPD/SED. 1949–1950 Landgerichtspräsident in Halle/Saale. 1950-1953 Richter beim Obersten Gericht, 1954-1958 und 1962-1977 Vizepräsident des Obersten Gerichts und Vorsitzender des 1. Strafsenats. 1958-1962 stellv. Direktor des Bezirksgerichts Frankfurt/Oder (vorübergehende Versetzung wegen „versöhnlerischer" Tendenzen). Maßgeblich beteiligt an Strafverfahren gegen Helmut Brandt, Georg Dertinger, Karl Hamann, Wolfgang Harich und Walter Janka, Paul Merker, Dr. Erwin Neumann, Fritz Sperling u.a.

11.2 Abkürzungsverzeichnis

ABF	Arbeiter- und Bauernfakultät
ABV	Abschnittsbevollmächtigter [der Volkspolizei]
AE	Arbeitserziehung
AGV	Antrags- und Genehmigungsverfahren (Reiseverkehr)
A-IM	Archivierter IM-Vorgang
BA-Berlin	Bundesarchiv Berlin
BG	Bezirksgericht
BKG	Bezirkskoordinierungsgruppe zur Bekämpfung von Flucht und Übersiedlung [des Ministeriums für Staatssicherheit]
BL	Bezirksleitung [der SED]
BMB	Bundesministerium für innerdeutsche Beziehungen
BPO	Betriebsparteiorganisation [der SED]
BStA	Bezirksstaatsanwalt
BStU	Bundesbeauftragter für die Unterlagen des Staatssicherheitsdienstes der ehemaligen DDR
BVfS	Bezirksverwaltung für Staatssicherheit
DE	Diensteinheit
EOS	Erweiterte Oberschule
EV	Ermittlungsverfahren
FDJ	Freie Deutsche Jugend
FDGB	Freier Deutscher Gewerkschaftsbund
FE	Freiheitsentzug
FIM	Führungs-IM
HUB	Humboldt-Universität Berlin
GBA	Gesetzbuch der Arbeit
GBl	Gesetzblatt der DDR
GMS	Gesellschaftlicher Mitarbeiter Sicherheit
GO	Grundorganisation [der SED]
GST	Gesellschaft für Sport und Technik
GStA	Generalstaatsanwalt
GVG	Gerichtsverfassungsgesetz
HA	Hauptabteilung
hFIM	hauptamtlicher Führungs-IM
IGfM	Internationale Gesellschaft für Menschenrechte
IM	Inoffizieller Mitarbeiter
IMB	Inoffizieller Mitarbeiter mit Feindverbindung
IMK/K	Inoffizieller Mitarbeiter zu Sicherung der Konspiration
IMK/KW	Inoffizieller Mitarbeiter zu Sicherung der Konspiration/Konspirative Wohnung
JHS	Juristische Hochschule [des Ministeriums für Staatssicherheit]
KD	Kreisdienststelle [des Ministeriums für Staatssicherheit]
KG	Kreisgericht
KK	Kerbloch-Kartei [des Ministeriums für Staatssicherheit]
KMHB	Kriminelle Menschenhändlerbande
KSZE	Konferenz für Sicherheit und Zusammenarbeit in Europa
MdI	Ministerium des Inneren
MdJ	Ministerium der Justiz

MfAA	Ministerium für Auswärtige Angelegenheiten
MfNV	Ministerium für Nationale Verteidigung
MfS	Ministerium für Staatssicherheit
MQ-Lager	Lager für militärische Qualifizierung
OG	Oberstes Gericht
OPK	Operative Personenkontrolle
OV	Operativer Vorgang
PiD	Politisch-ideologische Diversion
POS	Polytechnische Oberschule
PUT	Politische Untergrund-Tätigkeit
PZF	Postzollfahndung
RA	Rechtsanwalt
RE	Rechtswidriges Ersuchen [auf Übersiedlung]
RÜE	Rechtswidriges Übersiedlungsersuchen
SAPMO-BA	Stiftung Archiv der Parteien und Massenorganisationen der DDR im Bundesarchiv
SFRJ	Sozialistische Föderative Republik Jugoslawien
SoFD	Sozialer Friedensdienst
StA	Staatsanwalt
StÄG	Strafrechtsänderungsgesetz
StÄV	Ständige Vertretung der Bundesrepublik in der DDR
StGB	Strafgesetzbuch
StPO	Strafprozessordnung
StVE	Strafvollzugseinrichtung
StVG	Strafvollzugsgesetz
SV	Strafvollzug
SVWG	Strafvollzugs- und Wiedereingliederungsgesetz
SWH	Studentenwohnheim
ÜSE	Übersiedlungsersuchender
UVR	Ungarische Volksrepublik
VP	Volkspolizei
VPKA	Volkspolizeikreisamt
VR	Volksrepublik
WBK	Wehrbezirkskommando
WE	Wiedereingliederung
WKK	Wehrkreiskommando
ZA	Zentralarchiv
ZAIG	Zentrale Auswertungs- und Informationsgruppe [des Ministeriums für Staatssicherheit]
ZKG	Zentrale Koordinierungsgruppe zur Bekämpfung von Flucht und Übersiedlung [des Ministeriums für Staatssicherheit]

11.3 Quellen- und Literaturverzeichnis

Untersuchungsergebnisse

Fragebögen: Ausschnitte aus den Fragebögen sind im Text durch die Nummer des Fragebogens in eckigen Klammern gekennzeichnet.
Zeitzeugenbefragungen: Wörtliche Zitate sind den Abschriften der Gespräche entnommen. Auszüge aus den Zeitzeugenbefragungen werden in den Fußnoten durch Verweis auf den Gesprächspartner und das Datum des Interviews nachgewiesen.

Archivbestände

Behörde der Bundesbeauftragten für die Unterlagen des Staatssicherheitsdienstes der ehemaligen DDR, Zentralarchiv (BStU, ZA):
Richtlinien und Dienstanweisungen des Ministers;
Hauptabteilung IX, „Untersuchungsorgan" (HA IX);
Hauptabteilung XIV, Durchführung des Untersuchungshaft- und Strafvollzugs (HA XIV);
Juristische Hochschule des MfS (JHS);
Rechtsstelle des MfS sowie
Personenbezogene MfS-Akten von Teilnehmern an der vorliegenden Untersuchung.
Behörde der Bundesbeauftragten für die Unterlagen des Staatssicherheitsdienstes der ehemaligen DDR, Zentralarchiv (BStU, ZA) sowie Außenstellen (BStU, ASt.):
Personenbezogene MfS-Akten von Teilnehmern an der vorliegenden Untersuchung.
Bundesarchiv Berlin (BA-Berlin):
Justizministerium der DDR (DP 1);
Oberstes Gericht der DDR (DP 2).
Senatsverwaltung für Justiz des Landes Berlin:
Haftakten aus dem Bestand der Verwaltung Strafvollzug des Ministeriums des Inneren der DDR.
Stiftung Archiv der Parteien und Massenorganisationen der DDR im Bundesarchiv (SAPMO-BA):
Politbüro des ZK der SED (DY 30 J IV 2/2);
Büro Krenz (DY 30, IV 2/2.039);
Abteilung Staats- und Rechtsfragen des ZK der SED (DY 30 J IV A 2/13).
Zentrale Erfassungsstelle der Landesjustizverwaltungen in Salzgitter:
Sammelakte „Cottbus".

Veröffentlichte Quellen

Erich Honecker, Reden und Aufsätze, 12 Bde. Berlin.
Uwe Koch und Stephan Eschler, Zähne hoch, Kopf zusammenbeißen. Dokumente zur Wehrdienstverweigerung in der DDR 1962-1990, Kückenshagen 1994.
Hans-Hermann Lochen und Christian Meyer-Seitz (Hgg.), Geheime Anweisungen zur Diskriminierung Ausreisewilliger. Dokumente der Stasi und des Ministeriums des Inneren, Köln 1992.
Armin Mitter und Stefan Wolle (Hgg.),"Ich liebe euch doch alle ..." Befehle und Lageberichte des MfS. Januar-November 1989, Berlin 1990.
Helmut Müller-Enbergs (Hg.), Inoffizielle Mitarbeiter des Ministeriums für Staatssicherheit: Richtlinien und Durchführungsbestimmungen, (Analysen und Dokumente; wissenschaftliche

Reihe des Bundesbeauftragten für die Unterlagen des Staatssicherheitsdienstes 3), Berlin 1996.
Opposition in der DDR: Entwürfe für einen anderen Sozialismus. Texte, Programme, Statuten von Neues Forum..., Berlin 1989.
SED: Protokoll des VIII. Parteitags, Berlin 1971.
SED: Protokoll des IX. Parteitags, 2. Bde., Berlin, 1976.
Statistisches Jahrbuch der DDR, herausgegeben von der staatlichen Zentralverwaltung für Statistik, Berlin.
Strafgesetzbuch der DDR, Berlin 1969.
Strafgesetzbuch der DDR – StGB – und angrenzende Gesetze und Bestimmungen, Berlin 1978.
Strafprozeßordnung der DDR – StPO – sowie angrenzende Gesetze und Bestimmungen, Berlin 1979.
Strafrecht der DDR. Kommentar zum Strafgesetzbuch, Berlin 1984.
Siegfried Suckut (Hg.), Wörterbuch der Staatssicherheit. Definitionen des MfS zur politisch-operativen Arbeit, (Analysen und Dokumente; wissenschaftliche Reihe des Bundesbeauftragten für die Unterlagen des Staatssicherheitsdienstes 5), Berlin 1996.

Memoiren, Zeitzeugenberichte, Interviews

Michael Beleites, Untergrund. Ein Konflikt mit der Stasi in der Uran-Provinz, 2. erw. Aufl. Berlin 1992.
Gabriel Berger, „Mir langt's, ich gehe!“ Der Lebensweg eines DDR-Atomphysikers von Anpassung zu Aufruhr, Freiburg 1988.
Siegmar Faust, Ich will hier raus, Berlin 1983.
Gerhard Finn und Liselotte Julius (Hgg.), Von Deutschland nach Deutschland. Zur Erfahrung der inneren Übersiedlung, Köln 1983.
Günter Fritzsch, Gesicht zur Wand. Willkür und Erpressung hinter Mielkes Mauern, Leipzig 1993.
Maria und Adolf-Henning Frucht: Briefe aus Bautzen II, Berlin 1992.
Jürgen Fuchs, Vernehmungsprotokolle November '76 bis September '77, Hamburg 1978.
Gilbert Furian, Der Richter und sein Lenker. Politische Justiz in der DDR, Berlin 1992.
Gilbert Furian, Mehl aus Mielkes Mühlen. Berichte – Briefe – Dokumente, Berlin 1991.
Udo Hahn, Annehmen und frei bleiben. Landesbischof i.R. Johannes Hempel im Gespräch, Hannover 1996.
Robert Havemann, Fragen – Antworten – Fragen. Aus der Biographie eines deutschen Marxisten, München 1970.
Horst Hiller, Sturz in die Freiheit. Von Deutschland nach Deutschland, München 1986.
Angela Kowalczyk, Punk in Pankow. „Stasi-Sieg“: 16jährige Pazifistin verhaftet! Berlin 1996.
Waltraud Krüger, Ausreiseantrag, Magdeburg 1990.
Reiner Kunze, Deckname „Lyrik“ – eine Dokumentation, Frankfurt a.M. 1990.
Dietmar Linke, Niemand kann zwei Herren dienen. Als Pfarrer in der DDR, Hamburg 1988.
Wolfgang Mayer, Dänen von Sinnen, Böblingen 1991.
Martin Morgner, Deckname „Maske“. Die Künstlergemeinschaft Mecklenburg 1980/81 – Eine Dokumentation (Schriftenreihe des Robert-Havemann-Archivs 2) Berlin 1995.
Hans Noll, Der Abschied, Journal meiner Ausreise aus der DDR, Hamburg 1985.
Rudolf Piesiur, Ich bin ein Spion und weiß es nicht. Als angeblicher Geheimagent im Stasi-Knast Gera (1977/78), hg. v. Landesbeauftragten des Freistaates Thüringen für die Unterlagen des Staatssicherheitsdienstes der ehemaligen DDR, Erfurt 2000.

Ludwig A. Rehlinger, Freikauf. Die Geschäfte der DDR mit politisch Verfolgten 1963-1989, Frankfurt a.M. 1991.

Siegfried Reiprich, Der verhinderte Dialog. Meine politische Exmatrikulation – Eine Dokumentation (Schriftenreihe des Robert-Havemann-Archivs 3) Berlin1996.

Alexander Richter, Das „Lindenhotel" oder sechs Jahre Z. für ein unveröffentlichtes Buch, Böblingen 1992.

Ulrich Schacht (Hg.), Hohenecker Protokolle. Aussagen zur Geschichte politischer Verfolgung von Frauen in der DDR, Zürich 1984.

Andreas Schmidt, Leerjahre. Leben und Überleben im DDR-Gulag, Sindelfingen 1986.

Gert Skribanowitz, „Feindlich eingestellt!" Vom Prager Frühling ins deutsche Zuchthaus, Sindelfingen 1991.

Stalins DDR. Berichte politisch Verfolgter, Leipzig 1991.

Peter Steglich und Günter Leuschner, KSZE – Fossil oder Hoffnung? Sicherheit und Zusammenarbeit in Europa zwischen 1973 und 1990 aus der Sicht von DDR-Diplomaten, Berlin 1996.

Ellen Thiemann, „Stell Dich mit den Schergen gut!" Meine Wiederbegegnung mit dem Zuchthaus Hoheneck, Neuausg.: München – Berlin 1990, Erstaufl.: 1984.

Bibliographien, Nachschlagewerke

Abkürzungsverzeichnis. Häufig verwendete Abkürzungen und Begriffe des Ministeriums für Staatssicherheit, 3. Aufl. Berlin 1997.

Helmut Müller-Enbergs u.a. (Hgg.), Wer war wer in der DDR. Ein biographisches Handbuch, überarb. und erw. Aufl., Berlin 2000.

Wilhelm Bleek und Lothar Mertens (Hg.), Bibliographie der geheimen Dissertationen, München 1994.

Roland Wiedmann (Bearb.), Die Organisationsstruktur des Ministeriums für Staatssicherheit 1989, (Anatomie der Staatssicherheit. Geschichte – Struktur – Methoden. MfS-Handbuch) hg. v. Klaus-Dietmar Henke u.a.. 2. Aufl., Berlin 1996.

Hildegard v. Zastrow, Bibliographie zum Staatssicherheitsdienst der DDR, (Bildung und Forschung informiert 15) 2. Aufl., Berlin 1996.

Literatur

amnesty international (Hg.), DDR – Rechtsprechung hinter verschlossenen Türen, Bonn 1989.

Das Arbeitsgebiet I der Kriminalpolizei. Aufgaben, Struktur und Verhältnis zum MfS, hg. vom Bundesbeauftragten für die Unterlagen des Staatssicherheitsdienstes der ehemaligen DDR, Berlin 1994.

Jörg Arnold (Hg.), Normalität des Strafrechts der DDR, Freiburg 1995.

Ulrich Baumann und Helmut Kury (Hg.), Politisch motivierte Verfolgung: Opfer von SED-Unrecht (Kriminologische Forschungsberichte aus dem Max-Planck-Institut für ausländisches und internationales Strafrecht 84), Freiburg 1998.

Klaus Behnke und Jürgen Fuchs (Hgg.), Zersetzung der Seele. Psychologie und Psychiatrie im Dienste der Stasi, Hamburg 1995.

Der Beitrag des Arbeitsgebietes I der DDR-Kriminalpolizei zur politischen Überwachung und Repression, hg. v. den Landesbeauftragten für die Unterlagen des Staatssicherheitsdienstes der ehemaligen DDR, Dresden – Berlin 1996.

Martin Broszat und Elke Fröhlich, Alltag und Widerstand. Bayern im Nationalsozialismus, München 1987.

Georg Brunner (Hg.), Menschenrechte in der DDR, Baden-Baden 1989.

Heidrun Budde, DDR-Bürger am Neuanfang 1989 – eine Nachbetrachtung aus arbeitsrechtlicher Sicht, in: Arbeit und Recht 1 (1996), S. 1-11.

Robert Conquest, Der große Terror. Sowjetunion 1934-1938, München 1992.

DDR-Haftwesen und Justiz. 76. Pressekonferenz der „Arbeitsgemeinschaft 13. August". Interviews und Zusammenstellung von Rainer Hildebrandt und Horst Schumm, Berlin 1987.

DDR-Handbuch, 2 Bde., 3., überarb. u. erw. Aufl., Köln 1985.

Dokumentation zur Situation der Haftbedingungen in den Strafvollzugseinrichtungen des Ministeriums des Innern der DDR. Übergeben von Vertretern der Gesellschaft für Menschenrechte an das Internationale Rote Kreuz in Genf am 6. Juli 1979, Frankfurt a.M. 1979.

Rainer Eckert, Widerstand und Opposition in der DDR. Siebzehn Thesen, in: Zeitschrift für Geschichtswissenschaft 44 (1996) S. 49-67.

Rainer Eckert, Die Widerstandsforschung über die NS-Zeit – ein methodisches Beispiel für die Erfassung widerständigen Verhaltens in der DDR? In: Geschichte in Wissenschaft und Unterricht 46 (1995) S. 553-566.

Bernd Eisenfeld, Die Zentrale Koordinierungsgruppe Bekämpfung von Flucht und Übersiedlung (Anatomie der Staatssicherheit. Geschichte – Struktur – Methoden. MfS-Handbuch), hg. v. Klaus-Dietmar Henke u.a., Berlin 1995.

Roger Engelmann und Clemens Vollnhals (Hg.), Justiz im Dienste der Parteiherrschaft. Rechtspraxis und Staatssicherheit in der DDR (Analysen und Dokumente; wissenschaftliche Reihe des Bundesbeauftragten für die Unterlagen des Staatssicherheitsdienstes 16), Berlin 1999.

Entzauberung des Politischen. Was ist aus den politisch alternativen Gruppen der DDR geworden? Interviews mit ehemals führenden Vertretern, Leipzig 1994.

Bernd Faulenbach, Markus Meckel und Hermann Weber (Hgg.), Die Partei hatte immer recht – Aufarbeitung von Geschichte und Folgen der SED-Diktatur, Essen 1994.

Gerhard Finn, unter Mitarbeit von Karl Wilhelm Fricke: Politischer Strafvollzug in der DDR, Köln 1981.

Christoph Flügge, Wie war es wirklich in den DDR-Gefängnissen? Über die Schwierigkeiten einer amtlichen Auskunft, In: Horch und Guck 4 (1995) S. 21-25.

Arnold Freiburg, Kriminalität in der DDR. Zur Phänomenologie des abweichenden Verhaltens im sozialistischen Staat, Opladen 1981,

Johannes Frerich und Martin Frey, Handbuch der Geschichte der Sozialpolitik in Deutschland. Band 2: Sozialpolitik in der DDR, München 1993.

Karl Wilhelm Fricke, Die DDR-Staatssicherheit. Entwicklung – Strukturen – Aktionsfelder, 3. erg. Aufl., Köln 1989.

Karl Wilhelm Fricke, Kein Recht gebrochen? Das MfS und die politische Strafjustiz der DDR, in: Aus Politik und Zeitgeschichte 40 (1994) S. 24-33.

Karl Wilhelm Fricke, MfS intern. Macht, Strukturen, Auflösung der DDR-Staatssicherheit. Analyse und Dokumentation, Köln 1991.

Karl Wilhelm Fricke, Opposition und Widerstand in der DDR. Ein politischer Report, Köln 1984.

Karl Wilhelm Fricke, Politik und Justiz in der DDR. Zur Geschichte der politischen Verfolgung 1945-1968. Bericht und Dokumentation, Köln 1979.

Karl Wilhelm Fricke, Zur Menschen- und Grundrechtssituation politischer Gefangener in der DDR. Analyse und Dokumentation, 2. erg. Aufl., Köln 1988, Erstaufl.: 1986.

Karl Wilhelm Fricke, Der Wahrheit verpflichtet. Texte aus fünf Jahrzehnten zur Geschichte der DDR, Berlin 2000.

Jürgen Fuchs, Unter Nutzung der Angst: Die „leise Form" des Terrors – Zersetzungsmaßnahmen des MfS, Berlin 1994.

David Gill und Ulrich Schröter, Das Ministerium für Staatssicherheit. Anatomie des Mielke-Imperiums, Berlin 1991.
Gert-Joachim Glaeßner (Hg.), DDR in der Ära Honecker. Politik, Kultur, Gesellschaft, Opladen 1988.
Gert-Joachim Glaeßner, Herrschaft durch Kader. Leitung der Gesellschaft und Kaderpolitik in der DDR, Opladen 1977.
Gerda Haufe und Karl Bruckmeier (Hgg.), Bürgerbewegungen in der DDR und in den ostdeutschen Ländern, Opladen 1993.
Jens Giesecke, Die hauptamtlichen Mitarbeiter des Ministeriums für Staatssicherheit (Anatomie der Staatssicherheit. Geschichte – Struktur – Methoden. MfS-Handbuch), hg. v. Klaus-Dietmar Henke u.a.,. 2. Aufl., Berlin 1996.
Klaus-Dietmar Henke und Roger Engelmann (Hgg.), Aktenlage. Die Bedeutung der Unterlagen des Staatssicherheitsdienstes für die Zeitgeschichtsforschung, (Wissenschaftliche Reihe des Bundesbeauftragten 1), Berlin 1995.
Klaus-Dietmar Henke, Peter Steinbach und Johannes Tuchel (Hg.), Widerstand und Opposition in der DDR (Schriften des Hannah-Arendt-Instituts für Totalitarismusforschung 9), Dresden 1999.
Rolf Henrich, Der vormundschaftliche Staat. Vom Versagen des real existierenden Sozialismus, Hamburg 1989.
Uwe-Jens Heuer (Hg.), Rechtsordnung der DDR. Anspruch und Wirklichkeit, Baden-Baden 1995.
Klaus Hugler und Hans Bernhard Kaufmann: Jugendarbeit und Junge Gemeinde zwischen Kirche und SED-Staat in den 70er und 80er Jahren, in: Horch und Guck 16 (1995) S. 1-15.
Im Namen des Volkes? Über die Justiz im Staat der SED. Wissenschaftlicher Begleitband zur Ausstellung des Bundesministeriums der Justiz, Leipzig 1994.
Eckhard Jesse (Hg.), Totalitarismus im 20. Jahrhundert. Eine Bilanz der internationalen Forschung, Bonn 1996.
Hartmut Kaelble, Jürgen Kocka und Hartmut Zwahr (Hgg.), Sozialgeschichte der DDR, Stuttgart 1994.
Günther Kaiser, Hans-Jürgen Kerner und Heinz Schöch, Strafvollzug. Ein Lehrbuch, 4. neubearb. u. erw. Aufl., Heidelberg 1992.
Hubertus Knabe, Was war die „DDR-Opposition"? Zur Typologisierung des politischen Widerspruchs in Ostdeutschland, in: Deutschland Archiv 29 (1996) S. 184-198.
Hubertus Knabe, „Weiche" Formen der Verfolgung in der DDR: Zum Wandel repressiver Strategien in der Ära Honecker, in: Deutschland Archiv 30 (1997), S. 709-719.
Eugen Kogon, Der SS-Staat. Das System der deutschen Konzentrationslager, München 1974.
Waldemar Krönig und Klaus-Dieter Müller, Anpassung – Widerstand – Verfolgung. Hochschule und Studenten in der SBZ und DDR 1945-1961, Köln 1994.
Ferdinand Kroh (Hg.), „Freiheit ist immer die Freiheit ..." Die Andersdenkenden in der DDR, Frankfurt a.M. – Berlin 1988.
Eberhard Kuhrt (Hg.), Opposition in der DDR von den 80er Jahren bis zum Zusammenbruch der SED-Herrschaft (Am Ende des realen Sozialismus 3), Opladen 1999.
Hermann Langbein, Menschen in Auschwitz, Wien 1987.
Erika Lieser-Triebnigg, Recht in der DDR. Einführung und Dokumentation, Köln 1985.
Andreas Maercker, Psychische Folgen politischer Inhaftierung in der DDR, in: Aus Politik und Zeitgeschichte B 38 (1995), S. 30-38.
Materialien der Enquete-Kommission „Aufarbeitung von Geschichte und Folgen der SED-Diktatur in Deutschland" (12. Wahlperiode des Dt. Bundestages), hrsg. vom Deutschen Bundestag, 9 Bde., Baden-Baden 1995.
Materialien der Enquete-Kommission „Überwindung der Folgen der SED-Diktatur im Prozeß der deutschen Einheit" (13. Wahlperiode des Dt. Bundestages), 8 Bde., hrsg. vom Deutschen Bundestag, Baden-Baden 1999.

Christian Meyer-Seitz, SED-Einfluß auf die Justiz in der Ära Honecker, in: Deutschland Archiv 28 (1995) S.32-42.

Klaus-Dieter Müller, Die Ärzteschaft im staatlichen Gesundheitswesen der SBZ und DDR 1945-1989. In: Robert Jütte (Hg.), Geschichte der deutschen Ärzteschaft. Organisierte Berufs- und Gesundheitspolitik im 19. und 20. Jahrhundert, Köln 1997.

Ehrhart Neubert, Geschichte der Opposition in der DDR 1949-1989, Bonn 1997.

Brigitte Oleschinski, „Nur für den Dienstgebrauch"? Das Tabu Strafvollzug in der DDR, in: Rolf Hanusch (Hg.): Verriegelte Zeiten. Vom Schweigen über die Gefängnisse in der DDR (Tutzinger Materialie 74), Tutzing 1993.

Politische Strafjustiz in der früheren DDR, dargestellt an ausgewählten Einzelbeispielen, zusammengestellt durch die Landesjustizverwaltungen der Länder Berlin, Brandenburg, Mecklenburg-Vorpommern, Sachsen, Sachsen-Anhalt und Thüringen, Hohenleuben 1996.

Detlef Pollack und Dieter Rink (Hgg.), Zwischen Verweigerung und Opposition. Politischer Protest in der DDR 1970-1989, Frankfurt a.M. 1997.

Ulrike Poppe, Rainer Eckert und Ilko-Sascha Kowalczuk (Hgg.), Zwischen Selbstbehauptung und Anpassung. Formen des Widerstands und der Opposition in der DDR, (Forschungen zur DDR-Geschichte 6), Berlin 1995.

Kristina Pratsch und Volker Ronge, „So einer wartet nicht auf das Arbeitsamt" Die Integration der DDR-Übersiedler in die westdeutsche Gesellschaft, in: Deutschland Archiv 18 (1985) S. 158-169.

Johannes Raschka, „Für kleine Delikte ist kein Platz in der Kriminalitätsstatistik". Zur Zahl politischer Häftlinge während der Amtszeit Honeckers (Berichte und Studien des Hannah-Arendt-Instituts 11), Dresden 1997.

Johannes Raschka, Einschüchterung – Ausgrenzung – Verfolgung. Zur politischen Repression in der Amtszeit Honeckers (Berichte und Studien des Hannah-Arendt-Instituts 14), Dresden 1998.

Michael Richter, Die Staatssicherheit im letzten Jahr der DDR (Schriften des Hannah-Arendt-Instituts für Totalitarismusforschung 4), Weimar – Köln – Wien, 1996.

Herwig Roggemann, Das Strafgesetzbuch der DDR von 1968, in: Recht in Ost und West 13 (1969), S. 97-113.

Hubert Rottleuthner (Hg.) unter Mitarbeit von Andrea Baer u.a., Steuerung der Justiz in der DDR: Einflußnahme der Politik auf Richter, Staatsanwälte und Rechtsanwälte, Köln 1994.

Wolfgang Rüddenklau, Störenfried. DDR-Opposition 1986-1989, 2. überarb. Aufl., Berlin 1992.

Heiner Sauer und Hans-Otto Plumeyer, Der Salzgitter-Report. Die Zentrale Erfassungsstelle berichtet über Verbrechen im SED-Staat, Esslingen – München 1991.

Hans Joachim Schädlich (Hg.) Aktenkundig, Berlin 1992.

Friedrich-Christian Schroeder, Das Strafrecht des realen Sozialismus. Eine Einführung am Beispiel der DDR, Opladen 1983.

Wolfgang Schuller, Geschichte und Struktur des politischen Strafrechts der DDR bis 1969, Ebelsbach 1980.

Ilse Spittmann (Hg.), SED in Geschichte und Gegenwart, Köln 1987.

Robert Streibel und Hans Schafranek (Hgg.), Strategie des Überlebens: Häftlingsgesellschaften in KZ und GULag, Wien 1996.

Sächsisches Staatsministerium für Soziales, Gesundheit und Familie (Hg.), Abschlußbericht der Kommission zur Untersuchung von Mißbrauch der Psychiatrie im sächsischen Gebiet der ehemaligen DDR. Dresden 1997.

Siegfried Suckut und Walter Süß (Hgg.), Staatspartei und Staatssicherheit. Zum Verhältnis von SED und MfS (Analysen und Dokumente; wissenschaftliche Reihe des Bundesbeauftragten für die Unterlagen des Staatssicherheitsdienstes), Berlin 1997.

Sonja Süß, Politisch missbraucht? Psychiatrie und Staatssicherheit in der DDR, Berlin 1998.

Untersuchungsausschuß des Deutschen Bundestages zur Rolle des Arbeitsbereichs „Kommerzielle Koordinierung“, Deutscher Bundestag – 12. Wahlperiode, Drucksache 12/7600.

Ines Veith, Gebt mir meine Kinder zurück, München 1991.

Clemens Vollnhals, Der Fall Havemann. Ein Lehrstück politischer Justiz (Wissenschaftliche Reihe des Bundesbeauftragten für die Unterlagen des Staatssicherheitsdienstes 13), Berlin 1998.

Hermann Weber, DDR. Grundriß der Geschichte 1945-1990, vollst. überarb. Neuaufl., Hannover 1991, Erstaufl.: 1976.

Jürgen Weber (Hg.), SED-Staat. Neues über eine vergangene Diktatur, (Akademiebeiträge zur politischen Bildung 27) München 1994.

Jürgen Weber und Michael Piazolo (Hgg.), Diktatur vor Gericht. Aufarbeitung von SED-Unrecht durch die Justiz, München 1995.

Jürgen Weber und Michael Piazolo (Hg.), Justiz im Zwielicht. Ihre Rolle in Diktaturen und die Antwort des Rechtsstaates, Landsberg am Lech 1998.

Anette Weinke, Neue Veröffentlichungen zum Justizsystem in der SBZ/DDR, in: Deutschland Archiv 28 (1995) S. 202-206.

Hartmut Wendt, Die deutsch-deutschen Wanderungen – Bilanz einer 40jährigen Geschichte von Flucht und Ausreise, in: Deutschland Archiv 24 (1991), S. 386-395.

Falco Werkentin, Politische Strafjustiz in der Ära Ulbricht (Forschungen zur DDR-Geschichte 1), Berlin 1995.

Falco Werkentin, Recht und Justiz im SED-Staat, Bonn 1998.

Roger Woods, Opposition in the GDR under Honecker, 1971-85. An Introduction and Documentation, Houndmills 1986.

Hans-Eberhard Zahn, Haftbedingungen und Geständnisproduktion in den Untersuchungshaftanstalten des MfS – Psychologische Aspekte und biographische Veranschaulichung (Schriften des Berliner Landesbeauftragten für die Unterlagen des Staatssicherheitsdienstes der ehemaligen DDR 5), Berlin 1997.

Manfred Zeidler, MfS Sonderhaftanstalt Bautzen II, hg. v. Hannah-Arendt-Institut für Totalitarismusforschung, Dresden 1994.

11.4 Bildquellenverzeichnis

Bundesarchiv: (aus den Beständen der DDR-Nachrichtenagentur ADN) 10 (unten)

Die Bundesbeauftragte für die Unterlagen des Staatssicherheitsdienstes der ehemaligen DDR: 54, 55, 56, 57, 135-141, 178-188, 234 (unten), 235, 274-287, 367, 368, 369.

Rainer Eppelmann, Berlin: 53

Gedenkstätte Berlin-Hohenschönhausen (Thomas Ernst): 10 (oben), 236, 237, 238, 366

Images.de, Digital Photo GmbH, Berlin (Ali Paczenski): 234 (oben)

Ostkreuz, Berlin (Ute Mahler): 370

11.5 Die Autoren und Herausgeber dieses Bandes

Johannes Raschka, Dr. phil., Jahrgang 1968, 1994 Magister Artium an der Universität Freiburg mit den Fächern Osteuropäische Geschichte, Slawistik und Volkswirtschaftslehre; Forschungsaufenthalte in St. Petersburg und in Helsinki; 1999 Promotion an der TU Dresden mit einer Arbeit zur Rechtsgeschichte der DDR; zur Zeit wissenschaftlicher Mitarbeiter der Stiftung Sächsische Gedenkstätten und Lehrbeauftragter an der TU Dresden; Veröffentlichungen u.a. zur Justizgeschichte der DDR sowie zur russischen Sozialgeschichte.

Günther Buch, Dipl. Pol., Jahrgang 1928, langjähriger Referent bzw. Referatsleiter im Untersuchungsausschuß Freiheitlicher Juristen und im Gesamtdeutschen Institut, Berlin; Veröffentlichungen u.a. „SBZ-Biographie" und „Namen und Daten wichtiger Personen in der DDR".

Hannsjörg F. Buck, Dr. rer. pol., Jahrgang 1934, Dipl. Vw., langjähriger Referent und Referatsleiter im Forschungsbeirat für Fragen der Wiedervereinigung Deutschlands und im Gesamtdeutschen Institut, später im Bundesarchiv; zahlreiche Veröffentlichungen zur Wirtschafts-, Finanz- und Umweltpolitik der DDR und zum Systemvergleich.

Karl Wilhelm Fricke, Dr. h.c., Jahrgang 1929, Publizist. Langjährige Haftstrafe in der DDR nach Entführung durch Stasi-Agenten. 1970-1994 leitender Redakteur beim Deutschlandfunk. 1992 bis 1998 Sachverständiges Mitglied beider Enquête-Kommissionen des Deutschen Bundestages zur DDR-Aufarbeitung. Mitglied des Stiftungsrates der Gedenkstätte Hohenschönhausen. Zahlreiche Veröffentlichungen, insbesondere zur Justiz und Staatssicherheit in der DDR.

Gunter Holzweißig, Dr. phil., Jahrgang 1939, Leitender Regierungsdirektor im Bundesarchiv Berlin. Bis Ende 1991 Abteilungsleiter im Gesamtdeutschen Institut. Zahlreiche Veröffentlichungen, insbesondere zur Medien-, Sport- und Militärpolitik der DDR.

Eberhard Kuhrt, Jahrgang 1946, Referatsleiter im Bundesministerium des Innern, Veröffentlichungen u.a. über Friedensbewegung und Kirche in der DDR, Geschichtswissenschaft in der DDR.